高速公路营运企业
安全生产标准化考评指南

Gaosu Gonglu Yingyun Qiye
Anquan Shengchan Biaozhunhua Kaoping Zhinan

浙江省交通运输厅 编

人民交通出版社股份有限公司
China Communications Press Co.,Ltd.

内　容　提　要

本书为高速公路营运企业安全生产标准化考评指南，其主要内容包括：安全生产法律法规，高速公路营运企业安全管理综述，人员，设施设备，作业现场，科技创新与信息化，预防预控方法与应对措施，事故报告调查与处理，考评机构，考评员，考评流程，考评发证与监督，浙江省高速公路营运企业安全生产标准化考评指标与释义等。

本书适合高速公路营运企业安全生产管理人员学习参考，也可供高速公路营运企业安全生产标准化考评员学习使用。

图书在版编目（CIP）数据

高速公路营运企业安全生产标准化考评指南 / 浙江省交通运输厅编. — 北京 : 人民交通出版社股份有限公司, 2015.2

ISBN 978-7-114-12023-7

Ⅰ. ①高… Ⅱ. ①浙… Ⅲ. ①高速公路—公路运输企业—安全生产—标准化—中国—指南 Ⅳ. ①F542.6-65

中国版本图书馆 CIP 数据核字（2015）第 013523 号

书　　名：高速公路营运企业安全生产标准化考评指南
著 作 者：浙江省交通运输厅
责任编辑：尤晓昕　韩亚楠　李　娜
出版发行：人民交通出版社股份有限公司
地　　址：（100011）北京市朝阳区安定门外外馆斜街 3 号
网　　址：http://www.ccpress.com.cn
销售电话：（010）59757973
总 经 销：人民交通出版社股份有限公司发行部
经　　销：各地新华书店
印　　刷：北京市密东印刷有限公司
开　　本：880 × 1230　1/16
印　　张：16.75
字　　数：491 千
版　　次：2015 年 2 月　第 1 版
印　　次：2015 年 6 月　第 2 次印刷
书　　号：ISBN 978-7-114-12023-7
定　　价：48.00 元
（有印刷、装订质量问题的图书由本公司负责调换）

《高速公路营运企业安全生产标准化考评指南》
编写单位

浙江省交通投资集团
浙江省公路管理局
浙江交通职业技术学院
浙江省交通干部学校
浙江交通技师学院

《高速公路营运企业安全生产标准化考评指南》
审定委员会

（排名不分先后）

王寅中　李雪平　彭付平　李法卫　陈佳元　王怡民
马云飞　龚一朋　赵国勋　夏国伟　厉振松　高　超
蒋志法　曹德洪　王伟力　于群力　方哲彤　陈　斌

《高速公路营运企业安全生产标准化考评指南》
编写委员会

（排名不分先后）

张建光　张雪锋　凌宏标　姚建飞　金晓波　葛勇良
阙家奇　黄国洪　徐江水　杨　煜　汪志飞　琚利平
蔡丽辉　赵笑明　张乐飞　邹胜勇　张冰冰　袁道福

前　　言

交通运输作为国民经济和社会发展的基础和先导性行业，其安全生产是我国安全生产的重要组成部分，直接关系到人民群众生命财产安全，关系到改革发展稳定大局，关系到党和政府形象及声誉。

浙江省交通运输厅高度重视安全生产工作，从践行群众路线保障人民生命安全的高度，深刻领会和全面贯彻习近平总书记关于安全生产的批示和指示精神，切实增强政治意识、责任意识和忧患意识，坚守“红线”和“底线”思维，坚持把安全生产工作放在首位，深入开展“安全生产规范年”和“平安交通”创建活动，坚决筑牢安全生产防线，实现了我省交通运输行业安全生产服务保障能力和水平的不断提高。

企业安全生产标准化建设是通过建立安全生产责任制，规范生产行为，健全长效管理机制，使各生产环节中的人、机、物、环处于良好状态，并持续改进，从而不断提升企业本质安全生产水平。

为更好地指导和推动全省高速公路营运企业安全生产标准化建设工作，根据新修订的《安全生产法》，按照国务院、交通运输部的部署和要求，省交通运输厅组织有关单位和专家编写了《高速公路营运企业安全生产标准化考评指南》，供各级高速公路营运主管部门、高速公路营运企业、考评机构和考评员学习使用。

希望全省交通运输系统各部门、各单位和从事安全生产标准化考评工作的人员，按照交通运输部的统一部署，把企业安全生产标准化建设工作，作为当前我省交通运输行业深入开展“安全生产规范年”活动的主要抓手和今后一个时期的重要工作，抓好抓细抓实、抓出成效，进一步推动我省交通运输行业安全生产形势持续稳定好转。

浙江省交通运输厅

2014 年 12 月

前言

目　录

第一章　概　　述

第一节　企业安全生产标准化的背景与意义

企业安全生产标准化是依据国家及行业的法律、法规、规程、规章和标准，制定本企业安全生产方面的规章、制度、规程、标准和办法，使企业的各项活动、工序及各个环节、岗位都规范化、制度化、标准化、科学化和法制化。安全生产标准化主要包括企业安全管理标准化、安全技术标准化、安全装备标准化、现场(环境)安全标准化和岗位作业安全标准化5个方面，重点是把握企业安全管理标准化、现场安全管理标准化和岗位作业安全标准化。

一、企业安全生产标准化建设的背景

安全生产事关人民群众生命财产安全，事关改革开放、经济发展和社会稳定大局，事关党和政府的形象与声誉。党中央、国务院一直高度重视安全生产工作，改革开放以来，采取了一系列重大举措来加强安全生产工作，颁布实施了《安全生产法》(2002年)等法律法规，明确了安全生产责任，初步建立了安全生产监管体系，对重点行业和领域集中开展了安全生产专项整治，我国安全生产状况持续稳定好转。

2004年，国务院发布《关于进一步加强安全生产工作的决定》(国发〔2004〕2号)，提出"在全国所有的工矿、商贸、交通、建筑施工等企业普遍开展安全质量标准化活动"。为了贯彻落实国发〔2004〕2号文件精神，国家安全生产监督管理总局下发了相关指导文件，并陆续在煤矿、金属非金属矿山、危险化学品、烟花爆竹、冶金、机械等行业开展了安全生产标准化创建活动，有效地提升了企业的安全生产管理水平。

与此同时，组织和制度建设也在同步进行，国家安全生产监督管理局于2004年在政策法规司设立了标准处。在国家质量监督检验检疫总局、国家标准化管理委员会的大力支持下，多年来安全生产标准一直没有代号的难题终于得以解决，安全生产标准化的领域逐步确定，为安全生产标准化工作的开展打下了良好基础。安全生产各领域都开展了卓有成效的工作，制定了大量的安全生产标准，在保障生产经营单位安全生产中发挥了重要作用，也为政府部门进行安全生产监督监察提供了重要的技术依据。

在国家标准化管理委员会的领导和支持下，经过国务院各有关部门、协会以及各标准化技术委员会的共同努力，我国制定了一大批安全生产国家标准和行业标准，基本涵盖了各有关生产领域和作业场所。安全生产作为"十一五"期间国家标准化工作的重点领域，纳入了国家《标准化"十一五"发展规划》和《安全生产"十一五"规划》。为了进一步加强安全生产标准化工作，国家标准化管理委员会会同国家安全生产监督管理总局组织编制了《全国安全生产2007～2010年标准化发展规划》(后根据安全工作实际需要更名为《2008～2010年全国安全生产(主要工业领域)标准化发展规划》)。

到了2010年，全国生产安全事故下降，安全生产状况总体稳定并趋于好转，但生产安全形势依然严峻，事故总量仍然很大，非法违法生产现象严重，重特大事故多发频发，给人民群众生命财产安全造成重大损失。同时，暴露出一些企业重生产轻安全、安全管理薄弱、主体责任不落实，一些地方和部门安全监管不到位等突出问题。

为进一步加强安全生产工作，全面提高企业安全生产水平，2010年国务院印发了《关于进一步加强企业安全生产工作的通知》(国发〔2010〕23号)，其中要求"全面开展安全达标，深入开展以岗位达标、专业达标和企业达标为内容的安全生产标准化建设，凡在规定时间内未实现达标的企业要依法暂扣其

生产许可证、安全生产许可证，责令停产整顿；对整改逾期未达标的，地方政府要依法予以关闭”，同时，要求“安全生产监管监察部门、负有安全生产监管职责的有关部门和行业管理部门要按职责分工，对包括中央、省属企业在内的当地企业实行严格的安全生产监督检查和管理，组织对企业安全生产状况进行安全标准化分级考核评价，评价结果向社会公开，并向银行业、证券业、保险业、担保业等主管部门通报，作为企业信用评级的重要参考依据”。同年，国家安全生产监督管理总局发布了行业标准《企业安全生产标准化基本规范》(AQ/T 9006—2010)，在形式要求、基本内容、考评办法等方面进一步规范了企业安全生产标准化工作。

2011 年 5 月，国务院安全生产委员会发布了《关于深入开展企业安全生产标准化建设的指导意见》(安委〔2011〕4 号)，阐明了深入开展企业安全生产标准化建设的重要意义，提出了总体要求、目标任务、实施方法和工作要求。

为贯彻落实国务院《关于进一步加强企业安全生产工作的通知》(国发〔2010〕23 号)精神和国务院安委会《关于深入开展企业安全生产标准化建设的指导意见》(安委〔2011〕4 号)的总体要求，全面推进交通运输企业安全生产标准化建设工作，2011 年 7 月，交通运输部印发了《交通运输企业安全生产标准化建设实施方案》，明确了交通运输企业安全生产标准化建设的指导思想、工作目标，确定了实施范围、管理分工和工作内容，提出了具体工作要求。

2011 年 11 月，国务院出台了《关于坚持科学发展安全发展促进安全生产形势持续稳定好转的意见》(国发〔2011〕40 号)，明确要求“推进安全生产标准化建设，在工矿商贸和交通运输行业领域普遍开展岗位达标、专业达标和企业达标建设，对在规定期限内未实现达标的企业，要依据有关规定暂扣其生产许可证、安全生产许可证，责令停产整顿；对整改逾期仍未达标的，要依法予以关闭。加强安全标准化分级考核评价，将评价结果向银行、证券、保险、担保等主管部门通报，作为企业信用评级的重要参考依据”。

《安全生产法》(自 2014 年 12 月 1 日起施行)中第四条明确指出“生产经营单位要推进安全生产标准化建设，提高安全生产水平，确保安全生产”。

为规范交通运输企业安全生产标准化考评及其管理行为，2012 年 4 月，交通运输部印发了《交通运输企业安全生产标准化考评管理办法》，对交通运输企业安全生产标准化达标等级分类、形式、考评机构与考评员条件、考评、发证、换证等作了规定；同时，印发了《交通运输企业安全生产标准化达标考评指标》，提出了 16 种类型企业的考评指标。另外，交通运输部还制定了《交通运输企业安全生产标准化考评发证实施办法》《交通运输企业安全生产标准化考评机构管理实施办法》《交通运输企业安全生产标准化考评员管理实施办法》等。至此，企业安全生产标准化建设及达标考评工作在交通运输领域全面展开。

为使国务院和交通运输部关于交通运输企业安全生产标准化建设工作的部署落到实处，取得实效，保质保量完成浙江省交通运输企业安全生产标准化达标考评工作的目标任务，浙江省交通运输厅安全生产委员会办公室于 2014 年 3 月 11 日发布了《关于我省交通运输企业安全生产标准化建设有关事项的通知》(浙安委办〔2014〕4 号)，就标准化达标时限、考评管理分工、企业考评范围、已取得相关机构颁发的安全生产管理体系证书企业的考评发证、多种经营类别企业达标考评、考评机构考评权限等问题做出了明确规定，提出从事客运、危险化学品等重点运输企业达标时限由 2013 年底前调整至 2014 年 6 月 30 日，其他交通运输企业仍按要求在 2015 年前达标。同时，发布了安全标准化考评工作的一系列通知，开展了安全标准化考评员培训、企业自评人员培训及考评机构的审查等工作。至此，浙江省交通运输企业安全标准化考评工作在浙江交通运输领域全面展开。

二、交通运输行业安全生产标准化现状及存在问题

据统计，现行的企业安全生产国家标准有近 1500 项，内容涉及许多行业。除国家标准外，还有数千项有关安全生产的行业标准，其中涉及交通运输安全方面的标准有 50 多项，涉及交通运输基础设施、交

通运输工具、交通运输驾驶和操作人员、交通运输环境与条件、交通运输营运管理等多个领域。

交通运输安全法律法规的贯彻实施迫切需要交通运输安全生产标准作为支撑。交通运输安全法律法规多为原则性规定,要付诸实施,必须有更为具体、更为详尽的技术标准和规程予以支持。交通运输安全生产标准具有交通运输安全技术性法律规定的作用,是交通运输安全法律规定的延伸。交通运输安全评价需要以交通运输标准作为依据。认定交通运输企业是否具备安全条件,交通运输产品设备等是否符合安全要求,也需要交通运输标准规范和技术规程为依据。交通运输安全标准是交通运输市场准入的必要条件。标准化是交通运输社会化国际化的要求,是社会生产力发展水平的反映。

我国交通运输企业安全生产标准化工作取得了很大的成绩,在规范交通运输生产经营单位安全生产和安全生产监管监察中发挥了重要作用,但是仍然存在以下一些问题:

(1)交通运输安全生产标准的种类过于庞杂,系统性差,缺少部分安全生产标准,如缺少安全监管监察部门装备配备标准、安全生产应急救援装备配备标准等,而且很多标准与其他行业的安全生产标准体系之间存在着内容重复、交叉等问题。

(2)部分交通运输安全生产标准老化、内容过时,目前我国仍存在部分标龄超过 5 年甚至 10 年以上未修订的安全生产标准。

(3)国际化程度低,采用国际标准和国外发达国家标准的交通运输安全生产标准的比率较低。

(4)交通运输安全生产标准化体系、方法和技术等基础理论研究不足,在标准制定之前没有进行足够的系统研究。许多标准的体系混乱,方法也欠科学,缺乏逻辑性,技术上也不太成熟,导致实施起来有困难。

三、企业安全生产标准化建设的重要意义

企业安全生产标准化建设对于进一步规范我国企业安全生产行为,改善安全生产条件,强化安全基础管理,有效防范和坚决遏制重特大事故的发生,具有十分重要的意义。

(1)企业安全生产标准化建设是落实企业安全生产主体责任的必要途径。国家有关安全生产法律法规和规定明确要求,要严格企业安全管理,全面开展安全达标。企业是安全生产的责任主体,也是安全生产标准化建设的主体,要通过加强企业每个岗位和环节的安全生产标准化建设,不断提高安全管理水平,促进企业安全生产主体责任落实到位。

(2)企业安全生产标准化建设是强化企业安全生产基础工作的长效制度。安全生产标准化建设涵盖了增强人员安全素质、提高装备设施水平、改善作业环境、强化岗位责任落实等方面,是一项长期的、基础性的系统工程,有利于全面促进企业提高安全生产保障水平。

(3)企业安全生产标准化建设是政府实施安全生产分类指导、分级监管的重要依据。实施安全生产标准化建设考评,将企业划分为不同等级,能够客观真实地反映出各地区企业安全生产状况和不同安全生产水平的企业数量,为加强安全监管提供有效的基础数据。

(4)企业安全生产标准化建设是有效防范事故发生的重要手段。深入开展安全生产标准化建设,能够进一步规范从业人员的安全行为,提高机械化和信息化水平,促进现场各类隐患的排查治理,推进安全生产长效机制建设,有效防范和坚决遏制事故发生,促进全国安全生产状况持续稳定好转。

第二节 企业安全生产标准化的工作原理

一、企业安全生产标准化内涵

标准化是指通过制定和实施国家、行业等标准,来规范各种生产行为,以获得最佳生产秩序和社会

效益的过程。它是一个有目的的过程,是现代化大生产的必要条件。

安全生产标准化是指通过建立安全生产责任制,制订安全管理制度和操作规程,排查治理隐患和监控重大危险源,建立预防机制,规范生产行为,使各生产环节符合有关安全生产法律法规和标准规范的要求,人、机、物、环境处于良好的生产状态,并持续改进,不断加强企业安全生产规范化建设。它涵盖了企业安全生产工作的全局,是企业开展安全生产工作的基本要求和衡量尺度,也是企业加强安全管理的重要方法与手段。

安全生产标准化的目的是严格落实企业安全生产责任制,加强安全科学管理,实现企业安全管理的规范化。加强安全教育培训,强化安全意识、技术操作和防范技能,杜绝“三违”。加大安全投入,提高专业技术装备水平,深化隐患排查治理,改进现场作业条件。通过安全生产标准化建设,实现岗位达标、专业达标和企业达标,实现行业(领域)企业的安全生产水平明显提高,安全管理和事故防范能力明显增强的目的。

企业开展安全生产标准化工作,遵循“安全第一、预防为主、综合治理”的方针,以隐患排查治理为基础,提高安全生产水平,减少事故发生,保障人身安全健康,保证生产经营活动的顺利进行。

企业安全生产标准化工作采用“策划、实施、检查、改进”动态循环的模式,依据相关要求,结合自身特点,建立并保持安全生产标准化系统;通过自我检查、自我纠正和自我完善,建立安全绩效持续改进的安全生产长效机制。

企业安全生产标准化工作实行企业自主评定、外部考评的方式组织实施。

二、企业安全生产标准化基本原理

企业安全生产标准化是科学系统的目标管理模式和管理体系建设,它要求生产经营单位分析生产安全风险,建立预防机制,健全科学的安全生产责任制、管理制度和操作规程;各生产环节和相关岗位的安全工作符合法律法规、规章规程和标准,并持续改进,控制生产安全风险,始终处于安全生产的良好状态。从安全生产标准化建设内容上看,是具有战略性系统整合能力的动态管理过程,是全面开发企业安全管理潜能、提高企业安全管理水平、促进企业建立安全生产长效机制的有效途径。

企业安全生产标准化管理工作包括四大基本原理。

1.明确目标,整合企业资源

要做好企业安全生产标准化管理工作,首先要确定目标和理念,整合企业资源,将企业安全生产提升到战略高度。

1)安全管理理念是企业安全生产标准化的最终目标

安全管理理念是安全生产标准化的最终目标,是站在健康和环境的高度,超出企业追求利益最大化的角度,抛开了企业作为个体的角度,将企业个体放大到整体的层面上来谋划和设计。实际上,这个终极目标也是一个企业发展壮大,或者说是企业能长久生存的至高法则。

安全生产标准化体系的建设,是以突出“安全第一、预防为主、综合治理”的方针和以人为本为宗旨,注重科学性、规范性和系统性,立足危害辨识、风险评价和隐患治理,风险管理和预防事故发生的思想,充分体现安全与效益、安全与健康、安全与环境之间的内在联系,并与生产经营单位其他方面的基础管理有机结合,是长远性战略意义的安全管理理念,通过制定、传达、评审、修订、识别、提升、跟踪和沟通等方式,使组织战略逐步得以定位和实现。它要求企业以发挥协同效应为原则,梳理部门职能和关键岗位职责,设立安全管理方针和目标,建立起安全生产标准化管理体系。

2)安全生产标准化管理的优势是整合企业资源

安全生产标准化与传统的安全管理本质的差别在于战略的关系。传统的安全管理是一个相对独立的系统,通常与组织战略、组织文化、管理者的承诺和支持等相脱离。但这些组织中的背景因素,对于成功地实施安全管理影响越来越大,安全管理必须能够衔接组织战略和企业日常管理工作。安全生产标准化系统能够完成这一任务,并且能够将企业所有的资源整合起来,做到有的放矢,齐心协力,实现安全与效益、安全与健康、安全与环境的和谐统一,为企业发展壮大保驾护航。

2. 动态循环,推行全程沟通

1)安全生产标准化体系是一个动态循环的管理系统

安全生产标准化体系是由若干个元素组成,这些元素又划分为若干子元素,是根据系统原理和持续改进的要求,引用管理学中的一个通用模型 PDCA(Plan-Do-Check-Action,计划、执行、检查、处置)循环进行动态的循环管理。动态循环管理的理念使安全生产标准化系统蕴涵着不竭的动力。

2)安全生产标准化体系是一个全程沟通的管理系统

安全生产标准化的科学性体现在:它建立了一个高效的沟通平台,沟通贯穿整个安全生产标准化管理系统,且形成闭环,问题能够有条理、按程序地解决。该机制传达信息及时,能有效落实法律法规、制度、标准;信息的及时传达和管理的高效、通畅,使生产过程各种风险得到有效地掌控。安全生产标准化体系的沟通系统能充分发挥员工的聪明才智,员工们能主动参与管理,积极提出意见和建议。

3. 科学评价,发挥员工潜能

1)安全生产标准化体系的全面评价功能

安全标准化的全面评价功能,塑造了企业员工的精神面貌。安全生产标准化评定的实质是对企业安全管理的全面评价,涵盖企业所有生产经营活动和人员。该标准化作为评价体系,为全面、准确、真实地认识安全现状提供了有效方法,为发现和解决问题打下了良好基础。该评价方法改变了传统安全管理中模糊定性认识的评价方法,引入新的准确定量认识的评价方法,全面掌握了企业的安全现状,使安全管理工作尽快转移到以危险预防、预控为中心的现代化安全管理轨道上来,实现对危险的有效控制和安全管理的持续改进,企业在人、机、物、环境等环节处于良好的运行状态,为企业安全管理精细化打下坚实的基础。

2)实施安全生产标准化体系使员工潜能得到充分释放

通过安全标准化体系的有效运行,开展全面的安全评价,职工的潜能被激发出来。安全标准化体系对员工的培训不生硬,员工不是填鸭式的被动接受,而是人性化、自愿的接受,并积极主动地参与管理,员工安全意识和素质得到提高。

4. 全员参与,全面提升安全生产目标

安全标准化全员参与的要求,体现了该标准化建设过程中员工素质的提升是跨越式的,安全绩效是显著的。安全标准化是一个系统工程,从管理层到普通员工,在安全标准化运行过程中有不可替代的作用。标准化的建设工作,不是一蹴而就,而是要长期不懈努力。从安全目标和方针的建立到生产工艺环节、从高层管理到基层员工,都是安全生产标准化工作在控对象。方针和目标的变化、生产工艺的变化、法律法规的变化、制度的变化、规程的变化等,都需要企业员工了解和掌握。在系统运行过程中,能有效地检索出薄弱环节,发现问题能及时修正,保证全体员工能力的有效提升。安全标准化的良好运行,能确保企业员工每天做好每一件事,能真正达到全员、全过程、全方位的安全管理要求,形成横向到边、纵向到底的安全管理状态。

三、交通运输企业安全生产标准化的内容和程序

根据 2012 年交通运输部印发的《交通运输企业安全生产标准化考评管理办法》《交通运输企业安全生产标准化达标考评指标》《交通运输企业安全生产标准化考评发证实施办法》《交通运输企业安全生产标准化考评机构管理实施办法》《交通运输企业安全生产标准化考评员管理实施办法》等相关规定,达标考评指标共有 16 种类型的交通运输企业被纳入安全生产标准化考评工作。

交通运输企业安全生产标准化达标等级由高到低分为一级、二级、三级(除城市轨道交通企业外)。

交通运输部负责一级达标企业的考评工作；省级交通运输主管部门负责二、三级达标企业的考评工作。主管机关或其认定的考评机构负责对交通运输企业实施考评。考评机构资质类别分为道路运输、水路运输、港口码头、城市客运、交通运输工程建设5类，资质分为一、二、三级。考评员专业类型分为道路运输、水路运输、港口码头、城市客运、交通运输工程建设5大类。交通运输企业安全生产标准化考评基本程序是：企业自评，企业提出申请，主管机关指定考评机构受理，考评机构核查，考评机构考评（或告知核查未通过），考评机构提出整改意见，企业整改（或提出复核申请，主管机关组织复核），考评机构核实，主管机关公示企业达标等级，发证（或核查）。

第三节　交通运输企业安全生产标准化的工作任务

为贯彻落实国务院《关于进一步加强企业安全生产工作的通知》（国发〔2010〕23号）精神和国务院安委会《关于深入开展企业安全生产标准化建设的指导意见》（安委〔2011〕4号）总体要求，全面推进交通运输企业安全生产标准化建设工作，2011年以来，交通运输部先后出台了《交通运输企业安全生产标准化建设实施方案》等一系列文件，对交通运输企业安全生产标准化建设的指导思想、工作目标、实施范围、管理分工、主要内容、工作任务以及工作要求等作了具体规定。

一、指导思想和工作目标

交通运输企业安全生产标准化建设的指导思想是：以科学发展观为统领，坚持“安全第一、预防为主、综合治理”的方针，牢固树立以人为本、安全发展的理念，全面贯彻国发〔2010〕23号和安委〔2011〕4号文件精神，以落实企业安全生产主体责任为主线，以强化安全生产“双基”（基层、基础）为重点，通过开展企业安全生产标准化建设，全面提升交通运输企业安全生产水平，为构建便捷、安全、经济、高效的综合运输体系、发展现代交通运输业提供可靠的安全保障。

交通运输企业安全生产标准化建设的工作目标是：

（1）企业安全生产水平明显提升。通过开展交通运输企业安全生产标准化建设，体制机制不断完善，主体责任进一步落实，员工素质稳步提高，科技装备水平和管理能力明显提升，突出问题有效解决，企业安全生产形势持续稳定好转。

（2）各类事故明显下降。重大以上事故明显下降，到2015年，营运车辆万车死亡事故件数和死亡人数平均每年下降3%；运输船舶百万吨港口吞吐量水上交通事故件数和死亡人数平均每年下降5%；城市客运百万车公里死亡事故件数和死亡人数平均每年下降1%；公路水运工程建设百亿元投资死亡事故件数和死亡人数平均每年下降1%。

（3）推进企业全面达标。交通运输企业全面开展安全生产标准化建设工作，实现企业安全管理标准化、作业现场标准化和操作过程标准化。力争使从事客运、危险化学品和烟花爆竹等重点运输企业在2013年底前达标，交通运输建设施工等其他交通运输企业在2015年底前达标。

二、实施范围和管理分工

1. 实施范围

具有独立法人资格，具体从事公路水路运输、城市客运和公路水运工程施工等生产经营建设活动的交通运输企业。

2. 管理分工

交通运输部负责一级企业的达标评审管理，省级交通运输主管部门负责二级、三级企业的达标评审管理。

三、工作任务

交通运输企业安全生产标准化建设的工作任务是根据交通运输部关于企业达标的目标安排，在2015年以前对全国交通运输企业进行分批、分类达标考评，并做好以后的考评工作。

1. 主管机关工作任务

交通运输部主管全国交通运输企业安全生产标准化工作，并负责一级达标企业的考评工作；省级交通运输主管部门负责本管辖范围内交通运输企业安全生产标准化工作和二、三级达标企业的考评工作。

主管机关负责对考评机构的认可、资质证书的发放和监督管理；负责考评员适任条件的审核、考试发证、注册登记等管理工作，并建立档案；负责指定企业申请受理考评机构，对企业提出的复核申请及时组织复核，向社会公示考评结果，并核查公示期间的实名举报，达标证书发放。

2. 考评机构工作任务

按照考评管理的有关办法和程序，对申请达标的企业核查、考评，对考评员进行管理，建立考评员档案，将考评员有关材料报主管机关，进行年度考评工作总结并报主管机关。

3. 考评员工作任务

按照考评管理的有关办法和程序，在主管机关和考评机构的统一管理下，对申请达标企业进行考评，并自觉接受主管机关、考评机构的监督管理，年度继续教育时间不少于8学时。

4. 企业工作任务

按照主管机关的有关要求，深入开展企业安全生产标准化建设，并按照考评管理的有关办法和程序申请达标等级。

四、主要内容

1. 制订工作方案

各部门、各单位要根据本方案的内容和要求，结合本地区、本单位实际情况，制订实施方案，明确目标、任务、责任，确定标准化示范企业名单，确保标准化建设有计划、有步骤顺利开展。

2. 建立相关制度和标准

根据国家和交通运输安全生产相关法律法规、标准和规范，制定交通运输企业安全生产标准化达标管理办法、评级程序和达标标准，明确工作流程，细化安全生产达标标准。

3. 确定考评机构和考评员

一级安全生产标准化企业的考评机构由交通运输部确定；二级、三级安全生产标准化企业的考评机构由省级交通运输主管部门确定，并报交通运输部备案，确定的考评机构应向社会公布。考评一级企业的考评员资质由交通运输部认可，评审二级、三级企业的考评员资质由省级交通运输主管部门确定，并报交通运输部备案。

4. 示范推广

交通运输部确定于2012年内在公路水路运输、城市客运和公路水运工程施工企业各选择1～2家作为示范，以总结经验、深入推广。省级交通运输管理部门也应结合实际，做好示范推广工作。

五、工作要求

1. 加强组织领导

交通运输部安全委员会负责全国交通运输企业安全生产标准化建设工作的组织领导，交通运输部安全委员会办公室具体负责日常工作。各部门、各单位要结合实际，明确相应的组织领导机构，认真制定工作方案，合理确定阶段目标，分阶段、分步骤实施。2011 年和 2012 年重点抓好政策法规、考评管理办法和达标考评指标（即达标考评标准）的制定及宣传推广等工作。2013 年底前完成客运、危险化学品和烟花爆竹等重点运输企业达标评级工作，交通运输建设施工等其他交通运输企业成熟一批、评审一批，确保 2015 年底以前达标。

2. 加强工作指导

各部门、各单位要按照方案要求，指导和督促企业、评审单位积极开展安全生产标准化建设和评审工作，按期完成工作任务，确保工作质量。要实行分类指导，加强对评审单位和评审人员的专题培训，研究解决安全生产标准化建设工作中的新问题；要开展示范推广，发挥榜样作用，创新体制机制，加强经验交流，以点带面推动企业全面达标，为企业安全生产标准化建设提供有效的指导服务。

3. 加强跟踪管理

各部门、各单位要加强跟踪和监督检查，不断巩固建设成果，坚持与时俱进、突出建设重点、解决突出问题，做到持续改进和升级，切实提高企业安全生产标准化建设水平。要将安全达标与行政许可、日常安全监管工作有机结合起来，凡不符合安全生产条件的企业，一律不得批准从事交通运输生产经营建设活动；凡在规定的时间内仍不能达标的企业，一律依法停业整顿直至吊扣或注销经营许可证，并在媒体公开曝光。要加强相关立法工作，以法律手段督促达标；完善考核制度，落实工作责任，以行政手段推进达标；建立有效的激励机制，激发企业自觉性，以经济手段引导企业达标。要建立安全生产标准化建设工作信息化管理平台，加强对工作进度的实时管理，及时掌握动态信息，提高工作效率和服务水平。

4. 加大宣传力度

各部门、各单位要采取多种形式，大力开展安全生产标准化建设宣传教育活动，充分利用各种媒体，及时广泛宣传工作进展情况和好的经验做法，为企业安全生产标准化建设工作营造良好的氛围。凡经考评达标的企业，要向社会公告，通过加大正面宣传力度，带动其他企业做好安全生产达标工作。

第四节　浙江省高速公路营运企业安全生产标准化的工作背景

一、浙江省高速公路营运概况

1. 浙江省高速公路现状

截至 2013 年底，浙江省高速公路通车里程 3787km。浙江省高速公路网络基本形成，形成了“两纵两横十八连三绕三通道”的四小时高速公路交通圈，日均车流量最高超过 160 万车次，在省经济社会发展中具有举足轻重的地位。“十二五”末，浙江省高速公路累计通车里程将达 6012km。

浙江省高速公路运行和管理也存在不少问题和薄弱环节，交通事故多发，事故死亡人数占全省道路交通事故总死亡人数的比重相对较多；节假日、春运期间、遭遇恶劣天气时拥堵状况多发且日趋严重，直接影响全省路网的畅通与安全；高速公路相关部门和单位的管理协同不到位，交通事故和突发事件应急处置效率有待提高；高速公路信息资源分散且各自掌控，营运单位和驾驶人要求及时获取相关信息资源的反应强烈。

2. 浙江省高速公路营运管理模式

根据《高速公路管理条例》的分类标准，高速公路投资模式大致可分为经营性高速公路和还贷性高速公路两大类。

目前浙江省高速公路主要以经营性高速公路为主，其投资主体主要分三类：一是代表省政府投资的国有企业——省交通投资集团；二是外资、民营及其他资本投资的企业公司，如香港新创建集团有限公司，标基投资集团有限公司，中国平安保险海外（控股）有限公司，上海祥融投资有限公司，招商局亚太投资有限公司，宁波海运股份有限公司，宁波宁兴集团公司；三是代表市县级地方政府投资的企业集团，如杭州、嘉兴、湖州、宁波、绍兴和温州市交通投资集团，台州市基础设施建设投资有限公司，乐清市人民政府，龙游县人民政府，见表1-1。

浙江通车高速公路管理、投资单位基本情况汇总表　　表1-1

序号	路　段	营运公司	业主公司	控股业主
1	沪杭甬	浙江沪杭甬高速公路股份有限公司	浙江沪杭甬高速公路股份有限公司	浙江省交通集团
	上三		浙江上三高速公路公司	
2	杭金衢	浙江交投杭金衢分公司	浙江交投杭金衢分公司	
	甬金金华段		浙江金华甬金高速	
	黄衢南		浙江黄衢南高速	
3	申苏浙皖	浙江申苏浙皖高速	浙江申苏浙皖高速	
	申嘉湖杭湖州、练杭段		浙江交投申嘉湖杭分公司	
4	甬台温台州二期	台州甬台温	台州甬台温	
	台金		台金高速公司	
5	甬台温宁波二期	宁波甬台温高速	宁波甬台温高速	
	舟山跨海大桥		浙江舟山跨海大桥	
6	杭徽	浙江杭徽高速	浙江杭徽高速	
7	金丽温	浙江金丽温高速	浙江金丽温高速	
	龙丽龙		浙江龙丽龙高速	
8	杭千	杭州杭千高速公路发展公司	杭州杭千高速公路发展有限公司	杭州市交通投资集团有限公司
9	杭州湾跨海大桥	宁波市杭州湾大桥发展有限公司	宁波市杭州湾大桥发展有限公司	宁波交通投资控股有限公司
10	杭州湾南连接线	宁波交投公路运营服务公司（管理公司）	宁波大通开发股份有限公司	
11	宁波绕城东线		宁波绕城东段高速公路有限公司	
12	宁波绕城西线（南线、北线）	宁波海运明州高速公路有限公司	宁波海运明州高速公路有限公司	宁波海运股份有限公司
13	温州大桥管理处	温州大桥管理处	温州大桥管理处	温州市交通投资集团有限公司
14	温州绕城	温州绕城高速公路有限公司	温州绕城高速公路有限公司	
15	杭浦	浙江嘉通高速	浙江杭浦高速公路有限公司	嘉兴市交通投资集团有限责任公司
	申嘉湖杭嘉兴段		嘉兴市申嘉湖高速公路投资开发有限公司	
	杭州湾北连接线		嘉兴市杭州湾大桥投资	
16	甬金绍兴段	绍兴交通投资集团有限公司嵊州分公司	绍兴交通投资集团有限公司嵊州分公司	绍兴市交通投资集团有限公司
17	绍诸	绍兴绍诸高速公路有限公司	绍兴绍诸高速公路有限公司	
18	杭长	浙江杭长高速公路有限公司	浙江杭长高速公路有限公司	湖州市交通投资集团有限公司
19	杭州绕城	杭州国益路桥经营管理有限公司	杭州国益路桥经营管理有限公司	香港新创建集团有限公司
20	杭宁	浙江杭宁高速公路有限责任公司	浙江杭宁高速公路有限责任公司	标基投资集团有限公司
21	诸永	浙江诸永高速公路有限公司	浙江诸永高速公路有限公司	
22	甬台温温州（湖雾岭隧道）	浙江温州甬台温高速公路有限公司	乐清市高速公路湖雾岭隧道建设开发有限责任公司	乐清市人民政府
	甬台温温州		浙江温州甬台温高速公路有限公司	招商局亚太投资有限公司
23	甬台温宁波一期	宁波北仑港高速公路有限公司	宁波北仑港高速公路有限公司	中国平安保险海外（控股）有限公司

续上表

序号	路　段	营运公司	业主公司	控股业主
24	甬台温台州一期	浙江台州高速公路集团股份有限公司	浙江台州高速公路集团股份有限公司	台州市基础设施建设投资有限公司
25	甬金宁波段	宁波剡界岭高速公路有限公司	宁波剡界岭高速公路有限公司	宁波宁兴集团公司
26	乍嘉苏	嘉兴市乍嘉苏高速公路有限责任公司	嘉兴市乍嘉苏高速公路有限责任公司	上海祥融投资有限公司
27	杭新景龙游支线	龙游县龙新高速公路投资有限公司	龙游县龙新高速公路投资有限公司	龙游县人民政府

省内还贷性高速公路实质是指政府收费经营还贷，如目前的龙庆、龙浦高速公路。

由表1-1可见，浙江省高速公路存在投资主体较多的现象，高速公路营运公司也因投资主体、投资里程等不同存在不同的管理模式，有实施板块管理的，如浙江省交通投资集团公司下属的各营运公司，有以高速公路路段管理的，如龙游县龙新高速公路投资有限公司，管理差异性较大。

二、浙江省高速公路营运安全情况

安全是发展的“红线”，是幸福的底线。高速公路营运企业安全生产有其特殊性。就浙江省高速公路营运来讲，安全的主要问题表现在以下几个方面：

（1）道路安全保畅责任仍然重大。由于交通量大，驾驶员疲劳驾驶等原因，浙江省高速公路路段交通事故特别是危化品车、客车事故。总量、死亡起数、死亡人数三项指标没有明显的下降。部分高速公路因通行压力大，如杭州绕城高速、沪杭甬、杭金衢杭州段、上三线、杭金衢衢州段已成为节假日高速公路的新堵点。

（2）营运隧道安全管理依然是新压力。近年来，浙江省新建和已投入运营的高速公路隧道数量和比例大幅度上升，个别路段隧道分布密集，经常拥堵。通过开展专项排查发现不少问题：营运管理类存在部分隧道日常管理机构设置和人员配备不科学、应急预案衔接不畅和“两客一危”车辆没有得到有效监管，违禁危化品车驶入限行隧道频繁等问题。设计中，土建类存在部分隧道与互通距离过近、隧道进出口线形协调性和连续性欠佳、洞口线形指标较低、指标新旧标准不一致、施工质量较差等缺陷；机电类存在消防、通风、照明、报警等设施设备故障问题频繁，未建立统一机电管理数据库，且机电设备品牌多、技术参数不统一等问题。

（3）外协单位安全监管难题仍然有待破解。大部分高速公路营运企业在其管理中将养护、清障施救、养护质量检测等安全风险较高产业的生产过程主要依靠协作单位完成，但部分企业对协作单位安全管理，以包代管、包而不管，由于协作单位数量庞大，大小参差不一，管控水平不一，相当一部分协作单位安全意识不强，人员素质不高，安全措施不到位，安全生产主体责任难以落实。

（4）高危领域安全风险仍然处于高位。高速公路养护、养护施工区的布置与拆除、抛洒物的清理是高速公路营运企业所面对的高风险区域。每年下半年的养护施工高峰，按照历年来规律和数据统计，是养护作业事故高发期，相关高速公路公司虽然做了大量工作，但安全防范仍然不能做到可控在控。高速公路桥梁隧道维修与加固施工区的设置和拆除，均在高速公路通行状态下进行，作业安全风险大。高速公路抛洒物居高不下，只能通过人工捡除的方法，对作业人员的生命是一个严峻的考验。这些高危区域的存在，使企业的安全风险处于高位。

（5）事前预防的意识有待加强。现阶段各企业在安全生产上依然侧重过程和事后管理，“事前防控，预防为主”的安全理念还未充分融入职工的思想行为和企业安全文化之中，正是这种风险防控意识的缺乏，使部分职工特别是一些管理人员对安全生产始终存在侥幸心理，该投入的不投入，该整改的不整改，该落实的不落实，安全管理敷衍塞责，出现事故亡羊补牢，造成安全风险始终处于紧绷状态。

（6）基础工作仍需进一步夯实。部分企业对安全生产标准化建设认识不足，导致推动力度不足，工作进展缓慢。安全管理队伍整体水平有待提高,在专业性较强的领域缺乏专业的安全管理人员。同时,相当一部分安全管理人员是从其他岗位调整或兼职,无论是理论知识、专业能力、管理经验尚不能满足管理需求,导致管理缺失、缺位。个别单位安全组织机构和人员配备与法规要求不相符,一旦发生事故,尤其是发生较大及以上责任事故,带来的不仅仅是经济损失,更可能是刑事上的责任。

三、浙江省高速公路营运企业安全标准化工作背景

根据交通运输部《交通运输企业安全生产标准化建设实施方案》规定,交通运输企业全面开展安全生产标准化建设工作,实现企业安全管理标准化、作业现场标准化和操作过程标准化。力争从事客运、危险化学品和烟花爆竹等重点运输企在2013年底前达标,其他交通运输企业在2015年前达标。

为更好地做好交通运输企业安全生产标准化工作,由交通运输部安全与质量监督管理司编写并出版发行了道路运输、水路运输、港口营运、城市客运、交通工程建设5大类企业的安全生产标准化考评指南和企业安全生产标准化考评指标释义,以指导企业安全生产标准化工作。

由于全国各省高速公路投资主体的多样化、管理模式的差异性,交通运输部未就高速公路营运企业安全生产标准化考核指标做出统一规定,要求各省交通运输厅根据各省实际开展工作。

浙江省交通运输厅认真贯彻落实国务院关于加强企业安全生产工作的要求和交通运输部《交通运输企业安全生产标准化建设实施方案》精神,启动并扎实推进企业安全生产标准化各项工作。为更好地做好浙江省高速公路营运企业安全生产标准化考评工作,浙江省交通运输厅于2013年10月编制《浙江省高速公路营运企业安全生产标准化达标考评指标》,浙江省交通投资集团有限公司于2013年底完成了考评指标的编写并通过国内相关专家的评审。考评标准包括16类考评内容、50项考评要点、126条考评要点要素以及240个考评评分标准。

为进一步规范浙江省高速公路营运企业安全生产标准化达标考评工作,确保达标考评质量,浙江省交通运输厅组织编写《浙江省高速公路营运企业安全生产标准化考评指标与释义》和《高速公路营运企业安全生产标准化考评指南》。

第二章　安全生产法律法规

安全生产法律法规是高速公路营运企业安全生产管理和安全生产技术的制度基础。高速公路营运企业安全生产标准化考评员必须熟练掌握高速公路营运安全生产相关法规和企业安全生产标准化规定。

第一节　高速公路营运企业安全生产相关法律

一、《安全生产法》

《安全生产法》是我国安全生产领域的综合性基本法，它是我国第一部全面规范安全生产的专门法律，是我国安全生产法律体系的主体法，是各类生产经营单位及其从业人员实现安全生产必须遵循的行为准则，是各级人民政府及其有关部门进行监督管理和行政执法的依据，是制裁各种安全生产违法犯罪的有力武器。

2002年6月29日，《安全生产法》由中华人民共和国第九届全国人民代表大会常务委员会第二十八次会议审议通过，以中华人民共和国主席令第70号发布，自2002年11月1日起施行。根据2014年8月31日第十二届全国人民代表大会常务委员会关于修改《安全生产法》的决定修正，自2014年12月1日起施行。

《安全生产法》的立法目的在于加强安全生产监督管理，防止和减少生产安全事故，保障人民群众生命和财产安全，促进经济发展。《安全生产法》确定了我国安全生产管理的基本方针。《安全生产法》包括7章共114条，从总则、生产经营单位的安全生产保障、从业人员的权利和义务、安全生产的监督管理、生产安全事故的应急救援与调查处理5个主要方面做出了规定。

与高速公路营运企业相关条款主要有：

1. 总则

第3条　安全生产工作应当以人为本，坚持安全发展，坚持安全第一、预防为主、综合治理的方针，强化和落实生产经营单位的主体责任，建立生产经营单位负责、职工参与、政府监管、行业自律和社会监督的机制。

第4条　生产经营单位必须遵守本法和其他有关安全生产的法律、法规，加强安全生产管理，建立、健全安全生产责任制和安全生产规章制度，改善安全生产条件，推进安全生产标准化建设，提高安全生产水平，确保安全生产。

第5条　生产经营单位的主要负责人对本单位的安全生产工作全面负责。

第6条　生产经营单位的从业人员有依法获得安全生产保障的权利，并应当依法履行安全生产方面的义务。

第7条　工会依法对安全生产工作进行监督。

生产经营单位的工会依法组织职工参加本单位安全生产工作的民主管理和民主监督，维护职工在安全生产方面的合法权益。生产经营单位制定或者修改有关安全生产的规章制度，应当听取工会的意见。

第10条　国务院有关部门应当按照保障安全生产的要求，依法及时制定有关的国家标准或者行业标准,并根据科技进步和经济发展适时修订。

生产经营单位必须执行依法制定的保障安全生产的国家标准或者行业标准。

第 14 条　国家实行生产安全事故责任追究制度,依照本法和有关法律、法规的规定,追究生产安全事故责任人员的法律责任。

第 15 条　国家鼓励和支持安全生产科学技术研究和安全生产先进技术的推广应用,提高安全生产水平。

第 16 条　国家对在改善安全生产条件、防止生产安全事故、参加抢险救护等方面取得显著成绩的单位和个人,给予奖励。

2. 生产经营单位的安全生产保障

第 17 条　生产经营单位应当具备本法和有关法律、行政法规和国家标准或者行业标准规定的安全生产条件;不具备安全生产条件的,不得从事生产经营活动。

第 18 条　生产经营单位的主要负责人对本单位安全生产工作负有下列职责:

(一)建立、健全本单位安全生产责任制。

(二)组织制定本单位安全生产规章制度和操作规程。

(三)保证本单位安全生产投入的有效实施。

(四)督促、检查本单位的安全生产工作,及时消除生产安全事故隐患。

(五)组织制定并实施本单位的生产安全事故应急救援预案。

(六)及时、如实报告生产安全事故。

(七)组织制定并实施本单位安全生产教育和培训计划。

第 19 条　生产经营单位的安全生产责任制应当明确各岗位的责任人员、责任范围和考核标准等内容。

生产经营单位应当建立相应的机制,加强对安全生产责任制落实情况的监督考核,保证安全生产责任制的落实。

第 20 条　生产经营单位应当具备的安全生产条件所必需的资金投入,由生产经营单位的决策机构、主要负责人或者个人经营的投资人予以保证,并对由于安全生产所必需的资金投入不足导致的后果承担责任。

有关生产经营单位应当按照规定提取和使用安全生产费用,专门用于改善安全生产条件。安全生产费用在成本中据实列支。安全生产费用提取、使用和监督管理的具体办法由国务院财政部门会同国务院安全生产监督管理部门征求国务院有关部门意见后制定。

第 21 条　矿山、金属冶炼、建筑施工、道路运输单位和危险物品的生产、经营、储存单位,应当设置安全生产管理机构或者配备专职安全生产管理人员。

前款规定以外的其他生产经营单位,从业人员超过 100 人的,应当设置安全生产管理机构或者配备专职安全生产管理人员;从业人员在 100 人以下的,应当配备专职或者兼职的安全生产管理人员。

第 22 条　生产经营单位的安全生产管理机构以及安全生产管理人员履行下列职责:

(一)组织或者参与拟订本单位安全生产规章制度、操作规程和生产安全事故应急救援预案。

(二)组织或者参与本单位安全生产教育和培训,如实记录安全生产教育和培训情况。

(三)督促落实本单位重大危险源的安全管理措施。

(四)组织或者参与本单位应急救援演练。

(五)检查本单位的安全生产状况,及时排查生产安全事故隐患,提出改进安全生产管理的建议。

(六)制止和纠正违章指挥、强令冒险作业、违反操作规程的行为。

(七)督促落实本单位安全生产整改措施。

第 23 条　生产经营单位的安全生产管理机构以及安全生产管理人员应当恪尽职守,依法履行职责。

生产经营单位做出涉及安全生产的经营决策，应当听取安全生产管理机构以及安全生产管理人员的意见。

生产经营单位不得因安全生产管理人员依法履行职责而降低其工资、福利等待遇或者解除与其订立的劳动合同。

危险物品的生产、储存单位以及矿山、金属冶炼单位的安全生产管理人员的任免，应当告知主管的负有安全生产监督管理职责的部门。

第 24 条 生产经营单位的主要负责人和安全生产管理人员必须具备与本单位所从事的生产经营活动相应的安全生产知识和管理能力。

危险物品的生产、经营、储存单位以及矿山、金属冶炼、建筑施工、道路运输单位的主要负责人和安全生产管理人员，应当由主管的负有安全生产监督管理职责的部门对其安全生产知识和管理能力考核合格。考核不得收费。

危险物品的生产、储存单位以及矿山、金属冶炼单位应当有注册安全工程师从事安全生产管理工作。鼓励其他生产经营单位聘用注册安全工程师从事安全生产管理工作。注册安全工程师按专业分类管理，具体办法由国务院人力资源和社会保障部门、国务院安全生产监督管理部门会同国务院有关部门制定。

第 25 条 生产经营单位应当对从业人员进行安全生产教育和培训，保证从业人员具备必要的安全生产知识，熟悉有关的安全生产规章制度和安全操作规程，掌握本岗位的安全操作技能，了解事故应急处理措施，知悉自身在安全生产方面的权利和义务。未经安全生产教育和培训合格的从业人员，不得上岗作业。

生产经营单位使用被派遣劳动者的，应当将被派遣劳动者纳入本单位从业人员统一管理，对被派遣劳动者进行岗位安全操作规程和安全操作技能的教育和培训。劳务派遣单位应当对被派遣劳动者进行必要的安全生产教育和培训。

生产经营单位应当建立安全生产教育和培训档案，如实记录安全生产教育和培训的时间、内容、参加人员以及考核结果等情况。

第 26 条 生产经营单位采用新工艺、新技术、新材料或者使用新设备，必须了解、掌握其安全技术特性，采取有效的安全防护措施，并对从业人员进行专门的安全生产教育和培训。

第 27 条 生产经营单位的特种作业人员必须按照国家有关规定经专门的安全作业培训，取得相应资格，方可上岗作业。

特种作业人员的范围由国务院负安全生产监督管理部门会同国务院有关部门确定。

第 28 条 生产经营单位新建、改建、扩建工程项目（以下统称建设项目）的安全设施，必须与主体工程同时设计、同时施工、同时投入生产和使用。安全设施投资应当纳入建设项目概算。

第 32 条 生产经营单位应当在有较大危险因素的生产经营场所和有关设施、设备上，设置明显的安全警示标志。

第 33 条 安全设备的设计、制造、安装、使用、检测、维修、改造和报废，应当符合国家标准或者行业标准。

生产经营单位必须对安全设备进行经常性维护、保养，并定期检测，保证正常运转。维护、保养、检测应当做好记录，并由有关人员签字。

第 35 条 国家对严重危及生产安全的工艺、设备实行淘汰制度，具体目录由国务院安全生产监督管理部门会同国务院有关部门制定并公布。法律、行政法规对目录的制定另有规定的，适用其规定。

省、自治区、直辖市人民政府可以根据本地区实际情况制定并公布具体目录，对前款规定以外的危及生产安全的工艺、设备予以淘汰。

生产经营单位不得使用应当淘汰的危及生产安全的工艺、设备。

第 37 条　生产经营单位对重大危险源应当登记建档，进行定期检测、评估、监控，并制定应急预案，告知从业人员和相关人员在紧急情况下应当采取的应急措施。

生产经营单位应当按照国家有关规定将本单位重大危险源及有关安全措施、应急措施报有关地方人民政府安全生产监督管理部门和有关部门备案。

第 38 条　生产经营单位应当建立健全生产安全事故隐患排查治理制度，采取技术、管理措施，及时发现并消除事故隐患。事故隐患排查治理情况应当如实记录，并向从业人员通报。

县级以上地方各级人民政府负有安全生产监督管理职责的部门应当建立健全重大事故隐患治理督办制度，督促生产经营单位消除重大事故隐患。

第 39 条　生产、经营、储存、使用危险物品的车间、商店、仓库不得与员工宿舍在同一座建筑物内，并应当与员工宿舍保持安全距离。

生产经营场所和员工宿舍应当设有符合紧急疏散要求、标志明显、保持畅通的出口。禁止锁闭、封堵生产经营场所或者员工宿舍的出口。

第 40 条　生产经营单位进行爆破、吊装以及国务院安全生产监督管理部门会同国务院有关部门规定的其他危险作业，应当安排专门人员进行现场安全管理，确保操作规程的遵守和安全措施的落实。

第 41 条　生产经营单位应当教育和督促从业人员严格执行本单位的安全生产规章制度和安全操作规程；并向从业人员如实告知作业场所和工作岗位存在的危险因素、防范措施以及事故应急措施。

第 42 条　生产经营单位必须为从业人员提供符合国家标准或者行业标准的劳动防护用品，并监督、教育从业人员按照使用规则佩戴、使用。

第 43 条　生产经营单位的安全生产管理人员应当根据本单位的生产经营特点，对安全生产状况进行经常性检查；对检查中发现的安全问题，应当立即处理；不能处理的，应当及时报告本单位有关负责人，有关负责人应当及时处理。检查及处理情况应当如实记录在案。

生产经营单位的安全生产管理人员在检查中发现重大事故隐患，依照前款规定向本单位有关负责人报告，有关负责人不及时处理的，安全生产管理人员可以向主管的负有安全生产监督管理职责的部门报告，接到报告的部门应当依法及时处理。

第 44 条　生产经营单位应当安排用于配备劳动防护用品、进行安全生产培训的经费。

第 45 条　两个以上生产经营单位在同一作业区域内进行生产经营活动，可能危及对方生产安全的，应当签订安全生产管理协议，明确各自的安全生产管理职责和应当采取的安全措施，并指定专职安全生产管理人员进行安全检查与协调。

第 46 条　生产经营单位不得将生产经营项目、场所、设备发包或者出租给不具备安全生产条件或者相应资质的单位或者个人。

生产经营项目、场所发包或者出租给其他单位的，生产经营单位应当与承包单位、承租单位签订专门的安全生产管理协议，或者在承包合同、租赁合同中约定各自的安全生产管理职责；生产经营单位对承包单位、承租单位的安全生产工作统一协调、管理，定期进行安全检查，发现安全问题的，应当及时督促整改。

第 47 条　生产经营单位发生生产安全事故时，单位的主要负责人应当立即组织抢救，并不得在事故调查处理期间擅离职守。

第 48 条　生产经营单位必须依法参加工伤保险，为从业人员缴纳保险费。

国家鼓励生产经营单位投保安全生产责任保险。

3. 从业人员的安全生产权利义务

第 49 条　生产经营单位与从业人员订立的劳动合同，应当载明有关保障从业人员劳动安全、防止职业危害的事项，以及依法为从业人员办理工伤保险的事项。

生产经营单位不得以任何形式与从业人员订立协议，免除或者减轻其对从业人员因生产安全事故伤亡依法应承担的责任。

第50条 生产经营单位的从业人员有权了解其作业场所和工作岗位存在的危险因素、防范措施及事故应急措施，有权对本单位的安全生产工作提出建议。

第51条 从业人员有权对本单位安全生产工作中存在的问题提出批评、检举、控告；有权拒绝违章指挥和强令冒险作业。

生产经营单位不得因从业人员对本单位安全生产工作提出批评、检举、控告或者拒绝违章指挥、强令冒险作业而降低其工资、福利等待遇或者解除与其订立的劳动合同。

第52条 从业人员发现直接危及人身安全的紧急情况时，有权停止作业或者在采取可能的应急措施后撤离作业场所。

生产经营单位不得因从业人员在前款紧急情况下停止作业或者采取紧急撤离措施而降低其工资、福利等待遇或者解除与其订立的劳动合同。

第53条 因生产安全事故受到损害的从业人员，除依法享有工伤保险外，依照有关民事法律尚有获得赔偿的权利的，有权向本单位提出赔偿要求。

第54条 从业人员在作业过程中，应当严格遵守本单位的安全生产规章制度和操作规程，服从管理，正确佩戴和使用劳动防护用品。

第55条 从业人员应当接受安全生产教育和培训，掌握本职工作所需的安全生产知识，提高安全生产技能，增强事故预防和应急处理能力。

第56条 从业人员发现事故隐患或者其他不安全因素，应当立即向现场安全生产管理人员或者本单位负责人报告；接到报告的人员应当及时予以处理。

第57条 工会有权对建设项目的安全设施与主体工程同时设计、同时施工、同时投入生产和使用进行监督，提出意见。

工会对生产经营单位违反安全生产法律、法规，侵犯从业人员合法权益的行为，有权要求纠正；发现生产经营单位违章指挥、强令冒险作业或者发现事故隐患时，有权提出解决的建议，生产经营单位应当及时研究答复；发现危及从业人员生命安全的情况时，有权向生产经营单位建议组织从业人员撤离危险场所，生产经营单位必须立即做出处理。

工会有权依法参加事故调查，向有关部门提出处理意见，并要求追究有关人员的责任。

第58条 生产经营单位使用被派遣劳动者的，被派遣劳动者享有本法规定的从业人员的权利，并应当履行本法规定的从业人员的义务。

4.生产安全事故的应急救援与调查处理

第76条 国家加强生产安全事故应急能力建设，在重点行业、领域建立应急救援基地和应急救援队伍，鼓励生产经营单位和其他社会力量建立应急救援队伍，配备相应的应急救援装备和物资，提高应急救援的专业化水平。

第78条 生产经营单位应当制定本单位生产安全事故应急救援预案，与所在地县级以上地方人民政府组织制定的生产安全事故应急救援预案相衔接，并定期组织演练。

第80条 生产经营单位发生生产安全事故后，事故现场有关人员应当立即报告本单位负责人。

单位负责人接到事故报告后，应当迅速采取有效措施，组织抢救，防止事故扩大，减少人员伤亡和财产损失，并按照国家有关规定立即如实报告当地负有安全生产监督管理职责的部门，不得隐瞒不报、谎报或者迟报，不得故意破坏事故现场、毁灭有关证据。

第83条 事故调查处理应当按照科学严谨、依法依规、实事求是、注重实效的原则，及时、准确地查清事故原因，查明事故性质和责任，总结事故教训，提出整改措施，并对事故责任者提出处理意见。事故调查报告应当依法及时向社会公布。事故调查和处理的具体办法由国务院制定。

事故发生单位应当及时全面落实整改措施，负有安全生产监督管理职责的部门应当加强监督检查。

第 84 条　生产经营单位发生生产安全事故,经调查确定为责任事故的,除了应当查明事故单位的责任并依法予以追究外,还应当查明对安全生产的有关事项负有审查批准和监督职责的行政部门的责任,对有失职、渎职行为的,依照本法第 77 条的规定追究法律责任。

第 85 条　任何单位和个人不得阻挠和干涉对事故的依法调查处理。

二、《公路法》

《公路法》由第八届全国人民代表大会常务委员会第二十六次会议于 1997 年 7 月 3 日通过,以中华人民共和国主席令第 19 号发布,自 1998 年 1 月 1 日起施行。《公路法》有关安全生产的法律规定主要有:

1. 公路养护作业中的安全管理

《公路法》规定,为保障公路养护人员的人身安全,公路养护人员进行养护作业时,应当穿着统一的安全标志服。利用车辆进行养护作业时,应当在公路作业车辆上设置明显的作业标志。公路养护车辆进行作业时,在不影响过往车辆通行的前提下,其行驶路线和方向不受公路标志、标线限制。过往车辆对公路养护车辆和人员应当注意避让。

2. 路政管理中的安全管理

《公路法》规定,在大、中型公路桥梁和渡口周围 200m、公路隧道上方和洞口外 100m 范围内,以及在公路两侧一定距离内,不得挖砂、采石、取土、倾倒废弃物,不得进行爆破作业及其他危及公路、公路桥梁、公路隧道、公路渡口安全的活动。

三、《劳动法》

《劳动法》由第八届全国人民代表大会第八次会议于 1994 年 7 月 5 日通过,以中华人民共和国主席令第 28 号发布,1995 年 1 月 1 日起施行。劳动法是调整劳动关系以及与劳动关系密切联系的其他关系的法律规范。《劳动法》中有关安全生产的规定主要有以下几个方面。

1. 用人单位在职业安全卫生方面的职责

《劳动法》第 52 条规定“用人单位必须建立、健全职业安全卫生制度,严格执行国家职业安全卫生规程和标准,对劳动者进行职业安全卫生教育,防止劳动过程中的事故,减少职业危害。”根据本条款的规定,职业安全卫生制度包括以下几项内容:用人单位必须建立、健全职业安全卫生制度;用人单位必须执行国家职业安全卫生规程和标准;用人单位必须对劳动者进行职业安全卫生教育。

《劳动法》第 53 条规定“职业安全卫生设施必须符合国家规定的标准。新建、改建、扩建工程的职业安全卫生设施必须与主体工程同时设计、同时施工、同时投入生产和使用。”职业安全卫生设施是指安全技术方面的设施、劳动卫生方面的设施、生产性辅助设施(如女工卫生室、更衣室、饮水设施等)。国家规定的标准是指行政主管部门和各行业主管部门制定的一系列技术标准。

2. 职业安全卫生条件及劳动防护用品要求

《劳动法》第 54 条规定“用人单位必须为劳动者提供符合国家规定的职业安全卫生条件和必要的劳动防护用品。对从事有职业危害作业的劳动者应当定期进行健康检查。”

3. 建立伤亡事故和职业病统计报告和处理制度

在劳动生产过程中,由于各种原因发生伤亡事故,产生职业病是不可避免的,为了真实地掌握情况,有效地采取对策,预防或防止事故隐患和职业病的发生,在《劳动法》中特别提出了“建立伤亡事故和职业病统计报告的处理制度”。

4. 对劳动者的职业培训

《劳动法》第55条规定“从事特种作业的劳动者必须经过专门培训并取得特种作业资格。”

5. 劳动者在职业安全卫生方面的权利和义务

《劳动法》第56条规定“劳动者劳动过程中必须严格遵守安全操作规程。劳动者对用人单位管理人员违章指挥、强令冒险作业,有权拒绝执行;对危害生命安全和身体健康的行为,有权提出批评、检举和控告。”

四、《劳动合同法》

2007年6月29日,第十届全国人民代表大会常务委员会第二十八次会议通过了《劳动合同法》,以中华人民共和国主席令第65号发布,自2008年1月1日起施行。其立法目的是为了保护劳动者的合法权益,调整劳动关系,建立和维护适应社会主义市场经济的劳动制度,促进经济发展和社会进步。《劳动合同法》中有关安全生产的规定主要有:

(1)用人单位在制定、修改或者决定有关劳动报酬、工作时间、休息休假、劳动安全卫生、保险福利、职工培训、劳动纪律以及劳动定额管理等直接涉及劳动者切身利益的规章制度或者重大事项时,应当经职工代表大会或者全体职工讨论,提出方案和意见,与工会或者职工代表平等协商确定。

(2)用人单位招用劳动者时,应当如实告知劳动者工作内容、工作条件、工作地点、职业危害、安全生产状况、劳动报酬,以及劳动者要求了解的其他情况;用人单位有权了解劳动者与劳动合同直接相关的基本情况,劳动者应当如实说明。

(3)劳动者拒绝用人单位管理人员违章指挥、强令冒险作业的,不视为违反劳动合同。劳动者对危害生命安全和身体健康的劳动条件,有权对用人单位提出批评、检举和控告。

(4)用人单位违章指挥、强令冒险作业危及劳动者人身安全的,劳动者可以立即解除劳动合同,不需事先告知用人单位。

(5)违章指挥或者强令冒险作业危及劳动者人身安全的,或劳动条件恶劣、环境污染严重,给劳动者身心健康造成严重损害的,依法给予行政处罚;构成犯罪的,依法追究刑事责任;给劳动者造成损害的,应当承担赔偿责任。

五、《职业病防治法》

《职业病防治法》由第九届全国人民代表大会常务委员会第二十四次会议于2001年10月27日通过,自2002年5月1日起施行。2011年12月31日第十一届全国人民代表大会常务委员会第二十四次会议通过《关于修改<中华人民共和国职业病防治法>的决定》,并以中华人民共和国主席令第52号发布,自2011年12月31日起实施。其立法目的是为了预防、控制和消除职业病危害,防治职业病,保护劳动者健康及其相关权益,促进经济社会发展。《职业病防治法》与高速公路运营企业安全生产相关的内容主要有:

1. 用人单位的主要职责

(1)健康保障义务。为劳动者创造符合国家职业卫生标准和卫生要求的工作环境和条件,并采取措施保障劳动者获得职业卫生保护。

(2)职业病防治的管理义务。用人单位的主要负责人对本单位的职业病防治工作全面负责。

(3)保险义务。用人单位必须依法参加工伤保险。用人单位工作场所存在职业病目录所列职业病的危害因素的,应当及时、如实向所在地安全生产监督管理部门申报危害项目,接受监督。用人单位应当保障职业病防治所需的资金投入;用人单位采用有效的职业病防护设施,并为劳动者提供个人使用的职业病防护用品。用人单位应当定期对工作场所进行职业病危害因素检测、评价,并定期公布结果。

(4)告知义务。用人单位对劳动者进行培训。用人单位不得安排未成年工从事接触职业病危害的作业;不得安排孕期、哺乳期的女职工从事对本人和胎儿、婴儿有危害的作业。用人单位应当保障职业病病人依法享受国家规定的职业病待遇。用人单位应当按照国家有关规定,安排职业病病人进行治疗、康复和定期检查。劳动者申请职业病诊断或鉴定时,用人单位应当如实提供职业病诊断所需的有关职业卫生和健康监护等资料。

2. 劳动者的权利

(1)知情权。根据《职业病防治法》的规定,产生职业病危害的用人单位,应当在醒目位置设置公告栏,公布有关职业病防治的规章制度、操作规程、职业病危害事故应急救援措施和工作场所职业病危害因素检测结果。对产生严重职业病危害的作业岗位,应当在其醒目位置,设置警示标识和中文警示说明。向用人单位提供可能产生职业病危害的设备、化学品、放射性同位素和含有放射性物质的材料的,应当提供中文说明书,并在设备的醒目位置设置警示标识和中文警示说明。《职业病防治法》还规定,用人单位与劳动者订立劳动合同(含聘用合同)时,应当将工作过程中可能产生的职业病危害及其后果、职业病防护措施和待遇等如实告知劳动者,并在劳动合同中写明,不得隐瞒或者欺骗。对从事接触职业病危害的作业的劳动者,用人单位应当组织上岗前、在岗期间和离岗时的职业健康检查,并将检查结果如实告知劳动者。劳动者有权了解工作场所产生或者可能产生的职业病危害因素、危害后果和应当采取的防护措施。

(2)培训权。用人单位当对劳动者进行上岗前的职业卫生培训和在岗期间的定期职业卫生培训,普及职业卫生知识,督促劳动者遵守职业病防治法律、法规、规章和操作规程,指导劳动者正确使用职业病防护设备和个人使用的职业病防护用品。劳动者应当学习和掌握相关的知识,遵守相关的法律、法规、规章和操作规程,正确使用、维护职业病防护设备和个人使用的职业病防护用品。劳动者有权获得职业卫生教育、培训。

(3)拒绝违章冒险权。根据《职业病防治法》的规定,劳动者有权拒绝在没有职业病防护措施下从事职业危害作业,有权拒绝违章指挥和强令的冒险作业。用人单位若与劳动者设立劳动合同时,没有将可能产生的职业病危害及其后果等告知劳动者,劳动者有权拒绝从事存在职业病危害的作业,用人单位不得因此解除或者终止与劳动者所订立的劳动合同。

(4)检举控告权。《职业病防治法》总则中明确规定,任何单位和个人有权对违反本法的行为进行检举和控告。对违反职业病防治法律、法规以及危及生命健康的行为提出批评、检举和控告,是职业病防治法赋予劳动者一项职业卫生保护权利。用人单位若因劳动者依法行使检举、控告权而降低其工资、福利等待遇或者解除、终止与其订立劳动合同,职业病防治法明确规定这种行为是无效的。

(5)特殊保障权。未成年人、女职工、有职业禁忌的劳动者,在《职业病防治法》中享有特殊的职业卫生保护的权利。根据《职业病防治法》规定,产生职业病危害的用人单位在工作场所应有配套的更衣间、洗浴间、孕妇休息间等卫生设施。国家对从事放射、高毒等作业实行特殊管理。用人单位不得安排未成年工从事接触职业病危害的作业,不得安排孕期、哺乳期的女职工从事对本人和胎儿、婴儿有危害的作业,不得安排有职业禁忌的劳动者从事其所禁忌的作业。

(6)参与决策权。参与用人单位职业卫生工作的民主管理,对职业病防治工作提出意见和建议,是职业病防治法规定的劳动者所享有的一项职业卫生保护权利。劳动者参与用人单位职业卫生工作的民主管理,是职业病防治工作的特点所决定的,也是确保劳动者权益的有效措施。劳动者本着做好职业病防治工作,应对所在的用人单位的职业病防治管理工作是否符合法律法规规定、是否科学合理等方面,直接或间接地提出意见和建议。

(7)职业健康权。对于从事接触职业病危害的作业的劳动者,用人单位除了应组织职业健康检查外,《职业病防治法》还规定了用人单位应为劳动者建立职业健康监护档案,并按照规定期限妥善保存。

对遭受或者可能会遭受急性职业病危害的劳动者，用人单位应及时组织救治，进行健康检查和医学观察，所需费用由用人单位承担。获得职业健康检查、职业病诊疗、康复等职业病防治服务，是劳动者依法享有的一项职业卫生保护权利。

当劳动者被疑患有职业病时，《职业病防治法》规定用人单位应及时安排对病人进行诊断，在病人诊断或者医学观察期间，不得解除或者终止与其订立的劳动合同。根据这个法律的规定，职业病病人依法享受国家规定的职业病待遇。用人单位应按照国家有关规定，安排病人进行治疗、康复和定期检查；对不适宜继续从事原工作的病人，应调离原岗位，并妥善安置；对从事接触职业病危害作业的劳动者，应给予适当岗位津贴。职业病病人的诊疗、康复费用，伤残以及丧失劳动能力职业病病人的社会保障，按照国家有关工伤社会保障的规定执行。

(8)损害赔偿权。用人单位应当建立，健全职业病防治责任制，加强对职业病防治的管理，提高职业病防治水平，对本单位产生的职业病危害承担责任，这是《职业病防治法》总则中的一项规定。根据这个规定，职业病病人除依法享有工伤社会保险外，依照有关民事法律，尚有获得赔偿权利的，有权向用人单位提出赔偿要求。

3. 劳动者的义务

《职业病防治法》也对劳动者的相关义务做出了规定，如履行劳动合同、遵守职业病防治法律法规规定、遵守用人单位工农业卫生规章、接受职业卫生培训、按规定使用职业卫生防护设施及个人防护用品、遵守操作规程等义务。

六、《突发事件应对法》

《突发事件应对法》由第十届全国人民代表大会常务委员会第二十九次会议于2007年8月30日通过，以中华人民共和国主席令第69号发布，自2007年11月1日起施行。《突发事件应对法》作为开展突发事件应对工作的重要法律依据，明确了应急管理主体、原则、体制、机制、程序、责任等内容，全面、系统地规范了突发事件预防与应急准备、监测与预警、应急处置与救援、事后恢复与重建等应对活动。

《突发事件应对法》强化非常状态下政府的义务，最大限度地保护公众权益。该法明确规定政府在应对突发事件的过程中，有多种措施可供选择的，应当选择有利于最大限度地保护公民、法人和其他组织权益的措施。为应对突发事件，可以征用单位和个人的财产，在使用完毕或者应急处置工作结束后，应当及时返还，被征用财产损失的，应当给予补偿。政府机关还应主动收集和掌握突发事件相关信息，并定时向社会发布与公众有关的突发事件预测信息和分析评估结果，保障公众知情权。该法做到了“瞻前”能预防，“顾后”可救援，在预防与应急准备、监测与预警、处置中的救援、事后恢复与重建等方面对政府机关做出明确职责要求。

与高速公路营运安全生产相关的内容主要有：

(1)所有单位应建立健全安全管理制度，定期检查本单位各项安全防范措施的落实情况，及时消除事故隐患；掌握并及时处理本单位存在的可能引发社会安全事件的问题，防止矛盾激化和事态扩大；对本单位可能发生的突发事件和采取安全防范措施的情况，应按照规定及时向所在地人民政府或者人民政府有关部门报告。

(2)有关单位和人员报送、报告突发事件信息，应做到及时、客观、真实，不得迟报、谎报、瞒报、漏报。

(3)受到自然灾害危害或者发生事故灾难、公共卫生事件的单位，应立即组织本单位应急救援队伍和工作人员营救受害人员，疏散、撤离、安置受到威胁的人员，控制危险源，标明危险区域，封锁危险场所，并采取其他防止危害扩大的必要措施，同时向所在地县级人民政府报告；对因本单位的问题引发的或者主体是本单位人员的社会安全事件，有关单位应当按照规定上报情况，并迅速派出负责人赶赴现场开展劝解、疏导工作。

突发事件发生地的其他单位应当服从人民政府发布的决定、命令，配合人民政府采取的应急处置措施，做好本单位的应急救援工作，并积极组织人员参加所在地的应急救援和处置工作。

(4)公民参加应急救援工作或者协助维护社会秩序期间，其在本单位的工资待遇和福利不变；表现突出、成绩显著的，应由县级以上人民政府给予表彰或者奖励。

七、《特种设备安全法》

《特种设备安全法》由中华人民共和国第十二届全国人民代表大会常务委员会第三次会议于2013年6月29日通过，2013年6月29日中华人民共和国主席令第4号公布。《特种设备安全法》分总则，生产、经营、使用、检验、检测、监督管理、事故应急救援与调查处理、法律责任、附则共7章101条，自2014年1月1日起施行。

《特种设备安全法》突出了特种设备生产、经营、使用单位的安全主体责任，明确规定：在生产环节，生产企业对特种设备的质量负责；在经营环节，销售和出租的特种设备必须符合安全要求，出租人负有对特种设备使用安全管理和维护保养的义务；在事故多发的使用环节，使用单位对特种设备使用安全负责，并负有对特种设备的报废义务，发生事故造成损害的依法承担赔偿责任。

特种设备包括锅炉、压力容器、压力管道、电梯、起重机械、客运索道、大型游乐设施、场(厂)内专用机动车辆等。这些设备一般具有在高压、高温、高空、高速条件下运行的特点，易燃、易爆、易发生高空坠落等，对人身和财产安全有较大危险性。

与高速公路营运安全生产相关的主要内容有：

第3条　特种设备安全工作应当坚持安全第一、预防为主、节能环保、综合治理的原则。

第7条　特种设备生产、经营、使用单位应当遵守本法和其他有关法律、法规，建立、健全特种设备安全和节能责任制度，加强特种设备安全和节能管理，确保特种设备生产、经营、使用安全，符合节能要求。

第8条　特种设备生产、经营、使用、检验、检测应当遵守有关特种设备安全技术规范及相关标准。

第13条　特种设备生产、经营、使用单位及其主要负责人对其生产、经营、使用的特种设备安全负责。

特种设备生产、经营、使用单位应当按照国家有关规定配备特种设备安全管理人员、检测人员和作业人员，并对其进行必要的安全教育和技能培训。

第14条　特种设备安全管理人员、检测人员和作业人员应当按照国家有关规定取得相应资格，方可从事相关工作。特种设备安全管理人员、检测人员和作业人员应当严格执行安全技术规范和管理制度，保证特种设备安全。

第15条　特种设备生产、经营、使用单位对其生产、经营、使用的特种设备应当进行自行检测和维护保养，对国家规定实行检验的特种设备应当及时申报并接受检验。

第32条　特种设备使用单位应当使用取得许可生产并经检验合格的特种设备。

禁止使用国家明令淘汰和已经报废的特种设备。

第33条　特种设备使用单位应当在特种设备投入使用前或者投入使用后30日内，向负责特种设备安全监督管理的部门办理使用登记，取得使用登记证书。登记标志应当置于该特种设备的显著位置。

第34条　特种设备使用单位应当建立岗位责任、隐患治理、应急救援等安全管理制度，制定操作规程，保证特种设备安全运行。

第35条　特种设备使用单位应当建立特种设备安全技术档案。安全技术档案应当包括以下内容：

(一)特种设备的设计文件、产品质量合格证明、安装及使用维护保养说明、监督检验证明等相关技术资料和文件。

(二)特种设备的定期检验和定期自行检查记录。

(三)特种设备的日常使用状况记录。

(四)特种设备及其附属仪器仪表的维护保养记录。

(五)特种设备的运行故障和事故记录。

第 39 条 特种设备使用单位应当对其使用的特种设备进行经常性维护保养和定期自行检查,并做出记录。

特种设备使用单位应当对其使用的特种设备的安全附件、安全保护装置进行定期校验、检修,并做出记录。

第 40 条 特种设备使用单位应当按照安全技术规范的要求,在检验合格有效期届满前一个月向特种设备检验机构提出定期检验要求。

特种设备检验机构接到定期检验要求后,应当按照安全技术规范的要求及时进行安全性能检验。特种设备使用单位应当将定期检验标志置于该特种设备的显著位置。

未经定期检验或者检验不合格的特种设备,不得继续使用。

第 41 条 特种设备安全管理人员应当对特种设备使用状况进行经常性检查,发现问题应当立即处理;情况紧急时,可以决定停止使用特种设备并及时报告本单位有关负责人。

特种设备作业人员在作业过程中发现事故隐患或者其他不安全因素,应当立即向特种设备安全管理人员和单位有关负责人报告;特种设备运行不正常时,特种设备作业人员应当按照操作规程采取有效措施保证安全。

第 42 条 特种设备出现故障或者发生异常情况,特种设备使用单位应当对其进行全面检查,消除事故隐患,方可继续使用。

第 47 条 特种设备进行改造、修理,按照规定需要变更使用登记的,应当办理变更登记,方可继续使用。

第 48 条 特种设备存在严重事故隐患,无改造、修理价值,或者达到安全技术规范规定的其他报废条件的,特种设备使用单位应当依法履行报废义务,采取必要措施消除该特种设备的使用功能,并向原登记的负责特种设备安全监督管理的部门办理使用登记证书注销手续。

前款规定报废条件以外的特种设备,达到设计使用年限可以继续使用的,应当按照安全技术规范的要求通过检验或者安全评估,并办理使用登记证书变更,方可继续使用。允许继续使用的,应当采取加强检验、检测和维护保养等措施,确保使用安全。

八、《消防法》

《消防法》由第九届全国人民代表大会常务委员会第二次会议于 1998 年 4 月 29 日通过,2008 年 10 月 28 日,第十一届全国人民代表大会常务委员会第五次会议修订,以中华人民共和国主席令第 6 号发布,自 2009 年 5 月 1 日起施行。该法的目的在于预防火灾和减少火灾危害,加强应急救援工作,保护人身、财产安全,维护公共安全。《消防法》与交通运输工程建设安全生产密切相关。

机关、团体、企业、事业等单位应当履行下列消防安全职责:

(1)落实消防安全责任制,制定本单位的消防安全制度、消防安全操作规程,制定灭火和应急疏散预案。

(2)按照国家标准、行业标准配置消防设施、器材,设置消防安全标志,并定期组织检验、维修,确保完好有效。

(3)对建筑消防设施每年至少进行一次全面检测,确保完好有效,检测记录应当完整准确,存档备查。

(4)保障疏散通道、安全出口、消防车通道畅通,保证防火防烟分区、防火间距符合消防技术标准。

(5)组织防火检查,及时消除火灾隐患。

(6)组织进行有针对性的消防演练。

(7)法律、法规规定的其他消防安全职责。单位的主要负责人是本单位的消防安全责任人。

九、《道路交通安全法》

《道路交通安全法》是为了维护道路交通秩序,预防和减少交通事故,保护人身安全,保护公民、法人和其他组织的财产安全及其他合法权益,提高道路通行效率而制定,由第十届全国人民代表大会常务委员会第五次会议于2003年10月28日修订通过,自2004年5月1日起施行。

与高速公路营运企业相关条款摘录如下:

第25条　全国实行统一的道路交通信号。交通信号包括交通信号灯、交通标志、交通标线和交通警察指挥。

交通信号灯、交通标志、交通标线的设置应当符合道路交通安全、畅通的要求和国家标准,并保持清晰、醒目、准确、完好。

根据通行需要,应当及时增设、调换、更新道路交通信号。增设、调换、更新限制性的道路交通信号,应当提前向社会公告,广泛进行宣传。

第28条　任何单位和个人不得擅自设置、移动、占用、损毁交通信号灯、交通标志、交通标线。

道路两侧及隔离带上种植的树木或者其他植物,设置的广告牌、管线等,应当与交通设施保持必要的距离,不得遮挡路灯、交通信号灯、交通标志,不得妨碍安全视距,不得影响通行。

第29条　道路、停车场和道路配套设施的规划、设计、建设,应当符合道路交通安全、畅通的要求,并根据交通需求及时调整。

公安机关交通管理部门发现已经投入使用的道路存在交通事故频发路段,或者停车场、道路配套设施存在交通安全严重隐患的,应当及时向当地人民政府报告,并提出防范交通事故、消除隐患的建议,当地人民政府应当及时做出处理决定。

第30条　道路出现坍塌、坑槽、水毁、隆起等损毁或者交通信号灯、交通标志、交通标线等交通设施损毁、灭失的,道路、交通设施的养护部门或者管理部门应当设置警示标志并及时修复。

公安机关交通管理部门发现前款情形,危及交通安全,尚未设置警示标志的,应当及时采取安全措施,疏导交通,并通知道路、交通设施的养护部门或者管理部门。

第31条　未经许可,任何单位和个人不得占用道路从事非交通活动。

第32条　因工程建设需要占用、挖掘道路,或者跨越、穿越道路架设、增设管线设施,应当事先征得道路主管部门的同意;影响交通安全的,还应当征得公安机关交通管理部门的同意。

施工作业单位应当在经批准的路段和时间内施工作业,并在距离施工作业地点来车方向安全距离处设置明显的安全警示标志,采取防护措施;施工作业完毕,应当迅速清除道路上的障碍物,消除安全隐患,经道路主管部门和公安机关交通管理部门验收合格,符合通行要求后,方可恢复通行。

对未中断交通的施工作业道路,公安机关交通管理部门应当加强交通安全监督检查,维护道路交通秩序。

第二节　高速公路营运企业安全生产相关行政法规

一、《生产安全事故报告和调查处理条例》

《生产安全事故报告和调查处理条例》(以下简称《条例》)由国务院第172次常务会议于2007年3月28日通过,自2007年6月1日起施行。《条例》是以国务院令第493号颁布,一般通称为493号令。

生产安全事故的报告和调查处理,是安全生产工作的重要环节。《条例》的颁布既是贯彻落实“三个代表”重要思想、科学发展观,坚持安全发展指导原则的法律体现,又是落实依法治国基本方略和依法治安、重典治乱的重大举措。《条例》涵盖了生产安全事故报告和调查处理工作的原则、制度、机制、程序和法律责任等重大问题并做出了相应的法律规定，实现了事故报告和处理工作的法制化、制度化、规范化。《条例》的实施对于打击安全生产领域违法行为，保障人民群众生命财产安全发挥重大作用。

1. 适用范围

《条例》的适用范围对于确定其适用的法律问题、法律关系主体、事故种类至关重要。《条例》的适用范围既要体现各行各业的事故报告和调查处理工作的一般规律，又要兼顾某些行业和领域的事故报告和调查处理工作的特殊性。为此，《条例》从以下 5 个方面对其适用范围做出了规定：

(1)普遍适用。《条例》第 2 条规定"生产经营活动中发生的造成人身伤亡或者直接经济损失的事故的报告和调查处理，适用本条例。"这样规定确立了《条例》在各类事故报告和调查处理立法中的主法地位，具有普遍约束力。鉴于《条例》是《安全生产法》的配套行政法规，因此其适用的空间范围、主体范围和行为范围与上位法是一致的，即适用于在中华人民共和国领域内的生产经营单位从事生产经营活动中发生的造成人身伤亡或者直接经济损失的事故的报告和调查处理，但排除适应的除外。

(2)衔接适用。《条例》第 45 条规定"特别重大意外事故的报告和调查处理，有关法律、行政法规、国务院另有规定的，依照其规定。"为了体现某些事故的报告和调查处理工作的特殊性，并与相关法律、行政法规相衔接，在保证国家行使时各类特别重大事故调查处理的最高行政权和普遍适用《条例》关于事故报告、调查和处理程序的基本规定的前提下，允许一些特殊行业依照有关法律、行政法规和国务院的特别规定报告和调查处理重大事故、较大事故和一般事故，如水上交通事故、煤矿事故等。这样规定，解决了不同种类事故的报告和调查处理是适用普通法还是适用特别法的问题。

(3)选择适用。《条例》第 44 条第一款规定"没有造成人员伤亡，但是社会影响恶劣的事故，国务院或者有关地方政府认为需要调查处理的，依照本条例的有关规定执行。"在实践中也有一些没有造成人员伤亡或者人员伤亡达不到相应等级但是社会影响恶劣的事故。这类事故是否需要调查处理，其选择决定权属于国务院和有关地方政府。如果决定调查处理的，由有关政府依照《条例》关于该级政府组织事故调查处理的规定执行。

(4)参照适用。《条例》第 44 条第二款规定"国家机关、事业单位、人民团体发生的事故，参照本条例执行。"各类事故中也有一些发生在国家机关、事业单位和人民团体等社会组织，这些事故发生单位虽不同于生产经营单位，但也会造成人身伤亡、直接经济损失或者恶劣的社会影响，具有危害性和违法性，应当依法报告和调查处理。《条例》关于该类事故参照适用的规定，有利于解决国家机关、事业单位、人民团体发生事故的报告和调查处理无法可依的问题。

(5)排除适用。《条例》第 2 条规定"环境污染事故、核设施事故、国防科研生产事故的报告和调查处理，不适用本条例。"鉴于上述事故的报告和调查处理非常特殊，并且国家已有相关法律规定，所以《条例》对其做出了排除适用的规定。

2. 事故等级的划分

《条例》规定的事故分级要素有三个，可以单独适用。一是人员伤亡的数量(人身要素)。安全生产和事故调查处理都要以人为本，最大限度地保护从业人员的生命安全，事故危害的最严重后果，就是造成人员死亡、重伤(中毒)。因此，《条例》将人员伤亡的数量列为事故分级的第一要素。二是直接经济损失的数额(经济要素)。事故不仅造成人员伤亡，而且经常造成直接经济损失。要保护国家、企业和人民群众的财产权，必须根据造成直接经济损失的多少来区分事故等级。三是社会影响(社会要素)。有些事故的伤亡人数、直接经济损失数额达不到法定标准，但是具有恶劣的社会影响、政治影响和国际影响，也必须列为特殊事故进行调查处理，这是维护社会稳定的需要。

根据生产安全事故造成的人员伤亡或者直接经济损失，事故分为以下等级。

(1)特别重大事故。是指造成 30 人以上死亡，或者 100 人以上重伤(包括急性工业中毒，下同)，或者1亿元以上直接经济损失的事故。

(2)重大事故。是指造成10人以上30人以下死亡,或者50人以上100人以下重伤,或者5000万元以上1亿元以下直接经济损失的事故。

(3)较大事故。是指造成3人以上10人以下死亡,或者10人以上50人以下重伤,或者1000万元以上5000万元以下直接经济损失的事故。

(4)一般事故。是指造成3人以下死亡,或者10人以下重伤,或者1000万元以下直接经济损失的事故。

上述所称的“以上”包括本数,所称的“以下”不包括本数。比如,10人以上30人以下,实际上是指10人至29人;3人以上10人以下,实际上是指3人至9人。这可能与其他法律、行政法规中所称的“以上”“以下”的含义有所不同。因此,条例专门对此做出明确解释。

需要说明的是,条例规定的事故分级,包括伤亡人数的标准及相关事故等级的名称,与目前实践中掌握、执行的事故分级可能不完全一致。这是条例对事故等级划分做出的新的统一规定。条例实施后,在事故报告和调查处理工作中,有关部门事故发生单位等各个方面应当对现有的做法作相应的调整,严格按照条例规定的事故等级划分标准开展事故报告和调查处理工作。

3.事故报告

1)事故报告主体和报告对象

(1)事故发生单位现场人员。报告本单位负责人,紧急情况可直接报告政府有关职能部门。

(2)事故单位负责人。报告县级以上有关政府职能部门。

(3)有关政府职能部门。按照事故大小上报不同级别政府职能部门,同时报告本级人民政府,并通知同级公安等有关部门。紧急情况可越级上报。

(4)有关地方人民政府。报告上一级人民政府。

2)事故报告程序

(1)事故发生单位向政府职能部门报告。

(2)政府部门报告程序。特别重大事故、重大事故逐级上报至国务院安全生产监督管理部门和负有安全生产监督管理职责的有关部门。较大事故逐级上报至省、自治区、直辖市人民政府安全生产监督管理部门和负有安全生产监督管理责任的有关部门;一般事故上报至设区的市级人民政府安全生产监督管理部门和负有安全生产监督管理职责的有关部门。

(3)越级报告。一是事故发生单位越级报告。情况紧急时,事故现场有关人员可以直接向事故发生地县级以上人民政府安全生产监督管理部门和负有安全生产监督管理职责的有关部门报告。二是安监部门和有关部门越级报告。必要时,安全生产监督管理部门和负有安全生产监督管理职责的有关部门可以越级上报事故情况。

(4)事故补报。事故发生之日起30日内(道路交通、灭火事故7日内),伤亡人数发生变化,事故发生单位、安监部门和有关部门应及时补报。

3)事故报告时限

事故发生单位事故报告时限为1小时;政府职能部门事故报告时限为每级上报时间不得超过2小时。

4)事故报告内容

包括:事故发生单位概况;事故发生的时间、地点以及事故现场情况;事故的简要经过;事故已经造成或者可能造成的伤亡人数(包括下落不明的人数)和初步估计的直接经济损失;已经采取的措施;其他应当报告的情况。

5)事故报告原则

及时、准确、完整原则和不得迟报、漏报、谎报、瞒报原则。

4. 事故调查

1)事故调查原则

(1)及时、准确查清事故经过、事故原因和事故损失。

(2)查明事故性质,认定事故责任。

(3)总结事故教训,提出整改措施。

(4)对事故责任者依法追究责任。

2)事故调查权

(1)事故调查工作由政府负责。

(2)按照事故大小,事故调查工作由不同级别政府负责。特别重大事故由国务院直接组织事故调查组或国务院授权有关部门调查;重大事故由省级人民政府直接组织事故调查组或授权或委托有关部门调查;较大事故由设区的市级人民政府直接组织事故调查组或授权或委托有关部门调查;一般事故由县级人民政府直接组织事故调查组或授权或委托有关部门调查。

(3)上级人民政府认为必要,可以调查由下级人民政府负责调查的事故。事故发生之日起30日内(道路交通、火灾事故7日内),事故伤亡人数变化而导致事故等级变化,上级人民政府可以另行组织调查。

(4)特别重大事故以下等级事故,事故发生地与事故发生单位不在同一个县级以上行政区域,由事故发生地人民政府负责调查。

3)事故调查组组成

包括人民政府、安全生产监管部门、安全生产监管有关部门、监察机关、公安部门、工会、有关专家和人民检察院等。

4)事故调查组成员资格

具备事故调查所需的知识和专长;与被调查事故没有直接利害关系;事故调查组长由负责事故调查的人民政府指定。

5)事故调查组职责

(1)查明事故发生的经过、原因、人员伤亡情况及直接经济损失。

(2)认定事故的性质和事故责任。

(3)提出对事故责任者的处理建议。

(4)总结事故教训,提出防范和整改措施。

(5)提交事故调查报告。

6)事故调查组的权利和义务

(1)向有关单位和个人了解情况、查阅有关文件、资料。

(2)发现涉嫌犯罪的,应及时向司法机关移交有关材料。

(3)可委托有关单位进行技术鉴定。

(4)诚信公正、保守秘密。

(5)不得擅自发布有关事故信息。

7)事故调查时限

(1)自事故发生之日起60日内提交事故调查报告。

(2)特殊情况,提交事故报告可延长,但最长不超过60日。

8)事故调查报告内容

(1)事故发生单位概况。

(2)事故发生经过和事故救援情况。

(3)事故造成的人员伤亡和直接经济损失。

(4)事故发生的原因和事故性质。

(5)事故责任的认定以及对事故责任者的处理建议。

(6)事故防范和整改措施。

事故调查组成员在报告上签字,事故调查报告报送负责事故调查的人民政府。

5. 事故处理

1)事故批复主体

即负责事故调查的人民政府。

2)事故批复时限

特大重大事故自收到事故调查报告之日起 30 日内做出批复(最多延长 30 日);其他事故自收到事故调查报告之日起 15 日内做出批复。

3)事故批复落实

依权限和程序,对有关责任人员进行相关处罚;事故发生单位落实整改措施,并接受工会及职工监督;安全生产监管部门和有关部门对整改情况监督检查。

4)事故处理情况公布

负责事故调查的人民政府或授权有关部门向社会公布事故处理情况。

二、《收费公路管理条例》

为了加强对收费公路的管理,规范公路收费行为,维护收费公路的经营管理者和使用者的合法权益,促进公路事业的发展,根据《中华人民共和国公路法》(以下简称《公路法》),2004 年 8 月 18 日国务院第 61 次常务会议通过,以中华人民共和国国务院令第 417 号发布,制定《收费公路管理条例》,自 2004 年 11 月 1 日起施行。

本条例所称收费公路,是指符合公路法和本条例规定,经批准依法收取车辆通行费的公路(含桥梁和隧道)。收费公路的经营管理者,经依法批准有权向通行收费公路的车辆收取车辆通行费。任何单位或者个人不得以任何形式非法干预收费公路的经营管理,挤占、挪用收费公路经营管理者依法收取的车辆通行费。

1. 收费公路建设和收费站设置

(1)建设收费公路,应当符合国家和省、自治区、直辖市公路发展规划,符合本条例规定的收费公路的技术等级和规模。

(2)县级以上地方人民政府交通主管部门利用贷款或者向企业、个人有偿集资建设的公路(以下简称政府还贷公路),国内外经济组织投资建设或者依照公路法的规定受让政府还贷公路收费权的公路(以下简称经营性公路),经依法批准后,方可收取车辆通行费。

(3)经营性公路建设项目应当向社会公布,采用招标投标方式选择投资者。

经营性公路由依法成立的公路企业法人建设、经营和管理。

(4)收费公路收费站的设置,由省、自治区、直辖市人民政府按照规定审查批准,高速公路除两端出入口外,不得在主线上设置收费站。但是,省、自治区、直辖市之间确需设置收费站的除外。

(5)高速公路应当实行计算机联网收费,减少收费站点,提高通行效率。联网收费的具体办法由国务院交通主管部门会同国务院有关部门制定。

(6)收费公路的收费期限,由省、自治区、直辖市人民政府按照下列标准审查批准:

①政府还贷公路的收费期限,按照用收费偿还贷款、偿还有偿集资款的原则确定,最长不得超过 15 年。国家确定的中西部省、自治区、直辖市的政府还贷公路收费期限,最长不得超过 20 年。

②经营性公路的收费期限,按照收回投资并有合理回报的原则确定,最长不得超过 25 年。国家确

定的中西部省、自治区、直辖市的经营性公路收费期限，最长不得超过30年。

(7)车辆通行费的收费标准，应当依照价格法律、行政法规的规定进行听证，并按照下列程序审查批准：

①政府还贷公路的收费标准，由省、自治区、直辖市人民政府交通主管部门会同同级价格主管部门、财政部门审核后，报本级人民政府审查批准。

②经营性公路的收费标准，由省、自治区、直辖市人民政府交通主管部门会同同级价格主管部门审核后，报本级人民政府审查批准。

(8)车辆通行费的收费标准，应当根据公路的技术等级、投资总额、当地物价指数、偿还贷款或者有偿集资款的期限和收回投资的期限以及交通量等因素计算确定。对在国家规定的绿色通道上运输鲜活农产品的车辆，可以适当降低车辆通行费的收费标准或者免交车辆通行费。

修建与收费公路经营管理无关的设施、超标准修建的收费公路经营管理设施和服务设施，其费用不得作为确定收费标准的因素。

车辆通行费的收费标准需要调整的，应当依照本条例第十五条规定的程序办理。

(9)依照本条例规定的程序审查批准的收费公路收费站、收费期限、车辆通行费收费标准或者收费标准的调整方案，审批机关应当自审查批准之日起10日内将有关文件向国务院交通主管部门和国务院价格主管部门备案；其中属于政府还贷公路的，还应当自审查批准之日起10日内向国务院财政部门备案。

(10)建设收费公路，高速公路连续里程30km以上。

2. 收费公路经营管理

(1)收费公路建成后，应当按照国家有关规定进行验收；验收合格的，方可收取车辆通行费。收费公路不得边建设边收费。

(2)收费公路经营管理者应当按照国家规定的标准和规范，对收费公路及沿线设施进行日常检查、维护，保证收费公路处于良好的技术状态，为通行车辆及人员提供优质服务。

收费公路的养护应当严格按照工期施工、竣工，不得拖延工期，不得影响车辆安全通行。

(3)收费公路经营管理者应当在收费站的显著位置，设置载有收费站名称、审批机关、收费单位、收费标准、收费起止年限和监督电话等内容的公告牌，接受社会监督。

(4)收费公路经营管理者应当按照国家规定的标准，结合公路交通状况、沿线设施等情况，设置交通标志、标线。

交通标志、标线必须清晰、准确、易于识别。重要的通行信息应当重复提示。

(5)收费道口的设置，应当符合车辆行驶安全的要求；收费道口的数量，应当符合车辆快速通过的需要，不得造成车辆堵塞。

(6)收费站工作人员的配备，应当与收费道口的数量、车流量相适应，不得随意增加人员。

收费公路经营管理者应当加强对收费站工作人员的业务培训和职业道德教育，收费人员应当做到文明礼貌，规范服务。

(7)遇有公路损坏、施工或者发生交通事故等影响车辆正常安全行驶的情形时，收费公路经营管理者应当在现场设置安全防护设施，并在收费公路出入口进行限速、警示提示，或者利用收费公路沿线可变信息板等设施予以公告；造成交通堵塞时，应当及时报告有关部门并协助疏导交通。

遇有公路严重损毁、恶劣气象条件或者重大交通事故等严重影响车辆安全通行的情形时，公安机关应当根据情况，依法采取限速通行、关闭公路等交通管制措施。收费公路经营管理者应当积极配合公安机关，及时将有关交通管制的信息向通行车辆进行提示。

(8)收费公路经营管理者收取车辆通行费，必须向收费公路使用者开具收费票据。政府还贷公路的收费票据，由省、自治区、直辖市人民政府财政部门统一印(监)制。经营性公路的收费票据，由省、自治区、直辖市人民政府税务部门统一印(监)制。

(9)在收费公路上行驶的车辆不得超载。

发现车辆超载时,收费公路经营管理者应当及时报告公安机关,由公安机关依法予以处理。

(10)收费公路经营管理者不得有下列行为:

①擅自提高车辆通行费收费标准。

②在车辆通行费收费标准之外加收或者代收任何其他费用。

③强行收取或者以其他不正当手段按车辆收取某一期间的车辆通行费。

④不开具收费票据,开具未经省、自治区、直辖市人民政府财政、税务部门统一印(监)制的收费票据或者开具已经过期失效的收费票据。

有前款所列行为之一的,通行车辆有权拒绝交纳车辆通行费。

(11)政府还贷公路的管理者收取的车辆通行费收入,应当全部存入财政专户,严格实行收支两条线管理。

政府还贷公路的车辆通行费,除必要的管理、养护费用从财政部门批准的车辆通行费预算中列支外,必须全部用于偿还贷款和有偿集资款,不得挪作他用。

(12)收费公路的收费期限届满,必须终止收费。

政府还贷公路在批准的收费期限届满前已经还清贷款、还清有偿集资款的,必须终止收费。

依照本条前两款的规定,收费公路终止收费的,有关省、自治区、直辖市人民政府应当向社会公告,明确规定终止收费的日期,接受社会监督。

(13)收费公路终止收费前6个月,省、自治区、直辖市人民政府交通主管部门应当对收费公路进行鉴定和验收。经鉴定和验收,公路符合取得收费公路权益时核定的技术等级和标准的,收费公路经营管理者方可按照国家有关规定向交通主管部门办理公路移交手续;不符合取得收费公路权益时核定的技术等级和标准的,收费公路经营管理者应当在交通主管部门确定的期限内进行养护,达到要求后,方可按照规定办理公路移交手续。

(14)收费公路终止收费后,收费公路经营管理者应当自终止收费之日起15日内拆除收费设施。

(15)任何单位或者个人不得通过封堵非收费公路或者在非收费公路上设卡收费等方式,强迫车辆通行收费公路。

(16)收费公路经营管理者应当按照国务院交通主管部门和省、自治区、直辖市人民政府交通主管部门的要求,及时提供统计资料和有关情况。

(17)收费公路的养护、绿化和公路用地范围内的水土保持及路政管理,依照公路法的有关规定执行。

(18)本条例施行前在建的和已投入运行的收费公路,由国务院交通主管部门会同国务院发展改革部门和财政部门依照本条例规定的原则进行规范。具体办法由国务院交通主管部门制定。

三、《工伤保险条例》

为了保障因工作遭受事故伤害或者患职业病的职工获得医疗救治和经济补偿,促进工伤预防和职业康复,分散用人单位的工伤风险,制定本条例,并于2004年1月1日起施行。《国务院关于修改〈工伤保险条例〉的决定》已经2010年12月8日国务院第136次常务会议通过,以国务院令〔2003〕586号公布,自2011年1月1日起施行。

第1条 为了保障因工作遭受事故伤害或者患职业病的职工获得医疗救治和经济补偿,促进工伤预防和职业康复,分散用人单位的工伤风险,制定本条例。

第2条 中华人民共和国境内的企业、事业单位、社会团体、民办非企业单位、基金会、律师事务所、会计师事务所等组织和有雇工的个体工商户(以下称用人单位)应当依照本条例规定参加工伤保险,为本单位全部职工或者雇工(以下称职工)缴纳工伤保险费。

中华人民共和国境内的企业、事业单位、社会团体、民办非企业单位、基金会、律师事务所、会计师事务所等组织的职工和个体工商户的雇工，均有依照本条例的规定享受工伤保险待遇的权利。

第3条 工伤保险费的征缴按照《社会保险费征缴暂行条例》关于基本养老保险费、基本医疗保险费、失业保险费的征缴规定执行。

第4条 用人单位应当将参加工伤保险的有关情况在本单位内公示。

用人单位和职工应当遵守有关安全生产和职业病防治的法律法规，执行安全卫生规程和标准，预防工伤事故发生，避免和减少职业病危害。

职工发生工伤时，用人单位应当采取措施使工伤职工得到及时救治。

四、国务院《关于进一步加强企业安全生产工作的通知》

近年来，全国生产安全事故逐年下降，安全生产状况总体稳定、趋于好转，但形势依然十分严峻，事故总量仍然很大，非法违法生产现象严重，重特大事故多发频发，给人民群众生命财产安全造成重人损失，暴露出一些企业重生产轻安全、安全管理薄弱、主体责任不落实，一些地方和部门安全监管不到位等突出问题。

为进一步加强安全生产工作，全面提高企业安全生产水平，国务院于2010年7月19日颁发了《关于进一步加强企业安全生产工作的通知》（以下简称《通知》）。《通知》是继2004年国务院《关于进一步加强安全生产工作的决定》之后，国务院在加强安全生产工作方面的重大举措，充分体现了党中央、国务院对安全生产工作的高度重视。《通知》进一步明确了现阶段安全生产工作的总体要求和目标任务，提出了新形势下加强安全生产工作的一系列政策措施，涵盖企业安全管理、技术保障、产业升级、应急救援、安全监管、安全准入、指导协调、考核监督和责任追究等多个方面，是指导全国安全生产工作的纲领性文件。

《通知》分9部分32条，体现了党中央、国务院关于加强安全生产工作的重要决策部署和系列指示精神，体现了“安全发展，预防为主”的原则要求和安全生产工作标本兼治、重在治本，重心下移、关口前移的总体思路。

1. 总体要求

《通知》提出了“三个坚持”的工作要求，即：

（1）坚持以人为本，牢固树立安全发展的理念，切实转变经济发展方式，把经济发展建立在安全生产有可靠保障的基础上。

（2）坚持“安全第一、预防为主、综合治理”的方针，从管理、制度、标准和技术等方面，全面加强企业安全管理。

（3）坚持依法依规生产经营，集中整治非法违法行为，强化责任落实和责任追究。

这“三个坚持”是指导和推动加强企业安全生产工作的总体要求，必须贯穿安全生产工作的全过程。

《通知》提出的主要任务是紧紧抓住重特大事故多发的8个重点行业领域，分别为煤矿、非煤矿山、交通运输、建筑施工、危险化学品、烟花爆竹、民用爆炸物品、冶金等。这8大领域事故易发、多发、频发，重特大事故集中，长期以来尚未得到切实有效遏制。当前和今后一个时期，必须从这8个重点行业领域入手，紧紧抓住不放，落实企业安全生产主体责任，强化企业安全管理；落实政府和部门的安全监管责任，推动提升企业安全生产水平。

2. 严格企业安全管理

（1）进一步规范企业生产经营行为。企业要健全完善严格的安全生产规章制度，坚持不安全不生产。加强对生产现场监督检查，严格查处违章指挥、违规作业、违反劳动纪律的“三违”行为。凡超能力、超强度、超定员组织生产的，要责令停产停工整顿，并对企业和企业主要负责人依法给予规定上限的经济处罚。对以整合、技改名义违规组织生产，以及规定期限内未实施改造或故意拖延改造工期的矿井，由地方政府依法予以关闭。要加强对境外中资企业安全生产工作的指导和管理，严格落实境内投资主体和派出企业的安全生产监督责任。

（2）及时排查治理安全隐患。企业要开展经常性安全隐患排查，并切实做到整改措施、责任、资金、时限和预案“五到位”，建立以安全生产专业人员为主导的隐患整改效果评价制度，确保整改到位。对隐患整改不力造成事故的，要依法追究企业和企业相关负责人的责任。对停产整改逾期未完成的不得复产。

（3）强化生产过程管理的领导责任。企业主要负责人和领导班子成员要轮流现场带班。

煤矿、非煤矿山要有矿领导带班并与工人同时下井、同时升井，对无企业负责人带班下井或该带班而未带班的，对有关责任人按擅离职守处理，同时给予规定上限的经济处罚。发生事故而没有领导现场带班的，对企业给予规定上限的经济处罚，并依法从重追究企业主要负责人的责任。

（4）强化职工安全培训。企业主要负责人和安全生产管理人员、特殊工种人员一律严格考核，按国家有关规定持职业资格证书上岗；职工必须全部经过培训合格后上岗。企业用工要严格依照劳动合同法与职工签订劳动合同。凡存在不经培训上岗、无证上岗的企业，依法停产整顿。没有对井下作业人员进行安全培训教育，或存在特种作业人员无证上岗的企业，情节严重的要依法予以关闭。

（5）全面开展安全达标。深入开展以岗位达标、专业达标和企业达标为内容的安全生产标准化建设，凡在规定时间内未实现达标的企业要依法暂扣其生产许可证、安全生产许可证，责令停产整顿；对整改逾期未达标的，地方政府要依法予以关闭。

3. 建设坚实的技术保障体系

（1）加强企业生产技术管理。强化企业技术管理机构的安全职能，按规定配备安全技术人员，切实落实企业负责人安全生产技术管理负责制，强化企业主要技术负责人技术决策和指挥权。因安全生产技术问题不解决产生重大隐患的，要对企业主要负责人、主要技术负责人和有关人员给予处罚；发生事故的，依法追究责任。

（2）加快安全生产技术研发。企业在年度财务预算中必须确定必要的安全投入。国家鼓励企业开展安全科技研发，加快安全生产关键技术装备的换代升级。进一步落实《国家中长期科学和技术发展规划纲要（2006～2020年）》等，加大对高危行业安全技术、装备、工艺和产品研发的支持力度，引导高危行业提高机械化、自动化生产水平，合理确定生产一线用工。“十二五”期间要继续组织研发一批提升我国重点行业领域安全生产保障能力的关键技术和装备项目。

4. 实施更加有力的监督管理

（1）进一步加大安全监管力度。强化安全生产监管部门对安全生产的综合监管，全面落实公安、交通运输、国土资源、建设、工商、质检等部门的安全生产监督管理及工业主管部门的安全生产指导职责，形成安全生产综合监管与行业监管指导相结合的工作机制，加强协作，形成合力。在各级政府统一领导下，严厉打击非法违法生产、经营、建设等影响安全生产的行为，安全生产综合监管和行业管理部门要会同司法机关联合执法，以强有力措施查处、取缔非法企业。对重大安全隐患治理实行逐级挂牌督办、公告制度，重大隐患治理由省级安全生产监管部门或行业主管部门挂牌督办，国家相关部门加强督促检查。对拒不执行监管监察指令的企业，要依法依规从重处罚。进一步加强监管力量建设，提高监管人员专业素质和技术装备水平，强化基层站点监管能力，加强对企业安全生产的现场监管和技术指导。

（2）强化企业安全生产属地管理。安全生产监管监察部门、负有安全生产监管职责的有关部门和行业管理部门要按职责分工，对包括中央、省属企业在内的当地企业实行严格的安全生产监督检查和管理，组织对企业安全生产状况进行安全标准化分级考核评价，评价结果向社会公开，并向银行业、证券业、保险业、担保业等主管部门通报，作为企业信用评级的重要参考依据。

(3)加强社会监督和舆论监督。要充分发挥工会、共青团、妇联组织的作用,依法维护和落实企业职工对安全生产的参与权与监督权,鼓励职工监督举报各类安全隐患,对举报者予以奖励。有关部门和地方要进一步畅通安全生产的社会监督渠道,设立举报箱,公布举报电话,接受人民群众的公开监督。要发挥新闻媒体的舆论监督,对舆论反映的客观问题要深查原因,切实整改。

5. 建设更加高效的应急救援体系

(1)加快国家安全生产应急救援基地建设。推进公路交通、铁路运输、水上搜救、船舶溢油、油气田、危险化学品等行业(领域)国家救援基地和队伍建设,鼓励和支持各地区、各部门、各行业依托大型企业和专业救援力量,加强服务周边的区域件应急救援能力建设。

(2)建立完善企业安全生产预警机制。企业要建立完善安全生产动态监控及预警预报体系,每月进行一次安全生产风险分析。发现事故征兆要立即发布预警信息,落实防范和应急处置措施。对重大危险源和重大隐患要报当地安全生产监管监察部门、负有安全生产监管职责的有关部门和行业管理部门备案。涉及国家秘密的,按有关规定执行。

(3)完善企业应急预案。企业应急预案要与当地政府应急预案保持衔接,并定期进行演练。赋予生产现场带班人员、班组长和调度人员在遇到险情时第一时间下达停产撤人命令的直接决策权和指挥权。因撤离不及时导致人身伤亡事故的,要从重追究相关人员的法律责任。

6. 严格行业安全准入

(1)加快完善安全生产技术标准。各行业管理部门和负有安全生产监管职责的有关部门要根据行业技术进步和产业升级的要求,加快制定修订生产、安全技术标准,制定和实施高危行业从业人员资格标准。对实施许可证管理制度的危险性作业要制定落实专项安全技术作业规程和岗位安全操作规程。

(2)严格安全生产准入前置条件。把符合安全生产标准作为高危行业企业准入的前置条件,实行严格的安全标准核准制度。

(3)发挥安全生产专业服务机构的作用。依托科研院所,结合事业单位改制,推动安全生产评价、技术支持、安全培训、技术改造等服务性机构的规范发展。制定完善安全生产专业服务机构管理办法,保证专业服务机构从业行为的专业性、独立性和客观性。专业服务机构对相关评价、鉴定结论承担法律责任,对违法违规、弄虚作假的,要依法依规从严追究相关人员和机构的法律责任,并降低或取消相关资质。

7. 加强政策引导

(1)制定促进安全技术装备发展的产业政策。要鼓励和引导企业研发、采用先进适用的安全技术和产品,鼓励安全生产适用技术和新装备、新工艺、新标准的推广应用。把安全检测监控、安全避险、安全保护、个人防护、灾害监控、特种安全设施及应急救援等安全生产专用设备的研发制造作为安全产业加以培育,纳入国家振兴装备制造业的政策支持范畴。大力发展安全装备融资租赁业务,促进高危行业企业加快提升安全装备水平。

(2)加大安全专项投入。加强对高危行业企业安全生产费用提取和使用管理的监督检查,进一步完善高危行业企业安全生产费用财务管理制度,研究提高安全生产费用提取下限标准,适当扩大适用范围。依法加强道路交通事故社会救助基金制度建设,加快建立完善水上搜救奖励与补偿机制。高危行业企业探索实行全员安全风险抵押金制度。完善落实工伤保险制度,积极稳妥推行安全生产责任保险制度。

(3)提高工伤事故死亡职工一次性赔偿标准。从 2011 年 1 月 1 日起,依照《工伤保险条例》的规定,对因生产安全事故造成的职工死亡其一次性工亡补助金标准调整为按全国上一年度城镇居民人均可支配收入的 20 倍计算,发放给死亡职工近亲属。同时,依法确保工亡职工一次性丧葬补助金、供养亲属抚恤金的发放。

8. 实行更加严格的考核和责任追究

(1)严格落实安全目标考核。对各地区、各有关部门和企业完成年度生产安全事故控制指标情况进行严格考核,并建立激励约束机制。加大重特大事故的考核权重,发生特别重大生产安全事故的,要根据情节轻重,追究地市级分管领导或主要领导的责任;后果特别严重、影响特别恶劣的,要按规定追究省部级相关领导的责任。加强安全生产基础工作考核,加快推进安全生产长效机制建设,坚决遏制重特大事故的发生。

(2)加大对事故企业负责人的责任追究力度。企业发生重大生产安全责任事故,追究事故企业主要负责人责任;触犯法律的,依法追究事故企业主要负责人或企业实际控制人的法律责任。发生特别重大事故,除追究企业主要负责人和实际控制人责任外,还要追究上级企业主要负责人的责任;触犯法律的,依法追究企业主要负责人、企业实际控制人和上级企业负责人的法律责任。对重大、特别重大生产安全责任事故负有主要责任的企业,其主要负责人终身不得担任本行业企业的矿长(厂长、经理)。对非法违法生产造成人员伤亡的,以及瞒报事故、事故后逃逸等情节特别恶劣的,要依法从重处罚。

(3)加大对事故企业的处罚力度。对于发生重大、特别重大生产安全责任事故或一年内发生2次以上较大生产安全责任事故并负主要责任的企业,以及存在重大隐患整改不力的企业,由省级及以上安全监管监察部门会同有关行业主管部门向社会公告,并向投资、国土资源、建设、银行、证券等主管部门通报,一年内严格限制新增的项目核准、用地审批、证券融资等,并作为银行贷款等的重要参考依据。

(4)对打击非法生产不力的地方政府实行严格的责任追究。在所辖区域对群众举报、上级督办、日常检查发现的非法生产企业(单位)没有采取有效措施予以查处,致使非法生产企业(单位)存在的,对县(市、区)、乡(镇)人民政府主要领导以及相关责任人,根据情节轻重,给予降级、撤职或者开除的行政处分,涉嫌犯罪的,依法追究刑事责任。国家另有规定的,从其规定。

(5)建立事故查处督办制度。依法严格事故查处,对事故查处实行地方各级安全生产委员会层层挂牌督办,重大事故查处实行国务院安全生产委员会挂牌督办。事故查处结案后,要及时予以公告,接受社会监督。

五、《国务院关于坚持科学发展安全发展促进安全生产形势持续稳定好转的意见》

2011年11月26日,国务院印发了《国务院关于坚持科学发展安全发展促进安全生产形势持续稳定好转的意见》(以下简称《意见》)。这是继2004年《国务院关于进一步加强安全生产工作的决定》(以下简称《决定》)、2010年《国务院关于进一步加强企业安全生产工作的通知》(以下简称《通知》)之后,以国务院名义下发的关于安全生产工作的又一重要文件。

《意见》是在"十一五"时期安全生产工作取得显著成效,"十二五"开局之年全国安全生产状况继续保持稳定好转的发展态势,但形势依然严峻、安全发展任务十分艰巨繁重的背景下出台的。《意见》是与国务院2004年《决定》相继承,与国务院2010年《通知》相补充,与《安全生产"十二五"规划》相配套,对"十二五"乃至更长时间内的安全生产工作具有重要指导作用,是从全局和整体上推进加强安全生产工作的纲领性、规范性文件。《意见》坚持以科学发展观为指导和统揽,通篇贯穿着"以人为本、安全发展"的理念,贯穿党的"安全第一、预防为主、综合治理"的方针,充分体现了党中央、国务院在安全生产上的一系列决策部署和重要指示精神,是指导当前和今后一个时期安全生产工作的纲领性文件。主要内容如下:

(1)依法严肃查处各类事故。严格按照"科学严谨、依法依规、实事求是、注重实效"的原则,认真调查处理每一起事故,查明原因,依法严肃追究事故单位和有关责任人的责任,严厉查处事故背后的腐败行为,及时向社会公布调查进展和处理结果。认真落实事故查处分级挂牌督办、跟踪督办、警示通报、诫勉约谈和现场分析制度,深刻吸取事故教训,查找安全漏洞,完善相关管理措施,切实改进安全生产工作。

(2)强化地方人民政府安全监管责任。地方各级人民政府要健全完善安全生产责任制,把安全生产作为衡量地方经济发展、社会管理、文明建设成效的重要指标,切实履行属地管理职责,对辖区内包括中央、省属企业等各类企业实施严格的安全生产监督检查和管理。严格落实地方行政首长安全生产第一责任人的责任,建立健全政府领导班子成员安全生产"一岗双责"制度。省、市、县级政府主要负责人要定期研究部署安全生产工作,组织解决安全生产重点难点问题。

(3)切实履行部门安全生产管理和监督职责。健全完善安全生产综合监管与行业监管相结合的工作机制,强化安全生产监管部门对安全生产的综合监管,全面落实行业主管部门的专业监管、行业管理和指导职责。相关部门、境内投资主体和派出企业要切实加强对境外中资企业安全生产工作的指导和管理。要不断探索创新与经济运行、社会管理相适应的安全监管模式,建立健全与企业信誉、项目核准、用地审批、证券融资、银行贷款等方面相挂钩的安全生产约束机制。

(4)推进安全生产标准化建设。在工矿商贸和交通运输行业领域普遍开展岗位达标、专业达标和企业达标建设,对在规定期限内未实现达标的企业,要依据有关规定暂扣其生产许可证、安全生产许可证,责令停产整顿;对整改逾期仍未达标的,要依法予以关闭。加强安全标准化分级考核评价,将评价结果向银行、证券、保险、担保等主管部门通报,作为企业信用评级的重要参考依据。

(5)持续加大安全生产投入。探索建立中央、地方、企业和社会共同承担的安全生产长效投入机制,加大对贫困地区和高危行业领域倾斜,完善有利于安全生产的财政、税收、信贷政策,强化政府投资对安全生产投入的引导和带动作用。企业在年度财务预算中必须确定必要的安全投入,提足用好安全生产费用。完善落实工伤保险制度,积极稳妥推行安全生产责任保险制度,发挥保险机制的预防和促进作用。

(6)充分发挥科技支撑作用。整合安全科技优势资源,建立完善以企业为主体、以市场为导向、产学研相结合的安全技术创新体系。加快推进安全生产关键技术及装备的研发,在事故预防预警、防治控制、抢险处置等方面尽快推出一批具有自主知识产权的科技成果。积极推广应用安全性能可靠、先进适用的新技术、新工艺、新设备和新材料。企业必须加快国家规定的各项安全系统和装备建设,提高生产安全防护水平。加强安全生产信息化建设,建立健全信息科技支撑服务体系。

(7)加强安全人才和监管监察队伍建设。加强安全科学与工程学科建设,办好安全工程类高等教育和职业教育,重点培养中高级安全工程与管理人才。鼓励高等院校、职业学校进一步落实完善校企合作办学、对口单招、订单式培养等政策,加快培养高危行业专业人才和生产一线急需的技能型人才。加快建设专业化的安全监管监察队伍,建立以岗位职责为基础的能力评价体系,加强在岗人员业务培训。进一步充实基层监管力量,改善监管监察装备和条件,创新安全监管监察机制,切实做到严格、公正、廉洁、文明执法。

(8)加强安全知识普及和技能培训。加强安全教育基地建设,充分利用电视、互联网、报纸、广播等多种形式和手段普及安全常识,增强全社会科学发展、安全发展的思想意识。在中小学广泛普及安全基础教育,加强防灾避险演练。全面开展安全生产、应急避险和职业健康知识进企业、进学校、进乡村、进社区、进家庭活动,努力提升全民安全素质。大力开展企业全员安全培训,重点强化高危行业和中小企业一线员工安全培训。完善农村务工人员向产业工人转化过程中的安全教育培训机制,建立完善安全技术人员继续教育制度。大型企业要建立健全职业教育和培训机构,加强地方政府安全生产分管领导干部的安全培训,提高安全管理水平。

(9)加强安全生产绩效考核。把安全生产考核控制指标纳入经济社会发展考核评价指标体系,加大各级领导干部政绩业绩考核中安全生产的权重和考核力度。把安全生产工作纳入社会主义精神文明和党风廉政建设、社会管理综合治理体系之中。制定完善安全生产奖惩制度,对成效显著的单位和个人要以适当形式予以表扬和奖励,对违法违规、失职渎职的,依法严格追究责任。

六、《国务院办公厅关于印发安全生产"十二五"规划的通知》

第3条　加强安全生产科学技术研究。实施科技兴安、促安、保安工程，健全安全科技政策和投入机制。整合安全科技优势资源，建立完善以企业为主体、以市场为导向、政产学研用相结合的安全技术创新体系。开展重大事故风险防控和应急救援科技攻关，实施科技示范工程，力争在重大事故致灾机理和关键技术与装备研究方面取得突破。

第7条　实施国家道路交通安全科技行动计划。积极推广道路交通安全科技行动计划一期项目成果，实现在全国应用。深入研究干线公路运行安全监测、干预及救援急救、城乡接合部交通安全保障、区域交通组织和优化等技术，提高重特大道路交通事故技术防范和应急处置能力。

第12条　加快安全生产管理信息化建设。加快交通运输安全畅通和应急信息系统建设，推进危险化学品和烟花爆竹水路运输动态管理信息系统建设，完善路网监测与应急管理信息系统、重点营运车辆联网联控系统，加强电子海图、电子航道图、地理信息系统（GIS）在交通运输领域推广应用。

第三节　高速公路营运企业安全生产相关部委行政规章

一、《生产安全事故应急预案管理办法》

为了规范生产安全事故应急预案的管理，完善应急预案体系，增强应急预案的科学性、针对性、实效性，国家安全生产监督管理总局于2009年3月20日发布《生产安全事故应急预案管理办法》，2009年5月1日起施行。该办法适用生产安全事故应急预案（以下简称《应急预案》）的编制、评审、发布、备案、培训、演练和修订等工作。应急预案的管理遵循综合协调、分类管理、分级负责、属地为主的原则。

1.《应急预案》的编制

《应急预案》的编制应当符合下列基本要求：符合有关法律、法规、规章和标准的规定；结合本地区、本部门、本单位的安全生产实际情况；结合本地区、本部门、本单位的危险性分析情况；应急组织和人员的职责分工明确，并有具体的落实措施；有明确、具体的事故预防措施和应急程序，并与其应急能力相适应；有明确的应急保障措施，并能满足本地区、本部门、本单位的应急工作要求；预案基本要素齐全、完整，预案附件提供的信息准确；预案内容与相关应急预案相互衔接。

地方各级安全生产监督管理部门应当根据法律、法规、规章和同级人民政府以及上一级安全生产监督管理部门的应急预案，结合工作实际，组织制定相应的部门应急预案。

生产经营单位应当根据有关法律、法规和《生产经营单位安全生产事故应急预案编制导则》（AQ/T 9002—2006），结合本单位的危险源状况、危险性分析情况和可能发生的事故特点，制定相应的应急预案。

生产经营单位的应急预案按照针对情况的不同，分为综合应急预案、专项应急预案和现场处置方案。

生产经营单位风险种类多、可能发生多种事故类型的，应当组织编制本单位的综合应急预案。综合应急预案应当包括本单位的应急组织机构及其职责、预案体系及响应程序、事故预防及应急保障、应急培训及预案演练等主要内容。

对于某一种类的风险，生产经营单位应当根据存在的重大危险源和可能发生的事故类型，制定相应的专项应急预案。专项应急预案应当包括危险性分析、可能发生的事故特征、应急组织机构与职责、预防措施、应急处置程序和应急保障等内容。

对于危险性较大的重点岗位，生产经营单位应当制定重点工作岗位的现场处置方案。现场处置方案应当包括危险性分析、可能发生的事故特征、应急处置程序、应急处置要点和注意事项等内容。

生产经营单位编制的综合应急预案、专项应急预案和现场处置方案之间应当相互衔接，并与所涉及的其他单位的应急预案相互衔接。

应急预案应当包括应急组织机构和人员的联系方式、应急物资储备清单等附件信息。附件信息应当经常更新，确保信息准确有效。

2.《应急预案》的评审

《应急预案》的评审或者论证应当注重应急预案的实用性、基本要素的完整性、预防措施的针对性、组织体系的科学性、响应程序的操作性、应急保障措施的可行性、应急预案的衔接性等内容。

生产经营单位的应急预案经评审或者论证后，由生产经营单位主要负责人签署公布。

3.《应急预案》的备案

地方各级安全生产监督管理部门的应急预案，应当报同级人民政府和上一级安全生产监督管理部门备案。其他负有安全生产监督管理职责的部门的应急预案，应当抄送同级安全生产监督管理部门。

生产经营单位申请应急预案备案，应当提交以下材料：应急预案备案申请表，应急预案评审或者论证意见，应急预案文本及电子文档。

受理备案登记的安全生产监督管理部门应当对应急预案进行形式审查，经审查符合要求的，予以备案并出具应急预案备案登记表；不符合要求的，不予备案并说明理由。

对于实行安全生产许可的生产经营单位，已经进行应急预案备案登记的，在申请安全生产许可证时，可以不提供相应的应急预案，仅提供应急预案备案登记表。

各级安全生产监督管理部门应当指导、督促检查生产经营单位做好应急预案的备案登记工作，建立应急预案备案登记建档制度。

4.《应急预案》的实施

各级安全生产监督管理部门、生产经营单位应当采取多种形式开展应急预案的宣传教育，普及生产安全事故预防、避险、自救和互救知识，提高从业人员安全意识和应急处置技能。

生产经营单位应当组织开展本单位的应急预案培训活动，使有关人员了解应急预案内容，熟悉应急职责、应急程序和岗位应急处置方案。

应急预案的要点和程序应当张贴在应急地点和应急指挥场所，并设有明显的标志。

生产经营单位应当制定本单位的应急预案演练计划，根据本单位的事故预防重点，每年至少组织一次综合应急预案演练或者专项应急预案演练，每半年至少组织一次现场处置方案演练。

应急预案演练结束后，应急预案演练组织单位应当对应急预案演练效果进行评估，撰写应急预案演练评估报告，分析存在的问题，并对应急预案提出修订意见。

生产经营单位制定的应急预案应当至少每3年修订一次，预案修订情况应有记录并归档。

有下列情形之一的，应急预案应当及时修订：生产经营单位因兼并、重组、转制等导致隶属关系、经营方式、法定代表人发生变化的；生产经营单位生产工艺和技术发生变化的；周围环境发生变化，形成新的重大危险源的；应急组织指挥体系或者职责已经调整的；依据的法律、法规、规章和标准发生变化的；应急预案演练评估报告要求修订的；应急预案管理部门要求修订的。

生产经营单位应当及时向有关部门或者单位报告应急预案的修订情况，并按照有关应急预案报备程序重新备案。

生产经营单位应当按照应急预案的要求配备相应的应急物资及装备，建立使用状况档案，定期检测和维护，使其处于良好状态。

生产经营单位发生事故后，应当及时启动应急预案，组织有关力量进行救援，并按照规定将事故信息及应急预案启动情况报告安全生产监督管理部门和其他负有安全生产监督管理职责的部门。

5. 奖励与处罚

对于在应急预案编制和管理工作中做出显著成绩的单位和人员，安全生产监督管理部门生产经营单位可以给予表彰和奖励。

生产经营单位应急预案未按照本办法规定备案的，由县级以上安全生产监督管理部门给予警告，并处3万元以下罚款。

生产经营单位未制定应急预案或者未按照应急预案采取预防措施，导致事故救援不力或者造成严重后果的，由县级以上安全生产监督管理部门依照有关法律、法规和规章的规定，责令停产停业整顿，并依法给予行政处罚。

《生产经营单位生产安全事故应急预案备案申请表》《生产经营单位生产安全事故应急预案备案登记表》由国家安全生产应急救援指挥中心统一制定。

《生产经营单位安全生产事故应急预案编制导则》规定：

(1)生产经营单位的应急预案体系主要由综合应急预案、专项应急预案和现场处置方案构成。生产经营单位应根据本单位组织管理体系、生产规模、危险源的性质以及可能发生的事故类型确定应急预案体系，并可根据本单位的实际情况，确定是否编制专项应急预案。风险因素单一的小微型生产经营单位可只编写现场处置方案。

(2)综合应急预案是生产经营单位应急预案体系的总纲，主要从总体上阐述事故的应急工作原则，包括生产经营单位的应急组织机构及职责、应急预案体系、事故风险描述、预警及信息报告、应急响应、保障措施、应急预案管理等内容。

(3)专项应急预案是生产经营单位为应对某一类型或某几种类型事故，或者针对重要生产设施、重大危险源、重大活动等内容而定制的应急预案。专项应急预案主要包括事故风险分析、应急指挥机构及职责、处置程序和措施等内容。

(4)现场处置方案是生产经营单位根据不同事故类型，针对具体的场所、装置或设施所制定的应急处置措施，主要包括事故风险分析、应急工作职责、应急处置和注意事项等内容。生产经营单位应根据风险评估、岗位操作规程以及危险性控制措施，组织本单位现场作业人员及安全管理等专业人员共同编制现场处置方案。

(5)应急预案应明确应急救援需要使用的应急物资和装备的类型、数量、性能、存放位置、管理责任人及其联系方式等内容。

二、《企业安全生产费用提取和使用管理办法》

为了建立企业安全生产投入长效机制，加强安全生产费用管理，保障企业安全生产资金投入，维护企业、职工以及社会公共利益，财政部、国家安全生产监督管理总局于2012年2月14日联合制定了《企业安全生产费用提取和使用管理办法》(财企〔2012〕16号)，公布之日起施行。

1. 企业应当建立安全生产费用管理制度

安全生产费用(以下简称“安全费用”)是指企业按照规定标准提取在成本中列支，专门用于完善和改进企业或者项目安全生产条件的资金。安全费用按照“企业提取、政府监管、确保需要、规范使用”的原则进行管理。

2. 安全费用的提取标准

企业安全生产费用按照上一年度营业额的1.5%计提(计列)。第15条规定：企业在该标准的基础上，根据安全生产实际需要，可适当提高安全费用提取标准。

3. 安全费用的使用

安全费用应当按照以下规定范围使用：

(1)完善、改造和维护安全防护设施设备支出(不含“三同时”要求初期投入的安全设施),包括施工现场临时用电系统、洞口、临边、机械设备、高处作业防护、交叉作业防护、防火、防爆、防尘、防毒、防雷、防台风、防地质灾害、地下工程有害气体监测、通风、临时安全防护等设施设备支出。

(2)配备、维护、保养应急救援器材、设备支出和应急演练支出。

(3)开展重大危险源和事故隐患评估、监控和整改支出。

(4)安全生产检查、评价(不包括新建、改建、扩建项目安全评价)、咨询和标准化建设支出。

(5)配备和更新现场作业人员安全防护用品支出。

(6)安全生产宣传、教育与培训支出。

(7)安全生产适用的新技术、新标准、新工艺、新装备的推广应用支出。

(8)安全设施及特种设备检测检验支出。

(9)其他与安全生产直接相关的支出。

三、《劳动防护用品监督管理规定》

《劳动防护用品监督管理规定》于2005年7月8日国家安全生产监督管理总局局务会议审议通过,自2005年9月1日起施行,是目前我国关于劳动防护用品监督管理的重要部门规章。

1. 劳动防护用品违法行为

生产经营单位使用劳动防护用品的情况,是监督管理的重点。生产经营单位有下列违法行为之一的,应当受到依法查处:

(1)不配发劳动防护用品。

(2)不按有关规定或者标准配发劳动防护用品。

(3)配发无安全标志的特种劳动防护用品。

(4)配发不合格的劳动防护用品。

(5)配发超过使用期限的劳动防护用品。

(6)劳动防护用品管理混乱,由此对从业人员造成事故伤害及职业危害。

(7)生产或者经营假冒伪劣劳动防护用品和无安全标志的特种劳动防护用品。

(8)其他违反劳动防护用品管理法律、法规、规章、标准的行为。

2. 从业人员的监督

从业人员是企业的主人,依法享有获得劳动防护用品的权利和对本单位配备劳动防护用品及其管理的情况进行监督的权利。他们是劳动防护用品受益者,当然有权维护自身的利益。《劳动防护用品监督管理规定》第23条规定:“生产经营单位的从业人员有权依法向本单位提出配备所需劳动防护用品的要求;有权对本单位劳动防护用品管理的违法行为提出批评、检举、控告。安全生产监督管理部门、煤矿安全监察机构对从业人员提出的批评、检举、控告,经查实后应当依法处理。”

3. 工会的监督

工会是维护从业人员权益的群众性组织,依法享有对生产经营单位为从业人员配备劳动防护用品的行为进行监督的权利。为了发挥工会的监督作用,加强对劳动防护用品使用的监督,《劳动防护用品监督管理规定》第24条规定:“生产经营单位应当接受工会的监督。工会对生产经营单位劳动防护用品管理的违法行为有权要求纠正,并对纠正情况进行监督。”

四、《生产经营单位瞒报谎报事故行为查处办法》

为了促进生产经营单位依法依规报告生产安全事故(以下简称《事故》),严肃企业瞒报、谎报事故行为,根据《安全生产法》、《生产安全事故报告和调查处理条例》(国务院令第493号)等法律、行政法规和《国务院关于进一步加强企业安全生产工作的通知》(国发〔2010〕23号)等有关规定,国家安全监管总局于2011年6月15日印发了《生产经营单位瞒报谎报事故行为查处办法》,印发之日起施行。

对生产经营单位及其人员瞒报、谎报事故(包括涉险事故,下同)行为的举报、受理和查处,适用该办法。国家机关工作人员参与瞒报、谎报事故的,依照有关法律、行政法规和纪律处分规定由监察机关或者任免机关按照干部管理权限给予处理。单位主要负责人对事故报告负总责,并对瞒报、谎报事故行为承担法律责任。

1. 瞒报、谎报事故行为的认定

(1)隐瞒已经发生的事故,超过规定时限未向安全监管监察部门和有关部门报告,并经查证属实的,属于瞒报。

(2)故意不如实报告事故发生的时间、地点、初步原因、性质、伤亡人数和涉险人数、直接经济损失等有关内容的,属于谎报。

2. 瞒报、谎报事故行为的举报

(1)对瞒报、谎报事故的行为,任何单位和个人均有权向县级以上安全监管监察部门举报。

(2)举报人应当实事求是、客观公正地反映有关事故情况,故意捏造或者歪曲事实、诬告或者陷害他人的,应当承担相应的法律责任。

(3)安全监管监察部门应当向社会公布举报电话、电子信箱、通信地址及邮政编码,设立举报箱,畅通社会公众和职工群众的举报渠道。严禁将举报人的有关信息和举报事项透露给被举报人或者有可能对举报人产生不利后果的其他人员、单位以及与案件查处无关的人员。

(4)对已经受理的举报,安全监管监察部门应当按照下列规定处理:

①对实名举报的,立即组织查证。查证结束后,及时将查证及处理情况反馈举报人。

②对匿名举报的,根据举报具体情况决定是否进行查证。有具体的事故单位和伤亡人员姓名、联系方式等线索的,立即组织查证。

③举报事项经查证属实的,依照有关规定对举报有功人员给予奖励。

④举报事项经查证不属实的,以适当方式在一定范围内予以澄清,并依法保护被举报人的合法权益。安全监管监察部门对查证瞒报、谎报事故确有困难的,可以提请本级人民政府组织查证。

3. 瞒报、谎报事故行为的处理和处罚

(1)调查瞒报、谎报事故行为,应当重点查明瞒报、谎报事故的原因、过程,是否贻误事故抢救造成人员伤亡扩大和严重社会危害,参与瞒报、谎报事故的单位和有关人员等情况。瞒报、谎报事故涉嫌犯罪的,负责事故调查的部门应当及时移送司法机关处理。

(2)事故发生单位主要负责人瞒报或者谎报事故的,处上一年年收入100%的罚款,并由公安机关依照《安全生产法》第91条的规定处15日以下拘留;属于国家工作人员的,并依照法律、行政法规和纪律处分规定由监察机关或者任免机关按照干部管理权限给予处理;构成犯罪的,依法追究刑事责任。

(3)事故发生单位直接负责的主管人员和其他直接责任人员瞒报或者谎报事故的,处上一年年收入100%的罚款;属于国家工作人员的,并依照法律、行政法规和纪律处分规定由监察机关或者任免机关按照干部管理权限给予处理;构成犯罪的,依法追究刑事责任。

(4)事故发生单位瞒报或者谎报事故的,依照下列规定处以罚款:

①没有贻误事故抢救的,处200万元的罚款。

②贻误事故抢救或者造成事故扩大或者影响事故调查的,处300万元的罚款。

③贻误事故抢救或者造成事故扩大或者影响事故调查的,手段恶劣,情节严重的,处500万元的

罚款。

(5)事故发生单位对事故发生负有责任且存在瞒报、谎报情形的,依照下列规定处以罚款:

①发生一般事故的,处20万元的罚款。

②发生较大事故的,处50万元的罚款。

③发生重大事故的,处200万元的罚款。

④发生特别重大事故的,处500万元的罚款。

(6)事故发生单位瞒报、谎报事故的,由有关部门依法暂扣或者吊销有关证照;负有事故责任的事故发生单位有关人员瞒报、谎报事故的,依法暂停或者撤销其与安全生产有关的执业资格、岗位证书。对重大、特别重大事故负有主要责任的生产经营单位,其主要负责人终身不得担任本行业生产经营单位的矿长、厂长、经理。

(7)因瞒报、谎报事故,事故发生单位及其有关责任人员违反不同的法律规定,有两个以上应当给予行政处罚的违法行为的,应当适用不同的法律规定,分别裁量,合并处罚。

五、《国家安全生产监督管理总局关于修改<生产安全事故报告和调查处理条例>罚款处罚暂行规定>部分条款的决定》

2011年9月1日国家安全生产监督管理总局对《<生产安全事故报告和调查处理条例>罚款暂行办法》(安监总局令第13号)进行了修订,主要内容有:

(1)《条例》第5条规定:

①报告事故的时间超过规定时限的,属于迟报。

②因过失对应当上报的事故或者事故发生的时间、地点、类别、伤亡人数、直接经济损失等内容遗漏未报的,属于漏报。

③故意不如实报告事故发生的时间、地点、初步原因、性质、伤亡人数和涉险人数、直接经济损失等有关内容的,属于谎报。

④隐瞒已经发生的事故,超过规定时限未向安全监管监察部门和有关部门报告,经查证属实的,属于瞒报。

《条例》第13条规定:事故报告后出现新情况的,应当及时补报。自事故发生之日起30日内,事故造成的伤亡人数发生变化的,应当及时补报。道路交通事故、火灾事故自发生之日起7日内,事故造成的伤亡人数发生变化的,应当及时补报。

《条例》第14条规定:事故发生单位负责人接到事故报告后,应当立即启动事故相应应急预案,或者采取有效措施,组织抢救,防止事故扩大,减少人员伤亡和财产损失。

《条例》第19条规定:特别重大事故由国务院或者国务院授权有关部门组织事故调查组进行调查。重大事故、较大事故、一般事故分别由事故发生地省级人民政府、设区的市级人民政府、县级人民政府负责调查。省级人民政府、设区的市级人民政府、县级人民政府可以直接组织事故调查组进行调查,也可以授权或者委托有关部门组织事故调查组进行调查。

未造成人员伤亡的一般事故,县级人民政府也可以委托事故发生单位组织事故调查组进行调查。

《条例》第33条规定:事故发生单位应当认真吸取事故教训,落实防范和整改措施,防止事故再次发生。做到"四不放过",即:事故原因未查清不放过,责任人员未处理不放过,防范措施未落实不放过,有关人员未受到教育不放过。

(2)对事故发生单位及其有关责任人员处以罚款的行政处罚,依照下列规定决定:

①对发生特别重大事故的单位及其有关责任人员罚款的行政处罚,由国家安全生产监督管理总局决定。

②对发生重大事故的单位及其有关责任人员罚款的行政处罚,由省级人民政府安全生产监督管理

部门决定。

③对发生较大事故的单位及其有关责任人员罚款的行政处罚，由设区的市级人民政府安全生产监督管理部门决定。

④对发生一般事故的单位及其有关责任人员罚款的行政处罚，由县级人民政府安全生产监督管理部门决定，上级安全生产监督管理部门可以指定下一级安全生产监督管理部门对事故发生单位及其有关责任人员实施行政处罚。

(3)事故发生单位主要负责人有《条例》第35条规定的行为之一的，依照下列规定处以罚款：

①事故发生单位主要负责人在事故发生后不立即组织事故抢救的，处上一年年收入80%的罚款。

②事故发生单位主要负责人迟报或者漏报事故的，处上一年年收入40%～60%的罚款。

③事故发生单位主要负责人在事故调查处理期间擅离职守的，处上一年年收入60%～80%的罚款。

(4)事故发生单位有《条例》第38条第一项规定行为之一的，处200万元的罚款；同时贻误事故抢救或者造成事故扩大或者影响事故调查的，处300万元的罚款；同时贻误事故抢救或者造成事故扩大或者影响事故调查，手段恶劣，情节严重的，处500万元的罚款。事故发生单位有《条例》第36条第2～6项规定行为之一的，处100万元以上200万元以下的罚款；同时贻误事故抢救或者造成事故扩大或者影响事故调查的，处200万元以上300万元以下的罚款；同时贻误事故抢救或者造成事故扩大或者影响事故调查，手段恶劣，情节严重的，处300万元以上500万元以下的罚款。事故发生单位的主要负责人、直接负责的主管人员和其他直接责任人员有《条例》第36条规定的行为之一的，依照下列规定处以罚款：

①伪造、故意破坏事故现场，或者转移、隐匿资金、财产、销毁有关证据、资料，或者拒绝接受调查，或者拒绝提供有关情况和资料，或者在事故调查中作伪证，或者指使他人作伪证的，处上一年年收入80%～90%的罚款。

②谎报、瞒报事故或者事故发生后逃匿的，处上一年年收入100%的罚款。

(5)事故发生单位对造成3人以下死亡，或者3人以上10人以下重伤（包括急性工业中毒），或者300万元以上1000万元以下直接经济损失的事故负有责任的，处10万元以上20万元以下的罚款。事故发生单位有本条例第一款规定的行为且谎报或者瞒报事故的，处20万元的罚款。

(6)事故发生单位对较大事故发生负有责任的，依照下列规定处以罚款：

①造成3人以上6人以下死亡，或者10人以上30人以下重伤（包括急性工业中毒），或者1000万元以上3000万元以下直接经济损失的，处20万元以上30万元以下的罚款。

②造成6人以上10人以下死亡，或者30人以上50人以下重伤（包括急性工业中毒）或者3000万元以上5000万元以下直接经济损失的，处30万元以上50万元以下的罚款。事故发生单位对较大事故发生负有责任且有谎报或者瞒报行为的，处50万元的罚款。

(7)事故发生单位对重大事故发生负有责任的，依照下列规定处以罚款：

①造成10人以上15人以下死亡，或者50人以上70人以下重伤（包括急性工业中毒），或者5000万元以上7000万元以下直接经济损失的，处50万元以上100万元以下的罚款。

②造成15人以上30人以下死亡，或者70人以上100人以下重伤（包括急性工业中毒），或者7000万元以上1亿元以下直接经济损失的，处100万元以上200万元以下的罚款。事故发生单位对重大事故发生负有责任且有谎报或者瞒报行为的，处200万元的罚款。

(8)事故发生单位对特别重大事故发生负有责任的，处200万元以上500万元以下的罚款。事故发生单位有本条例第一款规定的行为且谎报或者瞒报事故的，处500万元的罚款。

(9)事故发生单位主要负责人未依法履行安全生产管理职责，导致事故发生的，依照下列规定处以罚款：

①发生一般事故的，处上一年年收入30%的罚款。

②发生较大事故的，处上一年年收入40%的制款。

③发生重大事故的，处上一年年收入60%的罚款。

④发生特别重大事故的，处上一年年收入80%的罚款。

六、《生产经营单位安全培训规定》

第4条规定：生产经营单位从业人员应当接受安全培训，熟悉有关安全生产规章制度和安全操作规程，具备必要的安全生产知识，掌握本岗位的安全操作技能，增强预防事故、控制职业危害和应急处理的能力。

第15条规定：生产经营单位新上岗的从业人员，岗前培训时间不得少于24学时。煤矿、非煤矿山、危险化学品、烟花爆竹等生产经营单位新上岗的从业人员安全培训时间不得少于72学时，每年接受再培训的时间不得少于20学时。

第19条规定：从业人员在本生产经营单位内调整工作岗位或离岗一年以上重新上岗时，应当重新接受车间（工段、区、队）和班组级的安全培训。

第23条规定：生产经营单位应当将安全培训工作纳入本单位年度工作计划。保证本单位安全培训工作所需资金。

第24条规定：生产经营单位应建立健全从业人员安全培训档案，详细、准确记录培训考核情况。

七、《交通运输部关于进一步加强安全生产工作的意见》

第17条规定：完善和落实安全生产责任制，企业主要负责人、实际控制人应切实承担安全生产第一责任人责任，逐级签订安全生产责任书，完善层级责任制。

第19条规定：各级交通运输管理部门和交通运输企业应按有关规定，设置安全管理机构和配置安全管理人员，建立健全安全生产委员会制度。

第20条规定：交通运输企业应按规定足额提取并用好安全生产费用，完善费用管理制度，严禁虚列或挪用。

八、《安全生产事故隐患排查治理暂行规定》

第3条规定：事故隐患是指生产经营单位违反安全生产法律、法规、规章、标准、规程和安全生产管理制度的规定：或者因其他因素在生产经营活动中存在可能导致事故发生的物的危险状态、人的不安全行为和管理上的缺陷。

第4条规定：生产经营单位应当建立健全事故隐患排查治理制度。规范各级生产安全事故隐患排查的频次，控制管理办法，分级管理模式，分级管理内容等。对排查出的隐患要落实专项治理经费和专职负责人，按时完成整改。

第10条规定：生产经营单位应当定期组织安全生产管理人员、工程技术人员和其他相关人员排查本单位的事故隐患。对排查出的事故隐患，应当按照事故隐患的等级进行登记，建立事故隐患信息档案，并按照职责分工实施监控治理。

第14条规定：生产经营单位应当每季、每年对本单位事故隐患排查治理情况进行统计分析。重大事故隐患报告内容应当包括：

（1）隐患的现状及其产生原因。

（2）隐患的危害程度和整改难易程度分析。

（3）隐患的治理方案。

第15条规定：对于一般事故隐患，由生产经营单位（车间、分厂、区队等）负责人或者有关人员立即组织整改。

第四节　浙江省安全生产法规规章

一、《浙江省安全生产条例》

《浙江省安全生产条例》(以下简称《条例》)经浙江省第十届人民代表大会常务委员会第二十六次会议通过,于2006年11月1日起施行。《条例》是浙江省第一部安全生产综合性地方法规,体现了全面、协调、可持续的科学发展观和"安全发展"的指导原则,《条例》在遵循《安全生产法》基本原则、制度框架和国家有关规定的基础上,根据浙江省安全生产实际,对浙江省安全生产工作的方针、目标及生产经营单位安全生产主体责任、各级人民政府安全监管职责、乡镇(街道)安全生产行政管理权、安全科学发展、生产安全事故应急救援与调查处理以及安全生产违法行为应承担的法律责任等都做出了明确的规定。

《条例》适用于在浙江省行政区域内从事生产经营活动的企业事业单位和个体经济组织(以下统称生产经营单位)的安全生产及其相关监督管理适用本条例。

第3条　安全生产管理,坚持安全第一、预防为主、综合治理的方针。

第4条　生产经营单位是本单位安全生产的责任主体,必须依法加强安全生产管理,建立、健全安全生产责任制,完善安全生产条件,确保安全生产。

生产经营单位主要负责人对本单位的安全生产工作全面负责,其他负责人对各自职责范围内的安全生产工作负责。

第5条　生产经营单位的从业人员有依法获得安全生产保障的权利,并应当履行安全生产方面的义务。

第8条　工会应当依法组织职工参加本单位安全生产工作的民主管理和民主监督,维护职工在安全生产方面的合法权益。

第9条　行业协会应当根据行业特点,积极开展安全生产宣传教育工作,对本行业的安全生产工作进行指导,提供安全生产管理和技术咨询等服务,加强行业自律。

第10条　各级人民政府应当将安全生产专项资金列入财政预算。安全生产专项资金必须专款专用,不得挪用。审计部门应当加强对安全生产专项资金使用情况的审计监督。

第11条　各级人民政府和有关部门、生产经营单位应当切实加强安全文化建设,采取多种形式开展安全生产法律、法规、规章和安全生产知识的宣传教育,增强全社会和从业人员的安全生产意识,提高生产经营单位和从业人员防范事故的能力。

新闻、出版、广播、电影、电视、网络等单位应当开展安全生产公益性宣传,履行公众安全生产宣传教育义务,加强对安全生产违法行为的舆论监督。

第12条　各级人民政府和有关部门应当鼓励和支持安全生产科学技术研究和安全生产先进技术的推广应用,提高安全生产水平。对在改善安全生产条件、防止生产安全事故等方面取得显著成绩的单位和个人,给予表彰和奖励。

第13条　生产经营单位从事生产经营活动,应当符合下列安全生产要求:

(1)矿山、建筑施工单位和危险化学品、烟花爆竹、民用爆破器材等生产经营单位依法取得安全生产行政许可。

(2)生产经营场所和设施、设备符合法律、法规、规章和有关国家标准、行业标准规定的安全生产要求。

(3)建立、健全安全生产责任制,制定并完善安全生产规章制度和安全操作规程。

(4)保证安全生产资金投入。

(5)在有危险因素的生产经营场所和有关设施、设备上,设置明显的安全警示标志。

(6)为从业人员配备符合国家标准或者行业标准的劳动防护用品。

(7)依法设置安全生产管理机构或者配备安全生产管理人员。

(8)主要负责人和安全生产管理人员具备与本单位所从事的生产经营活动相应的安全生产知识和管理能力。

(9)从业人员经安全生产教育和培训合格,特种作业人员依法取得特种作业操作资格证。

(10)法律、法规、规章规定的其他要求。

第14条 生产经营单位主要负责人对本单位安全生产负有下列责任:

(1)建立、健全并组织落实安全生产责任制。

(2)组织制定并督促落实安全生产规章制度和安全操作规程。

(3)保证安全生产投入的有效实施和安全生产费用的提取使用。

(4)组织检查安全生产工作,及时消除生产安全事故隐患。

(5)组织制定并实施生产安全事故应急救援预案。

(6)及时、如实报告生产安全事故,组织事故抢险,配合生产安全事故调查,在事故调查处理期间不得擅离职守。

(7)向职工大会、职工代表大会、股东会或者股东大会报告安全生产情况,接受工会、从业人员、股东对安全生产工作的监督。

(8)法律、法规、规章规定的其他责任。

第15条 生产经营单位的安全生产责任制应当明确本单位各级、各岗位的责任人员、责任内容和考核要求,形成包括全体从业人员和全部生产经营活动的安全生产责任体系。

生产经营单位的安全生产规章制度应当载明下列内容:

(1)安全生产工作例会;

(2)安全生产的教育和培训;

(3)安全生产检查及事故隐患的整改;

(4)设施与设备的维护、保养、检测;

(5)危险作业的现场管理;

(6)劳动防护用品的管理;

(7)安全生产责任和奖惩;

(8)安全生产台账的管理;

(9)应急救援措施;

(10)生产安全事故的报告和调查处理;

(11)其他保障安全生产的内容。

第16条 生产经营单位应当保障具备安全生产条件所必需的资金投入,保证和改善安全生产条件。

第17条 矿山、危险物品的生产、经营、储存单位和使用数量构成重大危险源的单位,应当设置安全生产管理机构或者配备专职安全生产管理人员;从业人员超过50人的,应当配备不少于两名的专职安全生产管理人员。

前款规定以外的生产经营单位,从业人员在50人以下的,应当配备专职或者兼职的安全生产管理人员;从业人员超过50人的,应当配备不少于1名的专职安全生产管理人员;从业人员超过300人的,应当设置安全生产管理机构或者配备不少于2名的专职安全生产管理人员。

鼓励生产经营单位委托具有相应资质的安全生产中介服务机构或者具有相关专业技术资格的工程技术人员、专职安全生产管理人员提供安全生产管理服务。

第18条 生产经营单位的安全生产管理机构以及安全生产管理人员履行下列职责:

(1)贯彻执行安全生产的法律、法规、规章和有关国家标准、行业标准,参与本单位安全生产决策。

(2)参与制订并督促安全生产规章制度和安全操作规程的执行。

(3)开展安全生产检查,制止和查处违章指挥、违章操作、违反劳动纪律的行为。

(4)发现事故隐患,督促有关业务部门和人员及时整改,并报告本单位负责人。

(5)开展安全生产宣传、教育和培训,推广安全生产先进技术和经验。

(6)参与本单位生产工艺、技术、设备的安全性能检测及事故预防措施的制定。

(7)参与本单位新建、改建、扩建工程项目安全设施的审查,督促劳动防护用品的发放、使用。

(8)参与组织本单位应急预案的制定及演练。

(9)协助生产安全事故的调查和处理,对事故进行统计、分析。

(10)法律、法规、规章规定的其他安全生产工作。

第19条　矿山、危险物品的生产、经营、储存单位和使用数量构成重大危险源的单位的主要负责人以及生产经营单位的专职安全生产管理人员,必须经负有安全生产监督管理职责的部门培训考核合格后方可任职。考核不得收费。

前款规定以外的生产经营单位的主要负责人以及兼职安全生产管理人员,应当具备与本单位所从事的生产经营活动相应的安全生产知识和管理能力,并经负有安全生产监督管理职责的部门培训合格。培训生产经营单位主要负责人所需经费应当列入负责培训部门的预算,由本级财政予以保障。

省级负有安全生产监督管理职责的部门应当按照分级分类管理的原则,制定并公布安全生产知识和管理能力培训考核大纲,协调培训计划,规范培训行为,提高培训质量,避免重复培训和考核。

第20条　生产经营单位应当对从业人员进行安全生产教育和培训,告知作业场所和工作岗位存在的危险因素、防范措施以及事故应急措施。未经安全生产教育和培训合格的从业人员,不得上岗作业。

生产经营单位应当建立从业人员安全生产教育和培训档案。安全生产教育和培训记录应当由从业人员本人签名。

第21条　生产经营单位从业人员享有下列权利:

(1)要求生产经营单位依法办理工伤等保险。

(2)参加安全生产教育和培训。

(3)了解作业场所、工作岗位存在的危险因素及防范和应急措施,获得符合国家规定和标准的劳动防护用品。

(4)对本单位安全生产工作提出建议,对存在的问题提出批评、检举和控告。

(5)拒绝违章指挥和强令冒险作业,发现直接危及人身安全紧急情况时,可以停止作业或者采取可能的应急措施后撤离作业场所。

(6)因生产安全事故受到损害后依法要求赔偿。

(7)法律、法规规定的其他权利。

负有安全生产监督管理职责的部门和工会应当维护从业人员依法享有的安全生产权利,及时制止生产经营单位侵害从业人员安全生产权利的行为。

第22条　生产经营单位从业人员应当履行下列义务:

(1)遵守本单位的安全生产规章制度和安全操作规程,服从管理,正确佩戴和使用劳动防护用品。

(2)接受安全生产教育和培训。

(3)及时报告事故隐患和不安全因素。

(4)参加事故抢险和救援。

(5)法律、法规规定的其他义务。

第23条　生产经营单位新建、改建、扩建工程项目(以下统称建设项目)的安全设施,必须与主体工程同时设计、同时施工、同时投入生产和使用。安全设施投资应当纳入建设项目概算。

建设项目的安全设施应当按照国家和省的安全标准设计规范进行设计,并报负有安全生产监督管理职责的部门审查;建设项目安全设施应当按照批准的设计方案施工;建设项目竣工投入生产和使用前,安全设施应当经负有安全生产监督管理职责的部门验收合格;未经验收合格,不得投入生产和使用。具体办法由省安全生产监督管理部门会同有关部门制定,报省人民政府批准后实施。

第 24 条 生产经营单位应当对重大危险源采取下列监控措施:

(1)建立运行管理档案,对运行情况进行全程监控。

(2)定期检查重大危险源的安全状态。

(3)按照国家规定对设施、设备进行检验、检测,定期进行安全评估。

(4)在重大危险源的明显位置设置安全警示标志。

(5)制定应急救援预案,定期组织应急救援演练。

生产经营单位应当及时向所在地负有安全生产监督管理职责的部门申报重大危险源,并至少每半年报告一次重大危险源监控措施的实施情况。

第 25 条 生产经营单位的生产、生活、储存区域之间的安全距离以及周边防护安全距离应当符合国家标准或者行业标准。生产、经营、储存、使用危险物品的车间、商店、仓库不得与员工宿舍在同一建筑物内,并应当与员工宿舍保持安全距离。

第 26 条 生产经营单位将生产经营项目、场所、设备发包或者出租给其他单位和个人的,应当签订安全生产管理协议,履行统一管理的职责。

发包方、出租方发现承包方、承租方有安全生产违法行为的,应当及时劝阻并向负有安全生产监督管理职责的部门报告。

第 27 条 生产经营单位必须为从业人员提供符合国家标准或者行业标准的劳动防护用品,并教育、督促从业人员正确使用。禁止以现金或者其他物品替代劳动防护用品的提供。

生产经营单位在购买劳动防护用品时,应当索取产品检验合格证,并归档保存。

第 28 条 生产经营单位进行爆破、设备(构件)吊装拆卸、高空悬挂和有限空间等危险作业时,应当符合下列要求:

(1)制定施工方案、安全操作规程,采取安全防范措施,设置作业现场的安全区域。

(2)由具有相应资质的单位和专业人员施工。

(3)确定专人进行现场统一指挥。

(4)有安全生产管理人员进行现场监督。

第 30 条 生产经营单位必须依法参加工伤保险,为从业人员缴纳工伤保险费用。

第 31 条 工会有权对建设项目的安全设施与主体工程同时设计、同时施工、同时投入生产和使用进行监督,提出意见。

工会对生产经营单位违反安全生产法律、法规,侵犯从业人员合法权益的行为,有权要求纠正;发现生产经营单位违章指挥、强令冒险作业或者发现事故隐患时,有权提出解决的建议,生产经营单位应当及时研究答复;发现危及从业人员生命安全的情况时,有权向生产经营单位建议组织从业人员撤离危险场所,生产经营单位必须立即做出处理。

工会有权依法参加事故调查,向有关部门提出处理意见,并要求追究有关人员的责任。

第 44 条 生产经营单位应当制定本单位应急救援预案,并将所制定的预案及时报当地负有安全生产监督管理职责的部门备案。

负有安全生产监督管理职责的部门应当加强对生产经营单位制定应急救援预案的指导,使生产经营单位应急救援预案与当地人民政府应急救援预案相衔接。

第 45 条 生产经营单位发生生产安全事故后,单位负责人应当即时启动应急救援预案,采取有效措施组织抢救,防止事故扩大,减少人员伤亡和财产损失,并按照国家和省有关规定立即如实报告当地人民政府和有关部门,不得瞒报、谎报或者拖延不报,不得故意破坏事故现场、毁灭有关证据。

因抢救人员、防止事故扩大等原因,需要移动事故现场的,应当做出标记和书面记录,妥善保存、保管现场重要痕迹和有关物证。

事故报告后出现新情况的，应当及时补报。

第 47 条　事故调查处理应当实事求是，尊重科学，及时、准确地查清事故原因，查明事故性质和责任，总结事故教训，提出整改措施，并对事故责任者提出处理意见。

任何单位和个人应当配合事故调查，不得阻挠、干涉对事故的依法调查、对事故责任的认定以及责任人员的处理。

事故调查和处理的具体办法按照国家和省有关规定执行。

第 51 条　生产经营单位违反本条例规定有下列行为之一的，责令限期改正；逾期未改正的，责令停产停业整顿，可以并处 2000 元以上 20000 元以下的罚款：

（1）未按照规定建立安全生产责任制、制定并落实安全生产规章制度和安全操作规程的。

（2）未按照规定提取安全生产费用或者交纳风险抵押金的。

（3）未按照规定设立安全生产管理机构或者配备安全生产管理人员的。

（4）生产经营单位主要负责人和专职安全生产管理人员未按照规定经考核合格的。

第 52 条　生产经营单位违反本条例第 23 条规定有下列行为之一的，责令限期改正；逾期未改正的，责令停止建设或者停产停业整顿，可以并处 5000 元以上 50000 元以下的罚款：

（1）建设项目没有安全设施设计或者安全设施设计未按照规定报经审查同意的。

（2）建设项目的施工单位未按照批准的安全设施设计施工的。

（3）建设项目竣工投入生产或者使用前，安全设施未经验收合格的。

第 53 条　生产经营单位违反本条例第 27 条第一款规定，用现金或者其他物品替代劳动防护用品的，责令限期改正；逾期未改正的，处以 2000 元以上 20000 元以下的罚款。

第 58 条　本条例下列用语含义：

危险物品，是指易燃易爆物品、危险化学品、放射性物品等能够危及人身安全和财产安全的物品。

重大危险源，是指长期地或者临时地生产、搬运、使用或者储存危险物品，且危险物品的数量等于或者超过临界量的单元（包括场所和设施）。

重大事故隐患，是指生产经营作业场所、设备、设施的不安全状态，人的不安全行为和管理上的缺陷，可以导致重大事故发生或者重大经济损失的隐患。

二、《浙江省落实生产经营单位安全生产主体责任暂行规定》

第 6 条　生产经营单位主要负责人是本单位安全生产的第一责任人，对本单位的安全生产工作全面负责。应当履行下列安全生产职责：

（1）建立、健全并组织落实安全生产责任制。

（2）组织制定并督促落实安全生产规章制度和安全操作规程。

（3）保证安全生产投入的有效实施和安全生产费用的提取使用。

（4）组织检查安全生产工作，及时消除生产安全事故隐患。

（5）组织制定并实施生产安全事故应急救援预案。

（6）及时、如实报告生产安全事故，组织事故抢险，配合生产安全事故调查，在事故调查处理期间不得擅离职守。

（7）向职工大会、职工代表大会、股东会或者股东大会报告安全生产情况，接受工会、从业人员、股东对安全生产工作的监督。

（8）法律、法规、规章规定的其他责任。

第 7 条　生产经营单位的其他负责人根据“一岗双责”的原则，对各自职责范围内的安全生产工作负责，落实安全生产责任。

生产经营单位各部门及其主要负责人，做好本部门的安全生产工作，对本部门的安全生产负责。

第 8 条　生产经营单位应当依法设置安全生产管理机构或者配备安全生产管理人员，支持安全生产管理机构和安全生产管理人员履行安全生产管理职责，并保证其开展工作必要的条件。

矿山、危险物品的生产、经营、储存单位和使用数量构成重大危险源的单位，应当设置安全生产管理机构或者配备专职安全生产管理人员；从业人员超过50人的，应当配备不少于2名的专职安全生产管理人员。

前款规定以外的生产经营单位，从业人员在50人以下的，应当配备专职或者兼职的安全生产管理人员；从业人员超过50人的，应当配备不少于1名的专职安全生产管理人员；从业人员超过300人的，应当设置安全生产管理机构或者配备不少于2名的专职安全生产管理人员。

第9条 生产经营单位的安全生产管理机构以及安全生产管理人员履行下列职责：

(1)贯彻执行安全生产的法律、法规、规章和有关国家标准、行业标准、地方标准，参与本单位安全生产决策。

(2)参与制定并督促安全生产规章制度和安全操作规程的执行。

(3)开展安全生产检查，制止和查处违章指挥、违章操作、违反劳动纪律的行为。

(4)发现事故隐患，督促有关业务部门和人员及时整改，并报告本单位负责人。

(5)开展安全生产宣传、教育和培训，推广安全生产先进技术和经验。

(6)参与本单位生产工艺、技术、设备的安全性能检测及事故预防措施的制定。

(7)参与本单位新建、改建、扩建工程项目安全设施的审查，督促劳动防护用品的发放、使用。

(8)参与组织本单位应急预案的制定及演练。

(9)协助生产安全事故的调查和处理，对事故进行统计、分析。

(10)法律、法规、规章规定的其他安全生产工作。

第10条 生产经营单位应当建立健全本单位安全生产责任制度，明确本单位各级、各岗位的责任人员、责任内容和考核要求，形成包括全体从业人员和全部生产经营活动的安全生产责任体系。安全生产责任制度主要包括以下内容：

(1)主要负责人、其他负责人的安全生产责任。

(2)职能部门及其负责人的安全生产责任。

(3)车间班组(分公司、场、站)及其负责人的安全生产责任。

(4)其他岗位及从业人员的安全生产责任。

第11条 生产经营单位应当依据法律、法规、规章、国家标准、行业标准和地方标准，制定本单位的安全生产规章制度和操作规程。安全生产规章制度和操作规程应当涵盖生产经营的全过程和全体从业人员。安全生产规章制度主要包括：

(1)安全生产工作例会。

(2)安全生产的教育和培训。

(3)安全生产检查及事故隐患的整改。

(4)设施、设备的维护、保养、检测。

(5)危险作业的现场管理。

(6)劳动防护用品的管理。

(7)安全生产责任和奖惩。

(8)安全生产台账的管理。

(9)应急救援措施。

(10)生产安全事故的报告和调查处理。

(11)安全生产投入及安全生产费用提取和使用。

(12)安全标准化管理。

(13)重大危险源检测、监控、管理。

(14)特种作业人员管理。

（15）其他保障安全生产的内容。

第 12 条　生产经营单位应当保障本单位安全生产规章制度的落实，根据实际情况及时修订完善，并建立与之相适应的安全生产管理档案。

第 13 条　生产经营单位应当保障具备安全生产条件所必需的资金投入，保证和改善安全生产条件。

矿山、危险化学品、烟花爆竹、民用爆破器材、建筑施工、交通运输、海上作业等危险性较大的生产经营单位，应当按照国家和省的规定提取安全生产费用、交纳风险抵押金。

第 14 条　生产经营单位必须依法参加工伤保险，为从业人员缴纳工伤保险费用。

第 16 条　生产经营单位应当为从业人员提供符合国家标准或者行业标准的劳动防护用品，并教育、督促从业人员正确使用。禁止以现金或者其他物品替代劳动防护用品的提供。

第 17 条　生产经营单位应当加强安全生产宣传教育，开展安全文化创建活动，不断提高从业人员的安全意识和自我防范能力。

第 18 条　生产经营单位应当将安全培训工作纳入本单位年度工作计划。保证本单位安全培训工作所需资金。

第 19 条　生产经营单位应当对从业人员进行安全生产教育和培训，告知作业场所和工作岗位存在的危险因素、防范措施以及事故应急措施。教育培训主要包括新员工上岗前的三级安全生产教育培训、脱岗和转岗员工上岗前的专项安全生产教育培训、从业人员安全生产再教育培训等。

生产经营单位应当建立从业人员安全生产教育和培训档案。安全生产教育和培训记录应当由从业人员本人签名。未经安全生产教育和培训合格的从业人员，不得上岗作业。

生产经营单位的特种作业人员必须按照国家有关规定经专门的安全作业培训，经有关部门考核合格，取得特种作业操作资格证书，方可上岗作业。

第 20 条　矿山、建筑施工单位、危险物品的生产、经营、储存单位和使用数量构成重大危险源的单位的主要负责人以及生产经营单位的专职安全生产管理人员，必须经负有安全生产监督管理职责的部门培训考核合格后方可任职。

前款规定以外的生产经营单位的主要负责人以及兼职安全生产管理人员，应当具备与本单位所从事的生产经营活动相应的安全生产知识和管理能力，并经负有安全生产监督管理职责的部门培训合格。

第 21 条　生产经营单位主要负责人和安全生产管理人员初次安全培训时间不得少于 32 学时，每年再培训时间不得少于 12 学时。高危生产经营单位主要负责人和安全生产管理人员安全资格培训时间不得少于 48 学时，每年再培训时间不得少于 16 学时。

生产经营单位新上岗的从业人员（包括调换工作岗位、离岗 6 个月以上重新回到原工作岗位或者采用新工艺、新技术、新材料、新设备时的有关从业人员），岗前培训时间不得少于 24 学时。高危生产经营单位新上岗的从业人员安全培训时间不得少于 72 学时，每年再培训时间不得少于 20 学时。

第 22 条　生产经营单位与从业人员订立的劳动合同，应当载明有关保障从业人员劳动安全的事项；生产经营单位不得以任何形式与从业人员订立协议，免除或者减轻其对从业人员因生产安全事故伤亡应依法承担的责任。

第 23 条　生产经营单位的生产、生活、储存区域设置以及周边防护安全距离应当符合国家标准、行业标准或者地方标准。

生产经营场所和员工宿舍应当设有符合紧急疏散要求、标志明显、保持畅通的出口。

第 24 条　生产经营单位从事国家实行安全生产许可制度的行业，应当依法申请行政许可；未取得安全生产行政许可的，不得从事生产经营活动；在取得行政许可后，不得降低法定的安全生产条件。

第 25 条　生产经营单位应当定期组织开展安全检查，及时消除不安全因素。对检查出的问题应当立即整改；不能立即整改的，应当制定相应的防范措施和整改计划，限期整改。安全检查主要包括以下内容：

(1)安全生产规章制度是否健全、完善并落实到位。

(2)安全防护设施是否处于安全运行状态。

(3)危险作业场所是否处于安全作业状态。

(4)安全出口、疏散通道是否保持畅通。

(5)从业人员是否具备相应的安全知识和操作技能,特种作业人员是否持证上岗。

(6)从业人员是否严格遵守安全生产规章制度和操作规程。

(7)发放配备的劳动防护用品是否符合国家标准或者行业标准,从业人员是否正确佩戴、使用。

(8)现场生产管理、指挥人员有无违章指挥、强令从业人员冒险作业行为。

(9)现场生产管理、指挥人员对从业人员的违章违纪行为是否及时发现和制止。

(10)重大危险源的检测、监控情况。

(11)其他应当检查的安全生产事项。

第27条 生产经营单位应当开展安全生产标准化建设,提高安全生产基础管理水平。

第28条 构成重大危险源的生产经营单位应当加强重大危险源管理,建立运行管理档案,采用先进技术手段对运行情况进行全程监控,定期对设施、设备进行检验、检测,定期检查重大危险源的安全状况,制定应急预案并定期组织演练,告知从业人员和相关人员在紧急情况下应当采取的应急措施。生产经营单位应当至少每半年向负有安全生产监督管理职责的部门报告重大危险源监控措施的实施情况。

第29条 为确保安全生产,生产经营单位在改制、破产、收购、兼并、整合、重组等产权变动期间,产权的转让方和受让方应签订专门的安全生产管理协议,或者在产权变动合同中约定有关安全生产管理事项。

未签订安全生产管理协议或者未约定安全生产管理事项,发生生产安全事故的,由事故发生时的单位的实际控制人承担相应后果。

第30条 生产经营单位将生产经营项目、场所、设备发包或者出租的,应当与承包单位、承租单位签订专门的安全生产管理协议,或者在承包合同、租赁合同中约定有关的安全生产管理事项。未签订安全生产管理协议或者未约定安全生产管理事项,发生生产安全事故的,由发包或者出租单位依法承担相应后果。

生产经营单位负责对承包单位、承租单位的有关安全生产条件或者资质进行审查,并对承包、承租单位的安全生产工作统一协调、管理。对不具备安全生产条件或者相应资质的,不得发包、出租。

承包项目、工程及租用场所、设备的生产经营单位,应当具备相应的资质和证照,主动接受和配合发包、出租单位对安全生产工作的统一协调、监督和管理。

第31条 生产经营单位应当持续改进安全生产管理,积极采用信息化等先进的安全管理方法和手段,落实各项安全措施,提高安全生产水平。

第32条 生产经营单位应当建立健全事故隐患排查治理和建档监控等制度,逐级建立并落实从主要负责人到每个从业人员的隐患排查治理和监控责任制。

第33条 生产经营单位应根据工作实际,定期组织安全生产管理人员、工程技术人员和其他相关人员排查本单位的事故隐患。生产经营单位对排查发现的隐患,应当按照隐患的等级进行分类登记,建立健全事故隐患信息档案,并按照职责分工实施监控治理。

第34条 生产经营单位对排查发现的一般隐患,应当立即组织治理;对排查发现的重大隐患,应当组织制定并实施治理方案。

第35条 生产经营单位在隐患治理过程中,应当采取相应的安全防范措施。隐患排除前或者排除过程中无法保证安全的,应当从危险区域内撤出作业人员,并疏散可能危及的其他人员,设置警戒标志,暂时停产停业或者停止使用;对暂时难以停产或者停止使用的相关生产储存装置、设施、设备,应当加强维护和保养,防止事故发生。

第36条 生产经营单位应当加强对自然灾害的预防,对于因自然灾害可能导致事故灾难的隐患,应当按照有关法律、法规、标准的要求，采取可靠的预防措施，制定应急救援预案。

第37条　生产经营单位应当每季、每年对本单位事故隐患排查治理情况进行统计分析，向有关部门报送书面统计分析表。

对于重大事故隐患，生产经营单位除依照前款规定报送外，应当及时向有关部门报告。报告内容应当包括：

(1)隐患的现状及其产生原因。

(2)隐患的危害程度和整改难易程度分析。

(3)隐患的治理方案。

第38条　生产经营单位应当建立事故隐患报告和举报奖励制度，鼓励、发动职工发现和排除事故隐患。对发现、排除和举报事故隐患的有功人员，应当给予奖励和表彰。

第39条　生产经营单位应当结合实际，制定生产安全事故应急救援预案，每年至少组织一次演练，确保应急预案的有效性，并及时组织修订完善。

第40条　危险物品的生产、经营、储存单位以及矿山、建筑施工单位应当建立应急救援组织，配备相应的应急救援器材和设备，并定期进行演练；生产经营规模较小，可以不建立应急救援组织的单位，应当指定兼职的应急救援人员，并与就近的应急救援组织签订应急救援协议。应急救援组织在进行应急救援演练时，应当吸纳与其签订应急救援协议的生产经营单位参加。

第41条　生产经营单位发生生产安全事故后，事故现场有关人员应当立即向本单位负责人报告；单位负责人接到报告后应当于1小时内向事故发生地县级以上人民政府安全生产监督管理部门和负有安全生产监督管理职责的有关部门报告。

情况紧急时，事故现场有关人员可以直接向事故发生地县级以上人民政府安全生产监督管理部门和负有安全生产监督管理职责的有关部门报告

第42条　生产经营单位负责人接到事故报告后，应当立即启动事故相应应急预案，或者采取有效措施，组织抢救，防止事故扩大，减少人员伤亡和财产损失。

第43条　发生生产安全事故的生产经营单位应当依法妥善处理事故的善后工作，按国家有关规定向事故伤亡人员支付赔偿金。

三、《浙江省高速公路联网运行监控管理办法(试行)》

第6、7条规定：路网单位应负责所辖路段的收费、监控、通信等系统的运行管理，保障正常营运，并及时上报运行情况，接受统一调度，执行联动操作。路网单位应做好所辖路段的收费、监控、通信等系统设施的维护工作，并根据路网运行管理的需要，及时补充和更新系统设施，使其经常处于良好的技术状态。

第14条规定：监控总中心应当实行24小时值班工作制度，充分调动系统设施和人工手段，及时、连续、全面接受或下达全路网的运行信息，并根据有关要求，将路网运行有较大影响的情况及时报送上级管理部门，并通报有关单位。

第20条规定：路网单位应当通过沿线的可变情报板和可变限速标志、收费出入口告示牌、自备广播等设施及时告示本路段的运行信息，重要的运行信息应当重复提示。严格执行省交通运输厅、省公路管理局(监控总中心)下达的同步信息告示指令，并按照法律法规等有关规定做好应当通过媒体发布的信息发布。

四、《浙江省高速公路服务区管理暂行办法》

为加强浙江省高速公路服务区的管理，提高服务质量和管理水平，根据有关法律法规和规章，结合浙江省实际，制订该办法。该办法于自2004年4月1日起试行。

该办法适用于高速公路服务区是高速公路的附属设施，服务区征地范围内的所有设施均为高速公路的组成部分，均纳入高速公路管理范围。

第3条 省、市交通主管部门负责本行政区域内高速公路服务区的监督管理工作，省、市公路管理机构受同级交通主管部门委托，负责高速公路服务区的行业管理工作。高速公路服务区的经营管理工作，由高速公路经营单位负责。

第4条 高速公路服务区必须依法经营、规范管理、优质服务，坚持以人为本、以车为本的原则和社会效益与经济效益兼顾的原则，为司乘人员提供优质服务。有条件的服务区应积极开展ISO质量体系认证。

第5条 高速公路服务区必须做到功能适用、设施齐全、买卖公平、服务周到、安全卫生、秩序良好、环境优美、富有地方特色。

第6条 高速公路服务区的各种设施，应按有关要求进行维护，使其经常保持完好并处于良好的工作状态。

第7条 高速公路经营单位应根据实际情况设立服务区的专门管理机构。

第8条 高速公路经营单位应建立健全各项规章制度和管理办法；各服务区应制定各项岗位职责和操作规程，制定各类公共安全和卫生等突发事件应急预案，建立快速、有效的应急机制。

第9条 高速公路服务区应坚持市场化经营，采用灵活的市场运作机制。服务区的服务项目对外招标承包经营时，必须保证服务质量。服务区的卫生、保安等工作，必须由服务区管理机构组织管理。

第10条 服务区的各项经营活动应严格遵守有关法律法规规章和各项制度，证照齐全，依法经营。

第11条 服务区的用工必须严格按照国家和省的有关规定执行，积极吸收下岗工人。服务区的各类工作人员均应经专业培训，并统一着装，持证或挂牌上岗，在岗期间应定期接受培训、教育。

第12条 各项经营性服务必须执行国家和省相关行业制订的各项规定，并自觉接受相关行业管理部门的检查和监督。必须做到明码标价、备有发票、公开透明、公正诚信，文明经营、礼貌待客、周到服务。

第13条 餐饮工作人员必须经健康检查合格。食品应确保安全、卫生，生熟分别存放，不使用过期、腐烂变质材料，无食物中毒事件发生。餐厅、厨房要保持干净、清洁、卫生，做到定期消毒。

第15条 加油站计量器具要按规定定期检查，确保油质、油量。严格执行防火安全规定和加油操作规程，杜绝违章作业，并制定、落实详细的灭火预案与措施。经常检查并保持加油、灭火等设施与功能完好。

第16条 汽车维修部门应具备相应资质，依法取得《道路运输经营许可证》。应采用统一的形象标识系统，包括招牌、门面颜色、上墙内容等。维修人员必须具备熟练的专业技术技能，按有关维修技术标准、工艺规范和设备操作规程进行维修作业。不得使用假冒、伪劣配件，严格按标准收费。汽车配件、维修工具应摆放整齐。

第19条 服务区的工作人员有权制止发生在服务区内的各种不文明行为以及损害服务设施、影响服务区管理等各类违法、违规行为。服务区的秩序可由高速公路经营公司招聘专职保安人员依法、文明管理。保安人员必须做到爱岗敬业、热情服务。

第20条 服务区内道路应保持完好、安全、畅通。服务区的进出道路应保证2个(含)以上车道。区内道路设施管养标准参照高速公路路面养护标准执行。

第21条 服务区内各种标志、标线、标牌应清晰、有效、齐全、醒目，确保有序引导车流、客流。停车场内车辆停放应整齐、有序，保证畅通。运送危险品的车辆，应按指定地点停放，并接受全程管理。

第22条 服务区应严格按有关规定设置消防设施、配备消防设备。消防设施及设备必须指定专人管理，定期检查数量及完好情况，确保正常使用，并定期进行消防演练。

第23条 服务区除配备保安人员外，还应设置治安、卫生、路政等值勤点，落实相应的执法人员，确保及时有效地制止、处理服务区内的社会治安问题以及各类影响服务区秩序、环境安全的行为。

第 24 条　服务区的管理人员、驾乘人员应做到行为文明，自觉遵守服务区各项规章制度。禁止各类危及安全服务的行为（如乱停车、加油区内抽烟和使用手机等）。

第 25 条　服务区内应做到昼夜不间断供电、供水，及时修复受损设施，并配备必要的应急药品。

第 26 条　服务区应经常保持良好的卫生环境，确保服务区内干净、整洁。

第 27 条　服务区的管理人员、驾乘人员应自觉保持良好的卫生习惯，不得发生不文明的卫生行为（如随地大小便、随地吐痰、乱丢杂物等）。

第 28 条　服务区厕所应保持卫生、清洁、设施完好。厕所要经常冲洗，保证不间断供水，达到无味、无蝇、无杂物。地面要经常保持清洁、干燥，厕所内要免费提供足量的卫生用纸。

第 29 条　服务区广场及各经营场所应保持整洁，做到地面无积水、无污染，无烟蒂、果壳等杂物。

第 30 条　服务区范围内的绿化应美观，并落实专人管养，按规定定期修剪、除草、防治病虫害等，及时更换枯死的绿化作物，及时清理绿化区内的各类污染物。

第 31 条　服务区内的排污、排水设施应保持完好，做到排污达标、排水畅通，垃圾房、垃圾桶、化粪池等卫生设施应经常清洗、消毒，做防虫处理，生活垃圾应及时、集中进行无害化处理。

第 32 条　各服务区应自觉接受社会监督，设立监督、举报电话和意见投诉箱。对群众的意见应及时处理、及时反馈。

第 33 条　各高速公路经营单位应经常对服务区工作进行内部检查，建立相应的责任考核制度。

第 34 条　高速公路服务区应开展优质服务创建活动。省、市交通主管部门和公路管理机构每年对服务区创优活动进行检查考核，奖优罚劣，并将检查结果向社会公布。

五、《中共浙江省委　浙江省人民政府　关于进一步加强安全生产工作的意见》

与高速公路营运企业相关条款摘录如下：

1. 加强安全生产工作的重要意义、指导思想和工作目标

（1）重要意义。安全生产事关人民群众生命财产安全，事关经济发展和社会稳定大局。高度重视和切实抓好安全生产工作，是贯彻落实科学发展观、构建社会主义和谐社会的迫切需要，是实现好、维护好、发展好最广大人民群众根本利益的必然要求。近年来，全省各级各部门和广大企业认真贯彻党中央、国务院和省委、省政府关于加强安全生产工作的各项方针政策和部署，做了大量的工作，取得了明显成效，安全生产事故起数、死亡人数和直接经济损失三项指标已连续五年逐年下降。但是，全省安全生产事故总量仍比较大，重大事故时有发生；安全生产基础还不牢固，一些行业和领域安全隐患还大量存在，从业人员安全意识有待进一步增强；安全生产责任制在一些地方和生产经营单位还没有得到有效落实，基层安全生产监管仍较为薄弱，安全生产形势依然严峻。各级各单位要充分认识安全生产的极端重要性，进一步增强抓好安全生产的责任感和紧迫感，坚持安全发展的理念，正确处理安全生产与经济社会发展的关系，把加强安全生产工作贯穿于经济社会发展的全过程，切实抓紧抓好、抓出成效。

（2）指导思想。以科学发展观为指导，牢固树立安全发展的理念，坚持“安全第一、预防为主、综合治理”的方针，进一步加强安全生产管理和监督，加强安全生产基层基础工作，加强安全生产长效机制建设，加强对安全生产工作的组织领导，形成“党委领导、政府监管、行业管理、企业负责、社会监督”的工作格局，努力实现安全生产状况的根本好转，促进经济社会又好又快发展。

（3）工作目标。从 2009 年起，全面实施“365 安全生产行动计划”，以“三个确保”为目标，突出“六大重点领域”，强化“五项安全措施”，全面加强安全生产工作。今后四年，每年确保全省安全生产事故起数、死亡人数和直接经济损失三项指标“零增长”，并力争有所下降；确保道路交通万车死亡率、亿元 GDP 死亡率、工矿商贸企业十万从业人员死亡率等指标稳步下降；确保不突破国务院安全生产委员会下达的安全生产控制指标，坚决遏制重特大安全生产事故发生。

2. 切实抓好重点领域安全生产工作

突出道路交通、消防安全、海洋与渔业、建设工程、危险化学品（以下简称危化）与矿山、机械制造等六大重点领域，强化安全生产管理与监督，标本兼治、重在治本，着力解决当前安全生产中存在的突出问题。

（1）道路交通领域。以创建“平安畅通县（市、区）”活动和实施城市畅通工程为载体，全面落实道路交通安全“五整顿”、“三加强”工作措施。加强道路交通安全规划，完善道路交通安全设施。加强对运输企业、驾驶人和车辆的安全管理，从源头上把好关。充分运用科技手段，提高对路面行车秩序的监控能力，依法严厉查处道路交通违法行为。加快道路交通安全公共信息平台建设，形成联合执法机制。广泛开展道路交通安全公益宣传，提高全民安全意识。

（2）建设工程领域。严格实施建设工程安全生产许可制度，以房屋建筑和市政基础设施、地铁、公路、铁路、水利、通信、电力等工程建设为重点，进一步落实勘察、设计、审批、建设、施工等环节的安全责任，并加强监督检查，确保安全设施与主体工程同时设计、同时施工、同时投入生产和使用。重视防雷安全，完善重点单位防雷责任制。规范建设市场秩序，依法加强招标投标管理，严厉打击违法建设行为。加强施工现场安全监管，落实重大项目、重要部位、重点环节的监控措施，提升施工现场安全防护水平。完善政府监管、中介机构社会监理和企业内部自控的安全生产机制。

3. 进一步落实安全生产各项措施

全面落实政府安全监管、行业安全管理、企业主体责任、安全保障能力、长效机制建设等五项安全措施，着力推进安全生产工作，提高安全生产整体水平。

1）加强行业安全生产管理。

（1）明确行业安全生产管理职责。负有行业管理职能的部门要按照有关法律法规和职责规定，坚持“抓生产必须抓安全”的原则，把安全生产纳入行业管理的内容，指导本行业生产经营单位开展安全生产工作。要在本行业发展规划中编制安全生产方面内容，在人、财、物等方面予以保障。加强对本行业生产经营单位安全生产工作的监督检查，组织开展安全隐患排查治理。定期组织开展行业安全生产核，表彰先进，总结交流经验。

（2）加强行业安全生产基础工作。各行业管理部门要组织实施有利于安全生产的产业政策和技术标准，定期分析行业安全生产形势，提出有针对性的安全防范措施，加强行业安全生产规章制度建设，引导生产经营单位应用先进、成熟、安全的工艺技术和设备，淘汰落后的工艺技术和设备，提高行业安全生产水平。

（3）充分发挥行业中介组织的作用。依托行业协会的组织优势，加强行业自律，开展安全教育和培训，推广使用先进安全技术，逐步形成行业安全生产自我管理、自我约束的机制。发挥安全中介机构的作用，为社会提供安全评价、技术咨询、科学论证、法律援助等服务。加强对中介机构的监督管理，规范中介行为。

2）落实生产经营单位安全生产主体责任。

（1）加强生产经营单位安全管理。生产经营单位是安全生产的责任主体，其法定代表人（主要负责人）是安全生产第一责任人，必须对本单位的安全生产全面负责。要全面贯彻执行安全生产法律法规和技术标准，落实各项安全生产措施，设置安全生产管理机构，配备安全生产管理人员，建立健全安全生产责任制和各项制度、操作规程，加强安全管理，保障安全投入，加强员工的安全教育与培训，开展经常性的安全检查，及时消除安全隐患，制订事故应急预案，定期组织演练，确保生产安全。各级政府及有关部门要加强指导和督促检查，确保生产经营单位安全生产主体责任落到实处。

（2）推进企业安全生产标准化建设。安全生产监管、质量技监及有关行业主管部门要制订和完善相关行业安全生产技术规范和工作标准，明确安全生产基本条件及要求，在各类企业中普遍开展安全生产标准化活动，提高企业安全生产基础管理水平。

(3)建立企业安全诚信机制。各有关部门要督促和引导企业建立安全生产公示制度,及时发布企业安全生产基本信息,保障员工及周边公众的知情权。建立安全生产警示牌制度,形成社会对企业的舆论监督和行为制约,促进企业建立安全生产诚信机制。

3)加强安全生产保障能力建设。

(1)加强安全生产宣传教育。各级党委、政府及有关部门要把安全生产宣传教育纳入党的思想政治工作和社会主义精神文明建设的总体布局,加强安全文化建设,组织开展多种形式的群众性安全生产教育活动。各级党委宣传部门要协调新闻媒体安排一定的时段或专门的版面,用于安全生产方针政策、法律法规、安全知识和安全生产工作举措、先进典型、经验等方面的公益性宣传。

(2)加强安全生产培训体系建设。建立领导干部安全生产轮训制度,按照分级分类培训的原则,由安全生产监督管理部门会同组织部门办好县(市、区)、乡镇(街道)领导干部安全生产专题培训班,提高领导干部安全生产管理水平和依法行政能力。各级政府及有关部门要加强对企业负责人、安全管理人员和特种作业人员的培训,督促企业落实厂级、车间、班组三级安全教育制度,实施全员安全培训,着力提高从业人员安全素质。加强对安全培训教育及考核工作的监督管理。教育部门要把安全生产基础知识列入国民教育内容,大专院校、技工学校等要结合学生的专业学习,通过始业教育、专业课程、专题讲座等形式,对学生进行交通和消防安全、防触电、防中毒等各类事故自救知识的教育,努力提高学生的自我保护意识和防范事故能力。通过四年努力,县(市、区)、乡镇(街道)分管安全生产工作的负责人要轮训一遍,企业负责人、安全管理人员、企业员工培训率达100%,特种作业人员持证上岗率达100%。

(3)保障对安全生产的有效投入。各级政府要将安全生产专项资金列入财政预算,并逐步增加对安全生产的投入。安全生产专项资金主要用于应急救援体系建设、安全装备保障、重大安全隐患治理、推动企业安全生产标准化、安全生产先进技术推广应用、安全生产宣传教育培训等。督促企业依法加大安全投入,加快安全技术改造,定期对安全设施进行检验检测,改善安全生产条件。严格实施高危行业安全生产费用提取制度,完善建设项目安全设施投资预算制度,保障企业安全经费投入到位。

(4)完善社会保障和救助体系。生产经营单位必须依法参加工伤保险,及时足额为全部从业人员缴纳保险费。各级人力社保部门要积极推行并逐步完善工伤保险浮动费率制度,把企业安全生产状况与工伤保险费用缴纳挂钩,促使企业改善安全生产条件。探索建立工伤预防制度,降低工伤事故发生率。进一步推进工伤康复试点工作,采取政府引导、社会联动的方式,帮助因工致残但有工作能力的失业人员实现再就业,逐步建立与经济社会发展协调一致的工伤保险和社会救助体系。积极探索推行安全生产责任保险和火灾公众责任保险。加快省机动车联合信息平台建设,以实现机动车保险"奖优罚劣"的费率浮动机制。积极推动设立道路交通事故社会救助基金。建立健全事故救援"绿色通道"。

(5)加强安全生产监管执法队伍建设。进一步加强道路交通、危险化学品、矿山、消防、建设工程、渔业、高温高压特种设备、民爆物品、旅游等领域的安全监管力量,在现有监管机构和人员编制的基础上,按照本行政区域各类生产经营单位和从业人员数量、地区GDP等状况,健全或明确安全生产监管内设机构,落实专职或兼职监管人员,加强监管装备配备和经费保障,防止产生"监管盲区",确保安全生产各项工作有效开展。关心爱护安全生产监管干部,支持其工作。发展改革、财政、编制、人力社保等部门要积极研究制订方案并推动实施。

各地要按照《浙江省安全生产条例》规定,并结合乡镇综合执法和监察工作实际,根据当地安全生产监督管理工作的需要,对经济发达、安全生产监管任务重的乡镇(街道)必须设置安全生产监管机构,对其他乡镇(街道)要明确兼管安全生产监管的机构,配备安全生产监督管理人员,确保乡镇(街道)能切实有效地承担起对本辖区内生产经营单位安全生产监督管理的职责。各行政村要积极探索以加强安全生产管理为主、多员合一的公共安全协管员队伍建设。各类经济开发区及工业园区要加强相应的安全监管机构建设,充实安全监管人员力量。切实加强安全生产监管队伍业务能力和思想作风建设,健全工作机制,强化服务意识,努力造就一支政治优良、业务过硬、行为规范、纪律严明的安全生产监管队伍。

4)完善安全生产长效管理措施。

(1)加强安全生产法制建设。认真贯彻实施安全生产法律法规,加快制定配套的安全生产地方性法规、规章。把安全生产标准、规程作为安全生产法制建设的重要环节来抓,加快制定一批安全生产地方性标准,促进安全生产工作法制化、规范化。

(2)深化安全隐患排查治理。督促生产经营单位建立并落实安全隐患排查与治理制度,定期开展检查,保障整改资金,落实整改责任,及时消除安全隐患。各级政府及有关部门要建立安全隐患排查治理综合督查制度、专项检查制度和重大安全隐患挂牌督办制度,定期对生产经营单位安全隐患排查治理情况进行检查,建立隐患档案。对发现的安全隐患要及时督促其整改;对整改难度大、危险性高、容易造成群死群伤事故的重大安全隐患进行挂牌督办;对不能按时完成整改的重大安全隐患单位,责令其停产整顿,直至关闭。进一步抓好事故多发路段、临水临崖高落差危险路段、“三合一”场所和出租房屋等重大安全隐患的治理工作,保障治理资金落实到位。建立安全生产专家库和不同行业的专家组,并充分发挥他们在安全隐患排查治理工作中的作用。

(3)大力促进安全生产科技发展。各地各有关部门要制定完善促进安全生产科技发展的扶持政策,落实安全生产科技经费。加快安全生产信息化建设步伐,建立信息共享平台,实现资源共享。整合科技资源,加强安全生产技术支撑体系建设,形成一批安全工程技术实验与研发基地、安全设备检测检验基地和重大事故技术鉴定基地。安全生产科研院所和相关高等院校要加强安全适用技术、先进技术的研究开发,大力培养安全科技人才。积极推广先进适用的安全生产技术成果,加快科技成果转化。对在安全生产科技研发、安全先进技术推广应用方面做出显著贡献的单位和个人要进行表彰奖励。

(4)充分发挥社会监督作用。规范安全生产信息发布制度,及时向社会公布较大以上事故调查处理情况和重要安全生产信息。充分发挥新闻媒体的监督作用,对典型案例、重大安全隐患及问题突出的企业予以曝光。充分发挥工会组织在安全生产中的作用,建立健全企业工会劳动保护组织,动员广大职工参与企业安全生产民主管理和民主监督,不断改善企业安全生产条件。各有关部门要向社会公布安全生产举报电话和信箱,建立完善安全生产举报奖励制度,接受社会公众监督。及时研究解决安全生产信访问题,保护信访人合法权益。

(5)建立严格的安全生产考核机制。各级领导干部。要牢固树立抓好安全生产是重要政绩的理念。各级党委、政府及有关部门要建立健全科学合理的安全生产工作绩效评价考核体系,对安全生产工作实行过程和结果的双重考核,并将考核结果作为评价各级领导班子和领导干部实绩的重要内容,作为地方党政领导班子和领导干部选拔任用、培养教育、奖励惩戒的重要依据。对监管机构设置、人员配备、经费保障、安全监管、基层基础工作等方面措施的落实情况,要加强监督检查。对安全生产工作业绩突出、安全生产责任制考核优秀的单位和个人,要依法给予表彰奖励。

(6)实行安全生产行政问责制。建立安全生产“一票否决”制度,安全生产责任制年度考核不合格的市、县(市、区)党委和政府主要负责人一年内不得提拔;发生一次死亡30人以上生产安全责任事故的市及事发地的县(市、区)和乡镇(街道)、发生一次死亡10人以上生产安全责任事故的县(市、区)及事发地的乡镇(街道),当年不得参加各类先进评比,党委、政府主要负责人一年内不得提拔。发生一次死亡10人以上事故或在较短时间内连续发生多起一次死亡3人以上事故的,所在市党委、政府要向省委、省政府做出书面检查。发生一次死亡3人以上生产安全责任事故或连续发生生产安全死亡事故的国有、国有控股企业领导班子成员按规定扣减一定比例的效益年薪,主要负责人一年内不得参加各类先进评比活动。严肃查处各类事故,坚持事故原因未查清不放过、责任人员未处理不放过、整改措施未落实不放过、有关人员未受到教育不放过的“四不放过”原则,严肃责任追究。对涉嫌犯罪的,移送司法机关追究刑事责任。各级政府及有关部门要对安全生产控制指标完成情况及事故责任追究情况进行督查。纪检监察机关要对各级党委、政府及相关部门贯彻执行安全生产法律法规情况进行监督检查,依法追究负有事故安全责任相关人员的责任。

4. 进一步加强对安全生产工作的组织领导

各级党委、政府要把安全生产纳入国民经济和社会发展规划，与经济社会发展工作同步部署、同步推进、同步检查、同步考核。各级党委常委会每年要听取安全生产工作汇报，研究解决安全生产工作中的重大问题。各级政府每季度要召开安全生产专题会议，研究部署安全生产工作；每半年至少组织一次综合性安全生产大检查，政府主要负责人及分管负责人要带头参加安全生产大检查。

各级党委、政府和省直有关部门要根据本意见精神，抓紧研究制定进一步加强安全生产工作的政策措施，不断增强安全生产工作的针对性和实效性，努力开创我省安全生产工作新局面。

六、《浙江省高速公路长大桥隧安全运营管理办法（试行）》

第1条　为加强和规范我省高速公路长大桥隧安全运营管理工作，提高公路长大桥隧的安全保障水平，根据《中华人民共和国公路法》、《收费公路管理条例》和《浙江省收费公路管理条例》、《浙江省公路桥梁养护与管理办法》等有关规定，制定本办法。

第2条　本办法适用于我省境内高速公路的长大桥隧即特大桥、大桥、特长隧道、长隧道以及重要特殊结构的大桥（斜拉、钢管拱、悬索桥等结构新颖和技术复杂的桥梁）的安全运营管理。

第3条　按照“预防事故为主，确保设施安全，注重应急保障，强化通行管理”的总体思路，长大桥隧安全运营管理应贯彻“安全第一、预防为主、综合治理”的工作方针，遵循管理措施与养护工程并重的原则，保证长大桥隧安全运行。

第4条　省、市级公路管理机构受同级交通运输主管部门委托，主管本行政区域内长大桥隧的安全运营行业管理工作。

第5条　高速公路经营管理单位是长大桥隧的管养单位，也是长大桥隧安全运营管理工作的责任主体，具体负责长大桥隧的安全运营管理工作，应根据需要成立专门的管理机构，落实有相应资质的养护单位和管养经费，制订专门的安全运营管理制度办法和应急预案，配置应急抢险救灾设备和物资，按有关规定组织开展定期和不定期检查；对长大桥隧运营中出现的病害和安全隐患，必须及时采取有效的安全防范措施并安排处治工作。

第6条　长大桥隧开通运营前，必须具备以下条件：

（1）按照有关规定进行交工验收，并向有关管理机构移交相关技术资料。未经验收或者验收不合格的，不得交付使用。

（2）设置必要的检修通道、消防、通风、照明、救援等安全附属设施，安全警示标志和交通（通航）标志齐全、醒目并符合国家标准规定。

（3）长大桥隧管养单位落实、职责明确，安全运营管理人员（包括专职的桥梁与隧道养护工程师）和应急抢险救灾设备和物资到位，突发事件应急预案和各项安全管理制度齐全、有效。

第7条　长大桥隧管养单位应当健全运营安全管理制度，加强长大桥隧沿线、安全保护区内的日常安全巡查，及时制止各种侵占、损害长大桥隧及附属设施的行为，并报告有关部门依法予以查处。

第8条　长大桥隧管养单位应定期组织相关人员进行安全专业培训。

第9条　长大桥隧的管养单位应按照反恐、消防管理、事故救援等有关规定，在长大桥隧设施上（内），合理设置报警、灭火、逃生、防汛、防爆、防护监视、救援等器材和设备，并定期进行检查和维护，及时更新，保证其处于良好工作状态。

第10条　依附长大桥隧及其附属设施架设管线的，应当经省级公路管理机构许可，并依法办理有关手续。由于施工或维修造成长大桥隧及其附属设施损坏的，应依法按有关规定予以赔（补）偿。

第11条　根据有关法规，在长大桥隧及其附属设施上（内）禁止下列行为：

（1）修建建（构）筑物或者擅自占用、挖掘桥面、桥下空间（路面）。

（2）利用长大桥隧（含桥下空间）铺设高压电线和输送易燃、易爆或者其他有毒有害气体、液体的管道。

(3)在桥下从事经营性活动,随意堆放物品或者搭建设施。

(4)利用长大桥隧及其附属设施进行围栏、吊装、牵拉等施工作业(排险、养护维修除外)。

(5)擅自设置广告或者移动附属设施。

(6)其他损害长大桥隧及其附属设施、妨碍运营安全的行为。

第 12 条 载运易燃、易爆物品以及剧毒、放射性等危险化学品的车辆,应避免通过长大桥隧。确需通行的,应当严格执行国家有关危险物品运输的规定,确保运行安全。

第 13 条 超限车辆或其他可能会危及桥隧设施安全的车辆不得擅自驶上(入)长大桥隧。确需通行时,应依法经有关部门许可,运输方按要求采取必要的安全防护措施,根据指定的时间、路线、方式和时速通过。

特种车辆通行批准前,应由批准部门组织技术审核和通行方案审核,管养单位按照批准的通行方案做好长大桥隧的检查、监测、加固等相关工作。

第 14 条 长大桥隧管养单位应当加强对桥隧及其附属设施的检查和维护工作,按照有关技术规范、操作规程进行检查、养护、检测、维修,确保其处于良好的技术状态。

第 15 条 长大桥隧管养单位应建立符合自身特点的养护管理系统,全面记录长大桥隧检查与维护信息,定期跟踪了解结构工作状况,并根据相关规定向上级部门和相关设计、科研单位反馈。

第 16 条 长大桥隧结构检查分为日常巡查、经常性检查、定期检查和特殊检查。

日常巡查和经常性检查由具有桥隧检查工作经验的专业人员负责,日常巡查和经常性检查的频率应符合《公路桥梁养护技术规范》的要求。

定期检查原则上应委托具有专业检测资质的相关机构进行,并由具有工作经验的桥隧专业工程师负责,需配合专用的仪器和设备进行。

特殊检查应委托具有相应资质和技术能力的相关机构完成。

第 17 条 长大桥隧日常巡查、经常性检查、定期检查、特殊检查完成后,长大桥隧管养单位应当及时更新养护管理系统数据,根据检查结果确定维护措施,并组织实施。定期检查和特殊检查结果应按照相关规定及时上报。

第 18 条 长大桥隧管养单位应积极采用现代信息技术,逐步建立长大桥隧的安全监测系统,建立、健全长大桥隧安全监测评估制度,对桥隧的工作环境、结构工作状态、桥隧在各类外部荷载作用下的响应情况进行实时监测,及时掌握长大桥隧的整体技术状态和运营条件,为长大桥隧运营管理、养护维修、可靠性评估及相关科学研究提供依据。

长大桥隧管养单位应根据长大桥隧的实际技术状况和结构特点,按照实用、可靠、安全的原则,合理确定安全监测的项目和监测手段。

第 19 条 长大桥隧遭遇影响运营安全的突发性自然灾害、事故灾难、社会安全事件等突发事件时,管养单位应当立即报告上级有关部门和所在地县级人民政府,迅速采取有效应急措施,组织抢修或救援,防止事态扩大,减少人员伤亡和财产损失。

第 20 条 长大桥隧管养单位应根据应急预案的规定科学配置应急处置设备和人员,加强应急救援队伍的业务培训,定期组织开展应急演练,建立与当地公安部门、消防部门、医疗机构等相关部门间的联动协调机制,综合调度、统一指挥,提高先期应急处置能力。

第 21 条 由于突发性自然灾害、事故灾难、社会安全事件等原因,长大桥隧重要受力结构出现损坏,导致交通中断或影响正常运营的,长大桥隧管养单位应立即采取相关措施,按有关规定报告相关部门,最迟不得超过 1 小时。根据事态发展,还应及时续报有关情况。

第 22 条 发生突发事件或交通事故时,相关部门和长大桥隧管养单位应根据职责和分工及时采取相应措施,引导过往车辆安全通行,将现场人员及时疏散引导至安全区域(安全通道),避免发生二次事故;同时应逐步完善二次事故预防措施。

第 23 条　影响长大桥隧安全运营的突发事件应急处置工作结束，或者相关危险因素消除后，长大桥隧管养单位应积极做好善后处置工作，并配合有关部门对突发事件的原因、性质、影响、责任和恢复重建等问题进行调查评估。

第 24 条　对及时发现或排除长大桥隧安全隐患、举报或者制止影响长大桥隧安全的违法行为的单位和个人，应给予表彰和奖励。

第 25 条　对违反长大桥隧管理有关规定，造成不良后果和重大影响的，有关主管部门应根据情节轻重对负有直接责任的人员依法给予处分。构成犯罪的，依法移交有关部门追究刑事责任。

七、《浙江省公路路政管理条例》

为加强公路路政管理，保障公路完好、安全和畅通，根据《中华人民共和国公路法》及有关法律、法规，结合浙江省实际制定。于 2005 年 1 月 13 日浙江省第十届人民代表大会常务委员会第十五次会议通过。条例自 2008 年 4 月 1 日起施行。2011 年 11 月 25 号修正。

第 1 条　为加强公路路政管理，保障公路完好、安全和畅通，根据《中华人民共和国公路法》及有关法律、法规，结合本省实际，制定本条例。

第 2 条　本省行政区域内的国道、省道、县道和乡道（包括高速公路）的公路路政管理适用本条例。

本条例所称公路路政管理，是指为保障公路完好、安全和畅通，依法保护公路、公路用地及公路附属设施，管理公路两侧建筑控制区的行政行为。

第 4 条　交通行政主管部门、公路管理机构应当认真履行职责，依法做好公路保护工作，逐步完善公路服务设施，提高公路服务和管理水平，保证公路经常处于良好的技术状态。

公路的建设和养护应当符合公路工程技术标准和公路养护技术规范。

第 14 条　因工程建设需要占用、挖掘公路，或者跨越、穿越公路架设、增设管线设施的，施工作业单位应当在公路管理机构批准的路段和时间内施工作业，并在距离施工作业地点来车方向安全距离处设置明显的安全警示标志，采取防护措施；施工作业完毕，应当迅速清除公路上的障碍物，消除安全隐患，经公路管理机构和公安机关交通管理部门验收合格，符合通行要求后，及时恢复通行。

对未中断交通的施工作业公路，公安机关交通管理部门应当加强交通安全监督检查，维护公路交通秩序。

第 15 条　公路出现坍塌、坑槽、水毁、隆起等损毁或者交通信号灯、交通标志、标线等交通设施损毁、灭失的，公路管理机构、收费公路经营管理者应当设置警示标志并及时修复。

公安机关交通管理部门发现前款情形，危及交通安全，尚未设置警示标志的，应当及时采取安全措施，疏导交通，并通知公路管理机构或者收费公路经营管理者。

第 16 条　公安机关交通管理部门在处理交通事故时，涉及路产损坏、公路污染的，应当及时通知公路管理机构或者收费公路经营管理者。

第 17 条　公路及公路用地范围内禁止从事下列活动：

（1）倾倒或者堆放废土、垃圾等固体废弃物，排放污水、污物。

（2）堵塞水道，挖沟引水。

（3）取石、取土。

（4）设置电线杆、变压器、维修厂、停车场、洗车点或者加水点。

（5）集市贸易、摆摊设点、搭建棚屋或者砖窑、堆放或者摊晒物品。

（6）利用公路桥梁、隧道铺设输送易燃易爆和有毒物品的管道，利用公路桥涵堆放物品、搭建设施，在公路桥涵附近焚烧物品。

（7）法律、法规规定的其他损坏、污染公路或者影响公路畅通的活动。

第 23 条　在大中型公路桥梁和渡口周围 200m、公路隧道上方和洞口外 100m 范围内，以及在公路两侧一定距离内，不得挖砂、采石、取土、倾倒废弃物，不得进行爆破作业及其他危及公路、公路桥梁、公路隧道、公路渡口安全的活动。

在前款规定范围内因防险、防汛需要修筑堤坝、缩窄或者拓宽河床的，应当事先报省交通行政主管部门会同省水行政主管部门批准，并采取有效的保护公路、公路桥梁、公路隧道、公路渡口安全的措施。

第 27 条 任何单位和个人未经公路管理机构批准不得在公路用地范围内设置公路标志以外的其他标志。

申请前款规定事项的，申请人申请设置的非公路标志的材料、颜色、外廓尺寸、结构安装、灯光亮度、设置地点、间隔距离等应当符合规范要求；涉及收费公路的，申请人应当事先征求收费公路经营管理者的意见。

省交通行政主管部门应当制定非公路标志的设置和维护规范，向社会公布。

第 29 条 在公路上行驶的车辆的车货总质量，轴载质量，车货总长度、总宽度和总高度，不得超过以下最高限值：

(1)车货总质量为40t，其中集装箱半挂列车为46t；

(2)轴载质量：双轮组单轴的标准轴载为10t；

(3)车货总长度为18m；车货总宽度为2.5m；车货总高度为从地面算起4m，其中集装箱车货总高度为从地面算起4.2m。

第 30 条 因运输不可解体的物品，确需超过规定最高限值行驶的，应当事先经公路管理机构批准。经批准的超限运输车辆应当按照指定的时间、路线、速度行驶，并悬挂明显标志。

申请前款规定事项的，应当符合下列条件：

(1)书面说明运输货物名称、重量、外廓尺寸及必要的总体轮廓图，货物运输的起止点、拟经路线和运输时间。

(2)运输车辆的技术条件符合所运载货物的要求。

(3)拟经路线经加固、改造后可以满足超限运输要求。

(4)涉及收费公路的，申请人应当事先征求收费公路经营管理者的意见。

(5)法律、法规规定的其他条件。

第 34 条 高速公路经营管理者对未持有超限运输通行证的超限运输车辆，不得放行进入高速公路。强行进入高速公路的，由公安机关依法处理。

高速公路经营管理者可以在各收费站入口设置超限检测仪。

第 37 条 新建公路附属设施的设置由公路建设项目业主负责。新建、改建公路和公路大修时，与公路交通安全有关的公路附属设施应当与工程同时设计，同时施工，同时验收，所需经费纳入工程概算。

公路附属设施的设置，应当符合公路工程技术标准。

第 38 条 非收费公路附属设施的增设、日常维护、修复及公路绿化由公路管理机构负责。

收费公路附属设施的增设、日常维护、修复及公路绿化由收费公路经营管理者负责。

第 39 条 任何单位和个人不得侵占、损坏、涂改或者擅自移动、拆除公路附属设施。

第 40 条 公路标志、标线应当保持清晰、醒目、准确、完好，符合公路工程技术标准。对损坏的公路标志，维护管理单位应当在发现后24小时内予以修复、更换；因技术等原因无法按时修复、更换的，应当设置临时公路标志。

公路交通禁令标志需要增设或者变更的，县级公安机关交通管理部门与同级公路管理机构应当在听取各方意见和科学论证后，提出书面意见，报设区的市公路管理机构同意，并报设区的市公安机关交通管理部门备案。

第 41 条 在公路和公路两侧种植的树木或者其他植物、设置的非公路标志、管线等，应当与交通安全设施保持必要的距离，不得遮挡灯光信号、交通标志，不得妨碍安全视距，不得影响通行。

第五节　相关技术标准

加强安全生产，关键是全面落实“安全第一、预防为主、综合治理”的方针，做到思想认识上警钟长鸣、制度保证上严密有效、技术支撑上坚强有力、监督检查上严格细致、事故处理上严肃认真。其中，技术支撑是一个极其重要的环节。

本节收录的是高速公路与企业安全生产技术相关的标准规范，涉及污水排放、建筑物防雷、加油站作业、公路养护、职业健康安全等，以供安全管理人员在生产中查询。

一、技术标准概述

技术标准是保障安全生产的重要技术规范，它是安全生产法律体系的重要组成部分。执行安全技术标准是《安全生产法》规定的生产经营单位的义务，违反法定安全生产技术标准的要求，要承担法律责任。法定安全生产技术标准分为国家标准和行业标准，两者对生产经营单位的安全生产具有同样的约束力。安全生产国家标准是指国家标准化行政主管部门依照《标准化法》制定的在全国范围内适用的安全生产技术规范。安全生产行业标准是指国务院有关部门和直属机构依照《标准化法》制定的在安全生产领域内适用的安全生产技术规范。行业安全生产标准对同一安全生产事项的技术要求，可以高于国家安全生产标准但不得与其相抵触。目前与高速公路营运企业安全生产技术相关的标准主要有：

(1)《企业安全生产标准化基本规范》(AQ/T 9006—2010)

(2)《交通运输企业安全生产标准化考评管理办法》(交安监发〔2012〕175 号)

(3)《公路养护技术规范》(JTG H10—2009)

(4)《公路养护安全作业规程》(JTG H30—2004)

(5)《公路桥梁养护管理工作制度》(交公路发〔2007〕336 号)

(6)《公路工程竣(交)工验收办法实施细则》(交公路发〔2010〕65 号)

(7)《生产经营单位安全生产事故应急预案编制导则》(AQ/T 9002—2006)

(8)《生产安全事故应急演练指南》(AQ/T 9007—2011)

(9)《企业安全文化建设导则》(AQ/T 9004—2008)

(10)《加油站作业安全规范》(AQ 3010—2007)

(11)《工作场所职业卫生监督管理规定》(总局令第 47 号)

(12)《消防安全标志设置要求》(GB 15630—1995)

(13)《建筑灭火器配置设计规范》(GB 50140—2005)

(14)《公路交通安全设施设计规范》(JTG/T D81—2006)

由于涉及标准较多，与高速公路营运企业有一定的相关性，且相关标准均可查询到，所以这里仅编汇部分相关性较强的标准及内容。

二、《企业安全生产标准化基本规范》(AQ/T 9006—2010)

本规范自 2010 年 6 月 1 日起施行。其主要内容主要有：

企业开展安全生产标准化工作，遵循“安全第一、预防为主、综合治理”的方针，以隐患排查治理为基础，提高安全生产水平，减少事故发生，保障人身安全健康，保证生产经营活动的顺利进行。

企业安全生产标准化工作采用“策划、实施、检查、改进”动态循环的模式，依据本标准的要求，结合自身特点，建立并保持安全生产标准化系统；通过自我检查、自我纠正和自我完善，建立安全绩效持续改进的安全生产长效机制。

企业根据自身安全生产实际，制定总体和年度安全生产目标；按照所属基层单位和部门在生产经营中的职能，制定安全生产指标和考核办法。

企业应按规定设置安全生产管理机构，配备安全生产管理人员。

企业主要负责人应按照安全生产法律法规赋予的职责，全面负责安全生产工作，并履行安全生产义务。

企业应建立安全生产责任制，明确各级单位、部门和人员的安全生产职责。

企业应建立安全生产投入保障制度，完善和改进安全生产条件，按规定提取安全费用，专项用于安全生产，并建立安全费用台账。

企业应建立识别和获取适用的安全生产法律法规、标准规范的制度，明确主管部门，确定获取的渠道、方式，及时识别和获取适用的安全生产法律法规、标准规范。

企业各职能部门应及时识别和获取本部门适用的安全生产法律法规、标准规范，并跟踪、掌握有关法律法规、标准规范的修订情况，及时提供给企业内负责识别和获取适用的安全生产法律法规的主管部门汇总。

企业应将适用的安全生产法律法规、标准规范及其他要求及时传达给从业人员。

企业应遵守安全生产法律法规、标准规范，并将相关要求及时转化为本单位的规章制度，贯彻到各项工作中。

企业应建立健全安全生产规章制度，并发放到相关工作岗位，规范从业人员的生产作业行为。

安全生产规章制度至少应包括以下内容：安全生产职责，安全生产投入，文件和档案管理，隐患排查与治理，安全教育培训，特种作业人员管理，设备设施安全管理，建设项目安全设施“三同时”管理，生产设备设施验收管理，生产设备设施报废管理，施工和检维修安全管理，危险物品及重大危险源管理，作业安全管理，相关方及外用工管理，职业健康管理，防护用品管理，应急管理，事故管理等。

企业应根据生产特点，编制岗位安全操作规程，并发放到相关岗位。

企业应确定安全教育培训主管部门，按规定及岗位需要，定期识别安全教育培训需求，制定、实施安全教育培训计划，提供相应的资源保证。

应做好安全教育培训记录，建立安全教育培训档案，实施分级管理，并对培训效果进行评估和改进。

企业应对生产设备设施进行规范化管理，保证其安全运行。

企业应有专人负责管理各种安全设备设施，建立台账，定期检维修。对安全设备设施应制定检维修计划。

企业应加强生产现场安全管理和生产过程的控制。对生产过程及物料、设备设施、器材、通道、作业环境等存在的隐患，应进行分析和控制。对动火作业、受限空间内作业、临时用电作业、高处作业等危险性较高的作业活动实施作业许可管理，严格履行审批手续。作业许可证应包含危害因素分析和安全措施等内容。

企业应根据隐患排查的结果，制定隐患治理方案，对隐患及时进行治理。

隐患治理方案应包括目标和任务、方法和措施、经费和物资、机构和人员、时限和要求。重大事故隐患在治理前应采取临时控制措施并制定应急预案。

隐患治理措施包括工程技术措施、管理措施、教育措施、防护措施和应急措施。

治理完成后，应对治理情况进行验证和效果评估。

企业应按规定建立安全生产应急管理机构或指定专人负责安全生产应急管理工作。

企业应建立与本单位安全生产特点相适应的专兼职应急救援队伍，或指定专兼职应急救援人员，并组织训练；无须建立应急救援队伍的，可与附近具备专业资质的应急救援队伍签订服务协议。

企业应每年至少一次对本单位安全生产标准化的实施情况进行评定，验证各项安全生产制度措施的适宜性、充分性和有效性，检查安全生产工作目标、指标的完成情况。

企业主要负责人应对绩效评定工作全面负责。评定工作应形成正式文件，并将结果向所有部门、所属单位和从业人员通报，作为年度考评的重要依据。

三、《公路养护技术规范》（JTG H10—2009）

《公路养护技术规范》（JTG H10—2009）由中华人民共和国交通运输部于2009年第45号令发布，于2010年1月1日起开始实施。

规范由总则、术语、路基、路面、桥梁涵洞与渡口、隧道、路线交叉、公路防灾与突发事件处置、交通工程及沿线设施、公路绿化与环境保护、公路养护作业安全、技术管理等12章组成。与高速公路营运安全生产相关内容如下：

（1）本规范适用于各级公路的养护工作。

（2）公路养护工作应注重养护生产作业安全。

（3）路基养护应符合下列要求：

①通过日常巡查，发现病害及时处治，保持良好稳定的技术状态。

②路肩无病害，边坡稳定。

③排水设施无淤塞、无损坏，排水畅通。

④挡土墙等附属设施良好。

⑤做好路基翻浆、坍方、山体滑坡、泥石流等灾（病）害的防治、抢修工作。

（4）路面养护一般规定。

①路面养护应符合下列要求：

a. 经常清扫路面，及时清除杂物、清理积雪积冰，保持路面整洁，做好路面排水。

b. 加强路况巡查，发现病害，及时进行维修、处治。

②定期对路面的技术状况进行调查和评定。应以路面管理系统分析结果为依据，科学制定公路养护维修计划。

③路面技术状况各分项指标低于规定值时应采取相应措施恢复或提高。

④路面损坏分类、技术状况调查方法和频率，应按现行《公路技术状况评定标准》执行。

⑤改建工程、大中修工程的路面结构、施工工艺、材料、质量指标应符合现行有关设计、施工技术规范的规定。

（5）公路沥青路面养护应符合下列要求：

①对沥青路面应进行预防性、经常性和周期性养护，加强路况巡查，掌握路面的使用状况，根据路面的实际情况制定日常小修保养和经常性、预防性、周期性养护工程计划。对于较大范围路面损坏和达到或超过设计使用年限的路面应及时安排大中修或改建工程。

②应及时掌握路面的使用状况，加强小修保养，及时修补各种破损，保持路面处于整洁、良好的技术状态。

③沥青路面养护工程使用的沥青，粗、细集料和填料的规格，质量要求，技术指标，级配组成及大，中修，改建工程的设计，施工、质量控制，均应符合现行《公路沥青路面设计规范》（JTG D50—2006）和《公路沥青路面施工技术规范》（JTG F40—2004）的有关规定。

（6）公路桥涵养护应符合下列要求：

①桥涵外观整洁。

②桥面铺装坚实平整、横坡适度。

③桥头顺适。

④排水、伸缩缝、支座、护墙、栏杆、标志、标线等设施齐全良好。

⑤结构无损坏。

⑥基础无冲刷、淘空。

⑦与路基不同宽度的小桥，应逐步改建成与路基同宽。

(7)桥梁检查。

①桥梁检查分为经常性检查、定期检查和特殊检查。

a. 经常性检查是对桥面设施、上、下部结构及其附属设施进行一般性检查,每季度不少于一次,并填写经常性检查记录表,汛期应加强不定期检查。

b. 定期检查是桥梁养护管理系统中,采集结构技术状况动态数据的工作。通过定期检查可以对结构的损坏做出评估,评定结构构件和整体结构的技术状况,从而确定特别检查的需求与结构维修、加固或更换的优先排序。

②定期检查周期视桥梁技术状况而定,最长不得超过3年,新建桥梁缺陷责任期满时,进行第一次全面检查,临时性桥梁每年检查不少于1次。定期检查应填写桥梁定期检查记录表,并校核桥梁基本状况卡片。

在经常性检查中发现重要部(构)件的缺损明显达到三、四、五类技术状况时,应安排1次定期检查。

③特殊检查是查清桥梁病害原因、破损程度、承载能力、抗灾能力、确定桥梁技术状况的工作。

特殊检查分为专门检查和应急检查,在下列情况下应作特殊检查(专门检查):

a. 定期检查中难以判明损坏原因及程度的桥梁。

b. 桥梁技术状况为四、五类者。

c. 拟通过加固手段提高荷载等级的桥梁。

d. 条件许可时,特殊重要的桥梁在正常使用期间可周期性进行荷载试验。

e. 桥梁遭受洪水、流冰、滑坡、地震、风灾、漂流物或船舶撞击,因超重车辆通过或其他异常情况影响造成损害时,应进行应急检查。

④桥梁特殊检查应根据需要对以下3个方面问题做出鉴定:

a. 桥梁结构缺损状况。

b. 桥梁结构承载能力。包括对结构强度、稳定性和刚度的验算、试验和鉴定。

c. 桥梁防灾能力。包括桥梁抵抗洪水、流冰、风、地震及其他地质灾害等能力的检测鉴定。

⑤桥梁技术状况评定分为一般评定和适应性评定。

a. 一般评定是依据桥梁定期检查资料,通过对桥梁各部件技术状况的综合评定,划定桥梁各部件及总体技术状况类别,提出各类桥梁的养护措施。其评定方法应按现行《公路桥梁技术状况评定标准》执行。

b. 适应性评定是对桥梁的承载能力、通行能力、抗洪能力周期性地进行评定。评定周期一般为3~6年。评定工作可与桥梁的定期检查、特殊检查结合进行。

c. 承载能力、通行能力的评定一般采用现行荷载标准及交通量,也可考虑使用期预测交通量。承载能力、通行能力评定方法见有关规定。抗洪能力按本规范规定进行评定。

(8)隧道养护一般规定。

①公路隧道养护应符合下列要求:

a. 保持隧道外观整洁、隧道内路面平整、衬砌完整无明显开裂和剥落。

b. 标志标线清晰醒目,排水系统良好。

c. 对结构物及其附属设施(照明、通风、监控等)进行预防性维护和修复,保持良好的技术状态。

②公路隧道养护工作的内容包括隧道结构、防排水设施、附属设施的检查和保养、维修、加固以及隧道安全管理等。

③加强隧道的日常巡查。隧道日常巡查是隧道日常养护工作的重要内容之一,应予以充分重视,发现隐患及病害应及时处治。

(9)隧道检查。

①隧道检查分为经常性检查、定期检查和特殊检查三类。

②经常性检查是对隧道及其附属设施的外观状况进行的一般性检查。经常性检查宜采用目测方法,配合以简单的检查工具进行,并及时填写经常性检查记录表。经常性检查以定性判定为主。

定期检查是按规定周期对隧道的基本技术状况进行全面检查。定期检查宜采用步行方式,配备必要的检查工具或设备,进行目测或量测检查,并及时填写定期检查记录表。定期检查时,应依次检查各个结构部位,注意发现异常情况和已有异常情况的发展变化。对于有异常情况的结构,应在其适当位置做出标记绘入“隧道展示图”,并做出判定。

特殊检查是根据定期检查的结果,或者当隧道内发生重大交通事故、起火爆炸、遭受自然灾害,或发生其他非常事件后,对隧道结构进行详细检查和检测。通过特殊检查,应完整掌握受损情况或病害的详细资料,为采取对策措施提供依据。

③高速公路和一级公路隧道的经常性检查频率宜不少于1次/周,其他公路隧道宜不少于1次/月。在雨季或冰冻季节,应加强经常性检查。平时应加强对隧道的巡查,发现隐患,及时排除。

隧道定期检查频率应不少于1次/年。隧道的特殊检查可根据实际需要安排。

④当经常性检查中发现隧道存在异常情况但结论不明确时,应进行定期检查;当定期检查中发现隧道存在异常情况且较严重,但无法判定时,应进行特殊检查。

⑤当经常性检查中发现隧道存在异常情况,危及行人、行车安全时,应及时采取处治措施。

(10)隧道安全管理。

①隧道安全管理应包括正常营运及养护作业时和发生事故时的交通组织和安全防护。

②隧道洞口周围200m范围内,不得挖沙、采石、取土、倾倒废弃物,不得进行爆破作业及其他危及公路隧道安全的活动。

③养护作业的安全防护应包括养护作业机械、养护人员的安全防护。养护作业宜选择在交通量较小时段进行。隧道内的养护作业,应按本规范相关规定进行,养护维修作业控制区经设定后不得随意变更,作业人员不得在作业控制区外活动或将任何施工机具、材料置于养护维修作业控制区以外。

④隧道内发生火灾及重大交通事故或坍塌等突发事件时,必须立即报警并按消防等预案进行救助;并配合有关部门到现场处理事故。事后,应尽快清理现场,排除路障,恢复隧道正常通行,并登记相关损失。应认真分析事故原因,恢复或改善隧道的防灾能力。

(11)公路防灾一般规定。

①为维护公路的正常交通,应坚持“预防为主、防治结合”的方针,对洪水和流冰侵袭公路,造成公路设施的损坏、路面积雪和积沙影响行车安全或阻碍交通,以及各类突发事件损坏公路设施和影响公路使用功能的情况,采取行之有效的措施,予以预防和处治。

②防洪、防冰、防雪和防沙应根据当地的水文气候条件、季节特点、公路状况,加强公路防灾能力定期检查和观察,分析掌握路段、桥隧的抗灾害能力,采取必要的预防措施。

③重要工程和水毁、雪阻、沙阻多发路段,宜事先储备必要的材料和机械设备,一旦发生毁阻,应按先抢通后修复的原则,及时组织抢修。

④应建立公路防灾和重大突发事件处置的预案,对可能发生灾害路段,应加强检查、检测,建立各类检查、检测档案,提倡灾害预警体系建设。

(12)突发事件处置。

①对公路突发事件的处置应做到快速反应,准备充分,组织有力,处置得当,最大限度降低灾害损失。

②对各类公路突发事件应建立应急预案。

③应急预案的主要内容应包括:组织领导体系,应急抢险队伍,人、材、物及资金的保障,信息报告制度,临时交通组织方案,抢险工程措施等。

④应对公路重要设施建立灾害预警体系,以切实掌握运行过程中的公路设施的使用状态,尽可能降低突发事件的发生,达到公路设施隐患治早、治小、治了的目标。

⑤当公路及其沿线设施发生因自然或人为因素造成严重损坏影响交通或人身伤害的重特大突发事件，应积极采取应急措施，避免灾害扩大，做好灾后工程修复工作。

(13)公路养护作业安全一般规定。

①公路养护维修作业必须保障养护维修作业人员和设备的安全，以及车辆的安全运行。在进行养护维修作业前，应制定安全保障方案。

②公路养护维修作业单位应建立安全管理制度，实施对养护维修作业人员的安全培训和教育。养护维修作业人员必须接受安全技术教育，遵守各项安全技术操作规程。

③公路养护维修作业单位或经营单位应加强养护维修安全作业的管理。各级公路管理机构应加强对养护维修安全作业的监督和检查。

④养护维修作业的安全设施在未完成养护维修作业之前应保持完好，任何人不得随意撤除或改变安全设施的位置、扩大或缩小控制区范围，以保证养护维修作业控制区的安全。

(14)养护作业安全。

①凡在公路上进行养护维修作业和管理人员必须穿着带有反光标志的橘红色工作服装。

②公路路面养护维修作业应按作业控制区交通控制标准设置相关的渠化装置和标志，必要时应指派专人负责维持交通。在可能发生山体滑坡、塌方、泥石流及高路堤、陡边坡等路段养护维修作业，必要时应设专人观察险情，严防安全事故发生。

③养护维修作业人员应在控制区内作业和活动，养护机械或材料不得堆放于控制区外。

④公路桥梁、涵洞、隧道养护现场，应专门设置养护维修作业的交通标志。在桥梁栏杆外侧和桥梁墩台进行养护维修作业时，必须设置有效的安全防护设施，作业人员必须系安全带。

⑤在隧道内进行养护作业时，除遵守相应规定外，还应遵守以下规定：

a. 养护施工路段内的照明应满足要求，并设置必要的安全设施。

b. 注意观察和控制隧道内的有害气体浓度，做好通风工作。

c. 隧道内禁止存放易燃易爆物品，严禁烟火。

d. 电子设施等对维护安全有特别要求的，应按相关安全规程执行。

⑥特殊条件下的养护维修作业应符合下列要求：

a. 高温季节实施养护作业，应按劳动保护规定，采取防暑降温措施。并适当调整作息时间，尽量避开高温时段。

b. 冬季养护维修作业时应采取保温防冻等安全防护措施，除雪作业时应加强交通管制，并对作业人员、作业机械加强防滑措施。

c. 雨季养护维修作业应做好防洪排涝工作，加强防水、防漏电、防滑、防坍塌等措施。如遇暴风雨应停止作业。

d. 大雾天不宜进行养护维修作业，当必须进行抢修作业时，应采取封闭交通，并在安全设施上设置黄色施工警告灯号等安全设施。

e. 夜间养护维修作业，现场必须设置符合操作要求的照明设备。

⑦山区养护维修作业时，应遵守下列规定：

a. 在视距条件较差或坡度较大的路段进行养护维修作业，必要时应设专人指挥交通，作业控制区应增加有关交通安全设施。

b. 控制区的施工标志应与急弯标志、反向标志或连续弯标志等并列设置。

c. 在同一弯道不得同时设置两个或两个以上养护维修作业控制区。

d. 养护维修作业人员在作业时应戴安全帽。

⑧清扫、绿化养护及道路检测作业，应遵守下列规定：

a. 严禁在能见度差(如夜间无照明设施、大雾天)的条件下进行人工清扫。

b. 高速公路和一级公路路面清扫应以路面清扫车进行机械清扫为主，二级及二级以下公路路面清扫以机械清扫和人工清扫相结合，当进行人工清扫路面时，应采取安全防护措施。

c. 凡需占用车道进行绿化作业时，必须按作业控制区布置要求设置有关标志。

d. 高速公路、一级公路中央分隔带、边坡绿化浇水作业时，浇水车辆尾部应安装发光可变标志或按移动养护维修作业控制区布置。

e. 道路检测车、路面清扫车、护栏清洗车等在高速公路、一级公路进行道路性能检测和作业时，凡行进速度低于50km/h时，应按临时定点或移动养护维修作业控制区布置，或在设备尾部安装发光可变标志。

⑨加强养护维修机具的操作安全防范和维修保养。养护机械的操作、维修和保养按有关规定执行。

⑩养护维修作业控制区的布置由警告区、上游过渡区、缓冲区、工作区、下游过渡区和终止区组成。

各项养护维修作业控制区的布置位置和长度应保证公路养护维修作业人员、设备和过往车辆的安全。

⑪养护维修作业安全设施的设置与撤除应遵守以下程序：当进行养护维修作业时，应顺着交通流方向设置安全设施。当作业完成后，应逆着交通流方向撤除为养护维修作业而设置的有关安全设施，恢复正常交通。

四、《公路养护安全作业规程》（JTG H30—2004）

养护维修单位配备专职或兼职安全管理人员进行安全教育等，必要时配备交通指挥人员进行现场指挥。涉及如路面养护、道路巡查、清障施救作业等危险性较大作业，应指定专人进行现场管理，确保作业人员安全。

在进行养护维修作业前，应结合施工组织设计，制定安全保障方案，并报有关部门批准。

第三章　高速公路营运企业安全管理综述

第一节　企 业 资 质

企业法人营业执照是企业或组织合法经营权的凭证，企业法人名称、住所、经营场所、法定代表人、经济性质、经营范围、经营期限等信息应与实际情况一致，发生变更要及时进行变更登记。企业应按规定每年进行年检，保障企业合法经营。

《中华人民共和国企业法人登记管理条例》规定，具备法人条件的相关企业，应当依照规定办理企业法人登记；依法需要办理企业法人登记的，未经企业法人登记主管机关核准登记注册，不得从事经营活动；企业法人登记管理实行年度检验制度。

《安全生产法》第 17 条规定，生产经营单位应当具备本法和有关法律、行政法规和国家标准或者行业标准规定的安全生产条件；不具备安全生产条件的，不得从事生产经营活动。

高速公路营运企业应取得《企业法人营业执照》，并应具备《安全生产法》规定的安全生产条件。

《收费公路管理条例》第 25 条规定，收费公路建成后，应当按照国家有关规定进行验收；验收合格的，方可收取车辆通行费。收费公路不得边建设边收费。

收费公路的收费期限届满，必须终止收费。政府还贷公路在批准的收费期限届满前已经还清贷款、还清有偿集资款的，必须终止收费。

第 14 条规定，收费公路的收费期限，由省、自治区、直辖市人民政府按照下列标准审查批准：政府还贷公路的收费期限，按照用收费偿还贷款、偿还有偿集资款的原则确定，最长不得超过 15 年。国家确定的中西部省、自治区、直辖市的政府还贷公路收费期限，最长不得超过 20 年。经营性公路的收费期限，按照收回投资并有合理回报的原则确定，最长不得超过 25 年。国家确定的中西部省、自治区、直辖市的经营性公路收费期限，最长不得超过 30 年。

高速公路营运企业根据《收费公路管理条例》规定，可以再规定年限内收取车辆通行费。

第二节　企业安全生产管理责任

《浙江省高速公路运行管理办法》较为完整地诠释了高速公路营运企业安全生产管理责任。有关条款摘录如下：

为了加强对高速公路的管理，保障高速公路的完好、安全和畅通，维护高速公路交通秩序，预防和减少交通事故，保护高速公路投资者、经营者和使用者的合法权益，根据《中华人民共和国公路法》、《中华人民共和国道路交通安全法》和《中华人民共和国收费公路管理条例》等法律、法规，结合浙江省实际，制定《浙江省高速公路运行管理办法》。

浙江省行政区域内高速公路的养护、使用、收费和管理，适用本办法。法律、法规另有规定的，从其规定。

省、设区的市的交通主管部门主管本行政区域内的高速公路工作。省、设区的市的公路管理机构具体负责高速公路路政管理、养护管理工作，并根据同级交通主管部门的决定行使其他行政管理职责。

省公安机关交通管理部门主管全省高速公路交通安全管理工作，并可以指定设区的市的公安机关交通管理部门承担有关管理工作。

省发展改革、建设、国土资源、工商、环保、物价等有关部门、高速公路沿线各级人民政府及其有关部门依照各自职责，负责有关的高速公路管理工作。

省、设区的市的人民政府依照道路交通安全法律、法规规定的职责和要求，建立健全高速公路交通安全工作协调机制，制定高速公路交通安全管理规划及实施方案，并组织实施。

从事高速公路经营管理活动的企业或者其他组织（以下统称高速公路经营单位），其依法取得的收费权、广告经营权、服务设施经营权受法律保护。

高速公路经营单位应当积极配合、协助有关人民政府及其管理部门做好高速公路管理工作。

任何单位和个人必须遵守公路法律、法规和本办法，不得破坏、损坏或者非法占用高速公路、高速公路用地及高速公路附属设施。

任何单位和个人必须遵守道路交通安全法律、法规和本办法，维护高速公路交通秩序，防止交通事故。

一、养护管理

高速公路经营单位负责对高速公路及其附属设施进行养护，保证其处于良好的技术状态。

高速公路经营单位不具有高速公路养护资质的，应当依法通过招标等方式，委托具有相应资质的公路养护单位进行养护，并报省公路管理机构备案。

高速公路经营单位应当按照国家和省交通主管部门的规定，编制高速公路养护规划和年度计划，并组织实施。高速公路养护规划和年度计划应当报省公路管理机构备案。

高速公路养护作业应当遵守国家规定的标准和规范。

高速公路养护人员作业时，应当穿着统一的安全标志服。作业现场应当按规定设置施工标志、安全标志、导向标志，采取防护措施，确保车辆通行安全和畅通。作业车辆和机具应当开启黄色示警灯。

通过高速公路养护作业现场的车辆，必须按照设置的导向标志行驶，避让作业车辆、机具和人员。

公路管理机构应当加强对高速公路养护工作的监督检查，发现高速公路及其附属设施达不到规定技术标准的，应当责令高速公路经营单位限期养护；发现高速公路养护作业及现场管理不规范的，应当责令高速公路经营单位或者其委托的公路养护单位改正。

二、路政管理

禁止下列损坏、污染高速公路，危及高速公路安全，影响高速公路畅通的行为：

（1）在高速公路、高速公路用地范围内摆摊设点、取土、焚烧、堆放物品、倾倒垃圾、设置障碍、挖沟引水、利用高速公路边沟排放污物等。

（2）在高速公路大中型桥梁和渡口周围200m、隧道上方和洞口外100m范围内，以及在高速公路两侧一定距离内，进行挖砂、采石、取土、倾倒废弃物、爆破、钻井等作业。

（3）在高速公路建筑控制区内修建高速公路建设、养护、防护需要以外的建筑物和地面构筑物。

（4）损坏或者擅自移动、涂改高速公路附属设施。

（5）车上人员向车外抛撒物品。

（6）车辆滴漏物品或者其装载物触地拖曳。

（7）法律、法规和规章规定的其他行为。

从事下列活动，应当经公路管理机构批准；影响交通安全的，还应当征得公安机关交通管理部门的同意：

（1）因修建铁路、机场、通信设施、水利工程和进行其他工程建设需要占用、挖掘高速公路或者使高速公路改线的。

（2）跨越、穿越高速公路修建桥梁、渡槽或者架设、埋设管线等设施，以及在高速公路用地范围内架设、埋设管线、电缆等设施的。

(3)在高速公路建筑控制区内修建用于高速公路建设、养护、防护需要的建筑物和地面构筑物,或者埋设管线、电缆等设施。

(4)铁轮车、履带车和其他可能损害高速公路路面的机具,确需在高速公路上行驶的。

(5)车辆超过高速公路限载标准,确需在高速公路上行驶的。

从事上述活动,对高速公路及其用地、附属设施造成损坏或者对高速公路经营单位造成其他损失的,应当按照国家和本省的有关规定予以修复、改建或者补偿。

公路管理机构审查上述活动规定的事项,应当征求高速公路经营单位的意见;高速公路经营单位持有异议的,公路管理机构应当组织有关当事人进行协商,必要时,可以组织相关专业人员论证。依法应当举行听证的,由公路管理机构依照有关法律规定的程序组织听证。

公路管理机构应当根据听取的意见、协商、论证的情况和听证笔录,及时做出批准或者不予批准的决定。

高速公路经营单位应当在高速公路入口处及隧道等相关设施的显著位置,设置高速公路限载、限高、限宽、限长标准的公告标志。对违法超限运输的车辆,高速公路经营单位应当拒绝其通行。

公路管理机构可以在高速公路出入口、服务区以及经省人民政府批准设置的超限运输检测站等场所内,对过往载货车辆进行超限运输检查。过往载货车辆应当按照引导标志行驶到指定地点,接受公路管理机构的检查。

在高速公路建筑控制区内修建的用于高速公路建设、养护、防护需要的建筑物和地面构筑物,不得改作他用;不再使用的,应当立即拆除。

高速公路经营单位负责设置、维护交通标志与标线。

设置交通标志、标线应当符合国家规定标准,并根据高速公路路网结构的变化及时进行调整。

交通事故多发路段上的交通标志、标线,由省公路管理机构会同省公安机关交通管理部门并商高速公路经营单位提出调整方案,由高速公路经营单位负责实施。

在高速公路用地范围内设置非公路标志的,应当符合省交通主管部门规定的设置标准,并经公路管理机构批准。

在高速公路沿线规划和新建村镇、开发区等,应当与高速公路保持规定的距离,并避免在高速公路两侧对应进行;涉及高速公路建筑控制区的,应当事先征求省公路管理机构和设区的市的交通主管部门的意见。

造成高速公路及附属设施损坏的,当事人应当立即报告公路管理机构,接受其现场调查,并依法承担赔偿责任。

公路损坏行为违反公路管理法律、法规和本办法规定的,由公路管理机构依法处理。

公路管理机构应当加强高速公路路政管理,制止和查处违反公路路政管理法律、法规和本办法规定的行为。

公路路政管理人员执行公务,应当佩戴标志,持证上岗;用于高速公路路政管理的专用车辆,应当设置统一的标志和示警灯。

在建高速公路适用本章有关高速公路建筑控制区、广告标志设置管理的规定。

三、交通安全

禁止下列人员、车辆进入高速公路:

(1)行人。

(2)非机动车辆。

(3)摩托车、拖拉机、农用运输车、电瓶车、轮式专用机械车、全挂牵引车。

(4)未安装危险报警闪光灯、雾灯、安全带和未配备警告标志牌以及尾灯损坏的机动车辆。

(5)超载车辆。

(6)设计最高时速低于70km的机动车。

从事高速公路养护作业、路政管理、故障清理和事故救援等的人员及专用车辆、机具,不适用前款规定。

进入高速公路的车辆驾驶员和装有安全带座位上的乘车人员,必须依照规定系上安全带。

车辆从匝道驶入高速公路,应当在加速车道上提高车速,并开启左转向灯,在不妨碍已在高速公路内的车辆正常行驶的情况下驶入车道。

车辆驶离高速公路,应当按出口预告标志进入连接出口的车道,减速行驶;从匝道驶离高速公路的,应当开启右转向灯,驶入减速车道后驶离。

车辆行驶需要超车或者变更车道的,必须提前开启转向灯,夜间必须变换使用远、近光灯,确认安全后,再驶入相应的车道。

因前方交通堵塞停车的,车辆应当与同车道前车保持适当距离,打开危险报警闪光灯,并不得占用紧急停车带和路肩,驾驶员和其他乘车人员不得任意下车。

车辆在高速公路上行驶,不得有下列行为:

(1)倒车、逆行或者穿越中央分隔带掉头。

(2)骑、压车道分界线或者在路肩上行驶。

(3)在匝道、加速车道或者减速车道上超车。

(4)非紧急情况时在应急车道上行驶。

(5)非因发生故障、交通堵塞等特殊情况停车。

(6)试车或者学驾车辆。

车辆在高速公路上发生交通事故,或者发生转向、照明、信号装置故障,或者发生其他故障而无法正常行驶时,驾驶员应当立即开启危险报警闪光灯(夜间须同时开启示宽灯和尾灯),将车辆移至不妨碍交通的地方停放,并在车尾后方150m以外设置故障车警告标志牌;确实无法移动的,应当持续开启危险报警闪光灯。车上人员应当迅速转移到右侧路肩上或者应急车道内,并迅速报警。禁止在高速公路车道上检修车辆。

高速公路经营单位发现通行车辆超载,或者运载危险化学物品违反有关规定的,应当拒绝其通行,并及时向公安机关交通管理部门报告,由公安机关交通管理部门依法查处。

高速公路经营单位进行养护等施工作业需要封闭1个车道以上,并且作业时间持续12小时以上的,或者在夜间进行作业的,高速公路经营单位应当事先报告公安机关交通管理部门,并采取相应的防护、警示或者公告等措施。

施工作业需要半幅封闭路段或者中断交通的,高速公路经营单位应当事先征得公安机关交通管理部门和公路管理机构的同意,并采取相应的防护、警示和疏导措施。除紧急情况外,高速公路经营单位应当提前5日通过主要大众传播媒介等途径向社会公告,并通过电子显示屏等方式提示通行车辆。

高速公路上的清障、救援工作,由高速公路经营单位负责实施,并接受公安机关交通管理部门和公路管理机构的现场组织和调度。

公安机关交通管理部门、公路管理机构以及高速公路经营单位,不得限定故障车辆、事故车辆当事人到其指定单位修理车辆。

高速公路经营单位拖曳、牵引故障车辆、事故车辆,可以按照省物价主管部门核定的标准向车辆当事人收取费用,不得擅自提高收费标准。

拖曳、牵引故障车辆、事故车辆时,应当按照就近、安全、便捷的要求,将车辆拖至距离始拖地点最近的出口处或者经与车辆当事人商定的地点,以及公安机关交通管理部门指定的事故车辆处理地点。

公安机关交通管理部门负责组织公路管理机构、高速公路经营单位制定高速公路突发性事件交通管理应急预案,建立应急协调工作机制,必要时可以组织演练。高速公路突发性事件交通管理应急预案应当与地方突发性事件应急预案相衔接。

突发性事件，是指自然灾害、恶劣气象、重大交通事故以及其他突然发生、严重影响或者可能严重影响交通安全的事件。

遇有突发性事件时，公安机关交通管理部门可以采取限制车速、调换车道、限制通行、临时中断交通等交通管制措施，高速公路经营单位应当及时将有关交通管制信息向通行车辆进行提示；确需关闭高速公路的，由公安机关交通管理部门在征求高速公路经营单位意见后决定和实施，并提前向社会公告；发生交通堵塞时，公路管理机构、高速公路经营单位应当积极协助公安机关交通管理部门疏导交通。

突发性事件消除时，公安机关交通管理部门应当停止实施交通管制，对关闭的高速公路应当立即开通，并及时向社会公告。

省交通主管部门负责组织公安机关交通管理、气象等部门、高速公路经营单位，建立健全高速公路信息监控服务网络，实现网络共享，并向社会提供高速公路交通、气象等信息服务。

四、收费和服务

收费高速公路的收费期限、收费标准的确定和调整，依照收费公路管理条例的规定执行。

高速公路收费实行全省联网、统一结算和管理。省交通主管部门负责按照国家有关规定，组织高速公路经营单位共同制定联网方案、收费流程和结算规范，并组织实施和监督。

新建高速公路项目应当根据全省高速公路联网运行和管理的需要，按照规定标准建设高速公路通信、监控、收费等管理系统和设施。

已建成通车的高速公路不具备前款规定设施条件的，由高速公路经营单位负责建设。

负责高速公路收费统一结算的单位应当定期向高速公路经营单位公布收费结算信息。高速公路经营单位有权查询有关自身的收费结算信息。

除法律、法规规定免交车辆通行费的车辆外，车辆在收费高速公路上通行必须交纳车辆通行费。对拒交、逃交、少交车辆通行费的车辆，高速公路经营单位有权要求其补交；对拒不补交的，有权拒绝其通行。

车辆当事人凭高速公路经营单位发给的通行卡或者其他通行凭证交纳车辆通行费。禁止伪造、调换通行凭证或者使用伪造的通行凭证。损坏、丢失通行卡的，应当予以赔偿。

高速公路经营单位必须开通足够数量的收费道口，配备相应的收费人员，确保车辆快速、安全通行，不得造成车辆堵塞。

高速公路经营单位必须保证高速公路上的照明、通风等设施的正常使用，不得随意停止使用，不得影响车辆安全通行。

高速公路经营单位应当建立健全各项规章制度，依法经营，规范收费，提供优质服务。

高速公路经营单位应当加强对收费站工作人员的业务培训和职业道德教育，收费人员应当持证上岗，做到文明礼貌，规范服务。

高速公路服务区经营单位应当向进入服务区的车辆、人员提供车辆加油、维修和人员休息、餐饮等服务。从事各项服务活动，应当遵守有关法律、法规和规章的规定，并接受有关主管部门的监督检查。

进入服务区的车辆、人员应当遵守服务区内的各项管理制度，共同维护服务区的良好秩序。

省交通主管部门应当制定高速公路服务区管理和服务规范，向社会公布。

第三节　安全生产管理基本制度

一、安全生产管理制度

《浙江省落实生产经营单位安全主体责任暂行规定》第11条规定：生产经营单位应当依据法律、法规、规章、国家标准、行业标准和地方标准，制定本单位的安全生产规章制度和操作规程。安全生产规章制度和操作规程应当涵盖生产经营的全过程和全体从业人员。安全生产规章制度主要包括:安全生产工作例会;安全生产的教育和培训;安全生产检查及事故隐患的整改;设施、设备的维护、保养、检测;危险作业的现场管理;劳动防护用品的管理;安全生产责任和奖惩;安全生产台账的管理;应急救援措施;生产安全事故的报告和调查处理;安全生产投入及安全生产费用提取和使用;安全标准化管理;重大危险源检测、监控、管理;特种作业人员管理;其他保障安全生产的内容。

安全生产管理制度应做到目的明确、文字表达条理清楚、结构严谨、用词准确、文字简明等,应按照企业规定的格式进行编写。规章制度应明确目的、使用范围、主管部门、具体内容、解释部门和实施日期等。

企业安全生产管理制度一般包括以下 5 大方面的内容:安全生产责任制度,安全生产管理制度,岗位安全操作规程和规定,安全生产技术管理制度和安全生产事故和应急管理制度。

二、安全生产责任制

企业安全生产责任制度的建立是对企业主要负责人、安全监督管理部门和其他职能部门以及各类施工人员在管理和施工过程中应当承担的责任做出明确规定,即将企业安全生产主体责任分解到单位主要负责人、项目负责人、班组长以及每个岗位的作业人员身上。因此,企业安全生产责任制度的编制必须根据企业自身特点和组织机构的设置、职能人员的编制来考虑安全生产职责。既由谁负责,又要有负什么责,并要做到横向到边、纵向到底、不留死角。具体应包括以下 8 个方面的内容。

1. 物质保障责任

(1)具备法律、法规和国家标准、行业标准规定的安全生产条件。

(2)保证履行建设项目安全设施“三同时”的规定。

(3)依法为从业人员提供劳动防护用品,并监督、教育其正确佩戴和使用。

2. 资金保障责任

(1)按规定提取和使用安全生产费用,确保资金投入满足安全生产条件需要。

(2)按规定存储安全生产风险抵押金。

(3)依法为从业人员缴纳工伤保险费,保证安全生产教育培训的资金。

3. 机构设置与人员配备责任

依法设置安全生产管理机构,足额配备安全生产管理人员。

4. 安全生产规章制度制定责任

建立健全安全生产责任制和各项规章制度、安全生产操作规程。

5. 教育培训责任

依法组织从业人员参加安全生产教育培训,组织有关人员取得相关上岗资格证书。

6. 安全管理责任

(1)依法加强安全生产管理。

(2)定期组织开展安全检查。

(3)依法取得安全许可。

(4)依法对重大危险源实施监控。

(5)及时消除事故隐患。

(6)开展安全生产宣传教育。

(7)统一协调管理承包、承租单位的安全生产工作。

7. 事故报告和应急救援责任

(1)按规定报告生产安全事故。

(2)及时开展事故抢险救援。

(3)妥善处理事故善后工作。

8. 法律、法规、规章规定的其他安全生产责任

(1)《安全生产法》明确规定生产经营单位负责人为本单位第一责任人,对本单位安全生产负总责。

(2)《安全生产法》对生产经营单位负责人的安全生产责任作了专门的确定:建立、健全本单位安全生产责任制;组织制定本单位安全生产规章制度和操作规程;保证本单位安全生产投入的有效实施;督促、检查本单位的安全生产工作,及时消除生产安全事故隐患;组织制定并实施本单位的生产安全事故应急救援预案;及时、如实报告生产安全事故;组织制定并实施本单位安全生产教育和培训计划。

三、安全生产例会制度

1. 安全生产例会制度

安全生产例会制度必须包括该制度的适用范围、职责和主要工作程序。

2. 安全生产例会制度的分类

根据《交通行业中央企业安全工作考核管理办法》规定,建立安全生产专题会议制度。每年召开不少于1次安全生产工作会议;每季度至少召开1次安全生产工作例会。

(1)企业安全生产委员会会议

①企业的安全生产委员会会议一般每季度召开1次,由安委会办公室负责召集,企业主要负责人主持,全体委员参加;时间、地点由会议组织者决定。

②会议主要内容包括:传达国家、行业、地方及上级有关部门的重要文件和重要指示精神;总结一个阶段以来的安全生产作经验,取得的效果,安全生产现状、难点和急需解决的突出问题,确定切实可行的对策;根据存在问题和下一阶段生产经营的实际,确定安全管理的具体工作任务、安全监控的重点和阶段性目标;研究确定对为安全工作做出突出贡献的单位、部门、人员的表彰决定,通报安全生产事故及其对有关单位和责任人的处罚决定等。

③会议所议事项以及做出的决定应形成会议纪要,企业安委会办公室应负责督促、检查、考核会议决议的执行情况。

(2)企业安全生产会议

①企业的安全生产会议每月至少应该召开1次,由企业安全生产部门负责组织召开,会议由企业主管安全生产的负责人主持。参加会议人员一般有安全生产负责人、技术负责人、专职安全员等。

②会议主要内容:传达贯彻上级有关安全生产方面的方针政策有关文件,并研究提出本企业的贯彻落实措施;检查上阶段的安全生产工作,部署下阶段的安全生产工作;对生产中存在的问题和事故隐患研究落实解决问题的措施和方法;对发生的安全生产事故按照“四不放过”的原则做出处理和决定;表彰和奖励安全生产典型任务和事迹等。

(3)不定期安全生产会议

由企业安全生产各职能部门根据建设单位的要求、工程进展、生产的季节性和突发性等情况随时召开安全生产会议。

四、安全生产考核制度

《中共浙江省委　浙江省人民政府　关于加强安全生产促进安全发展的意见》要求,把安全生产考

核结果作为评价各级领导班子和领导干部实绩的重要内容，作为干部选拔任用、培养教育、奖励惩戒的重要依据。对安全生产工作业绩突出、安全生产责任制考核优秀的单位和个人，按照有关规定给予表彰奖励。将安全生产“一岗双责”履行情况作为党委、政府评选先进单位和个人以及干部考核评价的重要内容。对长期工作在安全监管一线并作出突出贡献的同志，在教育培训、评先评优等方面予以优先考虑。深化平安浙江建设，加大对影响生命安全事项的考核权重。实行党政领导干部安全生产工作“一票否决”制，年度安全生产责任制考核不合格、发生重大及以上安全生产责任事故的市及事发地的县（市、区）和乡镇（街道）、发生较大恶性安全生产责任事故的县（市、区）及事发地的乡镇（街道），当年不得参加各类先进评比。发生重大及以上安全生产责任事故或在一月内连续发生3起较大安全生产责任事故的地区和单位，由省安全生产委员会予以警示通报，并约谈所在市党委、政府主要负责同志。发生较大及以上安全生产责任事故或连续发生安全生产死亡事故的国有、国有控股企业领导班子成员，按规定扣减一定比例效益年薪，主要负责人一年内不得参加各类先进评比。对因发生安全生产责任事故符合问责情形的，按规定对相关领导干部实行问责。

安全生产考核的实施要求如下：

（1）安全生产教育培训考核由人事部门负责统筹安排。

（2）国家行政管理部门规定的安全考核由国家行政管理部门负责，企业有关人员要积极参与。

（3）企业三级培训及其他安全培训考核由人事部门与安全生产管理部门负责组织实施。

（4）单位干部的安全技术培训和考核，由上级有关主管部门组织进行。

（5）其他部门的安全技术考核，由人事部门和安全技术部门负责组织进行，考核内容包括：

①国家有关安全生产和劳动保护的方针、政策、法规、制度和标准。

②企业各项安全生产管理制度。

③本企业的生产工艺和特点。

④本企业所接触的易燃、易爆、有毒、有害物质的理化性质，对人体的危害，预防措施和急救处理原则。

⑤所管部门或业务范围内要害岗位的安全管理制度和注意事项。

⑥部门（站、队）各类安全装置的种类和作用，以及管理方法。

⑦本企业劳动保护用品和器具以及消防器材的正确使用方法。

（6）工人的安全技术考核，由部门（站、队）领导负责组织，安全员具体执行，考核内容包括：

①国家有关安全生产和劳动保护方针、政策、法规、制度和标准。

②本岗位的生产特点以及所接触的易燃、易爆、有毒、有害物质的理化性质，对人体的危害、预防方法和急救处理原则。

③本岗位的各项安全生产规程和管理制度。

④本岗位各类安全装置的类型和作用及其维护保养方法。

⑤本岗位的劳动保护用品和器具，以及消防器材的正确使用方法。

⑥本岗位的工艺流程和开停车安全注意事项。

（7）安全考核要作为公司领导、员工职务、职称、工作表现考核的重要内容之一。人事部门要做好记录，登记存档。

五、安全生产教育与培训制度

《生产经营单位安全培训规定》第4条规定：生产经营单位从业人员应当接受安全培训，熟悉有关安全生产规章制度和安全操作规程，具备必要的安全生产知识，掌握本岗位的安全操作技能，增强预防事故、控制职业危害和应急处理的能力。

1. 安全生产教育和培训的目的和内容

职业安全健康教育是生产经营单位安全生产管理的重要组成部分，是提高生产经营单位负责人、管理人员和生产工人安全生产素质的重要途径，是预防事故和职业病，保护劳动者在生产过程中的安全与健康的重要措施，是生产经营单位安全生产管理的一项基础性工作。

对从业人员进行安全生产教育培训是生产经营单位的法定职责，接受安全生产教育培训是从业人员的法定义务。

职业安全健康教育的内容主要分为安全生产思想意识教育、安全生产知识教育和安全生产操作技能教育三类。

生产经营单位职业安全健康教育主要有：

(1)主要负责人安全教育。

(2)安全生产管理人员安全生产教育。

(3)新职工进厂(单位)三级教育。

(4)特种作业人员培训、复训教育。

(5)班组长安全教育。

(6)变换工种和“四新”教育。

(7)职业健康教育。

(8)复工教育。

(9)全员教育。

2. 安全生产教育培训制度

(1)公司各生产经营单位必须根据国家法律法规、公司规章制度的要求，开展安全生产教育培训工作，建立健全安全生产教育培训制度。

(2)各单位应当对所有员工进行安全生产教育培训，并把安全教育培训作为岗位培训的重要组成部分，使员工具备必要的安全生产知识，熟悉有关的安全生产规章制度和安全操作规程，掌握本岗位的安全操作技能。未经安全生产教育培训或培训考试不合格的员工，不得上岗作业。

(3)各单位的员工应自觉接受安全生产教育培训，掌握本岗位所需的安全生产知识和技能，增强事故预防和应急处理能力。

(4)安全生产教育培训实行逐级负责制。各单位要根据培训需求，制定年度安全生产教育培训计划，并认真组织实施，以确保员工受到应有的安全工作规程、规定、制度和职业安全与健康知识、环境保护知识以及安全意识、安全生产技能的教育和培训。各生产部门、班组也应制定相应的安全生产教育培训计划。

(5)各单位的安全生产教育培训计划应纳入本单位教育培训计划，安全生产教育培训所需资金应纳入本单位教育培训经费预算予以保证。

(6)各单位安全生产第一责任人对本单位安全生产教育培训工作负总责；分管教育培训的领导对本单位的安全生产教育培训工作负直接责任；教育培训职能部门或机构负责具体实施。安全监督管理部门、宣传部门和工会、共青团等组织协助配合教育培训职能部门开展安全教育培训工作，并积极开展宣传活动。

(7)各单位的安全生产教育培训应结合自己的实际和员工的情况及岗位要求，有针对性地开展多种形式的、分层次的安全生产教育培训工作。

(8)各单位应将企业内部及外部的典型事故案例编成教材，及时对员工进行安全生产教育培训，可运用录像、幻灯、电视、计算机多媒体、广播、板报、实物、图片展览，以及安全知识考试、演讲、竞赛等多种形式宣传、普及安全生产知识，进行有针对性的、形象化的培训教育，提高员工的安全意识和自我防护能力。

(9)各单位要建立健全各类人员安全生产教育培训档案，教育培训的内容、时间和考试成绩应记入个人安全教育培训档案，由教育培训部门统一管理。

(10)公司人事部、安全管理部门负责对各公司和各部门的安全生产教育培训工作进行指导,并对其安全生产教育培训制度、计划和内容,以及组织实施情况进行监督检查。各单位的人事管理部门安全监督管理部门对本单位安全生产教育培训情况实施监督检查。

(11)各单位应将安全生产教育培训制度、内容及实施情况,作为安全生产检查的重要内容。对未按本规定和本单位有关规定要求进行安全生产教育培训的领导和单位,应给予批评和处罚。对于认真开展安全生产教育培训,并在防止事故、提高安全管理水平上做出成绩的单位和个人,应给予表彰和奖励。

(12)各单位实行全员安全生产教育培训制度。对从事生产岗位工作人员(应包括生产运行值班和调度、设备维护和检修、工程施工、试验、安全生产管理、安全生产监督、生产运行管理、生产技术管理、工程施工管理等及相关人员)应进行定期培训。其他人员应不定期进行培训。

(13)各单位新进人员必须接受安全生产教育培训。对新进入生产岗位的人员(包括合同工、代培人员、实习人员,下同)必须经过单位、部门和班组(站、队)三级培训,并经考试合格后方可进入生产现场工作。

(14)新上岗的生产运行值班、调度及相关的生产管理、技术管理、安全生产监督人员必须经过现场规程制度的培训学习、现场见习和跟班实习。

(15)新上岗的检修、试验及相关的技术和管理人员必须经过检修、试验规程的培训学习和跟班实习。

(16)新上岗的专职安全管理人员上岗前必须经过安全管理基础理论和专业知识教育培训。初次安全培训时间不得少于32学时。每年再培训时间不得少于12学时。

(17)新上岗的各级生产领导人员,应经有关安全生产的方针、政策、法律、法规,安全管理、安全文化、事故调查知识、危急情况的处理与指挥,公司有关安全生产的规章制度和本岗位的安全生产管理职责的教育培训等。

(18)员工调整工作岗位或离开原岗位一年及以上后重新上岗时,应进行相应的部门或班组(站、队)安全生产教育培训,并经考试合格后方能上岗。

六、安全生产费用制度

安全生产费用是指企业按照规定标准提取在成本中列支,专门用于完善和改进企业或者项目安全生产条件的资金。企业应当严格按照国家和行业的有关规定,足额提取安全生产费用。安全生产费用应当专门核算并编制使用计划,明确费用投入的项目内容、额度、完成期限、责任部门和责任人等,确保安全生产费用投入的落实。

《安全生产法》第20条规定:生产经营单位应当具备的安全生产条件所必需的资金投入,由生产经营单位的决策机构、主要负责人或者个人经营的投资人予以保证,并对由于安全生产所必需的资金投入不足导致的后果承担责任。

《企业安全生产费用提取和使用管理办法》第9条规定:交通运输企业以上年度实际营业收入为计提依据,按照以下标准平均逐月提取:普通货运业务按照1%提取;客运业务、管道运输、危险品等特殊货运业务按照1.5%提取。第15条规定:企业在该标准的基础上,根据安全生产实际需要,可适当提高安全费用提取标准。

安全生产费用制度要明确使用计划、统计上报的时间、相关工作程序、职责权限、奖励与处罚等。

七、劳动防护用品管理制度

《安全生产法》第42条规定:生产经营单位必须为从业人员提供符合国家标准或者行业标准的劳动防护用品,并监督、教育从业人员按照使用规则佩戴、使用。

《劳动防护用品监督管理规定》第16条、17条规定:生产经营单位应当建立健全劳动防护用品的采购、验收、保管、发放、使用、报废等管理制度。

生产经营单位为从业人员提供的劳动防护用品,必须符合国家标准或者行业标准,不得超过使用期限。

1.常见的劳动防护用品

常见的个人安全防护用品有安全帽、安全带、安全网、防毒面具、防尘口罩、护目镜、高温鞋、绝缘鞋等。一般劳动的防护用品还包括工作服、工作帽、风镜、雨衣、水靴、防寒服、毛巾、手套等。

2.劳动防护用品的配备与使用

(1)企业应当按照《劳动防护用品选用规则》(GB 11651)和国家颁发的劳动防护用品配备标准以及有关规定,为从业人员配备劳动防护用品。

(2)企业应当安排用于配备劳动防护用品的专项经费。企业不得以货币或者其他物品替代应当按规定配备的劳动防护用品。

(3)企业为从业人员提供的劳动防护用品,必须符合国家标准或者行业标准,不得超过使用期限。并督促、教育从业人员正确佩戴和使用劳动防护用品。

(4)企业应当建立健全劳动防护用品的采购、验收、保管、发放、使用、报废等管理制度。

(5)企业不得采购和使用无安全标志的特种劳动防护用品;购买的特种劳动防护用品须经本单位的安全生产技术部门或者管理人员检查验收。

(6)从业人员在作业过程中,必须按照安全生产规章制度和劳动防护用品使用规则,正确佩戴和使用劳动防护用品;未按规定佩戴和使用劳动防护用品的,不得上岗作业。

3.施工安全“三宝”的内容及使用方法

施工安全“三宝”是指安全帽、安全带、安全网。

(1)安全帽的正确使用

①凡进入施工现场的所有人员,都必须佩戴安全帽。作业中不得将安全帽脱下,搁置一旁,或当坐垫使用。

②国家标准中规定佩戴安全帽的高度,为帽箍底边至人头顶端(以试验时木质人头模型作代表)的垂直距离为80~90mm。国家标准对安全帽最主要的要求是能够承受500N的冲击力。

③要正确使用安全帽,要扣好帽带,调整好帽衬间距(一般约40~50mm),勿使轻易松脱或颠动摇晃。缺衬缺带或破损的安全帽不准使用。

(2)安全带的正确使用

①使用时要高挂低用,防止摆动碰撞,绳子不能打结,钩子要挂存连接环上。当发现有异常时要立即更换,换新绳时要加绳套。使用3m以上的长绳要加缓冲器。

②在攀登和悬空等作业中,必须佩戴安全带并有牢靠的挂钩设施,严禁只在腰间佩戴安全带,而不在固定的设施上拴挂钩环。

③安全带不使用时要妥善保管。不可接触高温、明火、强酸、强碱或尖锐物体。使用频繁的绳要经常做外观检查;使用两年后要做抽检,抽验过的样带要更换新绳。

(3)安全网的正确使用

①网内不得存留建筑垃圾,网下不能堆积物品,网身不能出现严重变形和磨损,防止受化学品与酸、碱烟雾的污染及电焊火花的烧灼等。

②支撑架不得出现严重变形和磨损,其连接部位不得有松脱现象。网与网之间及网与支撑架之间的连接点亦不允许出现松脱。所有绑拉的绳都不能使其受严重的磨损或有变形。

③网内的坠落物要经常清理。保持网体洁净,还要避免大量焊接或其他火星落入网内,并避免高温

或蒸汽环境。当网体受到化学品的污染或网绳嵌入粗砂粒或其他可能引起磨损的异物时，即须进行清洗，洗后使其自然干燥。

④安全网在搬运中不可使用铁钩或带尖刺的工具，以防损伤网绳。网体要存放在仓库或专用场所，并将其分类、分批存放存架子上，不允许随意乱堆。对仓库要求具备通风遮光、隔热、防潮、避免化学物品的侵蚀等条件。在存放过程中，亦要求对网体作定期检验，发现问题，立即处理，以确保安全。

八、事故统计报告制度

《生产安全事故报告和调查处理条例》第9、12条规定：事故发生后，事故现场有关人员应当立即向本单位负责人报告；单位负责人接到报告后，应当于1小时内向事故发生地县级以上人民政府安全生产监督管理部门和负有安全生产监督管理职责的有关部门报告。

事故报告应当及时、准确、完整，任何单位和个人对事故不得迟报、漏报、谎报或者瞒报，报告方式可采取电话、传真、电子邮件的形式先行报告事故概况，有新情况及时续报，但应在12小时内补齐书面材料。

1. 事故报告内容

(1)事故发生时间、地点、工程项目和事故单位名称。

(2)事故的简单经过、紧急抢险救援情况、人员伤亡情况、预估的直接经济损失。

(3)事故原因的初步分析判定。

(4)事故发生后所采取应对措施和控制情况。

(5)事故报告单位、签发人及报告时间等。

2. 使用电话快报的内容

(1)事故发生单位的名称、地址、性质。

(2)事故发生的时间、地点。

(3)事故已经造成或者可能造成的伤亡人数(包括下落不明、涉险的人数)。

事故报告后出现新情况的，应当及时补报。自事故发生之日起30日内，事故造成的伤亡人数发生变化的，应当及时补报(道路交通事故、火灾事故自发生之日起7日内)。事故造成的伤亡人数发生变化的，应当及时补报。

3. 事故报告程序

事故发生后，现场有关人员应当立即报告现场安全生产负责人。现场安全生产负责人接到报告后，应立即报告单位安全管理部门和企业主要负责人，并立即启动事故相应应急预案，或者采取有效措施，组织抢救，防止事故扩大，减少人员伤亡和财产损失。单位负责人接到报告后，应当于1小时内向事故发生地县级以上人民政府安全生产监督管理部门和负有安全生产监督管理职责的有关部门报告。

发生重大生产安全事故后，施工单位除向项目建设和监理单位报告外，还应立即将事故情况如实向事故所在地交通主管部门、地方安全监管部门报告。实行工程总承包的交通建设项目，由总承包单位负责上报。

九、安全生产检查制度

《安全生产事故隐患排查治理暂行规定》第10条规定：生产经营单位应当定期组织安全生产管理人员、工程技术人员和其他相关人员排查本单位的事故隐患。对排查出的事故隐患，应当按照事故隐患的等级进行登记，建立事故隐患信息档案，并按照职责分工实施监控治理。

(1)安全检查是一项综合性的安全生产管理措施，是建立良好的安全生产环境、做好安全生产工作的重要手段之一，也是企业防止事故、减少职业病的有效方法。

(2)应制定安全生产检查制度，坚持日常检查和定期组织安全检查。每年至少进行2次综合安全检查，下属单位每季度至少进行1次综合安全检查，基层队(收费站)要落实岗检、巡检、交接班检查。

(3)安全检查可分为日常性检查、专业性检查、季节性检查、节假日前后的检查和不定期检查。

①日常性安全检查。包括班级检查、部门检查和公司检查。公司一般每年进行2～4次安全检查；部门每月至少1次；班组每天进行检查；专职安全人员的日常巡查。

②班组长和工人应严格履行交接班检查和班中检查。

③专业性检查是针对特种作业、特种设备、特种场所进行的检查，如电焊、起重设备、运输车辆、爆破品仓库、锅炉等。

④季节性检查是根据季节特点，为保障安全生产的特殊要求所进行的检查。如冬季的防火、防寒防冻；夏季的防汛、防高温盛暑、防台风。

⑤节假日前后的检查包括节前的安全生产检查，节后的遵章守纪检查。

⑥不定期检查是指在设备装置试运行检查、设备开工前和停工前检查、检修检查等。

(4)建立HSE管理体系的单位，可将安全检查纳入管理体系审核。

(5)企业应根据季节变化、节假日生产特点，以及特殊作业要求，组织开展专项安全检查或专业安全检查。

(6)“元旦”“春节”“五一”“十一”等重大节假日前，要认真组织辖区内的安全生产大检查，主要保安全、保畅通。

(7)安全大检查的计划、方案、总结等文字材料由安全生产管理部门负责，专项安全治理整顿的计划、方案、总结等文字材料由相关部门负责，报安全生产管理部门汇总。对月安全检查中发现的隐患和问题，各部门要及时研究，制定整改措施，落实整改责任人和整改时限。属于各单位、部门之间协调解决的，报安全生产工作领导小组工作会议审定。

(8)企业应建立领导干部安全生产联系点制度，定期对关键生产装置和要害部位(单位)安全生产联系点进行安全检查和指导。

(9)企业应完善安全检查手段，依据标准、规范及安全检查表进行检查。检查人员应将检查的时间、地点、内容、发现的问题及其处理情况，做出书面记录，并由检查人员和被检查单位的负责人签字；检查人员应将检查情况记录在案，并向上级报告。整改情况应有回执记录。

(10)企业应制定违章处罚办法，加大对违章检查、监督和处罚力度。对检查中发现的“三违”行为(违章指挥、违章作业、违反劳动纪律)，应当场予以纠正或要求限期改正，对严重违章行为要从严惩处，绝不姑息。

(11)对检查中发现的事故隐患，应责令排除，重大事故隐患排除前或在排除过程中无法保证安全的，应将作业人员从危险区域内撤出，责令暂时停产停业或者停止使用；重大事故隐患排除后，经审查同意，方可恢复生产经营和使用。对检查中发现一时不能立即排除的事故隐患，应当制定防范和监控措施，在评估的基础上，按管理权限制定计划，投入整改经费，并按期完成整改。

(12)要加强对重大危险源的检查，建立重大危险源管理档案和动态监测数据台账，配备必要的监测、检测仪器和设备，对重大危险源定期检测、评估和监控确保重大危险源处于受控状态。

(13)企业对当地政府和上级单位安全监督检查人员依照法律和相关规定履行监督检查职责时，应予以配合，不得拒绝、阻挠。

十、建设项目安全设施“三同时”管理制度

对建设项目坚持“三同时”审批(即新建、改建、扩建工程项目的安全设施，必须与主体工程同时设计、同时施工、同时投入生产和使用，安全设施投资应纳入建设项目概算)，突出从源头控制的思想，明确规定项目的可行性研究、劳动安全卫生预评价、劳动安全卫生验收评价、竣工验收等环节的具体要求，

能有效防止危险和有害因素的产生，提高事故和危害的控制能力。

企业新建、改建、扩建项目、技术改造项目和引进的建设项目，包括我国境内建设的中外合资、中外合作和外商独资的建设项目，也适用于企业“四新”（新技术、新工艺、新设备、新材料）项目的应用。做好安全生产，避免职业危害，企业应重视对“三同时”的管理。

（1）生产经营单位应坚持“安全第一、预防为主”的方针，控制新建项目危险危害因素，对新建、改建、扩建工程项目的安全设施，必须按照《安全生产法》的规定。与主体工程同时设计、同时施工、同时投入生产和使用，确保安全设施的有效和完好，提高生产经营单位的本质安全程度。

（2）凡新建、改建、扩建、技改、革新项目，在编制方案、设计、施工、验收时都必须有保证安全生产和消除有毒有害因素的设施，这些设施要与主体工程同时设计、同时施工、同时投产。

（3）新建、改建、扩建、技改、革新等项目的设计，必须执行以下规定：

①设计人员必须严格执行国家有关安全、卫生、环保、消防等设计规范和标准。

②设计采用新工艺、新设备、新材料、新产品时，必须有鉴定报告。属于甲、乙类物品和易燃品、剧毒品，必须有所在地省级业务主管部门的技术鉴定书。

③新产品转入批量生产必须符合下列条件：

a. 采用成熟的工艺方法。

b. 工艺条件的选取应符合安全要求。

c. 具备可靠的安全措施（包括可靠的控制手段、报警装置及发生事故的紧急处理装置等）。

d. 设备选型和建筑等应符合防火、防爆、工业卫生等标准和规定的要求。

e. 设计文件要有安全可靠性评价。

（4）凡引进先进的工艺装置和技术，必须同时引进先进的安全、工业卫生、环保、消防设施和技术，或在国内配套相应水平的设施和技术。

（5）“三同时”工作事项的审批由安全生产工作领导小组负责，安全生产管理部门负责监督检查。

（6）各单位安全生产管理部门应参与本单位建设工程项目可行性和设计的审核，组织专家或委托专业技术服务机构开展安全设施技术论证，督促设计与施工单位落实安全措施，在投入生产和使用前，依照设计要求、论证意见、国家和行业标准进行验收，经验收合格后方可投入生产和使用。

（7）审查初步设计或方案时，应有安全、工业卫生、环保、消防部门及工会参加评审工作，凡未经上述部门签署同意的，财务部门有权拒绝付款。

（8）安全、卫生、环保、消防等部门，应会同工会组织参加竣工验收工作。凡安全、卫生、环保、消防设施没有与主体工程同时建成试车，或经考核达不到原设计要求的，均不能验收。

（9）施工过程中，应有人负责安全、卫生、环保、消防设施的施工监督检查，及时纠正施工中的缺陷。

（10）生产经营单位应建立建设项目安全设施设计、审核、验收各环节的档案管理制度，接受行业管理部门、安全生产监督管理部门和工会组织的监督检查。

（11）各单位应加强对建设项目“三同时”工作的监督管理，制定本企业的“三同时”工作制度，规范审核行为，做好指导服务，组织对建设工程项目的验收检查，控问题于源头之中，杜绝新项目新隐患的滋生，确保监管到位和安全生产。

十一、安全生产事故隐患管理办法

《国务院关于进一步加强企业安全生产工作的通知》明确指出，企业要经常性开展安全隐患排查，并切实做到整改措施、责任、资金、时限和预案“五到位”。建立以安全生产专业人员为主导的隐患整改效果评价制度，确保整改到位。

《安全生产事故隐患排查治理暂行规定》第4条规定：生产经营单位应当建立健全事故隐患排查治理制度。规范各级生产安全事故隐患排查的频次，控制管理办法，分级管理模式，分级管理内容等。对排查出的隐患要落实专项治理经费和专职负责人，按时完成整改。

（1）事故隐患是指生产区域、工作场所中，存在可能导致人身伤亡、财产损失或造成重大社会影响的设备、装置、设施、生产系统等方面的缺陷和问题。

（2）事故隐患整改实行企业（部门）负责制。企业（部门）是识别、评估和整改事故隐患的责任主体，对发现的各类事故隐患都必须组织整改。

（3）事故隐患整改应遵循“谁管理、谁负责，谁设计、谁负责，谁施工、谁负责，谁验收、谁负责”的原则。

（4）组织管理与职责。

①企业要建立事故隐患立项、销项整改制度，对排查出的事故隐患实行分级动态管理。

②事故隐患在未整改或销项前，必须采取措施加以监控。所有事故隐患实行所在岗位、基层单位、所属二级单位三级监控；一般事故隐患和较大事故隐患由企业或企业所属二级单位督察管理，重大事故隐患实行企业督察管理，特大事故隐患由企业报上级主管部门备案，由上级主管部门督察管理。

③企业安全生产管理部门负责事故隐患评估，审定事故隐患整改计划，并督促立项整改。

④部门工作职责。

a. 生产主管部门要及时掌握事故隐患情况。负责制定事故隐患整改前的监控措施，确定监控管理方式，以及相关的生产协调工作，负责制定事故隐患整改方案。

b. 设备管理部门负责建立设备事故隐患整改前的监控措施，确定监控管理方式，制定设备事故隐患整改方案。

c. 规划计划主管部门负责事故隐患整改投资项目的立项并及时纳入投资计划。

d. 工程主管部门负责事故隐患整改施工质量管理，组织项目竣工验收工作。

e. 安全主管部门负责组织事故隐患的调查和评估，编制事故隐患整改计划，建立各类事故隐患动态台账，督查事故隐患整改。

f. 其他部门应按安全生产职责要求，负责分管工作范围内事故隐患整改的相关工作。

（5）隐患发现与报告。

①员工有发现事故隐患的义务。岗位员工应严格执行巡检制度，及时发现事故隐患；企业所属单位应定期开展安全生产状况评估、评价，查找事故隐患；企业应组织安全生产检查活动和事故隐患调查工作，掌握事故隐患情况。

②基层单位对发现的事故隐患应组织整改，对当时不能整改的事故隐患，基层单位应立即向上级单位报告，同时告之岗位人员和相关人员在紧急情况下应当采取的应急措施。

③对威胁人员生命安全和生产安全、随时可能发生事故的重大事故隐患，应立即停产、停业整改。

④企业所属单位接到事故隐患报告后，应制定、落实监控措施。监控措施至少应包括以下内容：

a. 保证存在事故隐患的设备设施安全运转的条件。

b. 对生产装置、设施监测检查的要求。

c. 潜在的危害及影响，以及防范控制措施。

d. 是否制定了应急预案并定期进行演练。

e. 明确监控程序、责任分工和落实监控人员。

⑤企业或所属单位对上报的事故隐患，应及时组织有关人员进行调查，形成调查报告。调查报告的主要内容应包括：

a. 设备设施的缺陷及严重程度。

b. 事故隐患状态及可能变化情况。

c. 事故隐患影响范围内人员暴露的频率和密度。

d. 事故隐患影响范围内可能造成的损失。

e. 事故隐患监控措施的可行性。

(6)隐患评估与整改。

①根据调查报告,对需要立项投资整改的事故隐患应组织评估。企业应成立重大事故隐患评估领导小组。评估领导小组由主管领导牵头,安全部门组织,生产、设备、计划、财务资产、事故隐患所在单位及有关专家等参加。

②对事故隐患的评估,应形成书面评估报告,评估报告主要内容应包括:

a. 事故隐患类别。

b. 事故隐患等级。

c. 影响范围及严重程度。

d. 隐患整改的目标或效果要求。

e. 事故隐患整改建议。

f. 整改资金估算及来源。

③根据事故隐患评估结果,确定事故隐患分级整改管理权限,由企业或所属单位研究制定整改投资方案。

④根据事故隐患评估结果,较大事故隐患、重大事故隐患整改方案由企业或下属单位组织实施,企业备案;特大事故隐患整改方案由企业组织实施,报上级主管部门备案,上级主管部门督察。

⑤对确因危害程度高、整改资金较大,或涉及两个及以上企业或地区的重特大事故隐患,可向公司主管部门报告。由上级主管部门组织评估,进行协调,研究落实投资渠道。

⑥事故隐患整改完成后,应及时报告企业相关主管部门,申请审查验收。

⑦事故隐患整改实行防范措施、责任、人员、资金和时间"五落实"。

⑧上级主管部门、企业安全部门按备案级别实行分级督察。督察的主要内容包括:

a. 事故隐患监控措施的制定和落实情况。

b. 事故隐患整改方案的落实情况。

c. 事故隐患整改项目的形象进度。

d. 应急救援预案的培训和演练情况。

(7)奖励与处罚。

①对于及时发现事故隐患,或在隐患监控、整改工作中成绩突出,避免最大事故发生的人员,应给予表彰和奖励。

②对存在的事故隐患,企业有关部门应下发《事故隐患整改通知书》,责成事故隐患单位限时组织评估和处置,并督促组织整改。

③企业应严格按照新建、改建、扩建项目安全设施"三同时"要求,实行事故隐患整改项目管理。新建、改建、扩建项目投产使用后,出现危及人员生命安全或生产运行的事故隐患,追究相关部门和人员的责任。

④对存在的事故隐患隐瞒不报、未采取防范措施或监控、整改不认真的,导致事故发生或造成人员伤亡、财产损失的,追究有关领导和部门负责人的责任。

⑤对存在重大事故隐患没有整改或整改资金不落实的单位,不批准立项新项目(工程)。

(8)安全事故隐患分级参考标准如下:

①特大事故隐患是指可能造成一次死亡10人及以上,或者中毒(重伤)50人及以上,或者造成一次直接经济损失人民币1000万元及以上和社会影响恶劣、性质严重的事故隐患。

②重大事故隐患是指可能造成一次死亡3人以上,或者中毒(重伤)10人及以上,或者一次造成直接经济损失人民币500万元及以上1000万元以下和较大社会影响的事故。

③较大事故隐患是指可能造成一次死亡1~2人,或者中毒(重伤)3人以上,或者一次造成直接经济损失人民币100万元及以上500万元以下的事故隐患。

④其他为一般事故隐患。

事故隐患分级暂无国家标准，以上标准参照了原劳动部规定，国家或主管部门有明确规定后，按新规定或标准执行。

十二、安全考核和奖惩制度

《国务院关于进一步加强企业安全生产工作的通知》明确规定，严格落实安全目标考核。对各地区、各有关部门和企业完成年度生产安全事故控制指标情况进行严格考核，并建立激励约束机制。加大重特大事故的考核权重，发生特别重大生产安全事故的，要根据情节轻重，追究地市级分管领导或主要领导的责任；后果特别严重、影响特别恶劣的，要按规定追究省部级相关领导的责任。加强安全生产基础工作考核，加快推进安全生产长效机制建设，坚决遏制重特大事故的发生。

高速公路营运企业安全考核和奖惩制度应包括奖惩对象、指定内容及标准、实施奖惩等内容，明确考核周期，及时兑现奖惩。

安全考核的对象应包括各管理层的主要负责人、相关职能部门及岗位和工程项目的参建人员。安全考核应包括下列内容：安全目标实现程度，安全职责履行情况，安全行为和安全业绩等。

十三、安全生产档案管理制度

《企业安全生产标准化基本规范》规定：企业应严格执行文件和档案管理制度，确保安全规章制度和操作规程编制、使用、评审、修订的效力。企业应建立主要安全生产过程、事件、活动、检查的安全记录档案，并加强对安全记录的有效管理。

1. 安全生产档案的内容

安全生产档案是对企业安全健康管理工作的真实记载，反映企业贯彻国家法律法规、标准的具体体现，它的完整性、规范性、准确性同时也反映了企业的安全健康管理水平，并对提升企业的安全健康管理形象奠定了强有力的基础保障。

企业安全健康档案主要有：

(1)职工工伤事故档案；

(2)职业安全教育培训档案；

(3)违章记录档案；

(4)安全生产检查档案；

(5)安全隐患及整改记录档案；

(6)安全生产奖惩档案；

(7)安全措施经费档案；

(8)特种设备及危险设备档案；

(9)特种作业及危险作业人员健康档案；

(10)职业危害防护设备设施档案；

(11)职业病档案；

(12)职业危害因素监测和技术评价档案；

(13)有害作业员健康卡片档案；

(14)职业危害动态观察及职业健康统计报表档案。

2. 安全生产档案管理办法

(1)所有企业、有关业务管理部门都必须建立健全本部门、本单位的安全生产档案，以确保安全生产工作言之有物、查有实据。

(2)安全生产工作领导小组将把安全生产档案建设作为安全生产的重要工作来抓，今后开展各类安全生产大检查过程中，除了进行现场检查外，还将把安全生产档案作为检查的重点和依据，并据此进行奖惩。

（3）安全生产档案根据内容不同，分为8大类28个小项，具体为：

①各级安全生产

a. 机构设置名称及分布配备人员。

b. 各级安全生产责任人员花名册。

c. 各级安全生产专（兼）职管理人员（含注册安全工程师）、特种作业人员花名册及持证复印件。

②执行国家安全生产法规标准的有关凭据

a. 新建、改建、扩建工程项目的安全设施"三同时"报建与审批资料。

b. 其他安全评价、安全认证、安全资格的凭证。

③安全生产规章制度

a. 各级安全，生产职责。

b. 安全生产奖罚制度。

c. 年度安全生产工作计划。

d. 重点生产经营项口或重点防范部位的安全生产措施。

e. 安全生产操作规程。

f. 其他劳动保护、安全运行、安全值班、安全竞赛等管理制度。

④日常安全生产工作落实纪录

a. 每月或每季度的领导班子安全生产形势分析会议记录。

b. 安全生产检查活动的企业月检或季检、站、队（工地）周检、岗位日检纪录以及根据上级要求或生产经营需要开展的安全生产专项检查记录。

c. 各项安全值班表、交接班表。

d. 上级有关安全生产文件、本级安全生产安排及其他有关安全生产活动记载。

⑤安全生产"三级教育"计划与实施

a. "三级教育"与安全生产管理人员和特种设备作业人员送培计划。

b. 已开展的教育活动资料。

⑥安全生产经费保障依据

a. 生产经营项目的技措投入计划。

b. 员工劳保用品发放计划与登记。

c. 消防器材的配备清单。

⑦危险设施和场所的登记与管理

a. 危险源和危险点的名称、数量、部位和种类登记表。

b. 特种设备的名称、数量、产品说明、合格证书和检测备案资料。

c. 危险设施、场所的监控与管理活动记录。

d. 防范安全生产事故突发事件的应急处理预案。

⑧事故查处与事故隐患整改

a. 发生事故的登记及现场处理纪录。

b. 处理事故"四不放过"活动记录及对责任人实施的组织处理决定的凭证。

c. 事故隐患的登记及应急排险纪录。

d. 隐患整改的组织、跟踪与验收活动资料。

（4）安全生产档案是企业重要的档案资料. 各单位一定要责成专人负责，妥善保管，规范分类和放置，以备查阅，不得随意处置和遗失。

十四、设施、设备与物资安全管理制度

1. 设施安全管理内容

临时设施的采购、租赁、搭设与拆除、验收、检查、使用规定。

2. 设备安全管理内容

(1)设备采购、租赁、安装(拆除)、验收、检测、试用、检查、保养、维修、改造和报废规定。

(2)设备证书证件、技术档案。

(3)配备专(兼)职人员。

3. 物资安全管理内容

物资的采购、储存、使用、账目设置、回收利用、物资人员管理等内容。储存可燃物资仓库的管理,必须执行消防技术标准和管理规定。

第四节　安全生产管理机构

一、安全组织机构

安全组织机构是企业负责安全生产工作计划、组织、协调、监督、控制必不可少的综合管理职能部门。合理设置安全机构,配备得力的安技人员,并保持相对稳定,是企业安全管理工作的组织保证。

《交通运输部关于进一步加强安全生产工作的意见》要求,各级交通运输管理部门和交通运输企业应按有关规定,设置安全管理机构和配置安全管理人员,建立健全安全生产委员会制度。

安全生产委员会是企业安全生产的领导机构,负责统一领导本企业的安全生产工作,决策企业安全生产的重大问题。主要是负责组织、研究、部署本单位安全生产工作,专题研究重大安全生产事项,制订、实施加强和改进本单位安全生产工作的措施等。

企业成立安全生产委员会(或领导小组)、下属机构设立相应的安全生产领导机构及其工作职责应以文件形式明确。

企业应建立健全完善的安全生产管理网络,设立安全生产领导小组,统一协调企业中的安全生产问题,企业主要负责人同时是安全生产领导小组的主要领导。安全生产领导小组应有成员名单、职责和权限、工作制度等内容,且对企业中的重大安全健康问题进行评议、协调和决策。

企业各职能部门、各单位应有主要安全的负责人,各职能部门、单位应有专(兼)职安全员,并规定其职责和具体工作内容和程序。其职责应能体现"分级管理,分线负责"的原则,涵盖企业安全生产经营活动及其他活动的全过程。

企业应制定完善的组织管理制度,确保安全管理系统的正常运行。建立健全安全生产会议制度、信息上报制度、安全管理奖惩制度、持证上岗管理制度等,对特种作业人员、危险作业人员要加强监督管理。

(1)根据国家安全生产管理体制和有关法律法规的要求,企业对本单位的安全生产工作全面负责。

(2)企业董事会是企业的最高领导机构,必须对本单位的安全生产工作负全面责任。公司法定代表人(或实际控制人)是公司最高领导,必须对本单位的安全生产负最高领导责任。企业行政正职是安全生产第一责任人,对本单位安全生产工作全面负责。分管安全生产工作的负责人是安全生产直接责任人,对安全生产工作负综合安全监督管理领导责任。其他单位或部门负责人对分管业务范围内的安全生产工作负直接领导责任。

(3)企业应成立安委会,统一协调指导企业生产安全、消防安全、交通安全和职业健康等各项安全

生产工作。安全生产第一责任人任组长，其他成员由相关人员组成。

（4）安委会的组织机构设置为：组长由总经理或董事长担任；副组长由主管安全生产的副总经理（常务副组长）、主管其他业务副总经理、总工程师、总会计师、总经济师、工会主席组成；组员由各部门经理组成。

（5）安委会设立日常工作机构：安委会办公室。安委会办公室设置主任。

（6）企业所属二级生产经营单位应设置相对独立的专门安全生产管理机构，配备满足工作需要的专职安全管理人员。各职能部门可根据实际情况设置专职或兼职安全管理岗位。

（7）从业人员超过300人的其他生产经营单位要设置安全生产管理机构或专职安全生产管理人员。基层队（车间、站）要配备专（兼）职安全管理人员。

（8）各级安全生产管理人员应保持相对稳定，不宜频繁调动。其部门负责人因工作需要变动岗位，应先征得上级安全部门同意。

（9）企业要加强基层安全生产组织建设，积极开展安全生产标准化活动，加强生产作业的过程管理，按照标准、规范组织生产，努力做到施工现场标准化、岗位操作标准化、基层管理标准化。

（10）企业要设置安全生产监督管理机构。职工代表大会、工会组织要对企业的安全生产工作起到民主监督作用。

（11）部分安全生产管理机构和企业内部组织机构的安全职责。

①安委会安全职责

a. 组建本公司安全生产领导机构，由公司一把手担任安全生产领导小组组长。

b. 对本公司安全生产工作进行规划、领导、组织、指挥和协调，确保各项安全生产管理工作顺利开展。

c. 负责制定和颁布安全生产的有关规定，传达上级有关安全生产的指示，提出公司安全生产方针目标，定期召开安全生产会议，研究部署安全生产工作。

d. 指导下属单位组建安全生产机构，对下属单位开展安全生产工作情况进行监督检查。与下属单位安全生产责任人签订安全生产责任书并组织对各下属单位及安全生产责任人进行考核。

e. 对各单位安全生产管理工作定期进行考评，对安全责任人进行奖励和处罚。

f. 指导公司安全生产办公室日常工作。

②安全管理部门安全职责

a. 在公司总经理和分管副总经理的领导下，坚持“安全第一、预防为主、综合治理”的方针及“关注安全、关爱生命”的理念，认真贯彻国家有关安全生产的法律法规和方针政策，认真执行国家、行业有关安全生产的各项标准和规章制度。

b. 执行安全生产领导小组工作决议，安排、组织公司各项安全生产工作，履行安全生产监督管理职责。

c. 参与拟定公司有关安全生产管理的规章制度，参与组织公司安全生产工作会议和安全生产活动。

d. 及时、准确地将国家及有关部门下发的安全生产文件及公司各单位、各部门上报的重大安全生产工作请示报告或文件呈公司领导阅示，及时收集、传递和反馈公司综合性安全信息，为安全生产服务。

e. 在接到本公司系统发生重大事故报告时，及时报告公司领导并通知上级主管部门，立即组织抢救及进行善后处理工作。

f. 在上级安委会的领导下，参与重大事故的调查处理，落实事故隐患的整改，负责工伤事故的汇总统计上报工作。

g. 协助公司安全生产领导小组做好各类人员的安全教育培训和安全生产考评工作。

h. 牵头组织本公司安全生产检查工作，定期组织日常安全检查和专项安全检查。

i. 负责公司内的消防安全工作，定期组织安全保卫和消防安全检查，对查出的问题和隐患督促限期消除。

j. 在本公司安全生产领导小组授权下，与外单位开展安全生产的联系与交流活动。

③生产技术部门安全职责

a. 在公司分管领导下，坚持“安全第一、预防为主、综合治理”的方针及“关注安全、关爱生命”的理念，认真贯彻执行国家有关安全生产的法律法规和方针政策，认真执行国家、行业有关安全生产的各项标准和规章制度，并在生产工作中组织实施。

b. 坚持“管生产必须管安全、管业务必须管安全”的原则，加强生产技术管理，提高设备保养维护的水平，保证生产设施设备的安全运行。

c. 负责组织开展安全性评价、危险点分析和预控，推行标准化作业，及时消除安全隐患，审查设备安全运行的极限参数，编制系统稳定措施并督促执行。

d. 负责组织做好技术培训工作，特别是采用新工艺、新技术、新材料或者使用新设备时，编写相关安全技术规程和规定，培训作业人员掌握其安全技术特性和作业方法。

e. 组织做好公司技术监督工作，及时监督检查，以消除设备缺陷，将事故消除在萌芽状态。

f. 组织、监督公司各单位及时编制和修订现场规程和工作标准，保证运行、检修、试验工作的正常进行。

g. 在大修、技改、科技和环保资金和使用上，优先保证有关安全工程项目的资金安排，提高公司生产设备的技术装备水平。

h. 协助有关部门做好研制、鉴定、推广安全器具和设备的工作。帮助组织开发、推广先进技术和设备，参加安全技术研讨会，参加审定安全技术项目和成果报告，解决安全技术上的突出问题，促进安全生产水平的提高。

i. 积极参加公司安全大检查活动，深入基层进行指导和检查，根据设备和检修特点做好季节性事故预防工作。协调公司各单位和各部门的安全全管理工作。

j. 组织做好环境保护工作，负责对可能对员工造成伤害的环保问题，提出并采取有效的防范措施，确保员工生命安全。

k. 组织或参加事故应急预案的演习，监督技术培训计划的执行。

④人事管理部门安全职责

a. 在公司分管负责人领导下，负责公司人事的配置和教育培训工作。

b. 全面贯彻党和国家的劳动人事政策，在制定公司系统人事建设的方针政策时，要把确保安全生产工作对高素质人才的需求作为重要指导方针；负责搞好劳动组织和劳动保护工作，调动和保护员工的积极性，保证安全生产顺利进行。

c. 归口管理员工的安全技能教育培训，对领导、员工的技术业务理论、安全教育、安全生产技能培训及考核工作进行指导、督促、协调、帮助。在领导干部的培训中，积极宣传“安全第一、预防为主、综合治理”的方针，加强对领导的安全生产知识的培训。

d. 参加制订年度安全技术劳动保护措施计划。

e. 在对下级单位领导班子进行考核、管理和建设中，把安全工作业绩纳入对干部考核的重要内容。

f. 协助建立健全安全监督管理机构和人员，确保符合安全生产工作，支持安全监管监察人员履行职责。

g. 负责组织年度劳动保护计划的编制、实施及监督管理工作。

h. 督促指导特种作业人员、特种设备作业人员、临时聘用人员的安全管理工作。

i. 协助建立安全生产业绩考核、安全奖惩等管理制度，并负责安全业绩考核、安全奖惩结果的执行。

j. 参加有关事故的调查处理，协助做好事故伤亡人员的抚恤及善后处理工作等。

k. 协助有关部门做好工伤认定工作。

⑤计划财务部门安全职责

a. 在公司分管负责人领导下，坚持“安全第一、预防为主”的方针及“关注安全、关爱生命”的理念，认真贯彻国家有关安全生产的法律法规和方针政策，认真执行国家、行业有关安全生产的各项标准和规章制度。

b. 在财务系统树立“安全就是效益”的思想和观念，切实加强财务管理，满足安全生产要求。在资金预算上，要注重对安全生产的投入，特别是在解决安全生产的关键问题上要给予优先考虑和安排。

c. 在编制本企业发展规划、年度经营计划、基建计划时，应考虑安全生产的有关规定和要求，并根据安全生产工作需要及时调整发展规划和项目计划。

d. 负责编制项目方案时应将职业安全健康、“两措”计划及防止发生各类事故的措施和要求作为方案的主要内容。在新建、改建或扩建工程建设中，督促执行国家有关环境保护和职业安全健康设施与主体工程同时设计、同时施工、同时投产的规定。

e. 积极筹措组织资金，确保反事故措施、安全技术劳动保护措施、设备更新改造和大修工程的资金的及时到位。

f. 负责协调解决安全生产、劳动保护、职业安全健康方面等所需的临时性费用。

g. 在制定业绩考核和经济奖惩方案时，要将安全生产指标作为其中的重要指标，并负责严格执行。

⑥工程养护管理部门安全职责

a. 在公司分管副总经理领导下，坚持“安全第一、预防为主”的方针及“关注安全、关爱生命”的理念，认真贯彻国家有关安全生产的法律、法规和方针、政策，认真执行国家、行业有关安全生产的各项标准和规章制度，对公司的工程建设的安全工作负全面组织和管理责任。

b. 负责制订工程的建设与维护安全的管理方面的综合性规章制度，指导、协调、督促和检查公司所属各单位和有关部门依照国家和公司的有关规定建立健全工程建设与维护的安全生产和环境保护的各项规章制度。

c. 负责组织建立健全公司工程建设与维护的安全管理体系并有效运作，指导工程建设各单位建立安全和环境保护体系工作。

d. 在管理高速公路工程建设与维护的同时，负责安全文明施工和环境保护管理。

e. 在组织审查施工组织设计时，必须同时审查安全文明施工和环境保护措施。

f. 监督项目法人、工程监理单位和施工单位做好现场安全施工技术管理工作，确保现场建立起正常的安全文明施工秩序，并协调解决工程建设中有关安全文明施工的重大问题。

g. 在安排工程的建设与维护任务或组织工程招标工作时，必须组织审查标书和承发包合同中有关安全文明施工及奖罚条款。

h. 组织工程的建设与维护安全工作会议和安全大检查及各项专项检查工作。

i. 组织或参加工程的建设同维护的人身伤亡事故和其他有关重大事故的调查处理工作。

⑦营运管理部门安全职责

a. 在公路分管副总经理领导下，坚持“安全第一、预防为主”的方针及“关注安全、关爱生命”的理念，认真贯彻国家有关安全生产的法律、法规和方针、政策，认真执行国家、行业有关安全生产的各项标准和规章制度，负责高速公路营运系统中路费的征收、稽查工作的安全生产和各站场的安全管理工作。

b. 负责组织或参加设备设施运行状况的安全检查，并发出整改通知，督促整改落实，保证路费征稽系统运行安全。

c. 负责收费信息网络系统的安全稳定运行，确保安全生产信息网络系统畅通。

d. 开展安全性评价，加强消防管理，完善计算机网络系统的各项安全防护措施，确保各类计算机网络系统的安全可靠运行。

e. 负责保证应急救援通信网络系统的安全稳定运行，确保安全生产通信指挥系统的畅通。制定并执行保障通信网络系统设备安全运行的技术规范、规程及制度。

二、企业内部安全组织管理的重点

企业内部安全组织管理的重点是：

(1)落实各级人员、各个岗位的安全生产责任制。

(2)建立健全安全规章制度、安全操作规程并严格执行。

(3)实行安全目标管理，加强信息反馈和控制。

(4)坚持安全教育和培训，逐步提高全体职工安全技术水平和安全素质。

(5)开展各种安全检查、评价工作，将安全考核纳入职工绩效考核之中。

(6)保证安全技术措施的经费和施工项目安全生产的实施效果。

(7)重视事故的预防、应急处置。

(8)不断总结经验，研究安全生产的新情况、新问题，应用新技术、新方法，以适应企业管理环境的不断变化。

第五节　安全生产费用

安全生产费用是指企业按照规定标准提取在成本中列支，专门用于完善和改进企业或者项目安全生产条件的资金。

安全费用按照“企业提取、政府监管、确保需要、规范使用”的原则进行管理。

一、安全费用提取标准

《安全生产法》第20条规定：生产经营单位应当具备的安全生产条件所必需的资金投入，由生产经营单位的决策机构、主要负责人或者个人经营的投资人予以保证，并对由于安全生产所必需的资金投入不足导致的后果承担责任。

一般高速公路营运企业安全生产费用由两部分组成：第一部分按高速公路营运企业定额规定标准计列机电设备设施安全费用(包括运行和维护费用)；第二部分以营业收入为计提依据，按以下标准逐月计列安全费用：每公里日收入在0.5万元(含本数，下同)以下的按营业收入2%列支，每公里日收入在0.5~1万元之间的按营业收入1.5%列支，每公里日收入在1~2.5万元之间的按营业收入1%列支，每公里日收入在2.5万元以上的按营业收入0.7%列支。对于跨海特大桥项目第二部分预算金额可按营业收入的3%列支，新开通项目按年每公里日预收入标准的50%预列支。

二、安全费用使用

安全费用应当按照以下范围使用：

(1)完善、改造和维护安全防护设施设备支出(不含“三同时”要求初期投入的安全设施)。

(2)配备、维护、保养应急救援器材、设备支出和应急演练支出。

(3)开展重大危险源和事故隐患评估、监控和整改支出。

(4)安全生产检查、评价(不包括新建、改建、扩建项目安全评价)、咨询和标准化建设支出。

(5)配备和更新现场作业人员安全防护用用支出。

(6)安全生产宣传、教育、培训支出。

(7)安全生产适用的新技术、新标准、新工艺、新装备的推广应用支出。

(8)安全设施及特种设备检测检验支出。

(9)其他与安全生产直接相关的支出。

企业应当将安全费用优先用于满足安全生产监督管理部门以及行业主管部门对企业安全生产提出

的整改措施或者达到安全生产标准所需的支出。

企业提取的安全费用应当专户核算,按规定范围安排使用,不得挤占、挪用。年度结余资金结转下年度使用,当年计提安全费用不足的,超出部分按正常成本费用渠道列支。企业调整业务、终止经营或者依法清算,其结余的安全费用应当结转本期收益或者清算收益。

三、监督管理

企业应当建立健全内部安全费用管理制度,明确安全费用提取和使用的程序、职责及权限,按规定提取和使用安全费用。

企业应当加强安全费用管理,编制年度安全费用提取和使用计划,纳入企业财务预算。

第六节 安 全 教 育

高速公路营运企业应当建立安全培训管理制度,将安全培训工作纳入本单位年度工作计划,保障从业人员安全培训所需经费,对从业人员进行与其所从事岗位相应的安全教育培训。作业人员进入新的岗位或者新的作业现场前,应当接受安全生产教育培训;从业人员调整工作岗位或者采用新工艺、新技术、新设备、新材料的,应当对其进行专门的安全教育和培训。未经安全教育和培训合格的从业人员,不得上岗作业。企业应建立健全从业人员安全培训档案,详细、准确记录培训考核情况。

一、法律法规有关规定

1. 主要负责人和安全生产管理人员

(1)《安全生产法》第 24 条规定:生产经营单位的主要负责人和安全生产管理人员必须具备与本单位所从事的生产经营活动相应的安全生产知识和管理能力。

危险物品的生产、经营、储存单位以及矿山、金属冶炼、建筑施工、道路运输单位的主要负责人和安全生产管理人员,应当由主管的负有安全生产监督管理职责的部门对其安全生产知识和管理能力考核合格。考核不得收费。

(2)《生产经营单位安全培训规定》第 6 条、第 9 条规定:生产经营单位主要负责人和安全生产管理人员应当接受安全培训,具备与所从事的生产经营活动相适应的安全生产知识和管理能力。生产经营单位主要负责人和安全生产管理人员初次安全培训时间不得少于 32 学时。每年再培训时间不得少于 12 学时。

2. 特殊工种

(1)《安全生产法》第 27 条规定:生产经营单位的特种作业人员必须按照国家有关规定经专门的安全作业培训,取得相应资格,方可上岗作业。特种作业人员的范围由国务院负安全生产监督管理部门会同国务院有关部门确定。

(2)《特种作业人员安全技术培训考核管理规定》第 5 条规定:特种作业人员必须经专门的安全技术培训并考核合格,取得《中华人民共和国特种作业操作证》后,方可上岗作业。第 19 条规定:特种作业操作资格证的有效期为 6 年,在全国范围内有效。每 3 年复审 1 次。

3. 其他人员(包括班组长和农民工)

其他人员必须经安全培训合格。

(1)《安全生产法》第 25 条规定:生产经营单位应当对从业人员进行安全生产教育和培训,保证从业人员具备必要的安全生产知识,熟悉有关的安全生产规章制度和安全操作规程,掌握本岗位的安全操作技能,了解事故应急处理措施,知悉自身在安全生产方面的权利和义务。未经安全生产教育和培训合格的从业人员,不得上岗作业。生产经营单位使用被派遣劳动者的,应当将被派遣劳动者纳入本单位从业人员统一管理,对被派遣劳动者进行岗位安全操作规程和安全操作技能的教育和培训。劳务派遣单位应当对被派遣劳动者进行必要的安全生产教育和培训。

(2)《生产经营单位安全培训规定》第12条规定:其他生产经营单位主要负责人和安全生产管理人员经安全生产监管监察部门认定的具备相应资质的培训机构培训合格后,由培训机构发给相应的培训合格证书。第21条规定:生产经营单位除主要负责人、安全生产管理人员、特种作业人员以外的从业人员的安全培训工作,由生产经营单位组织实施。

(3)《安全生产培训管理办法》第30条规定:除主要负责人、安全生产管理人员、特种作业人员以外的生产经营单位的其他从业人员的考核,由生产经营单位按照省级安全生产监督管理部门公布的考核标准,自行组织考核。

(4)《国务院安委会办公室关于贯彻落实国务院(通知)精神加强企业班组长安全培训工作的指导意见》要求,各企业要制定班组长安全培训实施方案。至2011年底要将班组长普遍培训一遍,并确保以后每年轮训一遍。

二、安全教育培训的内容

安全生产教育与培训制度的主要内容应包括安全意识、安全知识和安全技能教育等。

(1)安全意识教育。包括安全法规、安全思想教育和劳动纪律教育三个方面内容。

(2)安全知识教育。包括生产活动的概况、生产过程、作业方法或工艺流程;生产经营单位内特别危险的设备和区域;专业安全技术操作规程;安全防护基本知识和注意事项;有关特种设备的基本安全知识;有关预防生产经营单位常发生事故的基本知识;个人防护用品的构造、性能和正确使用的有关常识等。

(3)安全技能教育。内容包括设备的性能、一般的结构原理和正确操作知识;设备的使用、维护和事故的预防措施、紧急救援技能等。

(4)特定情况下的适时教育。冬季、夏季、讯台期、雨雪天施工;节假日前后;节假日加班或突击赶任务;工作对象改变;工种交换;新工艺、新材料、新技术、新设备施工;发现事故隐患或发生事故后;进入新环境现场等。

(5)经常性安全教育。

三、安全教育培训的形式

安全教育培训的形式主要有:

(1)企业组织的各类安全教育培训班。

(2)三级安全教育培训。

(3)岗前安全教育培训。

(4)在作业现场作业前进行的班前"五分钟"的安全宣传教育。

(5)企业组织的各种安全技术知识讲座、竞赛。

(6)企业组织的"安全生产月"活动期间的技术交流,展览、张贴宣传画、标语,设置警示标志,以及利用媒体等方式进行的安全教育。

(7)召开安全例会、事故分析会、现场会,分析造成事故原因、责任、教训,制定事故防范措施。

(8)日常进行的广播、电影、电视、录像、网络等声像式安全教育,使用现代技术手段,使安全教育真正寓教于乐。

四、安全教育和培训的对象

安全教育和培训的对象主要有:

(1)企业法定代表人、企业主管安全生产的领导和企业总工程师。

(2)项目经理(独立承包工程负责人、施工队长)。

(3)企业专兼职安全管理人员。

(4)企业其他生产管理人员和技术人员。

(5)企业特种作业人员。

(6)企业新进场的从业人员。

(7)重新上岗的待岗、转岗、换岗、复工人员。

(8)企业其他的所有从业人员。

五、安全教育培训的时间与要求

按规定,高速公路营运企业应当对管理人员和一线作业人员进行安全教育培训,其教育培训情况记入个人工作档案。安全生产教育培训考核不合格的人员,不得上岗。也就是说,企业各类安全生产管理人员除了按照要求取得岗位合格证书外,每年还必须接受一次专业的安全教育培训,时间不得少于如下规定:

(1)生产经营单位主要负责人和安全生产管理人员初次安全培训时间不得少于32学时。每年再培训时间不得少于12学时。

(2)生产经营单位新上岗的从业人员,岗前培训时间不得少于24学时。

(3)特种作业人员必须持证上岗。每年须接受有针对性的安全培训,时间不得少于24学时。

(4)生产经营单位待岗、转岗、换岗的从业人员,再重新上岗前,必须接受一次安全培训教育,时间不得少于20学时。

第七节　安全文化建设

《关于坚持科学发展观安全发展促进安全生产形势持续稳定好转的意见》中明确要求,加强安全教育基地建设,充分利用电视、互联网、报纸、广播等多种形式和手段普及安全常识,增强全社会科学发展、安全发展的思想意识,大力倡导“关注安全、关爱生命”的安全文化。

安全文化是企业在长期的生产经营活动中逐渐形成,以物质为载体所体现出来的人本观念和社会责任意识的总和。要做好安全管理工作,在建立完整的生产安全保障体系的同时,还要在意识形态领域加强安全文化的建设,以此形成高速公路营运企业的安全管理思想和安全文化氛围,来弥补安全管理的不足。通过教育、宣传、奖惩、创建群体氛围等手段,不断提高企业职工的安全修养,改进安全意识和行为,从而使职工从不得不服从管理制度的被动执行状态,转变成主动自觉地遵守,即从“要我遵章守纪”转变成“我要遵章守纪”。

在安全文化建设过程中,应充分考虑自身内部的和外部的文化特征,引导全体员工的安全态度和安全行为,实现在法律和政府监管要求之上的安全自我约束,通过全员参与实现企业安全生产水平持续进步。

一、定义

企业安全文化是被企业组织的员工群体所共享的安全价值观、态度、道德和行为规范组成的统一体。

企业安全文化建设是通过综合的组织管理等于段,使企业的安全文化不断进步和发展的过程。

二、指导思想

坚持“以人为本、安全发展”的理念和“安全第一、预防为主、综合治理”的方针,以促进企业落实安全生产主体责任、提高全民安全意识和防范技能为重点，突出事故预防、提高风险控制能力，推进安全文化理论和建设手段创新，增强安全文化建设工作的实效性和针对性，构建自我约束、持续改进的安全文化建设长效机制，不断提高安全文化建设水平，切实发挥安全文化对安全生产工作的引领和推动作用，促进加强和创新安全生产工作。

三、基本原则

安全文化建设的基本原则主要有：

(1)坚持围绕中心，服务大局，将安全文化建设与精神文明建设、思想道德建设、思想政治工作紧密结合。

(2)坚持统筹兼顾，整体推进，发挥安全文化对安全法制、安全责任、安全科技、安全投入等诸要素的引领作用。

(3)坚持"团结、稳定、鼓劲"和"三贴近"原则，牢牢把握安全文化建设方向，构建安全生产长效机制。

(4)坚持突出实效，注重特色，强化安全生产基层基础，推进安全文化理论创新发展。

(5)坚持深化建设，充分利用社会资源，实施重点工程，开展群众性安全文化创建活动，整体推进安全文化建设。

四、安全文化建设基本要素

1. 安全承诺

应建立包括安全价值观、安全意愿和安全目标在内的安全承诺。

2. 行为规范与程序

企业内部的行为规范是企业安全承诺的具体体现和安全文化建设的基础要求。

程序是行为规范的重要组成部分，企业应建立必要的程序，以实现对与安全相关的所有活动进行有效控制的目的。

3. 安全行为激励

员工应受到鼓励，在任何时间和地点，挑战所遇到的潜在不安全实践，并识别所存在的安全缺陷。

4. 安全信息传播与沟通

应建立安全信息传播系统，综合利用各种传播途径和方式，提高传播效果。应优化安全信息的传播内容，将组织内部有关安全的经验、实践和概念作为传播内容的组成部分。

5. 自主学习与改进

应建立有效的安全学习模式，实现动态发展的安全学习过程，保证安全绩效的持续改进。应建立正式的岗位适任资格评估和培训系统，确保全体员工充分胜任所承担的工作。应将与安全相关的任何事件，尤其是人员失误或组织错误事件，当作能够从中吸取经验教训的宝贵机会与信息资源，从而改进行为规范和程序，获得新的知识和能力。

6. 安全事务参与

全体员工都应认识到自己负有对自身和同事安全做出贡献的重要性。员工对安全事务的参与是落实这种责任的最佳途径。

7. 审核与评估

应对自身安全文化建设情况进行定期的全面审核。

第四章　人　　员

第一节　职 业 健 康

职业健康研究人们在工作中发生的与工作有关的疾病，包括防止原有疾病的恶化。

职业危害对人体健康的影响与工伤事故不同。它主要表现为工作中因作业环境及接触有毒有害而引起人体生理机能的变化，可以是急性发作的，也可以是累积暴露而导致的后果。

在生产过程中、劳动过程中、作业环境中存在的危害劳动者健康的因素，统称为职业性危害因素。

一、职业性有害因素的分类

1. 生产工艺过程中产生的有害因素

(1)化学因素

①有毒物质。如铅、汞、苯、氯、一氧化碳、有机磷农药等。

②生产性粉尘。如矽尘、石棉尘、煤尘、水泥尘、有机粉尘等。

(2)物理因素

①异常气象条件。如高温和热辐射、低温等。

②异常气压。如高气压、低气压等。

③噪声、振动、超声波、次声等。

④非电离辐射。如可见强光、紫外线、红外线、射频、微波、激光等。

⑤电离辐射。如 x 射线等。

(3)生物因素

如炭疽杆菌、布氏杆菌、森林脑炎病毒及蔗渣上的霉菌等。

2. 劳动过程中的有害因素

(1)劳动组织和制度的不合理，如劳动时间过长、劳动休息制度不健全或不合理等。

(2)劳动中的精神(心理)过度紧张。

(3)劳动强度过大或劳动安排不当，如安排的作业与劳动者的生理状况不相适应，或生产定额过高，或超负荷的加班加点等。

(4)个别器官或系统过度紧张，如由于光线不足而引起的视力紧张等。

(5)不良体位:长时间处于某种姿势，或使用不合理的工具设备等。

3. 生产环境中的有害因素

(1)生产场所建筑卫生学设计缺陷因素。如照明不良、换气不足等。

(2)自然环境中的因素。如太阳辐射等。

二、主要职业危害

1. 粉尘与尘肺

(1)对人体的危害。长期接触生产性粉尘的作业人员，因长期吸入粉尘，是肺内粉尘的积累逐渐增多，达到一定数量即可引发尘肺病。

(2)对生产的影响。如空气中的粉尘附着于高级、精密仪器、仪表，可使这些设备的精确度下降等。

(3)对环境的危害。

(4)对经济效益的影响。

2. 生产性毒物及职业中毒

在生产过程中使用或产生的各种对人体有害的化学毒物，称为生产性毒物。生产中的原料、辅料、半成品、成品、副产品、废弃物和火杂物等，都可能是生产性毒物的来源。

职业性接触毒物危害程度分级，是以急性毒性、急性中毒发病状况、慢性中毒患病状况、慢性中毒后果、致癌性和最高容许浓度等六项指标为基础的定级标准。

生产性毒物进入人体的途径有呼吸道、皮肤和消化道三种，其中最重要的进入途径是呼吸道。

3. 噪声

各种不同频率不同强度的声音杂乱地无规律地组合，波形呈无规则变化的声音称为噪声。

4. 振动

生产过程中的生产设备、工具产生的振动称为生产性振动。产生振动的机械有锻造机、冲压机、压缩机、振动机、送风机、振动传送带等。在生产中手臂振动所造成的危害，较为明显和严重。国家已将手臂振动的局部振动病列为职业病。

5. 辐射

以粒子或者波的形式进行的能量传递、传播和吸收活动，称为辐射。

(1)电离辐射

电离辐射指对原子或分子产生电离的辐射，如：α 粒子、β 粒子、γ 射线、x 射线、中子等。

电离辐射对人体的危害是由超过允许剂量的放射线作用于机体而发生的。电离辐射能使人体细胞改变机能，发生白细胞过多，眼球晶体混浊，皮肤干燥，毛发脱落，内分泌失调等。较高剂量能造成出血、贫血、胃肠道溃疡、皮肤坏死或溃疡等。

(2)非电离辐射

非电离辐射指不能够使原子或分子产生电离的辐射，如紫外线、射频电磁场、微波等。

6. 高温与低温

低温主要见于冬天在寒冷地区或极地从事野外作业。高温作业是指有高气温或有强烈的热辐射或伴有高气湿(相对湿度 80% RH)相结合的异常作业条件、湿球黑球温度指数(WBGT 指数)超过规定限值的作业。

三、企业职业健康工作要点

1. 加强职业健康管理

(1)建立和健全职业健康安全体系，开展职业健康安全体系认证。

《交通运输企业安全生产标准化考评管理办法》第 21 条规定：已取得相关机构颁发的安全生产管理体系证书(证明)的企业，连续 3 年未发生重特大事故的，经主管机关对必备条件审核后，可颁发二级或三级安全生产达标证书。

(2)设置或指定职业健康管理机构，并配置专(兼)职管理人员。

《工作场所职业卫生监督管理规定》第 8 条规定：职业病危害严重的用人单位，应当设置或者指定职业卫生管理机构或者组织，配备专职职业卫生管理人员。其他存在职业病危害的用人单位，劳动者超过100人的，应当设置或者指定职业卫生管理机构或者组织，配备专职职业卫生管理人员；劳动者在100人以下的，应当配备专职或者兼职的职业卫生管理人员，负责本单位的职业病防治工作。

（3）按规定对从业人员进行职业健康检查。

《职业病防治法》第36条规定：对从事接触职业病危害的作业的劳动者，用人单位应当按照国务院安全生产监督管理部门、卫生行政部门的规定组织上岗前、在岗期间和离岗时的职业健康检查，并将检查结果书面告知劳动者。职业健康检查费用由用人单位承担。

企业应安排对从业人员进行上岗前、在岗期间和离岗时的职业健康检查。一般情况企业应每两年安排从业人员进行一次常规体检。

2. 做好企业职工工伤保险工作

《安全生产法》第49条规定：生产经营单位与从业人员订立的劳动合同，应当载明有关保障从业人员劳动安全、防止职业危害的事项，以及依法为从业人员办理工伤保险的事项。生产经营单位不得以任何形式与从业人员订立协议，免除或者减轻其对从业人员因生产安全事故伤亡依法应承担的责任。

《建设工程安全生产管理条例》第38条规定：施工单位应当为施工现场从事危险作业的人员办理意外伤害保险。

企业应依法参加工伤社会保险，为从业人员缴纳保险费，并为从事建设工程危险作业的人员办理意外伤害险；并做好工伤保险和意外伤害险缴纳记录。

3. 严格履行危害告知职责

企业应加强对从业人员进行职业健康宣传培训。使其了解其作业场所和工作岗位存在的危险因素和职业危害、防范措施和应急处理措施，降低或消除危害后果的事项。

《职业病防治法》第25条规定：产生职业病危害的用人单位，应当在醒目位置设置公告栏，公布有关职业病防治的规章制度、操作规程、职业病危害事故应急救援措施和工作场所职业病危害因素检测结果。对产生严重职业病危害的作业岗位，应当在其醒目位置，设置警示标识和中文警示说明。警示说明应当载明产生职业病危害的种类、后果、预防以及应急救治措施等内容。

企业应组织对从业人员进行职业健康宣传教育，并公示作业场所、工作岗位存在的危险因素和职业危害、防范措施及应急处理措施。

《职业病防治法》第35条规定：用人单位应当对劳动者进行上岗前的职业卫生培训和在岗期间的定期职业卫生培训，普及职业卫生知识，督促劳动者遵守职业病防治法律、法规、规章和操作规程，指导劳动者正确使用职业病防护设备和个人使用的职业病防护用品。劳动者应当学习和掌握相关的职业卫生知识，增强职业病防范意识，遵守职业病防治法律、法规、规章和操作规程，正确使用、维护职业病防护设备和个人使用的职业病防护用品，发现职业病危害事故隐患应当及时报告。劳动者不履行前款规定义务的，用人单位应当对其进行教育。

企业应督促从业人员应了解作业场所、工作岗位存在的危险因素和职业危害、防范措施及应急处理措施。

4. 强化对职工的劳动保护

（1）为从业人员提供符合职业健康要求的工作环境和条件，配备与职业健康保护相适应的设施、工具。

《职业病防治法》第14、15条规定：用人单位应当依照法律、法规要求，严格遵守国家职业卫生标准，落实职业病预防措施，从源头上控制和消除职业病危害。产生职业病危害的用人单位的设立除应当符合法律、行政法规规定的设立条件外，其工作场所还应当符合相应的职业卫生要求：

①职业病危害因素的强度或者浓度符合国家职业卫生标准。

②有与职业病危害防护相适应的设施。

③生产布局合理,符合有害与无害作业分开的原则。

④有配套的更衣间、洗浴间、孕妇休息间等卫生设施。

⑤设备、工具、用具等设施符合保护劳动者生理、心理健康的要求。

⑥法律、行政法规和国务院卫生行政部门、安全生产监督管理部门关于保护劳动者健康的其他要求。

企业应为从业人员提供符合职业健康要求的工作环境和条件,并为从业人员配备与职业健康保护相适应的设施,工具。

(2)健全劳动防护用品管理制度,按规定定期发放劳动防护用品,教育从业人员正确佩戴和使用劳动防护用品。

《安全生产法》第42条规定:生产经营单位必须为从业人员提供符合国家标准或者行业标准的劳动防护用品,并监督、教育从业人员按照使用规则佩戴、使用。

《劳动防护用品监督管理规定》第16条、17条规定:生产经营单位应当建立健全劳动防护用品的采购、验收、保管、发放、使用、报废等管理制度。

企业应健全劳动防护用品管理制度,按规定定期发放劳动防护用品,并组织教育培训,教育从业人员正确佩戴、使用劳动防护用品。

生产经营单位为从业人员提供的劳动防护用品,必须符合国家标准或者行业标准,不得超过使用期限。

第二节　企业安全管理人员

一、安全管理人员的配备

《安全生产法》第21条规定:矿山、金属冶炼、建筑施工、道路运输单位和危险物品的生产、经营、储存单位,应当设置安全生产管理机构或者配备专职安全生产管理人员。前款规定以外的其他生产经营单位,从业人员超过100人的,应当设置安全生产管理机构或者配备专职安全生产管理人员;从业人员在100人以下的,应当配备专职或者兼职的安全生产管理人员。

《浙江省安全生产条例》第17条规定:矿山、危险物品的生产、经营、储存单位和使用数量构成重大危险源的单位,应当设置安全生产管理机构或者配备专职安全生产管理人员;从业人员超过50人的,应当配备不少于2名的专职安全生产管理人员。前款规定以外的生产经营单位,从业人员在50人以下的,应当配备专职或者兼职的安全生产管理人员;从业人员超过50人的,应当配备不少于1名的专职安全生产管理人员;从业人员超过300人的,应当设置安全生产管理机构或者配备不少于2名的专职安全生产管理人员。

安全生产管理人员,是指生产经营单位中从事安全生产管理工作的专职和兼职人员。企业安全生产管理机构的专职安全生产管理人员可以兼任应急管理人员。

企业应按规定足额配备专兼职安全生产和应急管理人员。

《中央企业安全生产监督管理办法》规定:企业主管安全生产工作的负责人协助主要负责人落实各项安全生产法律法规、标准,统筹协调和综合管理企业的安全生产工作,对企业安全生产工作负综合管理领导责任。

企业领导班子中应明确分管安全生产的负责人,一般为企业的副总裁或副总经理,也可以是技术负责人,或安全总监(但必须是公司领导班子的成员)。

二、企业主要负责人、安全生产管理人员资格的规定

《安全生产法》第24条规定:生产经营单位的主要负责人和安全生产管理人员必须具备与本单位

所从事的生产经营活动相应的安全生产知识和管理能力。危险物品的生产、经营、储存单位以及矿山、金属冶炼、建筑施工、道路运输单位的主要负责人和安全生产管理人员，应当由主管的负有安全生产监督管理职责的部门对其安全生产知识和管理能力考核合格。考核不得收费。

《生产经营单位安全培训规定》第12条规定：煤矿、非煤矿山、危险化学品、烟花爆竹等生产经营单位主要负责人和安全生产管理人员，经安全资格培训考核合格，由安全生产监管监察部门发给安全资格证书。其他生产经营单位主要负责人和安全生产管理人员经安全生产监管监察部门认定的具备相应资质的培训机构培训合格后，由培训机构发给相应的培训合格证书。

《浙江省落实生产经营单位安全主体责任暂行规定》第20条规定：矿山、建筑施工单位、危险物品的生产、经营、储存单位和使用数量构成重大危险源的单位的主要负责人以及生产经营单位的专职安全生产管理人员，必须经负有安全生产监督管理职责的部门培训考核合格后方可任职。前款规定以外的生产经营单位的主要负责人以及兼职安全生产管理人员，应当具备与本单位所从事的生产经营活动相应的安全生产知识和管理能力，并经负有安全生产监督管理职责的部门培训合格。

企业主要负责人和安全生产管理人员应当通过有资质的培训机构的培训，具备与从事的安全生产经营活动相适应的安全生产知识和能力，取得各级行业主管部门认定的培训机构颁发的安全生产管理人员培训合格证书。

三、管理人员安全职责

1. 企业主要负责人安全生产职责

《安全生产法》第5条规定：生产经营单位的主要负责人对本单位的安全生产工作全面负责。

《浙江省安全生产条例》第14条规定：生产经营单位主要负责人对本单位安全生产负有下列责任：

(1)建立、健全并组织落实安全生产责任制。

(2)组织制定并督促落实安全生产规章制度和安全操作规程。

(3)保证安全生产投入的有效实施和安全生产费用的提取使用。

(4)组织检查安全生产工作，及时消除生产安全事故隐患。

(5)组织制定并实施生产安全事故应急救援预案。

(6)及时、如实报告生产安全事故，组织事故抢险，配合生产安全事故调查，在事故调查处理期间不得擅离职守。

(7)向职工大会、职工代表大会、股东会或者股东大会报告安全生产情况，接受工会、从业人员、股东对安全生产工作的监督。

(8)法律、法规、规章规定的其他责任。

2. 安委办主任安全职责

(1)在公司安全生产领导小组及总经理授权领导下，负责企业安全生产的日常管理工作。

(2)积极贯彻执行国家的安全生产方针及各项安全生产规章制度，并监督检查执行情况。

(3)制定本单位安全生产管理办法实施细则，并负责贯彻实施。

(4)组织开展各项安全生产活动，并监督检查各单位、各部门开展安全生产活动的情况，发现问题及时向公司领导汇报。

(5)负责安全生产管理分支机构及人员的业务领导和组织工作。

(6)健全安全生产例会制度，并负责组织实施。

(7)负责安全生产基础管理台账的建立和归档工作，监督检查各单位、各部门安全管理资料的建立和归档工作。

(8)负责全体职工(包括外协施工人员)、特种作业人员的安全教育、安全培训的组织管理、考核办证工作；负责监督检查外协施工人员的三级安全教育考核证及特种作业人员持证上岗工作。

(9)组织开展事故隐患的预测、预控、防控工作，建立定期的安全检查活动(项目每周一次，班组每天一次)并逐级做好各项整改记录。

(10)认真执行各项法规、标准，制止违章，对重大事故隐患、严重违章施工、违章作业，有权下令停止作业并上报上级部门或领导。

(11)对劳动保护用品的采购、使用管理有监督、检查权。

(12)参加工伤事故的调查，对伤亡事故和重大未遂事故进行统计分析。

3. 安全员安全职责

(1)在安全主管部门的领导下，监督、检查本项目或本部门对国家和上级有关安全生产法律、法规、安全规程、规章制度等的执行情况、并定期向部门领导汇报。

(2)参加编制项目生产计划中的安全技术措施计划，参加项目召开的生产会议、安全技术交底、新机具、新工艺施工方法的检查鉴定工作。

(3)经常深入施工现场站、队进行检查，发现有不安全问题责令项目经理、工长、班组长等及时解决。遇有紧急情况有责任下令停止工作，并立即报告领导及时处理。

(4)协助领导作好安全思想教育工作，组织定期安全检查，对查出的问题，坚持原则，督促有关人员及时解决。

(5)协助安全主任作好安全工作计划，定期召开各工种班组安全会议，听取反映，进行业务指导，培养典型，总结交流经验，推动安全工作。

(6)对违反安全制度和安全技术操作规程者，经说服无效，可进行批评教育或罚款，在安全工作中享有按规定处理及罚款权。

(7)发生安全事故，除立即向有关领导报告外，要及时保护事故现场，做好事故记录，参与事故调查工作，按规定填写事故分析报告和报表等。

(8)对重视或忽视安全生产的班组和个人，有责任提出奖惩意见。

(9)掌握生产中的各个安全环节是否完善，尽职尽责做好安全生产管理工作。

第三节　一线作业人员

一、主要一线作业人员安全操作规程

1. 收费人员安全操作规程

(1)交接班时

①检查防盗报警器和电视监控系统是否处于正常工作状态，遇有故障应当及时排除或报告主管部门处理。

②检查收费亭内的护卫器械、防火器材是否齐全良好，是否放置在规定的位置。

③检查周围是否有异常现象，确认有异常现象后关闭通勤门，填写好检查登记簿。发现可疑情况应当迅速报告主管部门，妥善处置。

④接收票款时，应当由携带护卫器械的押运员进行护送。收费员交接手续完成后，应将票款及时锁入保险柜。押运员离开后应当立即锁定收费亭通勤门。

(2)收费期间

①严禁收费人员擅离岗位。确需临时离岗时，应当将现金入柜落锁，收费系统微机退出用户登录画面。操作密码应当注意保密，变更人员应当及时更改密码。通知车道监护人员暂时关闭收费车道。

②非收费人员一律不得进入收费亭内。

③柜台通勤门必须随时锁定,收费人员应当在确认安全的情况下出入。

④收费时必须注意识别伪钞。

⑤收费亭内严禁存放易燃易爆物品,收费人员严禁饮食其他人员赠送的食品、饮料、药物,防止发生意外。

⑥收费站各岗位人员应当保持警惕,注意观察收费区域内的情况,发现可疑情况应当立即报告主管部门,遇有紧急情况按处置预案处理。

2. 养护作业人员安全操作规程

(1)从事特种作业时必须持有有效特种作业操作证。

(2)按要求穿戴符合专业防护要求的劳动防护用品。

(3)必须经过专业安全技术培训,掌握本工种安全技术知识和基本安全操作技能。

(4)接受安全技术交底,详细了解作业任务的安全注意事项及安全控制措施,未进行安全技交底,有权拒绝作业。

(5)熟悉作业过程中存在的各类安全风险及识别方法。

(6)熟悉工作场所的逃生路线和紧急集合点。

(7)正确选择在校验期内符合使用范围的完好操作工具。

(8)严禁带病和酒后上岗,病愈未久的员工要避免在高空、高温等危险场所上岗工作。

(9)工作期间禁止酗酒、睡觉、闲谈、追逐打闹等;若间休,必须到边坡下面休息,严禁在两侧护栏上或车辆底下休息。

(10)在班组长未安排或自身不熟悉操作方法情况下不得随意操作。

(11)作业人员不得随意乱丢烟蒂。

(12)在施工中若发现有闲杂人员上路要加以劝导和制止。

(13)在内场的员工必须戴安全帽,高空作业时必须系安全带。

3. 清障施救人员安全操作规程

(1)清障作业人员安全操作规程

①按规定着装,佩戴胸牌上岗。

②作业时必须穿着反光背心,夜间、恶劣气候情况下作业应戴头盔。

③到达清障作业现场时,应及时按要求做好安全布控。

④作业时应密切注意过往车辆动态,确保清障作业人员人身安全。

⑤定期进行安全生产教育,主要内容有:交通法制与安全教育,各种专业器械的使用和保养,交通控制和疏导方法,消防,医疗急救,作业的安全布控要求,危险品的初步处理常识以及相关业务知识等。

(2)高速公路车辆抢修作业人员安全规则

①统一着装,佩带抢修人员工作牌,抢修人员须持有机动车维修资格证。

②上路作业时必须穿着反光背心和戴安全帽。

③到抢修作业现场时应及时按要求做好安全布控。

④作业时应密切注意过往车辆动态,确保车辆抢修作业人员人身安全。

⑤定期进行安全生产教育,主要内容有:交通法制与安全教育,各种专业器械的使用和保养,作业的安全布控要求,车辆维修安全规程以及相关业务知识等。

4. 道路巡查驾驶员安全操作规程

(1)持有有效上岗执勤证件和驾驶证。

(2)按要求穿戴符合专业防护要求的劳动防护用品。

(3)必须经过专业安全技术培训,掌握本工种安全技术知识和基本安全操作技能。

(4)接受安全技术交底,详细了解作业任务的安全注意事项及安全控制措施,未进行安全技术交底,有权拒绝作业。

(5)熟悉作业过程中存在的各类安全风险及识别方法。

(6)熟悉工作场所的逃生路线和紧急集合点。

(7)正确选择在校验期内符合使用范围的完好操作工具。

(8)严禁带病和酒后上岗,病愈未久的员工要避免在高温等危险场所上岗工作。

(9)工作期间禁止酗酒、睡觉、闲谈、追逐打闹等。

(10)严禁把车辆交给他人或非驾驶员驾驶不得私自带人,不准用巡查车办私事、带私物,特殊情况(如救死扶伤)除外。

(11)严禁在高速公路上倒车、掉头和在主线停车休息。

二、其他作业人员安全操作规程

1. 电工安全操作规程

(1)电气操作人员应思想集中,电器线路在未经测电笔确定无电前,应一律视为“有电”,不可用手触摸,不可绝对相信绝缘体,应认为有电操作。

(2)工作前应详细检查自己所用工具是否安全可靠,穿戴好必需的防护用品,以防工作时发生意外。

(3)维修线路要采取必要的措施,在开关手把上或线路上悬挂“有人工作、禁止合闸”的警告牌,防止他人中途送电。

(4)使用测电笔时要注意测试电压范围,禁止超出范围使用,电工人员一般使用的电笔,只许在500V以下电压使用。

(5)工作中所有拆除的电线要处理好,带电线头包好,以防发生触电。

(6)所用导线及保险丝,其容量大小必须合乎规定标准,选择开关时必须大于所控制设备的总容量。

(7)工作完毕后,必须拆除临时地线,并检查是否有工具等物漏忘电杆上。

(8)检查完工后,送电前必须认真检查,看是否合乎要求并和有关人员联系好,方能送电。

(9)发生火警时,应立即切断电源,用四氯化碳粉质灭火器或黄沙扑救,严禁用水扑救。

(10)工作结束后,必须全部工作人员撤离工作地段,拆除警告牌,所有材料、工具、仪表等随之撤离,原有防护装置随时安装好。

(11)操作地段清理后,操作人员要亲自检查,如要送电试验一定要和有关人员联系好,以免发生意外。

2. 电焊工安全操作规程

(1)必须遵守焊、割设备一般安全规定及电焊机安全操作规程。

(2)电焊机外壳,必须接地良好,其电源的装拆应由电工进行。

(3)电焊机要设单独的开关,开关应放在防雨的闸箱内,拉合时应戴手套侧向操作。

(4)焊钳与把线必须绝缘良好,连接牢固。更换焊条应戴手套,在潮湿地点工作,应站在绝缘胶板或木板上。

(5)严禁在带电和带压力的容器上或管道上施焊,焊接带电的设备必须先切断电源。

(6)焊接贮存过易燃、易爆、有毒物品的容器或管道,必须清除干净,并将所有孔门打开。

(7)在密闭金属容器内施焊时,容器必须可靠接地,通风良好,并应有人监护,严禁向容器内输入氧气。

(8)焊接预热工件时，应有石棉布或挡板等隔热措施。

(9)把线、地线禁止与钢丝绳接触，更不得用钢丝绳索或机电设备代替零线，所有地线接头，必须连接牢固。

(10)更换场地移动把线时，应切断电源并不得手持把线爬梯登高。

(11)清除焊渣或采用电弧气刨清根时，应戴好防护眼镜或面罩，防止铁渣飞溅伤人。

(12)多台焊机在一起集中施焊时，焊接平台或焊件必须接地，并应有隔光板。

(13)钍钨板要放置在密闭铅盒内，磨削钍钨板时，必须戴手套，口罩，并将粉尘及时排除。

(14)氧化碳气体预热器的外壳应绝缘，端电压不应大于36V。

(15)雷雨时，应停止露天焊接作业。

(16)施焊场地周围应清除易燃易爆物品，或进行覆盖、隔离。

(17)必须在易燃易爆气体或液体扩散区施焊时，应经有关部门检试许可后，方可施焊。

(18)工作结束应切断焊机电源，并检查工作地点，确认无起火危险后，方可离开。

3. 动力机械操作工安全操作规程

(1)内燃机

①内燃机房与燃油储存地点的安全距离应大于20m。

②摇车启动时，应五指并拢握紧摇柄，从下向上提动，禁止从上向下硬压或连续摇转。用手拉绳启动时，不准将绳绕在手上。

③温度过高而需打开水箱盖时，防止蒸汽或水喷出烫伤。

(2)发电机

①发电机室应设置沙箱或四氯化碳灭火机等防火设备。

②发电机到配电盘和一切用电设备上的导线，必须绝缘良好，接头牢固，并架设在绝缘支柱上，不准拖在地面上。

③发电机运转时，严禁人体接触带电部分。必须带电作业时，应有绝缘防护措施。

(3)空气压缩机

①输气管应避免急弯，打开送风阀前，必须事先通知工作地点的有关人员。

②空气压缩机出气门处不准有人工作。储气罐放置地点应通风，严禁日光曝晒和高温烘烤。

③压力表，安全闽、调节器等应定期进行校验，保持灵敏有效。

④发现气压表、机油压力表、温度表、电流表的指示值突然超过规定或指示不正常，发生漏水、漏气、漏电或冷却液突然中断，发生安全阀不停放气或空压机声响不正常等情况，而且不能调整时，应立即停车检修。

⑤严禁用汽油或煤油洗刷曲轴箱、滤清器或其他空气通路的零件。

⑥停车时应先降低气压。

(4)蒸汽锅炉

①生火前，应检查各阀门水管、汽管、压力表、安全阀、水位表、排污阀等是否处在完好状态。

②锅炉用水要经软化处理，并保持清洁，不准含有油脂。

③水位表的玻璃管外应装置坚固的防护罩，外部应保持清洁。每班应冲洗一次，察看水位表里的水而是否能迅速上升或下降。如在运行时看见水位表内有水面呆滞不跳动，应立即查明原因，防止形成假水位。

④锅炉上的安全阀，不得任意调节。当压力表到达许可工作压力80%以上时，应使安全阀排气一次。严禁将阀杆缚住或嵌住。

⑤锅炉升压后，应检查气阀是否灵敏，并应经常注意水位，使其保持在水位表2/3的位置。

⑥发现锅炉有下列情况之一时，应紧急停炉：

a. 气压迅速上升超过许可工作压力。虽安全阀已开足，但气压仍在继续上升。

b. 水位表内已看不见水位或水位表内水位下降很快，虽然加水仍继续下降。

c. 压力表、水位表、安全阀、排污阀及给水等附件其中有一件全部失灵者。

d. 炉胆或其他管道烧红变形，以及严重漏水、漏气等。

⑦紧急停炉时，首先应停止燃烧，关闭风门，打开炉门和放气阀，如因缺水事故，严禁向炉内立即加水。

4. 运输车辆驾驶员安全操作规程

(1)严格遵守交通规则和有关规定，证、照齐全，所驾车辆与所持证件要求匹配，严禁酒后开车。

(2)发动前应将变速杆放到空挡位置，并拉紧手刹车。

(3)发动后应检查各种仪表、方向机构、制动器、灯光是否灵敏可靠，并确认周围无障碍物后，方可鸣号起步。

(4)涉水时，如水深超过排气管，不得强行通过，并严禁熄火。

(5)在坡道上被迫熄火停车，应拉紧手制动器，下坡挂倒挡，上坡挂前进挡，并将前后轮楔牢。

(6)通过泥泞路面时，应保持低速行驶，不得急刹车。

(7)车辆陷入坑内，如用车牵引，应有专人指挥，互相配合。

5. 机械维修工安全操作规程

(1)工作环境应干燥整洁，不得堵塞通道。

(2)多人操作的工作台，中间应设防护网，对面方向操作时应错开。

(3)扁铲、冲子等尾部不准淬火，出现卷边裂纹时应及时处理，剔铲工作时应防止铁屑飞溅伤人，活动扳手不准反向使用，打大锤时不准戴手套，在大锤甩转方向上不准有人。

(4)清洗用油、润滑油脂及废油脂，必须指定地点存放。废油、废棉纱不准随地乱丢。

(5)用台钳夹工件，应夹紧夹牢，所夹工件不得超过钳口最大行程的2/3。

(6)机械解件，要用支架，架稳垫实，有回转机构者要卡死。

(7)修理机械，应选择平坦坚实地点停放，支撑牢固和楔紧，使用千斤顶时，必须用支架垫稳。

(8)不准在发动着的车辆下面操作。

(9)架空试车，不准在车辆下面工作或检查，不准在车辆前方站立。

(10)检修中的机械，应有"正在修理、禁止开动"的示警标志。非检修人员，一律不准发动或转动机械。检修中，不准将手伸进齿轮箱或用手指找正对位对孔。

6. 中小机械操作工安全操作规程

(1)混凝土、泥浆搅拌机

①搅拌机必须安置在坚实的基础上，混凝土搅拌机操作手还应熟悉混凝土工操作规程。

②开动搅拌机前应检查离合器、制动器、钢丝绳等是否良好，滚筒内不得有异物，并检查电线路绝缘良好。

③进料斗升起时，严禁任何人在料斗下通过或停留。工作完毕后应将料斗固定好。

④运转时，严禁将工具及身体的任何部位伸进滚筒内。

⑤现场检修时，应固定好料斗，切断电源。进入滚筒时，外面应有人监护。

(2)卷扬机

①卷扬机应安装在平整、坚实、视野良好的地点，机身和地锚必须牢固。卷扬筒与导向滑轮中心线应对正；卷扬机距滑轮一般应不少于15m。

②应检查钢丝绳、离合器、制动器、保险棘轮、传动滑轮等，确认安全可靠，方准操作。

③钢丝绳在卷筒上必须排列整齐,作业中最少需保留 3 圈。

④作业时,不准有人跨越卷扬机的钢丝绳。

⑤吊运重物需在空中停留时,除使用制动器外,并应用保险棘轮卡牢。

⑥操作中,严禁擅自离开岗位。

⑦工作中要听从指挥人员的信号,信号不明或可能引起事故时,应暂停操作,待弄清情况后方可继续作业。

⑧作业中突然停电,应立即拉开闸刀,并将运送物件放下。

(3)砂轮机

①砂轮面不准装倒顺开关、旋转方向禁止对着主要通道。

②工件托架必须安装牢固、托架平面要平整。

③操作时,应站在砂轮侧面,不准两人同时使用一个砂轮。

④砂轮不圆、有裂纹、和磨损剩余部分不足 25mm 的不准使用。

⑤手提电动砂轮的电源线,小得有破皮漏电。使用时,要戴绝缘手套,先启动,后接触上件。

(4)手电钻

①手电钻的电源线不得有破皮漏电,使用时应戴绝缘手套。

②操作时,应先启动,后接触工件。钻薄工件要垫平垫实,钻斜孔要防止滑钻。

③操作时应用杠杆加压,不准用身体直接压在上面。

(5)千斤顶

①操作时,千斤顶应放在平整坚实的地方,并用垫木垫好垫平。

②丝杆、螺母如有裂纹,禁止使用。

③使用油压千斤顶,禁止站在保险塞的对面,并不准超载。

④千斤顶提升最大工作行程,不应超过丝杆或齿条全长的 75%。

7. 高空作业人员操作规程

(1)从事高空作业要定期体检。经医生诊断,凡患高血压、心肝病、贫血病、癫痫病以及其他不适于高空作业的,不得从事高空作业。

(2)高空作业衣着要灵便,禁止穿硬底和带钉易滑的鞋。

(3)高空作业所用材料要堆放平稳,工具需随手放入工具袋内。上下传递物件禁止抛掷。

(4)遇有恶劣气候(如风力在 6 级以上)影响施工安全时,禁止进行露天高空、超重和打桩作业。

(5)梯子不得缺档,不得垫高使用。梯子横档间距以 30cm 为宜。使用时上端要扎牢,下端应采取防滑措施。单面梯与地面夹角以 60°~70°为宜,禁止 2 人同时在梯上作业。如需接长使用,应绑扎牢固。人字梯底脚要拉牢。在通道处使用梯子,应有人监护或设置围栏。

(6)没有安全防护设施,禁止在屋架上的上弦、支撑、桁条、挑架的挑梁和未固定的构件上行走或作业。高空作业与地面联系,应设通信装置,并派专人负责。

第五章 设施设备

高速公路营运企业的设施设备，主要包括高速公路道路设施、服务设施、机电系统及生产设备等。保证各种设施设备的使用安全，是企业安全生产管理的一个重要内容。

企业要做好设施设备的安全管理，使设备始终处于良好的安全状态，不发生安全生产事故，要考虑几个原则：

1. 系统整体性原则

从对企业系统整体性的认识出发，理顺系统中各子系统的管理关系，掌握各类危险单元存在的状况，做出对企业整个系统硬件部分的科学性分析，即为系统整体性原则。

(1)理顺关系，明确职责。企业拥有的各类设备设施与工具从采购、入库、安装、验收、使用、维护、检测、修理到报废等各个环节，均应明确业务主管部门、具体执行部门以及各自工作内容；并应在企业有关制度中予以明确规定。

(2)掌握数量，账物相符。企业各类设备设施、工具的业务主管部门和具体使用单位，均应对分管的每一台设施设备、工具的型号、规格、总数量、分布状况建立完善的台账，随时掌握在用、封存、大修、调拨、报废等现状，做到账物相符，总账与分账相符。

2. 系统安全性原则

系统安全性是指企业拥有的设备设施、工具等均应达到本质安全状态。本质安全是指各类硬件依靠自身的安全设计和完善有效的防护装置和设施，在发生机电故障或人为轻微的失误时，仍能保证操作者和设备设施系统的安全。

(1)考评设备设施、工具与物质是否达到系统的本质安全要求，还必须通过企业的各项设备设施管理制度、档案资料来反映硬件系统实际的安全技术状态和基建、技改、“四新”(新技术、新工艺、新材料、新设备)项目的“三同时”执行情况，使设备设施的缺陷或隐患均能按国家和行业有关标准进行整改，才能得出系统是否安全的结论。

(2)硬件系统控制危险的10项原则。即消除、预防、减弱、隔离、连锁、设置薄弱环节、加强、减少接触时间、合理布局、用自动代替手工等。对系统中的危险源(因素)根据各自的类别与现状，选用不同的控制危险的原则，从软件查证硬件，从硬件考核软件，逐一评价各项目是否真正达到了系统安全性原则。

3. 系统可靠性原则

对企业设备设施、工具与物质进行系统可靠性分析时，应做到可知、可信、可靠，动态试验与静态查核相结合。

(1)可知、可信与可靠。设备设施应有完整的台账记录、测试记录、检修记录和图纸资料，从各种详尽的资料中分析系统的可靠性是十分必要的。

(2)动态与静态的结合。除对多数设备设施与工具进行静态分析外，还要在运转状态下分析其安全性能，这样才能正确判断危险是否得到控制，设备设施是否处于安全状态，从而得出各子系统的运转是否可靠的结论。

第一节 道路设施

高速公路道路设施主要包括：路基、路面、桥涵、隧道、高边坡等设施；护栏、标志标线、隔离栅、防落网、防眩板等交通安全设施。

一、道路设施设计、施工与竣工验收要求

《公路工程竣(交)工验收办法实施细则》第13、14、15、16条就竣工验收条件、竣工验收程序、质量鉴定机构、验收的主要内容、验收委员会的组成等做出了明确规定。竣工验收由质量监督机构按要求完成质量鉴定工作,出具工程质量鉴定报告,并审核交工验收对设计、施工、监理初步评价结果,报送交通运输主管部门;形成并通过《公路工程竣工验收鉴定书》;竣工验收委员会由交通运输主管部门、公路管理机构、质量监督机构、造价管理机构等单位代表组成。国防公路应邀请军队代表参加。大中型项目及技术复杂工程,应邀请有关专家参加;项目法人、设计、施工、监理、接管养护等单位代表参加竣工验收工作,但不作为竣工验收委员会成员。《公路工程竣(交)工验收办法实施细则》中工程质量等级鉴定标准规定:公路路基整体稳定;路面无严重缺陷;桥梁、隧道等构造物结构安全稳定,混凝土强度、桩基检测、预应力构件的张拉应力、桥梁承载力等均符合设计要求;工程质量经施工自检和监理评定均合格,并经项目法人确认。

《公路交通安全设施设计规范》规定:公路交通安全设施应结合路网与公路条件、交通条件、环境条件进行总体设计。同一条公路采用的交通安全设施设置原则和设计方案宜保持一致。交通安全设施之间、交通安全设施与公路主体工程和其他设施之间应互相协调、配合使用。公路交通安全设施应结合交通量的增长、营运需求与技术发展状况等逐步补充、完善。

二、高速公路设施养护基本要求

高速公路营运企业应加强对高速公路道路设施的养护和管理,建立相应的道路设施养护管理制度,加强道路设施的巡查,及时发现道路设施的隐患或病害,及时开展养护作业,保障道路设施处于良好的技术状态,最终保障高速公路营运的安全、快捷、舒适。

《公路养护技术规范》就高速公路路基、路面、桥涵、隧道养护做出了基本要求。

1. 公路路基养护要求

(1)通过日常巡查,发现病害及时处治,保持良好稳定的技术状况。

(2)路肩无病害,边坡稳定。

(3)排水设施无淤塞、无损坏,排水畅通。

(4)挡土墙等附属设施良好。

(5)加强不良地质中期边坡崩塌、滑坡、泥石流等灾(病)害的巡查、防治、抢修工作。

2. 公路路面养护要求

(1)经常清扫路面,及时清除杂物、清理积雪积冰,保持路面整洁,做好路面排水。

(2)加强路况巡查,发现病害,及时进行维修、处治。

3. 公路桥涵养护要求

(1)桥涵外观整洁。

(2)桥面铺装坚实平整、横坡适度。

(3)桥头顺适。

(4)排水、伸缩缝、支座、护墙、栏杆、标线等设施齐全良好。

(5)结构无损坏。

(6)基础无冲刷、淘空。

(7)与路基不同宽度的小桥,应逐步改建成与路基同宽。

4. 公路隧道养护要求

(1)保持隧道外观整洁、隧道内路面平整、衬砌完整无明显开裂和剥落。

(2)标志标线清晰醒目,排水系统良好。

(3)对结构物及其附属设施(如照明、通风、监控等)进行预防性维护和修复,保持良好的技术状况。

5. 公路边坡养护要求

公路路基边坡应保持平顺、坚实,遇有缺口、坍塌、高边坡碎落、侧滑等病害,应分别针对具体情况采取各种相应的加固整修措施。

6. 公路沿线安全设施设置要求

(1)高速公路应在中央分隔带设置防止车辆闯入对向行车道的护栏,并在公路用地外缘设置防止行人等横穿公路的防护网。高速公路的桥梁、高路堤、桥岔引道、极限最小半径、陡坡等地段均应设置护栏。

(2)为使夜间交通畅通和保证行车安全.在高速公路上应尽量采用反光标志及防眩设施;在运输特别繁忙和重要的路段内,可配置路灯。

(3)为诱导驾驶人员的视线,保证行车安全,在需要的路段上,可设置路边线廓标。

(4)在视距不良的急弯和交叉处,宜配合其经保证行车安全的措施,设置警告标志、反光镜或设分道行驶的行车道中心线。

(5)高速公路应按相应规定设置必要的公路交通标志、标线、立面标记、紧急电活、公路信息板、公路通信、监控、收费设施等交通管理设施。高速公路交通管理设施应按交通量增长情况,采取“总体规划、分期实施”的原则进行设计。

(6)公路上应设置必要的警告标志、禁令标志、指示标志及指路标志等交通标志。标志的名称、设置位置、形状、尺寸和颜色等应按现行有关规定执行。

(7)高速公路应设置齐全的交通标线。

(8)应尽量利用跨线桥的墩、台、上部构造以及交通岛、安全岛等设施设置立面标记。

(9)高速公路应在适当的间隔内设置紧急电话,供驾驶人员及时向管理机构报告事故、故障和求援等。特大桥,可根据需要设置紧急电话。

(10)高速公路在必要时应设公路信息板,随时将气象、交通情况以及与之有关的交通限制等通知给驾驶人员。

(11)高速公路应在可能发生事故(如火灾、交通事故、堵塞等)的地段,根据需要设置交通监控设施。

(12)高速公路收费站应根据交通量大小和收费方式合理确定收费口数量和收费广场规模,以保证公路畅通。

7. 公路交通标志标线安全管理规定

(1)高速公路交通标志标线要保证清晰有效,竖立的位置要正确醒目。禁止随意设立交通标志标线。

(2)道路交通安全管理部门、路政管理部门和公路维修养护部门要进行对交通标志标线的调研,定期评估交通标志标线对道路交通安全的有效性,根据道路交通的变化,及时调整交通标志标线。

(3)新建、改建、扩建和大中修公路时,建设单位应当按国家标准同步设置交通标志、标线,标志标线必须与工程同时设计、同时审查、同时验收。

(4)公路交通标志标线的养护管理经费纳入公路经常养护经费。其中收费公路的交通标志标线经费,由收费公路业主承担,在收取的通行费中列支。

(5)公路交通标志标线一经设立,不得随意更改。

(6)除公路管理机构以外,其他任何单位和个人不得利用公路和公路两侧建筑控制区设置交通标志。因特殊情况需要设置的,必须经公路管理机构批准。

(7)改建、扩建及对公路进行维修时,施工单位应当在施工路段两端设置明显、规范的施工标志引导交通,施工结束后,应当立即清除道路上的废弃物及施工标志。

(8)公路及公路设施被损坏或者公路遭受水毁等灾害时,公路管理机构或者收费公路业主应当及时设置临时交通标志,受损公路修复以后,应当按国家规定标准恢复公路交通标志标线。

三、高速公路道路设施安全巡查要求

《公路技术状况评定标准》规定,高速公路技术状况评定所需数据的最低检测与调查频率应符合:路面损坏(PCI)1 年 1 次,路面平整度(RQI)1 年 1 次,抗滑性能(SRI)2 年 1 次,路面车辙(RDI)1 年 1 次,结构强度(PSSI)抽样检测,路基(SCI)1 年 1 次。

《公路养护技术规范》规定:桥梁检查分为经常性检查、定期检查和特殊检查。定期检查周期视桥梁技术状况而定,最长不得超过 3 年。新建桥梁缺陷责任期满时,进行第一次全面检查,临时性桥梁每年检查不少于 1 次。定期检查应填写桥梁定期检查记录表,并校核桥梁基本状况卡片。在经常性检查中发现重要部(构)件的缺损明显达到三、四、五类技术状况时,应安排一次定期检查。

高速公路和一级公路隧道的经常性检查频率宜不少于 1 次/周。在雨季或冰冻季节,应加强经常性检查。平时应加强对隧道的巡查,发现隐患,及时排除。

《公路养护技术规范》规定:交通安全设施的养护内容包括检查、保养维护和更新改造。检查包括经常性检查、定期检查、特殊检查和专项检查。平时应加强日常巡查。经常性检查的频率不少于 1 次/月;定期检查的频率不少于 1 次/年;遭遇自然灾害、发生交通事故或出现其他异常情况时,应及时进行附加的特殊检查;设施更新改造之后,应进行全面的专项检查。因交通事故、自然灾害或其他原因造成的设施损伤应及时进行修复。

四、重特大桥梁及长大隧道安全养护要求

1. 相关标准要求

《浙江省高速公路长大桥隧安全营运管理办法》第 5 条规定:高速公路经营管理单位是长大桥隧的管养单位,也是长大桥隧安全运营管理工作的责任主体,具体负责长大桥隧的安全运营管理工作,应根据需要成立专门的管理机构,落实有相应资质的养护单位和管养经费,制定专门的安全运营管理制度办法和应急预案,配置应急抢险救灾设备和物资,按有关规定组织开展定期和不定期检查;对长大桥隧运营中出现的病害和安全隐患,必须及时采取有效的安全防范措施并安排处治工作。

《公路桥梁养护管理工作制度》第 12、13、24 条规定:公路桥梁管养单位和监管单位必须明确负责桥梁养护管理工作的分管行政领导和具体技术人员,保证桥梁养护管理的各项职责得以贯彻落实。各级公路管理机构、收费公路经营管理单位和桥梁养护管理单位,应设置专职的桥梁养护工程师,并保持其人员的相对稳定。对特别重要的特大桥,应建立符合自身特点的养护管理系统和健康监测系统。

2. 桥涵、隧道设施安全管理规定

(1)承担高速公路桥涵、隧道设施养护、维修的责任单位,应当按规范观测、检查高速公路桥涵、隧道结构变化情况,随时记录,积累资料,防止意外事故发生,保持桥涵隧道设施牢固、整洁、完好,保证桥涵隧道设施的结构稳定和安全使用。

(2)高速公路桥涵、隧道应当设置限载、限高、限速标志。车辆通过桥涵,其速度、高度、质量、长度、宽度不得超过桥涵标志牌规定的限度。机动车辆通过桥涵隧道,应当遵守标志牌的规定。超过桥梁限定荷载的,应当经路政管理部门同意,采取安全防范措施后,按公安交通管理部门限定的时间和速度通过。

(3)禁止擅自在高速公路桥涵、隧道设施上挖孔打眼、装管布线,装置有碍桥涵、隧道正常使用的设

施。借用桥涵、隧道架设各种管线及附属设施的，应当经公路行政主管部门批准后，方可施工；管线竣工后，管线的管理.单位应定期检查，确保安全。

(4)禁止在高速公路桥涵、隧道设施的安全保护范围内从事爆破、挖坑取土等有碍桥涵、隧道安全的作业。

(5)禁止任何单位和个人侵占桥面、桥孔，堵塞涵洞，在桥涵、隧道附近倾倒垃圾或从事其他影响桥涵、隧道安全和正常使用的活动。

(6)除公路工程设施养护外，禁止任何单位和个人擅自在桥涵、隧道内进行各种工程施工作业，堆放物料或在桥涵、隧道管理范围内挖沙、采石、取土等。

(7)高速公路桥涵、隧道内应装设符合国家标准的排水系统，避免淹涝。

(8)高速公路隧道内应有保证行车的照明系统。照明设施、装置要符合电气、消防安全要求。

第二节　服务设施

高速公路应根据交通量大小、路段长度、沿线景观、地形条件，选择适当地点设置服务区，并合理确定服务区的功能和规模。同时，为满足高速公路收费要求，高速公路根据出入口需要在相应场所设置收费站。

一、服务区(停车区)各类设施安全要求

《浙江省高速公路服务区管理暂行办法》第2条规定：高速公路服务区是高速公路的附属设施，服务区征地范围内的所有设施均为高速公路的组成部分，均纳入高速公路管理范围。

第10条规定：服务区的各项经营活动应严格遵守有关法律法规规章和各项制度，证照齐全，依法经营。

第13条规定：餐饮工作人员必须经健康检查合格。食品应确保安全、卫生，生熟分别存放，不使用过期、腐烂变质材料，无食物中毒事件发生。餐厅、厨房要保持干净、清洁、卫生，做到定期消毒。

第15条规定：加油站计量器具要按规定定期检查，确保油质、油量。严格执行防火安全规定和加油操作规程，杜绝违章作业，并制订、落实详细的灭火预案与措施。经常检查并保持加油、灭火等设施与功能完好。

第21条规定：服务区内各种标志、标线、标牌应清晰、有效、齐全、醒目，确保有序引导车流、客流。停车场内车辆停放应整齐、有序，保证畅通。运送危险品的车辆，应按指定地点停放，并接受全程管理。

第22条规定：服务区应严格按有关规定设置消防设施、配备消防设备。消防设施及设备必须指定专人管理，定期检查数量及完好情况，确保正常使用，并定期进行消防演练。

第31条规定：服务区内的排污、排水设施应保持完好，做到排污达标、排水畅通，垃圾房、垃圾桶、化粪池等卫生设施应经常清洗、消毒，做防虫处理，生活垃圾应及时、集中进行无害化处理。

《安全生产法》第17条规定：生产经营单位应当具备本法和有关法律、行政法规和国家标准或者行业标准规定的安全生产条件；不具备安全生产条件的，不得从事生产经营活动。

《加油站作业安全规范》第4条规定：加油站应按GB 50156—2012《汽车加油加气站设计与施工规范》进行设计、施工，建成后经验收合格，并领取《危险化学品经营许可证》，方可投入经营。

《污水综合排放标准》规定：排入GB 3838中Ⅳ、Ⅴ类水域和排入GB 3097中三类海域的污水，执行二级标准。高速公路服务区一般应达到地方环保部门规定的污水排放标准。

二、收费站等房建设施安全要求

1.安全标准要求

(1)收费站等房建设施应符合消防设计规范要求。

《建筑灭火器配置设计规范》规定:建筑灭火器配置的设计与计算应按计算单元进行。灭火器最小需配灭火级别和最少需配数量的计算值应进位取整。每个灭火器设置点实配灭火器的灭火级别和数量不得小于最小需配灭火级别和数量的计算值。灭火器设置点的位置和数量应根据灭火器的最大保护距离确定,并应保证最不得点至少在1具灭火器的保护范围内。

灭火器配置设计的计算单元应按下列规定划分:

①当一个楼层或一个水平防火分区内各场所的危险等级和火灾种类相同时,可将其作为一个计算单元。

②当一个楼层或一个水平防火分区内各场所的危险等级和火灾种类不相同时,应将其分别作为不同的计算单元。

③同一计算单元不得跨越防火分区和楼层。

《消防安全标志设置要求》第4条规定:消防安全标志设置的场所包括车站、机场、港口、码头、桥梁、隧道、加油站、交通工具和地下工程等。

(2)企业应对消防设施等进行定期检查、维护,并做好记录。

《建筑灭火器配置验收及检查规范》第5条规定:灭火器的检查与维护应由相关技术人员承担。需维修、报废的灭火器应由灭火器生产企业或专业维修单位进行。灭火器的配置、外观等应按要求每月进行一次检查。日常巡检发现灭火器被挪动,缺少零部件,或灭火器配置场所的使用性质发生变化等情况时,应及时处置。灭火器的检查记录应予保留。

(3)企业应每年一次对房建构筑物防雷设施进行检查、维护,并做好记录。

《防雷减灾管理办法》第19条规定:投入使用后的防雷装置实行定期检测制度。防雷装置应当每年检测一次,对爆炸和火灾危险环境场所的防雷装置应当每半年检测一次。

(4)收费站金库等重要部位防盗设施应符合安全要求。

《银行业务库安全防范的要求》规定:库区应置于有效监控范围内,应根据消防法规的规定,配置消防设施。

(5)企业应对收费站管理用房及收费大棚等设施进行维护保养,并保存记录。

《收费公路管理条例》第26条规定:收费公路经营管理者应当按照国家规定的标准和规范,对收费公路及沿线设施进行日常检查、维护,保证收费公路处于良好的技术状态,为通行车辆及人员提供优质服务。

2.收费站设施安全管理规定

(1)收费站内的建筑物、构造物,符合国家规定的建筑安全技术标准和有关条件,保持路基完好、路面平整、构造物完好、边沟畅通、路容整洁、标志标线齐全、醒目、绿化达标;无乱堆放、打场晒粮、摆摊设点、挖沟引水、乱开道门、乱设管理线等现象。

(2)收费站设施符合规费征收要求,间距符合国家设站规定,建有规范收费站房、收费亭、专用车道、信号装置、照明设施等,电气、消防符合国家标准。

(3)收费站配备有通信装备、监控设备、消防器材。设有票证室、保险柜等。各项设备完好,使用正常。

(4)收费站往返方向标有站名,设有路段交通标志示意牌,交通标志齐全规范。

(5)站区设置广告必须经有关部门批准,广告牌设置规范,安装牢固。

(6)收费工作区域服务设施完备,站内秩序井然,无闲杂人员逗留,无治安隐患,确保特勤车辆在站区内快速安全通行。

(7)站区环境清洁优美,常年保持地净、墙洁、窗明;对收费环境进行了绿化、美化。

(8)收费车道设计规范,确保车辆畅通,高峰时间段收费通道全部开放,无因擅自关闭车道引发的车辆拥堵现象。

(9)站区内备有足量有效的消防器材,并保持状况良好,每名职工均会正确使用。

(10)车辆、机械设备要定期检养,消除安全隐患。

(11)收费站建筑物要有防雷和接地装置,定期要进行安全检测。

3.建筑消防设施维修保养管理规定

(1)规定所称建筑消防设施是指建筑防火分隔、安全疏散、火灾自动报警、自动灭火、防烟排烟、消防给水、消防电气与通信、消防联动控制系统等设施。

(2)管理区域内设有建筑消防设施的产权所有者、管理使用者和从事建筑消防设施维修保养的单位和企业,均应当遵守规定。

(3)公司消防管理部门对建筑消防设施的使用、维修保养实施监督检查。建筑消防设施的设置应当符合国家有关消防法规、技术规范的要求,任何单位和个人不得擅自降低配置标准,不得擅自拆卸、圈占、挪用和停用建筑消防设施。

(4)建筑消防设施的产权所有者、管理使用者应当执行国家有关建筑消防设施使用、维修、保养的消防法规、技术规范,定期进行检查、维修、保养,确保建筑消防设施完整好用。

(5)设有自动消防设施(如火灾自动报警、固定灭火、防排烟及其他联动控制系统等)的消防安全重点单位,应当每年至少委托具有相应维修资格的企业对本单位的建筑消防设施进行一次全面的维修保养。

(6)设有建筑消防设施的建筑物实行承包、租赁或者委托经营、管理的,双方应当在合同中明确建筑消防设施的管理使用、维修保养职责。

(7)设有建筑消防设施的建筑物有两个以上产权所有者或者管理使用者的,应当明确建筑消防设施的管理使用和维修保养职责,可以委托统一管理。

(8)建筑消防设施的消防控制中心应当由培训合格的专职人员负责管理和操作,建立并严格执行管理制度和操作规程,保证建筑消防设施正常运行。

4.消防器材保管和使用管理规定

(1)安全生产管理部门对公司的消防设施、器材进行统筹管理,制订相关制度,保证消防系统的安全性和有效性。

(2)安全生产管理部门必须对公司范围内的消防器材及室内外消防栓的数量清楚,并存卡登记。

(3)消防器材(如灭火器、消防栓等)是灭火的专用器材,任何人不得私自挪用或移动。公司消防器材有统一指定位置,各部门不能随便改变与挪用、损坏,需要改变、动用时必须先向安全生产管理部门报告。

(4)配置在各部门或重点要害部位的灭火器,由所在部门的防火责任人落实专人负责保养,做到定点、定人。任何单位或个人发现消防器材损耗或丢失必须报告安全生产管理部门,一旦检查发现未报告者,对单位领导追究责任。灭火器如有丢失或损坏,在查出原因后要及时添置。

(5)灭火器要按期更换,充填药剂。

(6)公共场所备有适当种类和数量的消防器材设备,应布置在明显和便于取用的地点。消防器材设备附近,严禁堆放其他物品。

(7)消防器材设备应当有专人负责定期检查维修,保持完整好用。

(8)用于消防的通信系统、喷淋系统、信号报警设备应经常保养,保持功能完善有效。仓库等场所的消防给水设施要完好无损,保证消防供水。

(9)对消防器材维修、更换、新增、改建的情况必须先向所在单位领导汇报。

(10)对有故意损坏或私自挪用消防器材行为的人,根据情况做出必要的处罚以及经济赔偿,造成后果者追究其责任。

5. 建筑防雷设施安全管理规定

(1)规定适用于公司管辖区域内新建、扩建、改建及原有建筑物的防雷设施管理。

(2)营运设备管理部门负责公司辖区内的防雷管理工作。

(3)规定的防雷设施系指具有防止或减少雷电事故发生的装置。

(4)在防雷设施的设计和建设时,应根据地质、土壤、气象、环境、被保护物的特点,雷电活动规律等因素综合考虑,采用安全可靠、技术先进、经济合理的设计施工。

(5)根据国家有关规定和雷击情况,公司辖区内新建、改建、扩建的各类防雷建筑物,应按《建筑物防雷设计规范》安装或完善防雷设施。对收费站,应安装防直击雷设施。

(6)建筑物内部贵重仪器、电子设备及通信设施的,除采取防直击雷措施外,还应安装防雷电波侵入的防雷器,组成综合防雷系统。对制造、使用或储存易燃易爆物质的建筑物或爆炸危险环境,应安装防雷感应的设施。

(7)对一类防雷建筑物高30m以上,二类防雷建筑物高45m以上,三类防雷建筑物高60m以上的,应安装防侧击雷的设施。防雷建筑物均应采取等电位连接。

(8)为保证防雷设施的性能良好,实行定期检测制度。

(9)因雷电造成财产损失或人员伤亡的,受灾单位应及时将灾害的时间、地点、过程和损失等情况书面报告当地气象主管机构。因雷电引发的火灾、爆炸或人员伤亡的事故,气象主管机构应及时组织防雷技术人员进行现场调查,有关单位应提供方便,主动配合,做好灾情分析和鉴定。

(10)没有安装防雷设施或防雷设施管理不善,而导致雷电灾害事故发生,造成重大人员伤亡或财产损失的,依法追究有关单位主要负责人或直接责任人员的责任。

第三节 交通机电系统及生产设备

高速公路营运企业机电系统和生产设备主要包括:

(1)各类电子设备,包括电子计算机、收费系统、监控系统、通信系统等。

(2)高速公路养护、清障施救等生产设备。

一、机电系统

1. 安全管理要求

按规定定期对收费、监控、通信、供配电系统等机电设备检查、检测和维护,指定专人负责管理,并做好检查维护台账。

《浙江省高速公路联网运行监控管理办法(试行)》第6、8条规定:路网单位应负责所辖路段的收费、监控、通信等系统的运行管理,保障正常营运,并及时上报运行情况,接受统一调度,执行联动操作。路网单位应做好所辖路段的收费、监控、通信等系统设施的维护工作,并根据路网运行管理的需要,及时补充和更新系统设施,使其经常处于良好的技术状态。

《公路养护技术规范》规定:公路养护档案管理应建立档案管理制度,由专人负责管理。应认真做好公路机电系统的检查、检测和维护工作记录。

2. 各种主要设备管理办法

1)机电设备安全管理办法

(1)企业设备管理部门负责机电设备的管理,安全生产管理部门对机电设备的安全使用负有监督检查职责。

(2)企业机电设备安全管理应当依靠技术进步,实现本质安全化,坚持“安全第一,预防为主”的方针,促进生产发展。

(3)企业设备安全管理的主要任务,是对设备进行综合管理,保持设备安全运行,不断改善和提高企业技术装备素质,充分发挥设备的效能,以取得良好的经济效益。

(4)企业设备管理部门必须做好机电设备的规划、选型、购置及安装调试等管理工作。企业购置重要的机电设备,应当进行安全技术论证,并按照有关规定上报审批。企业购置设备,应当由企业设备管理部门或设备管理人员提出有关设备的安全可靠性和有利于设备维修等要求。

(5)企业设备管理部门应当建立健全机电设备的操作、使用、维护规程和岗位责任制。机电设备的操作和维护人员必须严格遵守设备操作、使用和维护规程。

(6)机电设备检修工作应当严格遵守检修规程,执行检修技术标准,以保证检修质量,缩短检修时间,降低检修成本。

(7)企业应当根据机电设备的实际技术状况,结合生产安排,编制设备检修计划,并纳入企业年度计划。企业必须严格执行设备检修计划。

(8)企业对重要机电设备进行改造和更新,必须事先进行安全技术论证,并按照有关规定上报审批。

(9)企业对属于下列情况之一的机电设备,应当报废更新:

①经过预测,继续大修理后安全技术性能仍不能满足工艺要求和保证产品质量的。

②设备老化、安全性、技术性能落后、耗能高、效率低、经济效益差的。

③严重污染环境,危害人身安全与健康,进行改造又不经济的。

④国家明令应该淘汰的。

(10)企业应当建立健全设备的验收交接、档案、管理和考核制度。

(11)企业发生机电设备事故必须如实上报。企业对发生的设备事故,必须查清原因,并按照事故性质严肃处理。

(12)企业对机电设备管理工作做出显著成绩的职工和集体应当给予奖励。

(13)企业设备管理部门、安全生产管理部门对于因设备管理混乱、设备严重失修而影响生产的单位,应当令其限期整顿,并根据情节轻重追究企业领导人员或者有关责任人员的行政责任。

(14)对玩忽职守,违章指挥,违反机电设备操作、使用、维护、检修规程,造成设备事故和经济损失的职工,由其所在单位根据情节轻重,分别追究经济责任和行政责任,构成犯罪的,由司法机关依法追究刑事责任。

2)计算机监控设备安全管理规定

(1)计算机监控系统的安全等级高于管理信息系统及办公自动化系统,计算机监控系统必须具备可靠性高的自身安全防护设施,不得与安全等级低的系统直接相连。

(2)计算机监控系统可通过专用局域网实现与本地其他监控系统的互联,计算机监控系统与办公自动化系统或其他信息系统之间以网络方式互联时,必须采用经国家有关部门认证的专用、可靠的安全隔离设施。

(3)计算机监控系统不得和互联网相连,并严格限制电子邮件的使用。

(4)建立健全分级负责的安全防护责任制。营运设备管理部门负责公司所属范围内计算机及信息网络的安全管理。公司应设置计算机监控系统的安全防护小组或专职人员,相关人员应参加安全技术培训。单位主要负责人为安全防护第一责任人。

(5)办公室应制订安全应急措施和故障恢复措施,对关键数据做好备份并妥善存放;及时升级防病毒软件及安装操作系统漏洞修补程序;加强对电子邮件的管理;在关键部位配备攻击监测与告警设施,提高安全防护的主动性。在遭到黑客、病毒攻击和其他人为破坏等情况后,必须及时采取安全应急措施,保护现场,尽快恢复系统运行,防止事故扩大,并立即向本地信息安全主管部门报告。

(6)与计算机监控系统有关的规划设计、工程实施、运行管理、项目审查等都必须严格遵守本规定,并加强日常安全运行管理。造成计算机监控系统安全事故的,给予有关责任人行政处分;造成严重影响和重大损失的,依法追究其相应的法律责任。

3)高速公路收费系统安全管理规定

高速公路收费系统主要包含各类电子设备和机电设备。高速公路收费系统的机电设备是电动栏杆与打印机,其他绝大部分为电子设备。

(1)收费系统中设备机房和收费亭内要安装空调,保持环境温度在24℃左右。

(2)春天天气反潮十分严重的情况下,对于一些要求相对较高的机房,要装备去湿机。

(3)避免收费系统计算机设备经常性地受到振动。

(4)注意除尘。环境中的粉尘通过设备的散热孔隙或风扇进入设备的内部的电路板和电子元器件上,会严重影响设备运行的稳定性和可靠性。

(5)为避免老鼠咬断各类电缆,排泄物导致设备短路而损坏,影响收费系统的正常运行,必须加强鼠害的及时处理和预防工作,安装防鼠网等设施。

(6)加强对收费系统电源系统的维护,经常性对自发电设备、低压配电柜、电力变压器、电力线路等电力设施进行巡视,发现问题及时处理。

①自发电设备:对站级自发电设备的维护工作,最主要的是定期对发电机进行试发电,检查发电机油料、冷却水、蓄电池等部分是否正常,检查各机械部件的螺丝有无松动等情况。

②油浸式变压器:主要是检查变压器的油温与油面是否超标,有无漏油现象,运行声音是否正常,接线端子有无虚接、松动、过热现象,外壳和中心点接地是否良好。同时,还要经常观测三相电力是否平衡,有无过载现象,发现问题要及时处理。

③供电线路:主要检查所有重要供电线路是否完好,有无鼠害、外界等因素破坏情况,发现问题及时处理。

④配电柜和配电箱:主要检查配电柜和配电箱内的空气开关是否良好,有无烧焦和炭化现象发生,发现问题及时处理。

(7)要保持各类电子设备的机架与机壳卫生。控制台、屏幕墙、计算机、收费车道等主要设备的外表面要保持清洁。至于设备内部的清洁工作,技术人员应当定期用吸尘器进行清洁。

(8)加强票据打印机和电动栏杆保养,定期给机电设备的易磨损机械部件清洁、上润滑油或更换零件。

(9)定期给摄像机的镜头进行清洁。

(10)定期给UPS电源系统进行充放电维护工作。

(11)定期对计算机系统进行启动系统扫描维护,避免因长时间运行造成系统性能下降。

(12)定期检查机房的空调设备是否完好。

4)收费站设备安全检查规范

(1)收费站设备日常清洁与保养内容

①清洁监控室的控制台、屏幕墙、计算机等主要设备的外表面。

②清洁收费车道主要设备(如车道控制器、显示器、电动栏杆、费额显示器、车道摄像机等)的外表面,注意不要用水龙头冲洗,避免设备进水。

③保洁票据打印机,清除打印机内的碎纸屑,定期更换打印色带,给打印机传动部分上润滑油。

④检查控机箱与外部连接的各接线端子的接触是否良好;定期清理排气风扇空气过滤网,给风扇轴承上润滑油,保证散热正常。

(2)收费站设备日常检查与调试内容

①调试电动栏杆机的平衡位置,检查栏杆机控制器、车检器工作是否正常,检查防撞橡皮,更换因碰撞挤压而产生开裂变形的防撞橡皮。

②定期检查收费系统的UPS工作情况,测试其在市电断电的情况下可维持的工作时间,确保市电

断电时能正常收费。

③检查监控机房及收费亭的消防设备是否完好。

④检查打印机工作状态，排除打印机卡纸、不打印等故障；更换打印机。

⑤检查费额显示器显示状态，更换缺笔或不亮的费额显示模块。

⑥检查监控系统是否正常工作。

5）高速公路照明系统安全管理规定

（1）高速公路照明设施，是指用于高速公路沿线（含收费站、桥梁、隧道、服务区、公共停车场）的路灯变配电设施、灯杆、灯具、地上地下管线、工作井以及照明附属设备等。

（2）公司维修管理部门负责高速公路照明设施的日常维护和安全管理工作。

（3）任何单位和个人都有保护高速公路照明设施的义务，有权对违反本规定的行为进行制止、检举和控告。

（4）高速公路照明设施设计、施工、维修必须符合国家和省、市有关技术标准和技术规范。高速公路照明设施新建和改建工程实行工程质量监督制度。

（5）高速公路照明设施中的灯杆，必须使用专用杆。

（6）高速公路照明设施的维护和管理应当坚持安全第一的原则，保证高速公路照明设施完好，提高高速公路照明设施完好率和亮灯率。高速公路照明设施应保持整洁、完好、美观，并与周围环境相协调。

（7）承担高速公路照明设施养护、维修的单位，应当严格执行高速公路照明设施养护、维修的技术规范，定期对高速公路照明设施进行养护、维修、确保养护、维修工程质量。

（8）安全管理部门负责对高速公路照明设施的维护和管理进行监督检查，保障高速公路照明设备的完好，运行正常，照明效果符合国家有关规范的要求。

（9）禁止下列损害高速公路照明设施的行为：

①故意损毁高速公路照明设施。

②非法占用高速公路照明设施。

③在高速公路照明设施的附近倾倒含酸、碱、盐等腐蚀物或具有腐蚀性的废液、废渣。

④擅自接用高速公路照明电源。

⑤擅自在高速公路照明设施上架设通信线（缆）或安置其他设施。

⑥擅自拆除、迁移、改动高速公路照明设施。

⑦在高速公路照明设施上乱贴、乱画、乱刻及乱挂各种标牌、广告、宣传品和晾晒衣物。

⑧损害、侵占高速公路照明设施的其他行为。

（10）高速公路照明设施附近的树木距带电物体的安全距离不得小于1m。

（11）因工作或施工需要，确需在高速公路照明设施上架设通信线（缆）或安置其他设施的，须报道路照明设施主管部门批准，并由照明设施管理机构负责实施，使用单位承担其费用。

（12）恶意破坏高速公路照明设施的单位或个人，按有关法律法规进行处罚。

（13）侮辱、殴打高速公路照明设施管理人员或阻挠其执行公务的，或者偷窃、损坏高速公路照明设施，构成治安管理处罚的，由公安部门依照《中华人民共和国治安管理处罚条例》予以处罚；构成犯罪的，由司法机关依法追究刑事责任。

6）交通通信设施安全管理办法

（1）根据交通运输部要求，交通通信管理实行统一领导、统筹规划、分工管理、分级负责、综合利用的原则。

（2）高速公路交通通信网的规划和建设，应充分考虑交通运输行业特点及全程全网统一畅通的要求，在交通运输部统一规划的前提下，统一技术体制和技术标准。

（3）高速公路主干线通信网、省级交换中心、800MHz集群通信系统、江海岸电台建设和改造项目的技术方案，应报中国交通通信信息中心审核，并按照国家规定的基本建设程序和有关规定报批后实施。

(4)新建、扩建和改建的交通通信设施,如需与交通运输部一级长途通信网联网,应按照交通运输部的有关规定向中国交通通信信息中心办理入网申请,获批准后,方可建设和入网运行。未经批准的各类通信业务和用户不得引入交通通信网。

(5)高速公路移动通信电台设置、频率管理按交通运输部有关无线电管理规定办理。交通系统无线电设备的购置和使用,按国家和交通运输部有关无线电管理规定办理。未按规定办理设台审批手续,不得擅自设置和使用无线电台(站)。

(6)各单位应根据交通运输部有关规定建立和完善通信业务管理制度。

(7)高速公路交通通信设施的配备和建设,应符合《交通通信网技术体制》、《公路通信技术要求及设备配备总则》和《公路通信技术要求及设备配备和组网技术要求》等国家或行业标准的要求。不符合规定的,不得入网使用。

(8)高速公路交通通信的机线设备管理,应按交通运输部通信导航设备管理的有关规定执行。

(9)高速公路通信专业技术人员应经过专门训练,熟悉所管设备的性能、操作方法和要求,经考核合格后才能上岗工作。

(10)各单位应当加强技术文件和技术资料的管理,建立技术档案管理制度。

(11)各单位要严格贯彻执行国家和交通运输部颁布的有关通信质量标准,定期测试检查各项技术指标,认真做好设备的维护保养,降低机线设备的故障率,保证交通通信网可靠运行。

二、养护、清障施救等生产设备安全管理

1. 养护机械安全管理

《公路养护技术规范》规定:加强养护维修机具的操作安全防范和维修保养。养护机械的操作、维修和保养按有关规定执行。

2. 从事抢修业务的车辆、设备安全规则

(1)报废车辆等不符合国家机动车辆安全运行技术标准要求的车辆及未按规定参加年检,逾期未验或年检不合格的车辆不得从事抢修业务。

(2)从事抢修业务的车辆、设备要有明显的标志,并配备性能良好的黄色警示灯具(排灯)。

(3)严格按车辆维修安全操作规程作业。

(4)按规定保养抢修车辆及装备,保证车辆、装备状况良好,抢修车辆每日上路前均应进行认真的检查保养,确保不“带病”上路。主要检查、保养作业范围有:

①清洁车辆。

②检查添加润滑油、燃油、冷却水。

③检查轮胎气压及完好情况。

④检查车辆各种灯光仪表。

⑤检查警灯装置。

⑥检查车辆上物品固定情况。

⑦检查各安全保护装置。

(5)规定备足随车的锥筒、标牌、照明灯等作业安全装备。

3. 清障车辆工作安全规则

(1)清障车辆、机械要有明显的标志,并配备性能良好的警示灯具及警报器。

(2)严格按清障车辆、设备的安全操作规程作业。

(3)按规定保养车辆及装备,保证车辆、装备状况良好,清障车辆每日均应进行检查保养,确保不“带病”上路。主要检查、保养作业范围有:

①清洁车辆。

②检查添加润滑油、燃油、冷却水。

③检查轮胎气压及完好情况。

④检查车辆各种灯光仪表。

⑤检查警灯、警报装置。

⑥检查清障拯救车的升降杆、挂钩、轮托架、保护皮带、钢缆等作业装置情况。

⑦检查其他安全保护装置。

(4)交接班时按规定检查清障车辆,并认真清点随车的锥筒、标牌等布控设备。

(5)清障作业必须使用专门的车辆和设备。

三、特种设备安全管理

1. 安全管理要求

《特种设备安全法》第35、39、40条规定:特种设备使用单位应当建立特种设备安全技术档案。特种设备使用单位应当对其使用的特种设备进行经常性维护保养和定期自行检查,并进行记录。特种设备使用单位应当对其使用的特种设备的安全附件、安全保护装置进行定期校验与检修,并进行记录。特种设备使用单位应当按照安全技术规范的要求,在检验合格有效期届满前一个月向特种设备检验机构提出定期检验要求。特种设备检验机构接到定期检验要求后,应当按照安全技术规范的要求及时进行安全性能检验。特种设备使用单位应当将定期检验标志置于该特种设备的显著位置。

《特种设备注册登记与使用管理规则》第16条规定:使用单位必须指定专人负责特种设备的安全管理工作。

企业应指定专人管理特种设备,建立管理台账。并每月至少一次进行检验和维护保养,做好记录。

2. 特种设备安全管理规定

《特种设备安全法》和《浙江省特种设备安全监察条例》规定:

(1)特种设备安全管理必须坚持"安全第一,预防为主"的方针。

(2)特种设备是指对人身和财产安全有较大危险性的锅炉、压力容器(含气瓶)、压力管道、电梯、起重机械、客运索道、大型游乐设施、场(厂)内专用机动车辆,以及法律、行政法规规定适用本法的其他特种设备。

(3)特种设备使用单位应当建立健全特种设备安全管理制度和岗位安全责任制度。特种设备使用单位的主要负责人应当对本单位特种设备的安全全面负责。

(4)国家对从事特种设备活动实行许可、核准、登记制度,任何单位和个人未依法取得相应许可、核准、登记,不得从事特种设备相关活动。申请从事特种设备设计、制造、安装、改造、维修、检验检测活动的单位和个人,应当将有关申请文件报送所在地级市特种设备安全监督管理部门,按照有关规定,办理批准或者核准手续。

(5)特种设备在投入使用前或者投入使用后30日内,使用单位应当向地级以上市特种设备安全监督管理部门登记。

(6)从事特种设备活动的单位,应当对本单位作业人员进行安全教育、培训。特种设备作业人员应当按照国家规定经地级市以上特种设备安全监督管理部门考核合格,取得相应的特种设备作业人员证书后,方可上岗作业或者从事管理工作。特种设备作业人员证书应当按照国家规定办理年审。

(7)特种设备使用单位应当对在用特种设备进行经常性日常维护保养,并定期自行检查。特种设备使用单位对在用特种设备应当至少每月进行一次自行检查,并做出记录。特种设备使用单位在对在用特种设备进行自行检查和日常维护保养时发现异常情况的,应当及时处理。特种设备使用单位应当对在用特种设备的安全附件、安全保护装置、测量调控装置及有关附属仪器仪表进行定期校验、检修，并做出记录。

(8)特种设备的使用单位应当保证特种设备的安全使用。使用单位需要委托安装、改造或者维修特种设备的，应当委托已依法取得相应许可的单位进行。

(9)特种设备的检验检测应当由依法经核准的特种设备检验检测机构进行。特种设备使用单位应当按照安全技术规范的定期检验要求，在安全检验合格有效期届满前1个月向特种设备检验检测机构提出定期检验要求。未经定期检验或者检验不合格的特种设备，不得继续使用。

(10)特种设备出现故障或者发生异常情况，使用单位应当对其进行全面检查，消除事故隐患后，方可重新投入使用。

(11)特种设备存在严重事故隐患，无改造、维修价值，或者超过安全技术规范规定使用年限，特种设备使用单位应当及时予以报废，并应当向原登记的特种设备安全监督管理部门办理注销。

(12)特种设备因故停用半年以上，应当向原登记的特种设备安全监督管理部门备案；启用已停用的特种设备，应当到原登记的特种设备安全监督管理部门重新办理登记手续；启用已停用一年以上的特种设备，还应当向特种设备检验检测机构申报检验。

(13)国家对特种设备的使用实行第三者责任强制保险制度的，使用前办理保险手续。

(14)从事特种设备相关活动的单位，其法定代表人或者主要负责人变更的，必须报原发证部门备案；单位名称变更的，必须向原发证部门申请换发证书。

(15)特种设备过户使用的，原使用单位应当向原登记机关办理注销，过户后的使用单位应当向所在地地级以上市特种设备安全监督管理部门登记。

(16)特种设备使用单位应当制定特种设备的事故应急措施和救援预案。

(17)特种设备使用单位应当建立特种设备安全技术档案。安全技术档案应当包括以下内容：

①特种设备的设计文件、制造单位、产品质量合格证明、使用维护说明等文件以及安装技术文件和资料。

②特种设备的定期检验和定期自行检查的记录。

③特种设备的日常使用状况记录。

④特种设备及其安全附件、安全保护装置、测量调控装置及有关附属仪器仪表的日常维护保养记录。

⑤特种设备运行故障和事故记录。

(18)对特种设备安全监督管理部门依法实施的安全监察和委托检验检测机构实施的检验检测、鉴定，当事人应当给予配合，不得拒绝、阻挠。任何单位和个人不得擅自启封、隐匿、转移、使用、变卖、损毁被查封、扣押的特种设备和相关物品。

(19)特种设备发生事故的，按照国家有关规定进行事故调查，追究责任。

(20)特种设备生产、使用、检验检测活动违反《特种设备安全监察条例》规定的，由特种设备安全监督管理部门按照《特种设备安全监察条例》和《浙江省特种设备安全监察条例》的规定给予行政处罚；构成犯罪的，依法追究刑事责任。

第六章 作 业 现 场

第一节 作业现场管理

事故是多种因素激发的结果。必须加强对生产现场的管理,加强对现场监督检查的力度,避免操作者违章操作,才能控制事故的发生。

在生产过程中,无论是人的操作行为、设备设施的本质安全程度或作业环境的状态,都是经常处于动态变化之中。因此,强化现场安全管理、加强现场监督检查是企业基础管理的重要环节,也是消除人的不安全行为和物的不安全状态,控制事故发生的有效措施。

一、营运作业现场安全管理要点

1. 加强涉路(如跨越、穿越、架设、埋设等)作业管理

《中华人民共和国公路法》第45条规定:跨越、穿越公路修建梁、渡槽或者架设、埋设管线等设施的,以及在公路用地范围内架设、埋设管线、电缆等设施的,应当事先经有关交通运输主管部门同意,影响交通安全的,还须征得有关公安机关的同意;所修建、架设或者埋设的设施应当符合公路工程技术标准的要求。对公路造成损坏的,应当按照损坏程度给予补偿。

《公路安全保护条例》第27条规定:进行下列涉路施工活动,建设单位应当向公路管理机构提出申请:

(1)因修建铁路、机场、供电、水利、通信等建设工程需要占用、挖掘公路、公路用地或者使公路改线。

(2)跨越、穿越公路修建桥梁、渡槽或者架设、埋设管道、电缆等设施。

(3)在公路用地范围内架设、埋设管道、电缆等设施。

(4)利用公路桥梁、公路隧道、涵洞铺设电缆等设施。

(5)利用跨越公路的设施悬挂非公路标志。

(6)在公路上增设或者改造平面交叉道口。

(7)在公路建筑控制区内埋设管道、电缆等设施。

《公路安全保护条例》第28条规定:申请进行涉路施工活动的建设单位应当向公路管理机构提交下列材料:

(1)符合有关技术标准、规范要求的设计和施工方案。

(2)保障公路、公路附属设施质量和安全的技术评价报告。

(3)处置施工险情和意外事故的应急方案。

公路管理机构应当自受理申请之日起20日内做出许可或者不予许可的决定;影响交通安全的,应当征得公安机关交通管理部门的同意;涉及经营性公路的,应当征求公路经营企业的意见;不予许可的,公路管理机构应当书面通知申请人并说明理由。

企业应建立涉路(跨越、穿越、架设、埋设等)作业审批管理制度,明确责任部门、人员、审批要求等,并严格按要求执行。

2. 加强生产作业安全管理

中共浙江省委 浙江省人民政府《关于加强安全生产促进安全发展的意见》在关于安全目标要求

中明确指出，牢固树立安全发展理念，坚持“生命至上、安全第一”方针，坚守发展决不能以牺牲人的生命为代价的红线，认真落实“党政同责、一岗双责、齐抓共管”和“管行业必须管安全、管业务必须管安全、管生产经营必须管安全”的要求。

《浙江省安全生产条例》第 20 条规定：生产经营单位的从业人员有权了解其作业场所和工作岗位存在的危险因素、防范措施及事故应急措施，有权对本单位的安全生产工作提出建议。因此，企业在下达生产任务时，应同时布置安全生产工作相关要求，确保安全生产。

《安全生产法》第 18 条规定：生产经营单位的主要负责人对本单位安全生产工作负有建立、健全本单位安全生产责任制；组织制定本单位安全生产规章制度和操作规程；保证本单位安全生产投入的有效实施；督促、检查本单位的安全生产工作，及时消除生产安全事故隐患；组织制定并实施本单位的生产安全事故应急救援预案；及时、如实报告生产安全事故；组织制定并实施本单位安全生产教育和培训计划的职责。

《安全生产法》第 54 条规定：从业人员在作业过程中，应当严格遵守本单位的安全生产规章制度和操作规程，服从管理，正确佩戴和使用劳动防护用品。

《国务院关于进一步加强企业安全生产工作的通知》要求，企业要健全完善严格的安全生产规章制度，坚持不安全不生产。加强对生产现场监督检查，严格查处违章指挥、违规作业、违反劳动纪律的“三违”行为。

《生产经营单位安全培训规定》第 4 条规定：生产经营单位应当进行安全培训的从业人员包括主要负责人、安全生产管理人员、特种作业人员和其他从业人员。生产经营单位从业人员应当接受安全培训，熟悉有关安全生产规章制度和安全操作规程，具备必要的安全生产知识，掌握本岗位的安全操作技能，增强预防事故、控制职业危害和应急处理的能力。未经安全生产培训合格的从业人员，不得上岗作业。

根据上述法律法规要求，企业在加强安全作业管理方面主要应做好：

(1)在下达生产工作的同时，应布置安全生产工作要求。企业下达生产任务的同时，应布置安全生产工作要求，如安全生产工作的相关要求、注意事项、作业现场危险因素、应该采取的安全措施和个人劳动防护用品正确佩戴等，以最大程度保障生产安全，减少人员伤亡和经济财产损失。

(2)制定一线安全作业规程。企业应制定收费、道路巡查、养护施工、清障施救等作业规程。

(3)加强作业操作安全管理。作业人员严格执行操作规程和安全生产作业规定，严禁违章指挥、违章操作、违反劳动纪律，正确使用安全防护用具。

(4)严格作业人员上岗管理。企业收费、养护、清障施救等从业人员应具备上岗条件。

3. 加强危险作业管理

《企业安全生产标准化基本规范》规定：企业应加强生产现场安全管理和生产过程的控制。对生产过程及物料、设备设施、器材、通道、作业环境等存在的隐患，应进行分析和控制。对动火作业、受限空间内作业、临时用电作业、高处作业等危险性较高的作业活动实施作业许可管理，严格履行审批手续。作业许可证应包含危害因素分析和安全措施等内容。

《安全生产法》第 40 条规定：生产经营单位进行爆破、吊装以及国务院安全生产监督管理部门会同国务院有关部门规定的其他危险作业，应当安排专门人员进行现场安全管理，确保操作规程的遵守和安全措施的落实。第 18 条规定：生产经营单位的主要负责人对本单位安全生产工作负有建立、健全本单位安全生产责任制；组织制定本单位安全生产规章制度和操作规程；保证本单位安全生产投入的有效实施；督促、检查本单位的安全生产工作，及时消除生产安全事故隐患；组织制定并实施本单位的生产安全事故应急救援预案；及时、如实报告生产安全事故；组织制定并实施本单位安全生产教育和培训计划的职责。

《公路养护安全作业规程》规定：养护维修单位配备专职或兼职安全管理人员进行安全教育等，必要时协助高速交警进行现场指挥。涉及如路面养护、道路巡查、清障施救作业等危险性较大作业，应指定专人进行现场管理，确保作业人员安全。特殊、危险路段大规模养护作业时，必要时采取分流、改道等封闭交通方式。

根据上述法律法规，企业在加强危险作业管理方面应做好：

(1)实施作业许可管理。企业应按有关规定对需封(占)道的检测、养护、施工等危险性较高作业活动实施作业许可管理，严格履行审批手续，作业方案应包括危害因素分析和安全措施等内容。

(2)指定专人对养护、清障施救等危险性较大的作业进行现场管理。高速公路营运企业要指定专人对养护、清障施救等危险作业进行现场管理。

(3)严格执行现场安全检查制度。企业应建立健全涉路施工现场安全检查制度，按照规定进行巡(检)查。作业区域应制定相关措施，禁止无关人员进入。对特别危险路段需采取分流作业时，组织协调地方政府、养护、高速交警、地方交警等相关单位召开协调会。

4. 加强安全告知及警示

《收费公路管理条例》第31条规定：遇有公路损坏、施工或者发生交通事故等影响车辆正常安全行驶的情形时，收费公路经营管理者应当在现场设置安全防护设施，并在收费公路出入口进行限速、警示提示，或者利用收费公路沿线可变信息板等设施予以公告；造成交通堵塞时，应当及时报告有关部门并协助疏导交通。遇有公路严重损毁、恶劣气象条件或者重大交通事故等严重影响车辆安全通行的情形时，公安机关应当根据情况，依法采取限速通行、关闭公路等交通管制措施。收费公路经营管理者应当积极配合公安机关，及时将有关交通管制的信息向通行车辆进行提示。

《安全生产法》第32条规定：生产经营单位应当在有较大危险因素的生产经营场所和有关设施、设备上，设置明显的安全警示标志。

《收费公路管理条例》第31条规定：遇有公路损坏、施工或者发生交通事故等影响车辆正常安全行驶的情形时，收费公路经营管理者应当在现场设置安全防护设施，并在收费公路出入口进行限速、警示提示，或者利用收费公路沿线可变信息板等设施予以公告。

《浙江省高速公路运行管理办法》第32条规定：高速公路经营单位进行养护等施工作业需要封闭1个车道以上，并且作业时间持续12小时以上的，或者在夜间进行作业的，高速公路经营单位应当事先报告公安机关交通管理部门，并采取相应的防护、警示或者公告等措施。施工作业需要半幅封闭路段或者中断交通的，高速公路经营单位应当事先征得公安机关交通管理部门和公路管理机构的同意，并采取相应的防护、警示和疏导措施。

根据上述法律法规规定，企业在加强安全告知及警示方面应做好：

(1)作业告知。企业应通过公路出入口、沿线可变信息板等设施及时公告施工、检测、清障施救等作业信息，向通行车辆和人员警示、提示，为安全作业和车辆人员安全快捷出行做好基础工作。

(2)危险生产设备安全警示。企业应对较大危险因素的配电房、发电机、机房等场所，可能存在危险因素逾龄设备以及变压器、锅炉等设备设施设置明显的安全警示标志，警示、告知危险种类、后果及应急措施。

(3)作业区安全警示。企业应在清障施救、设备设施检维修、道路养护施工等作业现场按要求设置警戒区域和警示标志。

二、道路施工现场安全管理办法

(1)高速公路改建、扩建、大中修工程和在公路用地范围内进行养护、维修、挖掘、安装、架设及其他作业，均应做好施工现场安全管理工作。

(2)公路施工路段应当严格管理、文明施工，做到计划周密、方案科学、手续完备、标志齐全、设置规范、合理、疏导有序。

(3)施工单位应当在建设工程开工后,报请建设安全监督管理机构对施工现场进行安全监督检查,经检查不合格的,不得继续施工。

(4)施工单位应当配备与施工规模相适应的专职安全生产管理机构和安全技术人员。施工单位应当在施工现场设置专职安全技术人员。专职安全技术人员按照规定独立行使施工现场的安全管理职责。

(5)施工单位应当根据建设工程特点编制施工组织设计,制定相应的安全技术措施。对于下列施工作业必须单独编制专项安全施工组织设计,并采取安全技术措施:

①基础施工和地下工程施工。

②施工现场临时用电、基坑支护以及楼板工程。

③垂直运输机械设备、脚手架、架设机具的拆装和起重吊装作业。

④建筑物和构筑物的拆除。

⑤其他危险作业。

(6)施工现场的用电线路、用电设施的安装和使用,应符合安装规范和安全操作规程,并按照施工组织设计进行架设,严禁任意拉线接电。

(7)施工现场的各类脚手架(包括操作平台及模板支撑)应采用符合规定的工具和器具,按专项安全施工组织设计搭设,并用绿色密目安全网封闭。

(8)施工现场的孔、洞、口、沟、坎、井以及建筑物临边,应设置围挡、盖板和警示标志,夜间应当设置警示灯。

(9)施工现场的入口处应设置工程平面布置图和工程概况牌、管理人员及监督电话牌、安全生产牌、消防保卫牌、文明施工管理制度牌,接受群众监督。

(10)施工单位在实施施工前,应在施工路段设置明显的施工标志、安全标志,需要车辆绕行的,应在绕行路口设置标志。施工标志、安全标志应当齐全、规范、清晰、视认性好,设置地点准确、设置牢固,应能够有效地提示和引导驾驶人员通过施工路段或者绕行分流,并根据工程进度及时调整设置地点和内容。

(11)公路管理机构安排的小修保养,应按照《公路养护技术规范》(JTJ 073—96)的要求设置施工标志,并由路政执法人员实施监督检查。

(12)施工单位应加强对施工材料的管理。施工材料应按照规定范围堆放整齐,不得挤占行车道。施工路段严禁堆放易燃易爆物品。

(13)施工单位应在施工作业车辆、机械上设置明显的施工作业标志,自觉遵守施工路段现场管理的有关规定,严禁占用行车道装卸作业。夜间施工或者停放作业车辆、机械的现场应设置反光警示标志。

(14)施工单位应尽量减少施工对车辆、行人通行的影响,施工路段不得发生半小时以上的堵车。对车流量大、行车道狭窄或者车辆定时单向通行的施工路段,施工单位应派专人执勤,疏导交通。对抛锚故障车辆,应采取应急处理措施。施工路段现场执勤人员应佩带袖章、规范执勤、文明管理、指挥车辆通过。应手执红绿旗,合理掌握两端开放时间,保障车辆通过施工路段较长或者行车视距不良路段。执勤人员应配备对讲装置。

(15)施工单位进行全封闭施工未实施分流的,应负责修建临时道路。临时道路应具有一定的稳定性和足够的强度,其表面应当平整,以保证过往车辆和行人通行。

(16)施工作业人员在开放交通或者半封闭的施工路段进行施工时,必须穿着安全标志服,并不得随意在车辆通行的车道上停留。

(17)施工现场内的地坪应当平整、硬化,道路应当坚实畅通。施工现场入口处应设置长度不少于30m的混凝土路面和冲洗车辆污泥的设备,施工现场应保持排水系统畅通,污水不得随意排放。施工现场各种设施和材料的存放应符合安全卫生和施工总平面图的要求。

(18)施工现场起重吊装作业应设置专业指挥人员,并禁止在起重物下作业。

(19)在施工现场安装、拆卸施工起重机械和整体提升脚手架、模板等自升式架设设施,必须由具有相应资质的单位承担。施工单位应自施工起重机械和整体提升脚手架、模板等自升式架设设施验收合格之日起30日内,向建设安全监督管理机构登记口登记,标志应置于或者附着于该设备的显著位置。

(20)施工单位应按照规定为施工现场作业人员提供符合安全、卫生标准的安全防护用具、用品。

(21)施工单位和施工现场应采购、使用具有生产许可证和产品合格证的产品,并建立安全防护用具及机械设备的采购、使用、检查、维修、保养的责任制。

(22)拆除建筑物或者构筑物应指定专人指挥,拆除现场的周围应当设置围栏,对危险区域或者危险部位的拆除应设专人监护。

(23)施工现场应执行国家有关消防安全规定,建立消防安全管理制度,设置符合消防要求的设施,严格明火作业管理。

(24)施工单位的作业人员在施工过程中,应遵守国家有关安全生产规定,不得违章指挥或者违章作业。作业人员对危及生命安全和人身健康的行为,有权拒绝并进行检举和控告。

(25)施工现场应采取有效措施,防止伤亡和其他安全生产事故的发生。施工现场发生重伤和死亡事故的,施工单位应保护事故现场,绘制现场简图,做出书面记录,并及时向安全监督管理部门、建设行政主管部门和有关部门报告。建设工程施工伤亡事故的调查和处理,按照国家和省市有关规定办理。

(26)施工单位应按照建设行政主管部门的规定做好施工安全记录,建立安全资料档案。安全技术资料应设专人管理,做到及时、完整归档。

(27)建设单位应设立安全文明施工措施费,由施工单位对施工现场采取混凝土硬地坪、出入门混凝土硬化、立面封闭处理等文明施工措施。安全文明施工措施费应在建设工程施工招标中单列,不得将其作为招标投标竞价条件。

(28)施工单位应采取措施控制污染,做好施工现场的环境保护工作。

(29)施工现场的生活区与施工区、加工区应分离。施工现场应设置必要的生活设施,并符合国家和省市有关规定要求。

三、安全生产值班制度

(1)要重视安全生产值班工作,树立“安全第一、预防为主”的安全方针,坚持落实各级主管领导负责制,把安全防范工作真正落实到实处。

(2)综合管理部门负责统筹单位安全保卫和值班工作。

(3)单位机要部门、门岗、危险区域、施工现场必须委派专人值班,建立安全值班制度。

(4)建立健全安全生产值班工作责任制,值班人员必须坚守上作岗位,不得擅离职守。因故不能上班者,必须事先办理请假手续,待安排好顶替人员后方可离去。值班室不准发生无人值班现象。

(5)单位办公区除工作人员外,其他人员进入应该办理登记手续。

(6)为了保障设备的安全,工作人员要做好贵重物品的使用详情记载,未经批准不得带出。

(7)值班场所要配两人值班,一人为正值班,一人为副值班。正值班为值班期间运行与管理的负责人,副值班在正值班的指导下进行工作。

(8)值班人员在工作过程中必须思想集中,认真负责。

(9)值班人员不准在值班室内干私活,聚众游戏,下棋打牌,不准把无关人员带入值班室聊天。

(10)值班人员必须准时到岗,认真做好交接班,做到不脱岗、不间断,保证值班工作正常、连续运转。

(11)对接到的电话通知、报告,值班人员应认真做好记录。对紧急任务,要迅速通知主管领导和有关部门处理。

(12)如发生不安全紧急情况,值班人员要及时报警。

(13)凡违反安全值班制度造成事故,要按有关规定对主管领导与当事人予以严肃处理。

四、现场作业安全技术交底制度

(1)各施工企业应实行逐级安全技术交底制度。

(2)工程开工前,项目主管工程师应将工程概况、施工方法和安全技术措施向工程负责人及施工员进行交底。

(3)每个分项工程施工前,施工员应根据施工组织设计(施工方案)要求,向施工作业班组进行书面安全技术交底,并监督班组长将交底内容落实到每一位施工作业人员。

(4)各级安全技术交底要履行签字手续,交底内容要全面、有针对性,交底要一式 3 份,由交底人、接受人及项目安全管理人员分别存档备查。

(5)施工作业人员有权拒绝未经安全技术交底的工作内容。

(6)施工作业人员必须严格依照交底的要求组织进行施工作业。

(7)建立健全各级安全技术交底资料档案,安全技术资料必须齐全、真实、完整、标准、规范。

(8)安全生产管理部门负责对现场作业安全技术交底工作进行监督检查。

第二节　常见作业安全操作规程

安全操作规程是企业贯彻执行法规、规章制度、标准的具体体现,同样具有法律效力。同时,安全操作规程是规范生产工人安全行为的最基本标准,建立健全合理、切实可行的岗位安全操作规程,有利于控制人为因素造成的各类事故。

企业应重视对各岗位安全操作规程的建立健全。

(1)岗位安全操作规程的编制应依据本单位工艺流程、设备(设施)性能、操作方法及工作环境制定,一般应以作业工序、作业岗位为基本单元,相同设备设施且作业方式相同,可以合并。否则,应单独编制安全操作规程。安全操作规程应符合相关的安全技术标准。

(2)岗位安全操作规程应包括:岗位危险源及控制标准,操作中的安全方法和严禁事项,凡有重大或重要危险源的岗位,应有应急救援预案或应急措施。

(3)企业采用新技术、新工艺、新设备、新材料在投入使用前,应先制定安全操作规程或安全操作注意事项。

(4)岗位安全操作规程应随工艺或设备的变更情况及时进行更新,且是有效版本。

一、养护安全作业规程

1.日常零星小修施工作业

1)坑洞修补

(1)操作风镐作业时,必须防止小石子飞溅伤人,并尽可能面向来车方向作业。

(2)吹风作业时,尽可能将废料吹入封闭区内,不能朝着其他施工人员方向吹风。

(3)在综合养护车出料时必须注意避免高温沥青烫伤,车上要配备灭火器。

(4)冲击夯必须由熟练工操作,操作人员要保持注意力集中,控制好冲击夯,同时避免机械临时故障导致操作人员受伤。

(5)在施工当中安全员要密切注意高速行驶车辆冲入施工封闭区现象,尽可能避免发生安全事故。

(6)物资装卸过程中一定要按照规定操作,防止物体打击事故的发生。

(7)封道过程中,应将隔离桩扔在内侧再作适当调整,不可将隔离桩扔在通行车道一侧,以防滚入通行车道。

(8)封道过程中,驾驶员开车要缓慢平稳,切勿急刹车,防止车上人员站立不稳摔倒。

(9)在雨天临时应急修补路面坑洞时,也要先进行封道后再作业,不可因作业时间短而忽视安全。

2)护栏维修

(1)整理车厢内各物件,尤其是氧气瓶、乙炔瓶要放置稳当,经常性的检查压力表是否正常、管线是否有破损,严禁夏季高温作业过程中暴晒。

(2)拆除和更换的材料如波形护栏板、立柱应摆放整齐,防止伸入通行车道。

(3)在机械打桩或人工打桩过程中都应防止扶桩人员受伤害。

3)灌缝施工

(1)作业车要保持匀速行驶,不可以急刹车或猛加油门,时刻注意尾随人员。

(2)加热设备必须固定牢固,一般情况下设置在车辆后方,并根据具体风向调整方位;旁边禁止堆放易燃易爆物品。

(3)加热作业人员必须站于上风处,防止过多吸入沥青废气。

(4)禁止在车辆行驶中加热沥青和装灌沥青操作,以防止车辆意外急刹沥青飞溅烧伤人员。

(5)灌缝人员作业时要在作业车前方,并保持一定距离(不小于5m),在作业车后方做好预警工作。

(6)在出现裂缝在封闭区域以外的情况,不得超越封闭区作业。

(7)若沥青温度过高而起火时要及时用灭火器灭火,禁止采用翻锅或浇水等方式灭火。

(8)沥青加热过程中,要轻轻搅拌,防止沥青飞溅出来。加热过程中要有人监管。

4)绿化维护

(1)植树挖坑时,应避开地下管道、电缆等障碍物。

(2)使用有毒、有害灭虫药水时,必须严格遵守该毒物的使用和管理制度,并要求戴好口罩,人应站立在上风向。

(3)用刀锯修枝时,手不准挡在锯口的下方。

(4)严禁站在护栏上修剪花木。

(5)机械除草必须由熟练工操作,除草机开启时,人员之间应保持一定距离,防止误伤旁边的工作人员。

(6)在草木茂密的边坡进行绿化作业时,要防止树木枝条戳伤肌肤;在灌木丛、杂草处要防止毒虫、蛇叮咬。

5)隧道维修、养护清洗

(1)必须按照规范,从隧道口开始封道,禁止将"上游过渡区"设在隧道内。

(2)防止隧道内堵车,如果有故障车停在隧道内,立即采取借用旁边车道进行通行,同时通知监控分中心,将故障车及时拖离隧道。

(3)隧道内的施工车、预警车必须开启双跳灯、警灯、警笛,施工人员应尽可能面向来车方向。

(4)禁止施工车、预警车、作业人员、工具等超出封闭区,应尽可能远离封闭分隔边缘。若使用脚手架的,不可搭设在与邻近车道过近的位置,应保持与邻近通行车道1.5~2m左右的间距。

(5)隧道清洗时,应打开隧道内所有照明;在脚手架前方安排人员指挥车辆。

6)伸缩缝施工

(1)禁止施工车、预警车、作业人员、工具等超出封闭区,尤其要防止长条形钢伸入通行车道影响过往车辆驾驶。

(2)在施工前要准备好填补料、铁板等材料,天气突变或其他特殊情况发生时,按照应急预案及时采取应急搭补等措施。

(3)伸缩缝施工时,要防止施工料、工具等掉到桥下伤害过往的行人;在超车道施工时,严禁使用人拉车将废料运送到硬路肩,应统一收集处理。

(4)禁止车内物品超长、超宽,并将车内物品固定牢固。

(5)封道后要将嵌缝异形钢取下放于作业区边侧,防止作业人员被其碰伤。

(6)若在夜间施工或维护保养时,要求标志标牌的反光效果良好,在规范的前提下,要在“警告区”“上游过渡区”“缓冲区”增设警示牌、彩旗、频闪灯、电子导向灯、防撞桶及照明设施。

(7)严禁夏季作业时夜间值班人员睡在路上。

7)高边坡与挡墙维修

(1)挡墙拆除时遵守自上而下的原则,重砌时遵守自下而上的原则,严禁施工人员从堆放材料的下方通行。

(2)为防止在挡墙拆除过程中碎石块飞溅到车道上,在挡墙正面搭设一定高度的围栏,可用竹编或防护网围拢。

(3)材料要堆放整齐、牢固,防止移位和倒塌。

(4)搭设的施工平台应经过严格仔细的检查后方可上去进行作业,防止支架脱节导致人员坠落。

(5)在拆除和重砌过程中,严禁纵向同时作业。

(6)严禁作业层之间抛递工具。

(7)休息或就餐前必须先仔细检查各部位,要确保石块、工具等物件放置稳当,防止其从高处滚落。

(8)在挡墙拆除和重砌过程中,严禁人员从其下方通行,应从两边侧上下挡墙。

(9)采用人工挑、抬、运土时,应检查箩筐、土箕、抬杠、扁担、绳索等牢固程度。

(10)操作人员所用的工具如大锤等必须符合要求,把手拼接必须紧固,以防脱锤伤人。

(11)高挡墙在维修作业过程中若出现塌方现象,应以不影响行车安全为原则,第一时间将有可能危及行车安全的塌方块清理掉,再逐步往外围进行抢险。

(12)土方施工中,施工人员要经常注意边坡是否有裂缝、滑坡迹象,一旦发现,应该立即停止,待处理和加固后才能进行施工。

(13)施工中如发现山体有滑动、崩塌迹象危及施工安全时,应暂停施工,撤出人员和机具,并报上级处理。

(14)边坡巡查人员必须两人一组,上下边坡时注意滑石、防滑、防蛇虫。

8)桥梁维修与养护

(1)在检修天桥时,先进行规范的封道,再进行脚手架搭设、工具安装等工作。脚手架应搭设牢固。因高速公路上车速过快,尤其是大货车行驶过来会带来较强的风,为防止脚手架倒下,应增加脚手架底盘重力,并用绳索拉紧脚手架四周,在地面上打桩拴牢。

(2)脚手架不可搭设在与邻近车道过近的位置,应保持与邻近通行车道1.5~2m左右的间距。

(3)高处作业所用的梯子不得缺档和垫高,同一梯子不得两人同时上下,在通道处(或平台)使用梯子应设置围栏。

(4)作业面脚手板要铺满、绑牢,不得有探头板、非跳板,临边应搭设防护栏杆和支挂安全网,不准用不稳定的工具或物体在脚手板面垫高操作。

(5)脚手架或操作平台上不得堆放零星材料,应随使用随运送,不得将工具随意放在脚手架上。

(6)悬空作业时所用的索具、吊篮等设备均需检查或技术鉴定后方可使用。

2.路面专项工程施工作业

(1)作业人员要随时注意身边机械设备、车辆行驶情况,避免被碰撞。

(2)作业工人要重点关注压路机倒车时的情况,避免压路机反光镜存在盲区撞到作业人员。

(3)在夏季高温季节,工人不得钻到压路机或车辆底下休息乘凉,避免意外事故的发生。

(4)作业人员不得攀附在工程机械上前进,避免发生意外事故。

(5)在封闭单个车道施工时,作业人员身体和工具不可伸入到通车车道,尤其是整平组人员,要密切关注车况和留意自身所用的工具(如铁锹)是否伸入到通车车道,防止被过往车辆剐擦到。

(6)非正常施工作业需要，人员不得扎堆站在一起。

3. 高处作业安全规程

(1)尽量避免立体交叉作业，因为上下立体式交叉作业极易造成坠物伤人。若必须进行立体交叉作业时，要有相应的安全防护隔离措施，无措施严禁同时进行施工。

(2)所有人员的上下都必须在规定的通道行走，不得随意利用脚手架杆件与施工设备进行攀登。

(3)使用梯子时至少两人一组，有专人扶梯；严禁使用梯子最上面两格。梯子须安放稳固，使用材料需经人传递或用小桶吊放，杜绝单手爬梯单手拿材料。

(4)利用升降机高空作业时，系好安全带；升降机的支脚必须支撑在平整、坚固的地方，防止倾斜；不可超载超限，尤其是小型液压升降机，要严格控制人员数量和物料重力。

(5)对作业中的走道、通道板和登高用具等，必须随时清扫干净，防止滑倒；拆卸下的物料、剩余材料和废料等都要加以清理及时运走，不得任意乱置或向下丢弃。

二、清障安全作业规程

(1)清障作业前应向当事人出示《浙江省高速公路清障施救服务收费标准》，严禁乱收费。

(2)对损坏车辆或物资做大规模清障时，应严格按照作业现场安全布控标准做好布控工作。

(3)对只占用行车道，且1小时内能完成的小规模清障，可于现场车流来向500m处设置第一级限速标志，采用隔离方式布设作业区及改道，并在现场下行60m处设解除限速标志。

(4)对仅占用紧急停车带的清障作业，应设警告区、过渡区和作业区，警告区至车辆作业区的距离应不少于100m。

(5)对易燃、易爆、有毒等危险品的清障，在确保人身安全的前提下，应积极配合专业部门清理。

(6)对小规模清障作业，清障结束后，要清理作业区，及时撤除有关标志。

(7)对大规模清障作业，要协助养护部门做好作业区清理工作，及时撤除有关标志。

三、车辆抢修作业安全规程

(1)抢修车辆需在车辆醒目位置公开收费标准及监督举报电话。

(2)抢修车必须严格遵守交通法规。

(3)抢修车不得逆行和横穿中央分隔带。

(4)抢修车不得随意在紧急停车带停放、休息。

(5)抢修作业时，抢修车和被抢修车都必须开启示宽灯和警示灯，抢修车还必须开启工程警示灯。

(6)抢修作业安全规则。

①抢修作业前，应向客户出示《抢修服务收费标准》，明确告之收费项目、费用，严禁乱收费。

②除特殊原因(如后桥断裂)外，经判断30min内无法现场抢修恢复的作业，应立即向路政值班室报告情况，申请强制拖离。

③实施抢修作业时，应严格按照作业现场安全布控标准做好布控工作，设警告区、过渡区和作业区，警告区至抢修作业点的距离应不少于100m。

④作业中使用液压设备的，应采取在底部放置钢板或木垫等保护路面措施，并做好防止漏油污染的防范工作。

⑤对需更换配件的作业，抢修车离开前，必须做好现场的安全布控。

⑥对运送易燃、易爆、有毒等危险品的车辆，原则上不得抢修，应由专业部门负责清理。

⑦抢修作业结束后，要清理作业区，及时撤除有关标志。

四、道路巡查作业安全规程

(1)车速控制在50km/h时以下。有特殊情况需要提高车速的,需报监控中心备案。

(2)巡查车车辆、人员采取全天24小时不间断巡查,每辆巡查车每班巡查里程不得少于250km。异常情况和恶劣天气状况下要适当增加巡查次数和密度。

(3)巡查路面、慢车道、快车道、紧急停车带、路肩、路缘石、中央隔离带、桥涵、护坡、边沟、绿化植被有无受损,防撞护栏、活动护栏、桥栏钢管、防撞桶隔离栅等安全防护性设施是否完整、无损、牢固时要注意控制车速,巡查车辆靠右行驶,注意后方超车,停车时做好车辆的预警工作,下车时注意后方来车。

(4)巡查人员在执行巡查工作中遇到需停车处理事务时,必须将巡查车停靠在路肩上,在确认安全后下车;确需横穿车道处理事务时,应当在确保自身安全及不影响其他车辆正常行驶的情况下快速穿越;严禁召唤驾乘人员横穿高速公路。

(5)查询故障车的故障情况,注意后方超车,停车时做好车辆的预警工作,下车时注意后方来车。督促故障车驾驶员设置安全警示标志,并及时将故障车信息报告监控指挥中心;发现运输危险化学品的故障车要查明情况、及时报告并做好预警。

(6)处理故障车在自行检修过程中造成的路面损害(如千斤顶直接顶压路面、小面积的油脂或杂物污染等)时,巡查人员停车时做好车辆的预警工作,下车时注意后方来车。

(7)配合交警部门清理路上行人,通报、协助有关管理部门处理客车不按规定上下客、超载等违法行为时,做好取证,保留相关证据。

(8)遇恶劣天气时,及时采集并向监控指挥中心报告所辖路段气候变化情况、路面车辆通行的准确信息,提示驾乘人员安全行驶,同时开启警灯、警报,控制巡查车速。

(9)发现并及时处置路面散落物、障碍物,处理临时发生、发现的如偷盗高速公路路产设施行为等其他紧急事宜和突发事件时,要注意自身安全,做好后方预警,处理道路抛洒物时,注意后方来车。

(10)发现并及时报告道路交通事故情况,参与事故现场的预警、施救、秩序管理、车辆疏散、分流、路产损失的调查取证时必须注意周围动态和来车方向,提高警惕。

(11)查看隔离栅、防撞护栏及其附件、防眩板、轮廓标、里程碑、标志标线等安全设施时,必须时刻观察周围动态,时刻注意来车方向。

(12)清理互通立交上临时停靠的车辆,保持互通立交的安全、畅通时,注意后方来车。

(13)协查收费站区故意堵塞车道、影响收费秩序和通行秩序的行为时,注意周围车辆动态,在来车方向做好预警。

(14)发现行人上高速时,先判断行人是否精神异常,切勿拉警报、大声喊话和刺激,防止人为的交通事故发生,保持适当距离对话,及时劝离高速公路。

(15)发现路面违停车辆时,开启警报,巡查车停放在违停车后方50m硬路肩或紧急停车带上,下车时从后往右靠护栏板走,向违停车咨询车辆是否可行驶,劝其离开主线,如需要维修和清障,按规范做好预警(警示桩放在巡查车后150m外),报告指挥中心,呼叫并等待施救车辆来处置。

(16)及时清理高速公路主线、匝道上影响车辆安全行驶的障碍物。

(17)发现牲畜要及时驱赶出高速公路。

(18)发现非交通事故造成公路设施损坏事件,应当场处理或及时报告监控指挥中心。

五、设备检修作业安全规程

(1)本规程适用于生产区域内的大修、中修与抢修作业。

(2)检修前的准备。

①设备检修作业开始前必须到设备管理部门办理《设备检修安全作业证》。

②根据设备检修项目的要求，制定设备检修方案，落实检修人员、检修组织、安全措施。

③检修项目负责人按检修方案的要求，组织检修作业人员的安全教育，交代清楚检修项目的内容、任务，并落实检修安全措施。

④检修项目负责人对检修安全工作负全面责任，并指定专人负责整个检修作业过程的安全工作。

⑤设备检修如需高处作业、动火、动土、断路、吊装、盲板抽堵、进入设备内作业等，按相应的作业管理规定办理安全作业证。

(3)检修前的安全教育。

①检修前，必须对参加检修作业的人员进行安全教育。

②安全教育内容主要有：

a. 检修作业必须遵守的有关检修安全规章制度。

b. 检修作业现场和检修过程中可能存在或出现的不安全因素及对策。

c. 检修作业过程中个体防护用具和用品的正确佩戴和使用。

d. 检修作业项目、任务、检修方案和检修安全措施。

(4)检修前的安全检查和措施。

①必须对检修作业所用的脚手架、起重机械、电气焊用具、手持电动工具、扳手、管钳、锤子等各种工器具进行检查，凡不符合作业安全要求的工器具不得使用。

②必须采取断电措施，切断需检修的电器电源，并经启动复查确认无电后，在电源开关处挂上“禁止启动”的安全标志并加锁。

③对检修作业使用的气体防护器材、消防器材、通信设备、照明设备等须经专人检查，保证完好可靠，并合理放置。

④必须对检修现场的爬梯、栏杆、平台、铁箅子、盖板等进行检查，保证安全可靠。

⑤对检修用的盲板逐个检查，高压盲板须经探伤合格后，方可使用。

⑥对检修所使用的移动式电气工器具，须配有电保护装置。

⑦对有腐蚀性介质的检修场所，须备有冲洗用水源。

⑧对检修现场的坑、井、洼、沟、陡坡等应填平或铺设与地面平齐的盖板，也可设置围栏和警告标志，并夜间警示红灯。

⑨必须将检修现场的易燃、易爆物品、障碍物、油污、积水、废弃物等杂物清理干净。

⑩必须检查、清理检修现场的消防通道、行车通道，保证畅通无阻。

⑪需夜间检修的作业场所，须设有足够亮度的照明装置。

(5)检修作业中的安全要求。

①参加检修作业的人员须遵守各项作业安全管理规定。

②检修作业的各工种须遵守本工种安全技术操作的规定。

③在生产和储存化学危险品的场所进行检修，检修项目负责人须与当班班长联系。如生产出现突然排放物料，危及检修人员的人身安全时，生产当班班长必须立即通知检修人员停止作业，迅速撤离作业场所。待上述情况排除完毕，确认安全后，方可通知检修人员重新进入作业现场。

④严禁涂改、转借《设备检修安全作业证》，变更作业内容，扩大作业和转移作业地点。

⑤对《设备检修安全作业证》审批内容不全、安全措施不落实、作业环境不符合安全要求的，作业人员有权拒绝作业。

(6)检修结束后的安全要求。

①检修项目负责人须会同有关检修人员检查检修项目内容是否有遗漏，工器具和材料等是否遗漏在设备内。

②检修项目负责人须会同设备技术人员、工艺技术人员根据生产工艺要求检查盲板抽堵情况。

③因检修工作需要而拆移的盖板、箅子板、扶手、防护罩等安全设施须恢复正常。

④检修所用的工器具须搬走，脚手架、临时电源、临时照明设备等须及时拆除。

⑤设备、层顶、地面上的杂物、垃圾等须清理干净。

⑥检修单位会同设备所在单位完成检修后的设备试压、试漏、调校安全阀、仪表和连锁装置检查，并做好记录。

⑦检修单位会同设备所在单位，对检修的设备进行单体和联动试车，验收交接。

(7)《设备检修安全作业证》的管理。

①《设备检修安全作业证》由设备管理部门负责管理，安全生产管理部门负责监督检查。

②设备所在单位提出设备交出的安全措施，并填写《设备检修安全作业证》相关栏目。

③检修项目负责单位提出施工安全措施，并填写《设备检修安全作业证》相关栏目。

④设备所在单位、检修施工单位对《设备检修安全作业证》进行审查，并填审查意见。

⑤单位设备管理部门对《设备检修安全作业证》进行终审审批。

⑥检修项目负责单位将办理好的《设备检修安全作业证》自留一份后，分别交设备管理部门、设备所在单位各一份。

第三节　相关方安全管理

在高速公路营运管理中，根据各高速公路营运公司经营业务的不同，需要将一些作业外包或与外单位协作开展，如高速公路养护作业、桥梁隧道监测维修作业、机电设备监测维修作业等，为此，企业应制定相关方管理制度，对进入高速公路现场的相关方进行统一的安全管理。相关方安全管理工作要点如下：

(1)建立外协、外包等相关方的准入机制和管理制度。

《安全生产法》第 46 条规定：生产经营单位不得将生产经营项目、场所、设备发包或者出租给不具备安全生产条件或者相应资质的单位或者个人。生产经营项目、场所发包或者出租给其他单位的，生产经营单位应当与承包单位、承租单位签订专门的安全生产管理协议，或者在承包合同、租赁合同中约定各自的安全生产管理职责；生产经营单位对承包单位、承租单位的安全生产工作统一协调、管理，定期进行安全检查，发现安全问题的，应当及时督促整改。

《浙江省落实生产经营单位安全生产主体责任暂行规定》第 30 条规定：对不具备安全生产条件或者相应资质的，不得发包、出租。

《国务院关于进一步加强企业安全生产工作的通知》规定：企业主要负责人和安全生产管理人员、特殊工种人员一律严格考核，按国家有关规定持职业资格证书上岗；职工必须全部经过培训合格后上岗。企业用工要严格依照劳动合同法与职工签订劳动合同。凡存在不经培训上岗、无证上岗的企业，依法停产整顿。没有对井下作业人员进行安全培训教育，或存在特种作业人员无证上岗的企业，情节严重的要依法予以关闭。

企业应建立和完善外协、外包等相关方的准入机制和管理制度，对相关方安全生产许可证、资质、资格符合法律法规相关要求进行严格审批。

(2)与相关方签订安全协议，明确双方各自的安全责任。

《浙江省安全生产管理条例》第 26 条规定：生产经营单位将生产经营项目、场所、设备发包或者出租给其他单位和个人的，应当签订安全生产管理协议，履行统一管理的职责。

《中华人民共和国建筑法》第 15 条规定：建筑工程的发包单位与承包单位应当依法订立书面合同，明确双方的权利和义务。发包单位和承包单位应当全面履行合同约定的义务。不按照合同约定履行义务的，依法承担违约责任。

《浙江省落实生产经营单位安全生产主体责任暂行规定》第 30 条规定：生产经营单位将生产经营项目、场所、设备发包或者出租的，应当与承包单位、承租单位签订专门的安全生产管理协议，或者在承包合同、租赁合同中约定有关的安全生产管理事项。未签订安全生产管理协议或者未约定安全生产管理事项，发生生产安全事故的，由发包或者出租单位依法承担相应后果。

《企业安全生产标准化基本规范》指出，企业和相关方的项目协议应明确规定双方的安全生产责任和义务。

企业应按规定与相关方签订书面安全管理协议书，或在承包承租合同、协议中明确安全管理与安全责任条款，明确双方的安全管理职责、范围及事故赔偿责任，以及安全管理、消防管理、设备安全使用、人员安全教育与培训、安全检查与监督等方面的管理要求。

(3)对两个或两个以上相关方共同生产作业进行统一安全管理。

《安全生产法》第45条规定：两个以上生产经营单位在同一作业区域内进行生产经营活动，可能危及对方生产安全的，应当签订安全生产管理协议，明确各自的安全生产管理职责和应当采取的安全措施，并指定专职安全生产管理人员进行安全检查与协调。

(4)落实相关方安全监督管理职责。

《企业安全生产标准化基本规范》规定：企业应执行承包人、供应商等相关方管理制度，对其资格预审、选择、服务前准备、作业过程、提供的产品、技术服务、表现评估、续用等进行管理。企业应建立合格相关方的名录和档案，根据服务作业行为定期识别服务行为风险，并采取行之有效的控制措施。企业应对进入同一作业区的相关方进行统一安全管理。不得将项目委托给不具备相应资质或条件的相关方。企业和相关方的项目协议应明确规定双方的安全生产责任和义务。

公司应落实履行安全监督管理职责，落实执行作业前准备、作业过程、表现评估等管理，并建立合格相关方名录和档案。

(5)督促相关方安全生产费用使用。

《安全生产法》第20条规定：生产经营单位应当具备的安全生产条件所必需的资金投入，由生产经营单位的决策机构、主要负责人或者个人经营的投资人予以保证，并对由于安全生产所必需的资金投入不足导致的后果承担责任。

《关于进一步加强我省交通建设工程施工安全生产费用管理的通知》第4条规定：施工安全生产费用应用于施工安全防护用具及设施的采购和更新、安全施工措施的落实，安全生产条件的改善，禁止采用虚报等手段套取安全生产费用。第6条规定：施工安全生产费用计量凭证必须经过施工单位专职安全员验收，项目经理确认，监理工程师审查，建设单位安全管理人员审核后支付。第7条规定：施工单位应当建立项目安全生产费用管理制度，规范安全生产费用的使用和计量，制定安全生产费用使用计划，并报监理单位审核同意后实施。

相关方配备符合国家标准或者行业标准的安全防护用品，按规定足额提取、安全生产费用专款专用。

第七章　科技创新与信息化

第一节　科 技 创 新

《安全生产法》第 15 条规定:国家鼓励和支持安全生产科学技术研究和安全生产先进技术的推广应用,提高安全生产水平。

《国务院办公厅关于印发安全生产“十二五”规划的通知》要求:加强安全生产科学技术研究。实施科技兴安、促安、保安工程。健全安全科技政策和投入机制。整合安全科技优势资源,建立完善以企业为主体、以市场为导向、政产学研用相结合的安全技术创新体系。开展重大事故风险防控和应急救援科技攻关,实施科技示范工程,力争在重大事故致灾机理和关键技术与装备研究方面取得突破。

《中共浙江省委　浙江省人民政府　关于加强安全生产促进安全发展的意见》明确要求,提升安全生产科技支撑能力。建立健全促进安全生产科技发展的扶持政策,大力推广应用先进适用的安全技术。把重大危险源监控、重特大事故预警预防、事故分析处理等技术研发课题纳入重大科技与重大工程专项,积极予以支持。大力扶持安全产业发展,加强安全生产技术支撑体系建设,整合科技资源,形成一批安全工程技术实验与研发基地、安全设备检测检验基地和重大事故技术鉴定基地。

《国家中长期科学和技术发展规划纲要(2006 ~ 2020 年)》在交通运输业的发展思路中指出,以提供顺畅、便捷的人性化交通运输服务为核心,加强统筹规划,发展交通系统信息化和智能化技术,安全高速的交通运输技术,提高运网能力和运输效率,实现交通信息共享和各种交通方式的有效衔接,提升交通运营管理的技术水平,发展综合交通运输。

企业应组织或参与相关部门、机构组织的高速公路营运安全保畅等科技攻关或课题研究活动,不断提高安全生产管理水平。

企业或基层单位应积极应用“四新”技术(新工艺、新技术、新材料、新设备)等现代科技手段,不断淘汰技术落后的生产设施设备,优先使用先进的、安全性能可靠的“四新”技术,优先选购安全、高效、节能的先进设备。

第二节　科技信息化

浙江高速公路的快速发展,为浙江经济的快速发展和车辆人员出行奠定了坚实的基础,同时,浙江经济的发展和人民群众生活水平的不断提升,对浙江高速公路营运提出了更高的要求。为满足浙江高速公路安全、经济、快捷、舒适的行车需要,应加强高速公路科技信息化管理,提升高速公路的管理及出行服务水平。

一、加强道路监控、信息发布设施建设

《国务院安委会办公室关于印发道路交通安全“十二五”规划的通知》要求,实施国家道路交通安全科技行动计划。积极推广道路交通安全科技行动计划一期项目成果,实现在全国应用。深入研究干线公路运行安全监测、干预及救援急救、城乡接合部交通安全保障、区域交通组织和优化等技术,提高重特大道路交通事故技术防范和应急处置能力。

《国务院安委会办公室关于印发道路交通安全“十二五”规划的通知》要求,加快安全生产管理信息化建设。加快交通运输安全畅通和应急信息系统建设,推进危险化学品和烟花爆竹水路运输动态管理

信息系统建设，完善路网监测与应急管理信息系统、重点营运车辆联网联控系统。加强电子海图、电子航道图、地理信息系统(GIS)在交通运输领域推广应用。

随着科技的进步，法律法规的完善，社会对营运高速公路安全性、突发事件处置需求等，社会对高速公路营运的安全性、舒适性、快捷性和突发事件的处置要求越来越高；推广道路全程监控系统，是提高路网交通安全水平、改善通行能力和提升交通服务品质的有效技术手段。

高速公路营运企业应当建立智能化程度较高、资源配置合理、监控效果明显、管理方便的全程监控系统，以强化对道路路交通事件的管控能力。

《浙江省高速公路联网运行监控管理办法(试行)》第20条规定：路网单位应当通过沿线的可变情报板和可变限速标志、收费出入口告示牌、自备广播等设施及时告示本路段的运行信息，重要的运行信息应当重复提示。严格执行省交通运输厅、省公路管理局(监控总中心)下达的同步信息告示指令，并按照法律法规等有关规定做好应当通过媒体发布的信息发布。

企业应组建由沿线的可变情报板、可变限速标志等设施组成的道路交通信息发布平台，动态发布公路损坏、施工或者发生交通事故等影响车辆正常安全行驶等道路交通信息，并与相关媒体建立信息发布机制。

二、开发安全生产管理系统或平台

《国务院关于进一步加强企业安全生产工作的通知》指出，积极推进信息化建设，努力提高企业安全防护水平。

《交通运输部关于进一步加强安全生产工作的意见》指出，加快安全生产管理信息化建设。加快交通运输安全畅通和应急信息系统建设，推进危险化学品和烟花爆竹水路运输动态管理信息系统建设，完善路网监测与应急管理信息系统、重点营运车辆联网联控系统。

企业应建立安全生产管理系统或平台，具备收集、汇总、保存和发布企业安全管理信息等功能。

三、延伸系统功能

《国务院关于进一步加强企业安全生产工作的通知》指出，积极推进信息化建设，努力提高企业安全防护水平。

《收费公路管理条例》第31条规定：遇有公路损坏、施工或者发生交通事故等影响车辆正常安全行驶的情形时，收费公路经营管理者应当在现场设置安全防护设施，并在收费公路出入口进行限速、警示提示，或者利用收费公路沿线可变信息板等设施予以公告；造成交通堵塞时，应当及时报告有关部门并协助疏导交通。遇有公路严重损毁、恶劣气象条件或者重大交通事故等严重影响车辆安全通行的情形时，公安机关应当根据情况，依法采取限速通行、关闭公路等交通管制措施。收费公路经营管理者应当积极配合公安机关，及时将有关交通管制的信息向通行车辆进行提示。

浙江省高速公路营运企业应与相关媒体建立信息发布机制，动态发布公路损坏、施工或者发生交通事故等影响车辆正常安全行驶等道路交通信息，并将安全生产管理系统的纳入浙江省智慧高速指挥平台，纳入全省综合交通指挥平台，按要求参与配合各类道路交通事件的指挥、协调、处置。

《浙江省人民政府专题会议纪要》明确提出，高速公路营运单位的现有道路设施、安全设施、机电设施、报警设施、清障设施以及道路视频图像、道路监测及事件信息(包括车检器、情报板、事故、养护作业等)、营运信息及车辆收费动态数据等“智慧高速”建设所需的信息；公安部门的驾驶人及车辆信息、车辆违规信息、交通管制、道路养护作业审批、特种车辆通行、高速交警巡查车辆GPS数据及动态监控信息、卡口抓拍视频信息、测速信息、运行安全监管信息、人口基础数据等智慧高速建设所需信息；交通运输部门的路政及养护信息、高速路政巡查车辆GPS数据及动态监控信息、货运物流相关信息、客运联网相关信息、“两客一危”信息、高速公路超限运输检测信息、高速公路交通流量调查信息、与高速公路相相连相邻道路交通基础数据和视频等智慧高速建设所需信息；测绘部门的涉及高速公路运行服务相关专题地理数据信息、气象部门的高速公路运行服务相关气象信息、省消防总队的应急施救装备及人员等相关信息，均要在2013年6月底前接入“智慧高速”运行服务指挥平台实现共享。省交通运输厅要加强协调，保障高速公路营运单位的相关信息接入共享。各相关单位不要推卸责任，抓紧落实，争取全面覆盖。

四、提高对接送班车、巡查车等配备车辆的科技管理水平

《国务院关于坚持科学发展安全发展促进安全生产形势持续稳定好转的意见》指出，加强道路运输车辆动态监管，严格按规定强制安装具有行驶记录功能的卫星定位装置并实行联网联控。

《交通运输部关于进一步加强安全生产工作的意见》指出，加强电子海图、电子航道图、地理信息系统（GIS）在交通运输领域推广应用。

企业应使用卫星定位系统对接送班车、巡查车等车辆进行动态监控、提醒和预警，提高对上述车辆的安全管理水平。

第三节　浙江省智慧高速

一、智慧高速的功能定位

2012年，浙江省政府提出市场化运作与政府扶持相结合，建设浙江智慧高速，满足人民群众个性化、多样化、快节奏出行的要求，智慧高速成为浙江省首批13个智慧城市示范试点项目。浙江省政府成立了浙江省高速公路智慧交通建设指导协调小组，编写完成国内领先的《“智慧高速”建设总体设计框架》，并提出了“8141”的总体建设思路，从基本原则、总体思路、建设目标、建设内容、体制机制、进度安排、产业带动等七个方面对智慧高速的建设进行了纲领性规划。

智慧高速是一项基于大数据、云计算、移动互联网和物联网的，服务于政府、高速业主和出行公众的大型系统工程，由省级平台和各地市级子平台构成，是全省综合交通指挥平台的重要组成部分，是省应急指挥体系的重要组成部分，是全省春运服务的协调运作平台，是城市大型活动“护城河”协防体系的重要组成部分，是为保障高速公路道路、桥梁、隧道等设施安全提供服务和对公众提供增值服务。

二、建设背景

1. 国际智能化发展趋势

智能交通是将信息技术、智能化技术、通信技术、电子控制技术和系统集成技术等有效地应用于交通运输系统，从而建立起大范围内发挥作用的实时、准确、高效的交通运输管理系统。实践证明，智能交通系统是解决当前交通拥堵、交通事故频发、环境污染严重等问题的有效途径，其基本特征为信息化，其核心技术为智能化。交通信息化是交通智能化的基础，没有交通信息化就无法实现智能化；交通智能化是交通信息化的有效推进和延伸，是对交通信息化提的更高、更全面的要求。纵观国内外信息化和交通运输管理发展方向，智能化交通的发展将呈现以下主要趋势：

（1）智慧化。智能高速系统的智慧化水平的提高，其核心是依托相关交通流理论、数据处理模型、和交通管理流程，实现诸多辅助决策数据的生成。

（2）一体化。运行管理、安全监管、指挥调度、辅助决策等多个方面的数据融合、系统协同。

（3）网络化。信息管控、营运管理通过网络条件实现信息系统异址同平台协同办公。如高速公路网信息系统与其他路网系统（如国道、快速路、普通干线公路等）之间的信息共享和营运控制协同等。

（4）动态化。交通信息采集、处理、管理与应用动态实时。

（5）服务化。对公众出行服务日益重视，为公众提供全方位实时服务。

（6）标准化。智能高速系统建设标准和规范日益完善。

智能交通发展的智慧化、一体化、网络化、动态化、服务化和标准化发展趋势，为智慧高速信息系统建设规划和目标制定指明了方向。

2. 目前浙江省内高速公路信息化、智能化方面存在的问题

目前浙江省高速交通工业化与信息化深度融合，距智慧高速的要求还有较大的差距，首先反映在缺少省一级的联席应急指挥平台，各关联部门之间的信息不能够共享、信息孤岛现象严重，基础设施建设缺少统筹规划，智慧服务手段落后等诸多方面。

（1）缺少省级应急联席指挥平台

目前"一路三方"均建有相应的监控管理中心，功能有重叠，但还未能建立全省统一的应急指挥平台，不能够对涉及跨路段，跨区域的交通事件进行应急指挥协同，也未向社会大众提供全路网即时、全面、准确的出行信息；对大量已有的营运数据及信息缺乏系统分析和研判预测，尚未形成高速公路全路网统一、高效、协调的管理机制。

（2）信息资源应用单一、缺少共享

由于浙江省高速公路建设是分阶段实施，在建设初期缺少对各路段的监控分中心信息共享思路，各相邻路段的交通信息无法共享。

省公路局监控管理中心和高速交警总队应急指挥中的建设，基本上是按照各自的业务管理要求设立的，基础和管理信息没有实现共享，条块分割各自为政，信息孤岛现象严重。数据融合、分析与处理水平低，整体技术应用水平不高，尚无法为高速公路决策支撑服务。全省高速公路监控系统所采用的设备、码流、编解码、协议、信令、格式和监控平台软件各不相同，造成监控指挥中心与监控指挥分中心之间难以实现图像信息共享和操作控制，也无法实现 GPS 信息资源、手机报警定位信息共享。

（3）基础设施建设缺少统筹规划

高速公路智能化交通管理基础设施建设缺少统筹规划。例如视频监控，高速公路交警、路政、业主各自建设的视频监控设施等没有充分考虑关联单位业务管理需求，自建系统无法实现与关联系统连接。物联网和其他智能化监控检测设备改造投入不足，难以满足智慧高速协同管理和智慧服务建设的需要。在安全检测防范方面，对超限车辆、危化车缺乏有效的检测预警手段、不能形成有效诱导，预防安全事故的发生。对路面、隧道、桥梁、高边坡等设施健康检测手段落后，数据挖掘能力弱，难以为养护决策提供依据。

（4）智慧服务手段落后

高速公路日常管理系统为公众出行提供服务方式和信息发布手段落后、功能单一，影响到出行者对信息获取和使用。目前高速公路监控系统的资源主要为企业管理自身服务，未能充分考虑到满足出行者服务信息需求。信息发布渠道单一，实时路况信息较少。一些路侧 LED 信息屏还掺杂与交通运输无关的信息。高速公路交通路况信息获取主要依靠电话咨询。多个客服电话号码，易造成出行者使用困惑。

城市交通广播主要以城市交通、车辆维护投诉、诙谐小品和广告为主，高速公路交通路况跟踪报道不足，手机发布高速公路拥堵信息基本上为空白。

三、智慧高速项目建设的初步功能

2012 年 10 月，智慧高速项目建设正式启动，省交通集团、嘉兴交投、绍兴交投共同出资组建的浙江智慧高速公路服务有限公司作为项目责任主体单位，围绕建设目标，稳步推进建设工作。2013 年 2 月，总投资 6 000 余万元的"智慧高速"一期项目如期完成并投入试运行，初步形成以下几大功能：

(1)实现了大数据信息采集与共享功能。目前已实现全省近3 800km路段的视频信息,以及全省大部分高速公路信息和省测绘局基础地理信息数据、省气象局常规气象信息的接入与共享,已成为国内信息资源最丰富、信息量最全面、信息更新最及时的高速公路信息平台。

(2)实现了区域智慧化管理功能。我们选择了杭金衢新岭隧道路段进行智慧化试点管理,利用云技术、大数据分析、智能判断、人工辅助确认、实时信息发布等先进技术与手段,会同高速公路交警、应急办等单位实施智慧化管理。该路段的信息收集与发布、交通调度与控制已经达到了国内领先水平,为下一步在全省推广打下了扎实的基础。

(3)实现了为公众出行服务的功能。一是依托"12122",实现咨询、投诉、报警、求助等多种功能的"一号通"电话服务体系。二是通过出行网站、微信、微博、服务区信息终端等渠道,24小时不间断对外发布路况信息。三是推出了公众出行服务APP。该款APP充分吸收了云计算、大数据、物联网、车联网、智能语音识别、智能视频分析等技术,联合网络营运商、软件开发商、设备制造商、广播媒体、高速沿途产业服务商、车务服务商等,提供数据信息增值服务。不但具有传统交通领域服务的功能,还在技术、服务、商业模式上达到了国内领先水平。四是与多家交通媒体开展合作,每日两次连线直播高速公路路况。节假日期间新闻媒体持续跟踪报道,使智慧高速"服务公众出行"的功能逐步得到公众认可。

(4)部分实现了五大平台功能。根据省政府〔2013〕40号专题会议纪要,2014年春节前完成了省应急指挥管理平台和春运服务协调运作平台的建设。接下来在完善已建成的两个平台建设的同时继续推进其他三个平台的建设。

(5)初步实现了协同管理功能。由省高速公路交警和高速公路业主组成的省高速公路运行服务指挥中心,已成为高速公路全天候指挥调度的协同管理机构。2014年春运期间,省春运办依托该平台开展组织协调和指挥工作,有效提升了春运的组织和保障能力,得到国家发改委等六部委春运检查组的充分肯定。

一期项目的投入使用,一是在减少交通拥堵、提高高速公路通行率作用明显。省高速公路交警总队统计数据显示,在流量较2012年同比增加15.28%的情况下,2013年全省高速公路3km以上拥堵时间同比减少90.21小时。二是有效提高高速公路道路安全系数。以省交通集团所辖高速公路为例,2013年智慧高速投入使用后涉路的交通事故死亡人数比2012年减少了22人。三是为打击偷逃通行费行为提供科学依据。依据数据分析和车辆比对,全年查获违规绿农车7.1万辆,发现计重违规行为33.4万次,查获偷逃通行费行为,直接挽回通行费损失1.75亿元;四是有利于高速公路节能减排,促进低碳交通发展。据省交通科学研究院测算,以浙江省目前日均90万~100万车次流量计,按平均每车(燃油消耗10升/百公里,油价7元/升)减少1分钟通行时间,将降低燃油费用约3.2亿元,社会效益和经济效益显著。

四、智慧高速项目建设将要实现的服务功能

(1)通过完善基础数据接入和信息共享,为提供更为广泛的协同管理和智慧服务创造条件。数据接入和信息共享是智慧化建设的基础。以数据为基础,以云计算为手段,以移动互联网为纽带,最终实现物联网的智慧化管理和服务。

通过完善公安部门和交通运输部门数据整合接入工作,提升应急指挥和协同管理的水平;通过进一步加强与省气象局的合作,解决高速公路沿线重要节点路段小流域道路气象站点的建设和完善工作,提升恶劣天气下的安全保畅能力。

(2)全面推广和完善区域路段智慧化管理经验,逐步实现对全路网的智慧化管理。杭金衢新岭隧道路段智慧化试点管理经验要在全省高速公路重要节点路段逐步复制推广,并最终实现全路网智慧化管理。

(3)建立交通环境数据智慧化检测体系,实现对地质灾害易发多发路段的全天候智慧化监控。以隧道、桥梁、高边坡及地质灾害多发路段为重点,建立道路健康检测及预警系统,通过对标的物相关检测

数据采集、分析，提供道路健康预警及养护辅助决策服务。

（4）加快推进智慧高速大型软件开发，实现对高速公路数据智慧化处理和运行服务体系平台建设。积极展开与阿里云等单位合作，借助阿里的云服务云计算，建立数据储存和智能分析数据中心，推进大型软件开发等智慧化处理和运行服务体系平台建设，以此推动“智慧高速”相关产业的集聚发展。

（5）面向社会，进一步拓展智慧高速的服务公众的能力。一是以客户需求为导向，进一步优化和完善“12122”运行管理模式和相关制度，提升与地市应急救援分中心之间的无缝呼转水平。二是部署和推广公众出行服务 APP 应用。三是积极协调各行业部门，推进“一卡通”项目建设。四是探索与第三方大型互联网公司的业务合作，提升智慧高速服务能力和水平。

（6）推进地市级区域服务子平台建设，完善运行服务体系平台。丽水、台州等地市区域服务子平台建设条件基本成熟，衢州、金华等地市子平台建设已经进入方案设计阶段，今年确保完成上述 4 个区域服务子平台的组建。逐步推进湖州、嘉兴、杭州、宁波、温州、绍兴的区域中心建设。

第八章　预防预控方法与应对措施

第一节　安全生产预防预控要点与方法

一、高速公路营运企业安全生产预控要点

高速公路营运企业生产活动中的安全隐患，就营运管理而言，重点是防范较大及以上道路交通事故，防范因自然灾害或管理原因导致道路结构物、路产设施损坏而引发的较大事故或社会影响重大事件，以及养护作业过程由于三违等原因造成的作业人员生产安全事故，服务区、酒店、办公楼等人员密集场所严防火灾、爆炸事故、食物中毒事件及社会群体事件的发生。

1. 营运管理的安全控制要点

(1)加强对公路重点构造物的监管。重点监管长大隧道，特大桥，"三高"、临水临崖、不良地质等路段的结构安全技术状况，特别是在雨雪、台风、冰冻、雾霾等恶劣天气状况下，应做好灾害天气前对重点结构物的技术状况检查，灾害天气期间对重点构造物的管控，灾害天气后损害情况的抢修工作；应保障长大隧道消防安全及应急保畅；应加强对"三高"路段的巡检工作。

(2)加强大流量拥堵、事故易发多发路段及重大节假日的安全保畅措施力度，努力加大对危化品运输车辆及大客车的管控和联勤联动，着力提升危化品运输车辆事故的应急处置能力。

(3)强化对巡查车、清障施救车、员工接送班车、公务用车的安全管理，切实加强车辆的日常维护保养工作，加大对驾驶人员的教育培训，应使用卫星定位系统对接送班车、巡查车等车辆进行动态监控、提醒和预警，提高对上述车辆的安全管理水平。

2. 养护工程安全预控要点

(1)应做好养护作业审批，计划安排，施工组织模式、现场监管人员、现场安全防护等落实工作，着力加强对大中修项目、二类养护作业的现场安全管理。

(2)严格按照规范要求布置养护作业区域，加强对机械设备的安全管理，做好驾驶人员、特种作业人员的教育培训，杜绝"三违"行为的发生。

(3)着力探索高速公路养护作业的安全防护设施和预警装备设施，降低因外部车辆冲入作业区域引发的涉路作业事故。

3. 服务区办公场所安全管理控制要点

(1)应做好人员密集场所、易燃易爆单位、易燃建筑密集区建筑设施及消防审批的落实工作。

(2)严格巡查和值班制度，完善监控措施，不留管理死角和监管盲区，确保高层和地下建筑、公共娱乐场所以及商场、市场等重点单位的消防制度、消防检查、维护保养到位，确保消防设施器材、逃生通道等应急设施完好。

(3)服务区、酒店等餐饮食品单位要抓好准入关，严格按照食品安全卫生制度储存、加工食品，保障食品卫生安全。

(4)加大对服务区广场、人员密集的租赁场所等区域现场监管，确保及时发现各类隐患和不安全事件，有效维护安全秩序。

二、工作措施

1. 加大对重点区域的监管

企业应在对较大事故发生规律特点分析论证的基础上，全面梳理较大事故风险点，确定防控较大事故的重点区域、行业领域和环节部位，突出防控重点和关键环节。

2. 健全隐患排治工作机制

深化隐患排查治理是预防和减少安全事故的有效手段。企业应抓好抓实安全评价和风险评估工作，增强安全风险意识，完善安全措施，有效降低各类风险。夯实日常隐患排查基础，以重大隐患挂牌督办为抓手，将隐患排查治理工作与防范多发性事故环节、落实各时期重点工作相结合，突出专业技术人员的参与，全面排治安全隐患。要严格落实“四不两直”举措，开展暗查暗访，切实做到“全覆盖、零容忍、严执法、重实效”，全力推进隐患排查治理长效工作机制。

3. 加强应急救援基础建设

企业应完善应急救援体系，有效提升应急预案的针对性、可操作性和指导性，要加强预案的宣贯和学习，确保体系内各部门、人员应知应会，要加大应急力量的配备，有效提升应急救援水平。高速公路营运企业要依托智慧高速平台建设，完善装备设施和联勤联动，有力提升高速公路安全保畅能力。

第二节　隐患排查治理方式与措施

一、隐患的定义和分级

为加强对安全生产事故隐患进行规范化的管理，国家安全生产监督管理总局于 2007 年 12 月 28 日发布了《安全生产事故隐患排查治理暂行规定》，规定安全生产事故隐患是指生产经营单位违反安全生产法律、法规、规章、标准、规程和安全生产管理制度的规定，或者因其他因素在生产经营活动中存在可能导致事故发生的物的危险状态，人的不安全行为和管理上的缺陷。

同时，还将隐患分为一般事故隐患和重大事故隐患两个级别。一般事故隐患，是指危害和整改难度较小，发现后能够立即整改排除的隐患。重大事故隐患，是指危害和整改难度较大，应当全部或者局部停产停业，并经过一定时间整改治理方能排除的隐患，或者因外部因素影响致使生产经营单位自身难以排除的隐患。

二、隐患排查的重点部位和危险环节

隐患的排查治理要突出“两查”，即查制度措施制定与落实情况，查生产隐患防范情况。

1. 制度措施制定与落实情况

(1)安全生产责任制建立及落实情况。

(2)安全生产费用提取、安全生产风险抵押金等政策的执行情况。

(3)隐患排查治理的制度制定和落实情况。

(4)防范生产安全事故的技术措施的制定及落实情况。

(5)机电系统、生产设备的检测检验情况。

(7)作业现场安全警示标志的设置情况。

(8)安全教育培训，特别是生产一线工人(包括农民工)的教育培训，以及施工企业“三类人员”的持证上岗执行情况。

(9)应急预案制定及演练情况。

2. 危险较大隐患防范情况

(1)长大隧道、特大桥及“三高”、临水临崖、不良地质等路段的结构安全技术状况。

(2)长大隧道消防安全及应急保畅情况。

(3)大流量拥堵、事故易发多发路段及重大节假日的安全保畅情况。

(4)危化品运输车辆及大客车的管控和联勤联动情况。

(5)养护作业区域的安全监管情况。

(6)服务区、办公楼等人员密集场所预防火灾事故、食物中毒事件及社会群体事件情况。

(7)“四新”技术和工艺在使用中的隐患防范情况。

三、隐患排查的方法

企业是事故隐患排查、治理和防控的责任主体。应把隐患排查治理工作贯穿到生产活动全过程,建立实时检查、日排查等隐患排查治理制度,明确排查地点、项目、标准、责任,将隐患排查治理日常化。企业主要负责人对本单位事故隐患排查治理工作全面负责。

企业应建立事故隐患排查治理小组,由单位安全生产第一责任人任组长,组织安全生产管理人员、工程技术人员和其他相关人员排查本单位的事故隐患,并逐级落实从主要负责人到从业人员的隐患排查、治理的范围和责任,做到不留空当,不留死角。

企业应依照有关法律法规和文件要求制定具体方案,对安全生产规章制度、责任落实、安全管理组织体系、资金投入、人员培训、劳动纪律、现场管理、防控手段、事故查处以及安全生产基本条件、工艺系统、基础设施、技术装备、作业环境等方面组织检查。每月至少组织一次事故隐患排查工作,并下发隐患整改通知,限期整改,落实事故隐患排查治理工作职责。

排查隐患可以采用以下方法:

(1)看。主要查看管理记录、持证上岗、现场标识、交接验收资料、“三宝”使用情况、“洞口”与“临边”防护情况、设备防护装置等。

(2)量。主要是用卷尺等长度计量器具进行实测实量,如对脚手架各种杆件间距、在建工程与高压线距离、电箱的安装高度等进行测量。

(3)测。用仪器、仪表实地进行测量,如用经纬仪测量塔吊塔身的垂直度,用接地电阻测试仪测量接地装置的接地电阻等。

(4)现场操作。由驾驭人或操作工对各种限位装置进行实际动作,检验其使用设施、设备的安全装置的动作灵敏性和可靠性。

隐患排查是作业现场安全管理工作中的重要内容。隐患排查的主要手段,包括日常检查、定期检查、专业性排查、季节性检查、节假日检查、不定期检查和突击检查等。

1. 日常性检查

(1)日常性检查包括企业各级安全管理人员在施工现场进行的巡查,各级管理人员在现场检查生产、进度、质量、技术时同时进行的安全巡查,班组长和班组兼职安全员进行的班前、班中安全与班后安全检查每个作业岗位人员对自己工作范围内的检查。

(2)企业各级安全管理员进行日常安全检查,主要依靠检查人员所掌握的安全知识、经验,及时发现并制止“三违”现象,及时发现施工现场、各作业点存在的事故隐患、险情。

(3)班组长每天进行“一班三检”,检查内容是:班前检查本班组安全设施和使用设备工具是否牢固、完好,工作环境是否有不安全因素;班中安全检查的内容是工人遵章守纪情况、不安全的事故隐患和苗子;班后安全巡视内容是现场有无留下事故苗子,如焊渣是否冷却清理、有无朝天钉、设备与电器是否已切断电源、各种物料的堆放是否合理、稳定等。

2. 定期检查

每月应组织一次定期安全检查,检查应由主管安全生产工作的副经理组织,相关部门人员参加;定期安全检查是进行系统的安全检查,须详细地检查安全意识、安全制度、机械设备、安全设施、安全教育培训、操作行为、劳防用品的使用、安全事故的处理等内容。

3. 专业性排查

根据当前安全生产普遍存在的薄弱环节、上级主管部门的要求,每年有针对性地组织专业性排查。专业性排查是针对施工机械、临时用电、脚手架、安全防护设施、大型机械设备、消防安全等专业安全问题进行检查。

4. 季节性检查

根据季节的特点,在每年的冬季、夏季、雨季开展专门的安全检查;冬季安全检查,主要检查防火、防寒、防冻、防毒、防滑;夏季、雨季安全检查,主要检查防汛、防暑、防台风、防触电、防坍塌、防雷击。

5. 节假日检查

应根据节假日前后施工管理人员和作业人员安全意识不强、心想麻痹等特点,在每年的节假日开展专门的有针对性的检查。节假日检查,主要检查是否有"三违"现象,有无重大事故隐患等。

6. 不定期检查

不定期安全检查是指项目部开展的设备、装置试运行、生产过程的检查,设备开工前和停前的检查,设备设施检修检查,脚手架、物料提升机、塔式起重机、临时用电等使用的检查等。

7. 突击检查

同行业或兄弟单位发生重大伤亡事故、设备事故、交通、火灾事故,为了吸取教训,采取预防措施,根据事故性质、特点,组织突击检查。

四、隐患治理措施

将排查出的事故隐患分级建档,登记编号,对重大事故隐患还应按规定报上级管理部门。当事故隐患等级可能随时间、外界条件变化时,应注重动态监控并在档案中及时调整其等级,对升级为重大事故隐患的进行补报,对降级的事故隐患作相应报告。

对排查出的隐患分级后再按照不同隐患的特点有针对性地制定治理措施,做到整改措施、责任、资金、时限和预案"五到位"。

1. 一般隐患治理

对排查出的隐患要建立排查治理台账,进行动态治理。一般隐患应立即组织人员进行治理,在治理的同时仍可进行正常的生产,对一般隐患可以不制定书面的治理方案,也不必向政府部门备案,单位自行建立并保存好相关档案资料即可。

2. 重大隐患治理

重大隐患应建立重大隐患档案,并根据书面的治理方案进行治理。重大隐患档案包括隐患报告及隐患治理方案两个方面。

(1)对重大事故隐患,企业应建立报告制度,发现重大事故隐患的,应当发时向所在地县(市、区)负有安全生产监督管理职责的部门做出书面报告。书面报告应由本单位主要负责人签字。重大事故隐患报告内容应包括:

①重大隐患的基本情况。

②治理的目标和任务。

③治理的方法和具体措施。

④治理经费和物资保障。

⑤负责治理的机构、人员和职责分工。

⑥治理的时限和要求。

⑦安全措施和心急预案。

⑧其他有关事项。

(2)单位主要负责人应定期听取事故隐患排查治理情况汇报,保证事故隐患整改所必需的资金,及时协调解决隐患整改治理过程中的问题。

(3)事故隐患治理过程中,应采取相应的安全防范措施,防止事故发生。事故隐患排除前或者排除过程中无法保证安全的,应从危险区域内撤出作业人员,并疏散可能危及的其他人员,设置警戒标志,暂时停产停业或者停止使用;对暂时难以停产或者停止使用的相关生产储存装置、设施、设备,应加强维护和保养,采取监控措施,防止事故发生。

(4)生产经营单位将生产经营项目、场所、设备发包、出租的,应与承包、承租单位签订安全生产管理协议,并在协议中明确各方对事故隐患排查、治理、防控措施和管理职责以及整改资金的投入等方面事项。生产经营单位对承包、承租单位的事故隐患排查治理负有统一协调和监督管理的职责。

(5)应加强对因自然灾害可能导致生产安全事故灾难的事故隐患的预防工作,按照有关法律、法规、标准要求排查治理,采取可靠的预防措施。发生自然灾害可能引发生产安全事故并危及人员安全的情况时,应采取撤离人员、停止作业、加强监测等安全措施,并及时向当地人民政府及其有关部门报告。

(6)被负有安全生产监督管理职责的部门责令限期治理整改事故隐患的项目,应在规定期限内完成。因不可抗力因素无法在规定期限内完成的,应在进行治理整改的同时,根据有关规定的时限向该部门提出书规定延期申请,经该部门同意后,可顺延相应期限。

(7)对于各级人民政府挂牌督办或者负有安全生产监督管理职责的部门责令全部或者局部停产停业整改治理的重大事故隐患治理工作结束后,施工单位或项目部应委托具备相应资质的安全中介机构组织专家对重大事故隐患的治理情况进行评估、论证;有条件的施工单位也可以组织本单位的技术人员和专家进行评估、论证。

(8)经评估、论证后整改结果符合安全生产条件的,单位应向下达责令停产停业监察指令的部门提出恢复生产和摘牌销案的书面申请,经该部门审查同意后,并办理挂牌督办的销案手续后,方可恢复生产经营和使用。申请报告应当包括治理方案的项目、内容、整改情况以及对重大事故隐患治理情况的评估论证报告等。

第三节 危险源管理

危险源是指可能导致伤害或疾病、财产损失、工作环境破坏或这些情况组合的根源或状态。企业开展危险源的辨识与评价,进行有效的控制和管理,可以从源头控制事故和危害,使事故频率降到最低、危害损失降到最少。

一、危险源辨识方法和管理制度

(1)安全生产管理部门负责组织危险源辨识与风险评价小组分别对所管辖的区域进行危险源辨识。

(2)危险源辨识的范围主要包括:

①作业流程的危险点。

②设备运行、维护和保养过程。

③施工或生产工艺及过程。

④物资储存、运输过程。

⑤其他辅助活动。

(3)危险源辨识方法。

①询问与交流。对于某项工作有经验的人,往往能发现其中潜在的危害。从指出的危害中,可初步分析出工作所存在的危险源。

②现场观察。通过对工作环境的现场观察,可发现存在的危险源。从事现场观察的人员,要求具有安全技术知识和掌握完善的职业健康安全法规、标准。

③查阅有关记录。查阅企业的事故、职业病的记录,可从中发现存在的危险源。

④获取外部信息。从有关类似组织、文献资料、专家咨询等方面获取有关危险源信息,加以分析研究,可辨识出企业存在的危险源。

⑤工作任务分析。通过分析员工在工作任务中所涉及的危害,可识别出有关的危险源。

⑥安全检查表。运用已编制好的安全检查表,对企业进行系统的安全检查,可辨识出存在的危险源。

⑦危险与可操作性研究。危险与可操作性研究是一种对工艺过程中的危险源实行严格审查和控制的技术。它通过指导语句和标准格式寻找工艺偏差,以辨识系统存在的危险源,并确定控制危险源风险的对策。

⑧事件树分析。事件树分析是一种从初始原因事件起,分析各环节事件"成功(正常)"或"失败(失效)"的发展变化过程,并预测各种可能结果的方企业安全质量标准化工作指南法,即时序逻辑分析判断方法。应用这种方法,通过对系统各环节事件的分析,可辨识出系统的危险源。

⑨故障树分析。故障树分析是一种根据系统可能发生的或已经发生的事故结果,去寻找与事故发生有关的原因、条件和规律。通过这样一个过程分析,可辨识出系统中导致事故的有关危险源。

(4)企业在辨识危险源的过程中,往往使用一种方法,还不足以全面地识别其所存在的危险源,必须综合地运用两种或两种以上方法。

(5)企业应经常开展危险源辨识工作,针对新形成的危险源制定新的应对措施。

(6)对重大危险源,企业必须制定重大危险源应急预案,并报当地安全生产监督部门和上级主管部门备案。

二、重大危险源安全监督管理规定

(1)重大危险源是指可能造成重大人身伤亡、火灾、爆炸、重大机械设备损坏以及对社会产生重大影响的设备、设施、场所、危险品等。

(2)安全生产管理部门负责重大危险源的监督管理工作,其工作职责是:

①组织各单位、各部门贯彻落实国家有关重大危险源管理的法律、法规及国家标准。

②制定单位重大危险源管理规定。

③建立健全单位重大危险源管理信息系统,不断完善预测、预警、预案工作。

④督促所属单位或部门做好预测、预警、预案工作,组织好所属单位重大危险源的建档登记、检测评估、监控管理,对存在的问题落实技术方案和资金,组织整改,做到可控在控。

⑤部署、组织制定重大事故应急预案及开展演练,组织重大事故的应急救援。

⑥组织或参加重大危险源造成事故的调查和处理。

(3)各单位要分别建立重大危险源动态管理台账。安全生产管理机构应定期或及时审核所属企业重大危险源台账,并负责上报公司安全生产部门。

(4)各单位要按照安全生产监督管理部门的要求,认真完成国家规定的重大危险源普查登记,按规定至少每两年进行一次重大危险源的评估工作。评估工作应由有资质的机构进行,《评估报告》按地方政府要求进行备案,并抄报单位。

(5)企业应定期组织开展重大危险源的自查工作,并提出《评估报告》,经审核后上报。《评估报告》应包括以下内容:

①安全评估的主要依据。

②重大危险源基本情况。

③可能发生的事故类型、严重程度。

④重大危险源等级。

⑤安全对策措施。

⑥应急救援措施。

⑦评估结论与建议。

《评估报告》要做到数据准确,内容完整,对策措施具体可行,结论客观公正。

(6)重大危险源在生产过程、材料、工艺、设备、防护和环境等因素发生重大变化,或者国家有关法律、法规、标准发生变化时,应对重大危险源重新进行安全评估,并按照本规定及时上报当地安监部门、上级主管安全生产部门。

(7)对新设立或者新构成的重大危险源,企业应及时按当地安监部门的规定,到当地安监部门备案,并逐级上报上级主管安全生产部门。对已不构成重大危险源的,应及时报告注销。

(8)企业要对涉及重大危险源运行、检修、维护及监督管理人员,每年进行一次国家相关法律、法规、国家标准以及运行规程、检修工艺规程、防火防爆、紧急救援等知识的培训和考试。

(9)企业要建立健全重大危险源应急救援预案。现场应急救援预案应包括以下内容:

①应急救援机构及其职责。

②危险辨识与评价。

③报警系统。

④应急设备与设施。

⑤应急能力评价与资源。

⑥事故应急程序与行动方案。

⑦保护措施程序。

⑧事故后的恢复程序。

⑨培训与演练。

(10)各企业要经常开展现场应急救援预案的演练。

(11)企业的现场应急救援预案,要按当地安监部门的要求,报当地政府备案。

(12)企业要认真做好重大危险源的管理,对每一个重大危险源都要采取专业管理与重点监督相结合的方法,责任到人,做到科学化、制度化和规范化。

(13)企业构成重大危险源的设备、设施、场所等都要列入本企业重点保卫部位,并落实保卫责任,严防外力破坏。

(14)企业构成重人危险源的设备、设施、场所等,要列入本企业重点防火部位。要按照《中华人民共和国消防法》等相关法律法规的规定,落实消防安全管理责任,做到消防设施、器材齐全有效,消防通道畅通,安全警示标志齐全,与其他建筑物的防火距离符合规程规定。易燃、易爆场所要做到防雷、防静电设施齐全有效。

三、危险源的事前预防管理

目前危险源的事前预防管理主要采用了以下的手段与方法,基本体现了"安全第一、预防为主、综合治理"的安全生产工作方针。

(1)政府及相关部门颁布各项安全法规、标准,企业制定完善的安全管理制度。如《安全生产法》对各级、各部门、各单位特别是生产经营单位主要负责人的安全生产职责做出严格而明确的规定,企业是安全生产工作的主体,基层是落实安全生产的关键环节。

(2)实施行政许可证制度,如安全生产许可证,厂长、经理安全培训证,安全管理人员资质证,特种作业人员操作证等。

(3)多方位的安全培训制度,包括作业人员安全操作培训、工程技术人员与领导干部安全技术与安全管理培训等。

(4)危险源辨识与评价方法。这是危险源管理的工作重点,在对企业各场所、各环境、各设备等进行全面辨识与分析的基础上再进行相应的危险源评价,制定出各项措施,消除事故隐患,确保安全生产。

(5)使用监控系统进行现场监测与控制。利用软件硬件技术形成对重点危险源的实时监控,结合事故决策支持系统做好事故的全面预防工作。

(6)制定事故应急救援预案。根据可能发生的同类事故案例及预先事故评估模拟结果制定出控制事故、展开救援的方案,为后续的事故控制与处理提供技术支持。

(7)危险源的事故控制与处理。快速有效地进行事故抢险救灾是危险源管理的另一重要环节,是体现企业危险源管理水平的又一重要标志。事故发生后,现场人员应根据制定的应急救援预案,成立并指挥救援队伍快速有效地控制事故、对受伤人员进行有效的医疗处理、组织涉险人员疏散、事故灾后的清理与恢复生产等。最后根据“事故处理四不放过原则”逐项进行处理,并通过反馈机制加强和完善事故的事前预防措施。

四、危险源的风险控制

1. 危险源风险控制策划的原则

对危险源进行风险评价后,应分别列出所找出的所有危险源和重大危险源清单,有关单位和项目部一般需要对已经评价出的不容许的重大风险(重大危险源)进行优先排序,由工程技术主管部门的有关人员制定危险源控制措施和管理方案。对于一般危险源可以通过日常管理程序来实施控制。

风险控制策划可以按照以下顺序和原则进行考虑:

(1)尽可能完全消除有不可接受风险的危险源,如用安全品取代危险品。

(2)如果是不可能消除有重大风险的危险源,应努力采取降低风险的措施,如使用低压电器等。

(3)在条件允许时,应使工作适合于人,如考虑降低人的精神压力和体能消耗。

(4)应尽可能利用技术进步来改善安全控制措施。

(5)应考虑保护每个工作人员的措施。

(6)将技术管理与程序控制结合起来。

(7)应考虑引入诸如机械安全防护装置的维护计划的要求。

(8)在各种措施还不能绝对保证安全的情况下,作为最终手段,还应考虑使用个人防护用品。

(9)应有可行、有效的应急方案。

(10)预防性测定指标是否符合监视监控措施计划的要求。

2. 危险源风险控制措施计划

不同的组织、不同的工程项目需要根据不同的条件和风险量来选择适合的控制策略和管理方案。表8-1中所示的是针对不同风险水平的风险控制措施计划表的范例。在实际应用中,应该根据风险评价所得出的不同危险源的风险量大小(风险水平),选择不同的控制策略。

3. 危险源的风险控制方法

对危险源进行风险控制的方法就是要设法降低危险源的风险值,首先采取损失控制方法,通过减少损失而降低风险值;其次采取直接降低风险值的方法而不考虑损失的大小。损失控制方法可以有两种途径:一是改变损失的频率;另一个是改变损失的后果影响程度,只要两者中任何一个值降低,则风险都会得到相应地降低,这是当前应用最为广泛的风险控制方法之一。损失预防与损失控制则是应用该方法的具体体现,损失预防的方法是尽量避免损失的出现,也就是降低损失的频率,损失控制则是在损失发生后,通过一系列的措施使得损失后果影响程度降至最低。见表8-1。

基于不同风险水平的风险控制措施计划表 表8-1

风 险	措 施
可忽略的	不采取措施,不必保留文件记录
可容许的	不需要另外的控制措施,应考虑投资效果更佳的方案或不增加额外成本的改进措施,需要监视来确保控制措施得以维持
中度的	应努力降低风险,但应仔细测定并限定预防成本,并在规定的时间期限内实施降低风险的措施,在中度风险与严重伤害后果相关的场合,必须进一步评价,以更准确地确定伤害的可能性,以确定采取的措施
重大的	直至风险降低后才能开始工作。为降低风险,有时必须配给大量的资源。当风险涉及正在进行中的工作时,就应采取应急措施
不容许的	只有当风险已经降低时,才能开始或继续工作。如果无限的资源投入也不能降低风险,就必须禁止工作

直接降低风险值是指通过损失控制方法后,有些危险源的风险值仍然比较高,在经济学上通过风险集中和风险转移等方式,可以有效地降低风险值。风险主要是实际发生的结果与预期结果的偏离,由统计学原理可知将风险集中将会在很大程度上有效地减少这种偏差,从而降低风险。而风险转移则是通过租赁、出租、分包合同、合同条款等将相关的风险转移至其他组织或人员,从而使该组织的风险值得到降低。

危险源的控制可从两个方面进行,即技术控制和管理控制。

(1)技术控制。即采用技术措施对固有危险源进行控制,主要技术有消除、控制、防护、隔离、监控、保留和转移等。

①消除措施。消除系统中的危险源,可以从根本上防止事故的发生。但是,按照现代安全工程的观点,彻底消除所有危险源是不可能的。因此,人们往往首先选择危险性较大、在现有技术条件下可以消除的危险源,作为优先考虑的对象。可以通过选择合适的工艺、技术、设备、设施,合理结构形式,选择无害、无毒或不能致人伤害的物料来彻底消除某种危险源。

②预防措施。当消除危险源有困难时,可采取适当的预防措施,如使用安全阀、安全屏护、漏电保护装置、安全电压、熔断器、排风装置等。

③减弱措施。在无法消除危险源和难以预防的情况下,可采取减轻危险因素的措施,如选择降温措施、避雷装置、消除静电装置、减振装置等。

④隔离措施。在无法消除、预防和隔离危险源的情况下,应将人员与危险源隔离并将不能共存的物质分开,如采取遥控作业,设置安全罩、防护屏、隔离操作室、安全距离等。

⑤连锁措施。当操作者失误或设备运行达到危险状态时,应通过连锁装置终止危险、危害发生。

⑥警告措施。在易发生故障和危险性较大的地方,设置醒目的安全色、安全标志,必要时,设置声、光或声光组合报警装置。

⑦应急救援措施。制定重大危险源应急救援预案,当事故发生应时应立即启动应急救援预案,组织有效的应急救援力量,迅速实施救护,是减少事故人员伤亡和财产损失的有效措施。

(2)管理控制。可采取以下管理措施,对危险源实行控制。

①建立健全危险源管理的规章制度。危险源确定后,在对危险源进行系统危险性分析的基础上建立健全各项规章制度,包括岗位安全生产责任制、危险源重点控制实施细则、安全操作规程、操作人员培训考核制度、日常管理制度、交接班制度、检查制度、信息反馈制度,危险作业审批制度、异常情况应急措

施、考核奖惩制度等。

②明确责任，定期检查。应根据各危险源的等级分别确定各级的负责人，并明确他们应负的具体责任。特别是要明确各级危险源的定期检查责任。除了作业人员必须每天自查外，还要规定各级领导定期参加检查。

③对危险源的检查要对照检查表逐条逐项，按规定的方法和标准进行检查，并做好记录。如发现隐患则应按信息反馈制度及时反馈，促使其及时得到消除。凡未按要求履行检查职责而导致事故者，要依法追究其责任。规定各级领导人参加定期检查，有助于增强他们的安全责任感，体现管生产必须管安全的原则，也有助于重大事故隐患的及时发现和得到解决。专职安技人员要对各级人员实行检查的情况定期检查、监督并严格进行考评，以实现管理的封闭。

④加强危险源的日常管理。要严格要求作业人员贯彻执行有关危险源日常管理的规章制度。做好安全值班、交接班，按安全操作规程进行操作；按安全检查表进行日常安全检查；危险作业经过审批等。所有活动均应按要求认真做好记录。领导和安技部门定期进行严格检查考核，发现问题及时给予指导教育，根据检查考核情况进行奖惩。

⑤做好信息反馈，及时整改隐患。要建立健全危险源信息反馈系统，制定信息反馈制度并严格贯彻实施。对检查发现的事故隐患，应根据其性质和严重程度，按照规定分级实行信息反馈和整改，做好记录，发现重大隐患应立即向安监部门和企业主要负责人报告。信息反馈和整改的责任应落实到人。对信息反馈和隐患整改的情况各级领导和安监部门要进行定期考核和奖惩。安监部门要定期收集、处理信息，及时提供给各级领导研究决策，不断改进危险源的控制管理工作。

⑥做好危险源控制管理的基础建设工作。危险源控制管理的基础工作除建立健全各项规章制度外，还应建立健全危险源的安全档案和设置安全标志牌。应按安全档案管理的有关内容要求建立危险源的档案，并指定专人专门保管，定期整理。应在危险源的显著位置悬挂安全标志牌，标明危险等级，注明负责人员，按照国家标准的安全标志表明主要危险，并扼要注明防范措施。

⑦做好危险源控制管理的考核评价和奖惩。应对危险源控制管理的各方面工作制定考核标准，并力求量化，划分等级。定期严格考核评价，给予奖惩并与班组升级和评先结合起来。逐年提高要求，促使危险源控制管理的水平不断提高。

⑧利用岗位风险分析突出引发事故的关键岗位。岗位风险分析就是对每个生产岗位利用风险管理的原理及安全评价方法进行分析，辨识该岗位所有的风险，并提出相对应的预防及控制措施。通过对企业所有的岗位风险进行分析，计算出每个岗位的风险值，并进行统计分析，对风险值大的岗位加大安全投入，进行重点监控，利用更先进的科技手段减少岗位风险值，利用更完善的管理制度加以管理，紧抓关键岗位的事故预防工作。

⑨利用风险集中原理，合理使用安全投入资金。风险集中原理是以承认风险存在为前提，通过将其有相同类型风险的单位集合起来以降低单个单位的风险。企业危险源管理也可以使用风险集中原理，将具有相同事故类型的所有危险源进行集中分析，利用历史事故统计结果，使用相同危险源事故率，统一部署危险源监控设施，科学合理购置事故处理设施与抢险救灾物资，建立统一的应急救援指挥中心，配备相应的应急救援组织机构等，从而避免重复投入，将有限的安全投入资金发挥最大的效用，可根据实际情况逐步进行安全设施的升级，科学合理使用企业安全投入资金。

⑩利用风险转移方法，降低事故。危险源安全管理也可通过合同、外包、转包等手段将小单位事故率高的岗位或是工段转移给具备更高安全水平的企业或个人，从而降低本单位的事故率。另外也可采用先进的机械设备替代人工操作，减少操作人员直接面对的风险，这也是转移风险的一种途径。

⑪合理使用财务方法，减小事故引发的损失。财务方法是指为了在事故发生后尽快恢复生产而提前安排资金，从而减少因停产带来的进一步损失，是风险管理的主要方法之一。在危险源管理中，进行受损设备的修理与采购、伤亡人员安置、清理环境污染等方面足够的资金是保证快速完成灾后重建工作的必要条件。财务方法主要有两种：一是保险方式。目前我国要求所有的经营单位必须参加工伤保险，

对我国的安全生产起到了非常重要的作用，保证了企业的可持续发展，减少企业因工伤事故而引发的经济赔偿责任；另外，还有一些企业自愿参加的险种，如火灾保险等。二是非保险方式。企业主动预留一部分事故处理资金。这种方式在事故发生后可以保证所需资金迅速到位，提高恢复生产的速度，因而也同时提高了企业的危机管理水平。

第四节　突发事件应对要求与措施

一、突发事件定义

突发事件是指突然发生，造成或者可能造成人员伤亡、财产损失、生态环境破坏和严重社会危害，危及公共安全的紧急事件。

二、突发事件应对要求

经验告诉我们，在目前通信技术和媒体高度发达的信息化社会，正确妥善地做好突发事件中的媒体应对和舆论引导工作，是能否缓解或化解危机的一个重要的甚至决定性因素。处理不好就会加深危机或酿出新的危机。所以，突发事件的信息发布应及时、准确、客观、全面。事件发生后的第一时间要向社会发布简要信息，随后发布初步核实情况、应对措施和防范措施等，并根据事件处理情况做好后续发布工作。根据相关规定，信息发布形式主要包括授权发布、散发新闻稿、组织报道、接受记者采访、举行新闻发布会等。

三、突发事件应对原则

突发事件应对工作实行“预防为主、预防与应急相结合”的原则。

四、突发事件处置原则

(1)以人为本，减轻危害。
(2)统一领导，分级负责。
(3)社会动员，协调联动。
(4)属地先期处置。
(5)依靠科学，专业处置。
(6)鼓励创新，迅速高效。

五、突发事件的应对措施

1. 自然灾害、事故灾难与公共卫生事件处置

(1)组织营救和救治受害人员，疏散、撤离并妥善安置受到威胁的人员以及采取其他救助措施。

(2)迅速控制危险源，标明危险区域，封锁危险场所，设定警戒区，实行交通管制以及其他控制措施。

(3)立即抢修被损坏的交通、通信、供水、排水、供电、供气、供热等公共设施，向受到危害的人员提供避难场所和生活必需品，实施医疗救护和卫生防疫以及其他保障措施。

(4)禁止或者限制使用有关设备、设施、关闭或者限制使用有关场所，终止人员密集的活动或者可能导致危害扩大的生产经营活动以及采取其他保护措施。

(5)启用设置的应急经费和储备的应急救援物资，必要时调用其他急需物资、设备、设施与工具。

(6)组织参加应急救援和处置工作,要求具有特定专长的人员提供服务。
(7)保障食品、饮用水、燃料等基本生活必需品的供应。
(8)采取防止发生次生、衍生事件的必要措施。

2.社会安全事件处置措施

社会安全事件发生后,组织处置工作的有关部门针对事件的性质和特点,依照有关法律、行政法规和国家其他有大关规定,采取下列一项或者多项应急处置措施:

(1)强制隔离使用器械相互对抗或者以暴力行为参与冲突的当事人,妥善解决现场纠纷和争端,控制事态发展。
(2)对特定区域内的建筑物、交通工具、设备、设施以及燃料、燃气、电力、水的供应进行控制。
(3)封锁有关场所、道路,查验现场人员的身份证件,限制有关公共场所内的活动。
(4)加强对易受冲击的核心机关和单位的警戒,在重点单位附近设置临时警戒线。
(5)法律、行政法规和国务院规定的其他必要措施。

六、突发事件应急救援行动

1.资源的支持与保障

(1)人力资源。
(2)物资与设备。
(3)个人防护装备。

2.应急救援预案

(1)现场初始评估。
(2)危险物质的探测。
(3)建立现场工作区域。
(4)确定重点保护区域。
(5)行动的优先原则。
(6)增援梯队。

七、突发事件处置中的重要问题

1.如何防范次生灾害

以动态发展和普遍联系的眼光来观察突发事件。以人为本,应急救援队员要增强其自我防护的意识和技能。

2.如何进行现场指挥

高层领导对应急处置工作可给予指示,不应干预现场处置工作。群体性突发事件应急处置过程中,高层领导需要直接与社会公众对话。

3.如何实现应急联动

部门联动,条块联动,地域联动。

4.如何发挥基层组织的作用

基层组织最了解事发地的社情民意和周围环境,可将突发事件消灭在萌芽状态或起始状态。

5.如何消除流言与谣言

流言与谣言是产生和制造恐慌的原因之一。

社会公众的过度恐慌可能给突发事件的处置带来不利影响。

八、突发事件的调查评估

调查评估的意义在于:总结教训,弥补应急管理的缺陷;总结经验,完善应急管理的体制和机制。

1. 调查评估的基本原则

(1)客观性原则。

(2)独立性原则。

(3)规范性原则。

(4)公众参与性原则。

(5)目标导向性原则。

2. 调查评估的流程

(1)准备阶段

①成立调查评估小组。

②制定调查评估方案。

③调查评估的对象。

④调查评估的目的、意义和要求。

⑤调查评估标准。

⑥调查评估的基本设想(方案)。

(2)实施阶段

收集信息,分析信息,得出结论。

(3)总结阶段

处理调查评估的结果,撰写调查评估报告。

九、突发事件恢复与重建

1. 恢复重建

恢复重建是消除突发事件短期、中期和长期影响的过程。即使生产、生活运行恢复常态,对于因事故影响而不能恢复的设施等进行重新建设。

2. 恢复重建的过程

(1)准备阶段。

(2)计划阶段。

(3)实施阶段。

(4)验收阶段。

(5)反思阶段。

3. 恢复重建的原则

(1)政府主导,公众参与。

(2)全面恢复,突出重点。

(3)公平公正,关注弱者。

(4)生产自救,多样补偿。

(5)防灾减灾,寻求发展。

第五节　生产安全事故应急管理

对生产安全事故隐患的分级管理和对重大事故隐患的监控,除了避免事故发生之外,还有对事故发生后顺利实施应急救援的目的。生产安全事故应急救援工作也是安全管理工作中的重要工作,是减小事故损失的最后手段。

事故应急救援技术是安全技术中的重要内容,应急救援技术和事故预防技术研究有着必然的联系。当前两种预防事故的技术研究方向是:

(1)以物为中心的工程技术。

(2)以人为中心的行为科学、心理科学技术。

(3)以人、机、环境的优化匹配为中心的系统技术。

那些减少或转化职工的不安全行为特征的措施,称为预防事故的行为干预。而事故发生后的应急处理,更是一种强力干预。

应急管理是一项系统工程,企业的组织体系、管理模式、风险大小以及生产规模不同,应急预案体系构成不完全一样。应结合本企业的实际情况,从企业到车间(工区)、岗位分别制定相应的应急预案,形成体系,互相衔接,并按照统一领导、分级负责、条块结合、属地为主原则,同地方人民政府和相关部门应急预案相衔接。

应急处置方案是应急预案体系的基础,应做到事故类型和危害程度清楚,应急管理责任明确,应对措施正确有效,应急响应及时迅速,应急资源准备充分,立足自救。

应急预案是针对可能发生的事故,为迅速、有序地开展应急行动而预先制定的行动方案。

一、应急预案的组成

企业应当根据有关法律、法规和《生产经营单位安全生产事故应急预案编制导则》(AQ/T 9002),结合本单位的危险源状况、危险性分析情况和可能发生的事故特点,制定相应的应急预案。

企业的应急预案按照针对情况的不同,分为综合应急预案、专项应急预案和现场处置方案。

(1)企业风险种类多、可能发生多种事故类型的,应组织编制本单化的综合应急预案。

综合应急预案应包括本单位的应急组织机构及其职责、预案体系及响应程序、事故预防及应急保障、应急培训及预案演练等主要内容。

(2)对于某一种类的风险,企业应根据存在的重大危险源和可能发生的事故类型,制定相应的专项应急预案。

专项应急预案应包括危险性分析、可能发生的事故特征、应急组织机构与职责、预防措施、应急处置程序和应急保障等内容。

(3)对于危险性较大的重点岗位,企业应制定重点工作岗位的现场处置方案。

现场处置方案应包括危险件分析、可能发生的事故特征、应急处置程序、应急处置要点和注意事项等内容。

(4)企业编制的综合应急预案、专项应急预案和现场处置方案之间应相互衔接,并与所涉及的其他单位的应急预案相互衔接。

(5)应急预案应包括应急组织机构和人员的联系方式、应急物资储备清单等附件信息。附件信息应当经常更新,确保信息准确有效。

二、应急预案的编制

1. 编制准备

(1)全面分析本单位危险因素、可能发生的事故类型及事故的危害程度。

(2)排查事故隐患的种类、数量和分布情况,并在隐患治理的基础上,预测可能发生事故类型及其危害程度。

(3)确定事故危险源,进行风险评估。

(4)针对事故危险源和存在的问题,确定相应的防范措施。

(5)客观评价本单位应急能力。

(6)充分借鉴国内外同行业事故教训及应急工作经验。

2. 编制程序

(1)成立应急预案编制工作组

结合本单位部门职能分工,成立以单位主要负责人为领导的应急预案编制工作组,明确编制任务、职责分工,制定工作计划。

(2)进行资料收集

收集应急预案编制所需的各种资料(如相关法律法规、应急预案、技术标准、国内外同行业事故案例分析、本单位技术资料等)。

(3)危险源与风险分析

在危险因素分析及事故隐患排查、治理的基础上,确定本单位的危险源、可能发生事故的类型和后果,进行事故风险分析,并指出事故可能产生的次生、衍生事故,形成分析报告,分析结果作为应急预案的编制依据。

(4)对本单位的应急能力进行评估

对本单位应急装备、应急队伍等应急能力进行评估,并结合本单位实际,加强应急能力建设。

(5)应急预案编制

针对可能发生的事故,按照有关规定和要求编制应急预案。应急预案编制过程中,应注重全体人员的参与和培训,使所有与事故有关人员均掌握危险源的危险性、应急处置方案和技能。应急预案应充分利用社会应急资源,与地方政府预案、上级主管单位以及相关部门的预案相衔接。

(6)应急预案评审与发布

应急预案编制完成后,应进行评审。评审由本单位主要负责人组织有关部门和人员进行。外部评审由上级主管部门或地方政府负责安全管理的部门组织审查。评审后,按规定报有关部门备案,并经生产经营单位主要负责人签署发布。

3. 应急预案体系的构成

应急预案应形成体系,针对各级各类可能发生的事故和所有危险源制定专项应急预案和现场应急处置方案,并明确事前、事发、事中、事后的各个过程中相关部门和有关人员职责。生产规模小、危险因素少的生产经营单位,综合应急预案和专项应急预案可以合并编写。

(1)综合应急预案

综合应急预案是从总体上阐述处理事故的应急方针与政策,应急组织结构及相关应急职责,应急行动、措施和保障等基本要求和程序,是应对各类事故的综合性文件。

(2)专项应急预案

专项应急预案是针对具体的事故类别(如煤矿瓦斯爆炸、危险化学品泄漏等事故)、危险源和应急保障而制定的计划或方案,是综合应急预案的组成部分,应按照综合应急预案的程序和要求组织制定,并作为综合应急预案的附件,专项应急预案应制定明确的救援程序和具体的应急救援措施。

(3)现场处置方案

现场处置方案是针对具体的装置、场所或设施、岗位所制定的应急处置措施。现场处置方案应具体、简单、针对性强。现场处置方案应根据风险评估及危险性控制措施逐一编制,做到事故相关人员应知应会,熟练掌握,并通过应急演练,做到迅速反应、正确处置。

4.综合应急预案的主要内容

(1)总则

①编制目的。简述应急预案编制的目的、作用等。

②编制依据。简述应急预案编制所依据的法律法规、规章,以及有关行业管理规定、技术规范和标准等。

③适用范围。说明应急预案适用的区域范围,以及事故的类型、级别。

④应急预案体系。说明本企业应急预案体系的构成情况。

⑤应急工作原则。说明本企业应急工作的原则,内容应简明扼要、明确具体。

(2)对本企业的危险性进行分析

①本企业的基本概况。主要包括单位地址、从业人数、隶属关系、主要原材料、主要产品、产量等内容,以及周边重大危险源、重要设施、目标、场所和周边布局情况。必要时,可附平面图进行说明。

②危险源与风险分析。主要阐述本企业存在的危险源及风险分析结果。

(3)组织机构及职责

①应急组织体系。明确应急组织形式,构成单位或人员,并尽可能以结构图的形式表示出来。

②指挥机构及职责。明确应急救援指挥机构总指挥、副总指挥、各成员单位及其相应职责。应急救援指挥机构根据事故类型和应急工作需要,可以设置相应的应急救援工作小组,并明确各小组的工作任务及职责。

(4)预防与预警

①危险源监控。明确各单位对危险源监测监控的方式、方法,以及采取的预防措施。

②预警行动。明确事故预警的条件、方式、办法和信息的发布程序。

③信息报告与处置。按照有关规定,明确事故及未遂伤亡事故信息报告与处置办法:

a.信息报告与通知。明确24小时应急值守电话、事故信息接收和通报程序。

b.信息上报。明确事故发生后向上级主管部门和地方人民政府报告事故信息的流程、内容和时限。

c.信息传递。明确事故发生后向有关部门或单位通报事故信息的方法和程序。

(5)应急响应

①响应分级。针对事故危害程度、影响范围和单位控制事态的能力,将事故分为不同的等级。按照分级负责的原则,明确应急响应级别。

②响应程序。根据事故的大小和发展态势,明确应急指挥、应急行动、资源调配、心急避险、扩大应急等响应程序。

③应急结束。明确应急终止的条件:事故现场得以控制,环境符合有关标准,导致次生、衍生事故隐患消除后,经事故现场应急指挥机构批准后,现场应急结束。应急结束后,应明确:

a.事故情况上报事项。

b.应向事故调查处理小组移交的相关事项。

c.事故应急救援工作总结报告。

(6)信息发布

明确事故信息发布的部门、发布原则。事故信息应由事故现场指挥部及时准确向新闻媒体通报事故信息。

(7)后期处置

主要包括污染物处理、事故后果影响消除、生产秩序恢复、善后赔偿、抢险过程和应急救援能力评估及应急预案的修订等内容。

(8)保障措施

①通信与信息保障。明确与应急工作相关联的单位或人员通信联系方式和方法,并提供备用方案。

建立信息通信系统及维护方案,确保应急期间信息通畅。

②应急队伍保障。明确各类应急响应的人力资源,包括专业应急队伍、兼职应急队伍的组织与保障方案。

③应急物资装备保障。明确应急救援需要使用的应急物资和装备的类型、数量、性能、存放位置、管理责任人及其联系方式等内容。

④经费保障。明确应急专项经费来源、使用范围、数量和监督管理措施,保障应急状态时生产经营单位应急经费的及时到位。

⑤其他保障。根据本企业应急工作需求而确定的其他相关保障措施(如交通运输保障、治安保障、技术保障、医疗保障、后勤保障等)。

(9)培训与演练

①培训。明确对本企业有关人员开展的应急培训计划、方式和要求。如果预案涉及社区和居民,要做好宣传教育和告知等工作。

②演练。明确应急演练的规模、方式、频次、范围、内容、组织、评估、总结等内容。

(10)奖惩

明确事故应急救援工作中奖励和处罚的条件和内容。

(11)附则

①术语和定义。对应急预案涉及的一些术语进行定义。

②应急预案备案。明确应急预案的报备部门。

③维护和更新。明确应急预案维护和更新的基本要求,定期进行评审,实现可持续改进。

④制定与解释。明确应急预案负责制定与解释的部门。

⑤应急预案实施。明确应急预案实施的具体时间。

5. 专项应急预案的主要内容

(1)事故类型和危害程度分析

在危险源评估的基础上,对其可能发生的事故类型和可能发生的季节及其严重程度进行确定。

(2)应急处置基本原则

明确处置安全生产事故应当遵循的基本原则。

(3)组织机构及职责

①应急组织体系。明确应急组织形式,构成单位或人员,并尽可能以结构图的形式表示出来。

②指挥机构及职责。根据事故类型,明确应急救援指挥机构总指挥、副总指挥以及各成员单位或人员的具体职责。应急救援指挥机构可以设置相应的应急救援工作小组,明确各小组的工作任务及主要负责人职责。

(4)预防与预警

①危险源监控。明确本企业对危险源监测监控的方式、方法,以及采取的预防措施。

②预警行动。明确具体事故预警的条件、方式、方法和信息的发布程序。

(5)信息报告程序

①确定报警系统及程序。

②确定现场报警方式,如电话、警报器等。

③确定24小时与相关部门的通信、联络方式。

④明确相互认可的通告、报警形式和内容。

⑤明确应急反应人员向外求援的方式。

(6)应急处置

①响应分级。针对事故危害程度、影响范周和单位控制事态的能力,将事故分为不同的等级。按照

分级负责的原则,明确应急响应级别。

②响应程序。根据事故的大小和发展态势,明确应急指挥、应急行动、资源调配、应急避险、扩大应急等响应程序。

③处置措施。针对本单位事故类别和可能发生的事故特点、危险性,制定应急处置措施(如煤矿瓦斯爆炸、冒顶片帮、火灾、透水等事故应急处置措施,危险化学品火灾、爆炸、中毒等事故应急处置措施)。

(7)应急物资与装备保障

明确应急处置所需的物质与装备数量、管理和维护、正确使用等。

6. 现场处置方案主要内容

(1)事故特征

①危险性分析,可能发生的事故类型。

②事故发生的区域、地点或装置名称。

③事故可能发生的季节和造成的危害程度。

④事故前可能出现的征兆。

(2)应急组织与职责

①基层单位应急自救组织形式及人员构成情况。

②应急自救组织机构、人员的具体职责,应同单位或车间、班组人员工作职责紧密结合,明确相关岗位和人员的应急工作职责。

(3)应急处置

①事故应急处置程序。根据可能发生的事故类别及现场情况,明确事故报警、各项应急措施启动、应急救护人员的引导、事故扩大及同企业应急预案的衔接的程序。

②现场应急处置措施。针对可能发生的火灾、爆炸、危险化学品泄漏、坍塌、水患、机动车辆伤害等,从操作措施、工艺流程、现场处置、事故控制、人员救护、消防、现场恢复等方面制定明确的应急处置措施。

③报警电话及上级管理部门、相关应急救援单位联络方式和联系人员,事故报告的基本要求和内容。

(4)注意事项

①佩戴个人防护器具方面的注意事项。

②使用抢险救援器材方面的注意事项。

③采取救援对策或措施方面的注意事项。

④现场自救和互救注意事项。

⑤现场应急处置能力确认和人员安全防护等事项。

⑥应急救援结束后的注意事项。

⑦其他需要特别警示的事项。

7. 附件

(1)有关应急部门、机构或人员的联系方式

列出应急工作中需要联系的部门、机构或人员的多种联系方式,并不断进行更新。

(2)重要物资装备的名录或清单

列出应急预案涉及的重要物资和装备名称、型号、存放地点和联系电话等。

(3)规范化格式文本

信息接收、处理、上报等规范化格式文本。

(4)关键的路线、标识和图纸

①警报系统分布及覆盖范围。

②重要防护目标一览表、分布图。

③应急救援指挥位置及救援队伍行动路线。

④疏散路线、重要地点等标识。

⑤相关平面布置图纸、救援力量的分布图纸等。

(5)相关应急预案名录

列出直接与本应急预案相关的或相衔接的应急预案名称。

(6)有关协议或备忘录

与相关应急救援部门签订的应急支援协议或备忘录。

三、应急预案的评审

高速公路营运企业应根据《生产安全事故应急预案管理办法》的要求组织专家对本单位编制的应急预案进行评审。评审应当形成书面纪要并附有专家名单。

参加应急预案评审的人员应包括应急预案涉及的政府部门工作人员和有关安全生产及应急管理方面的专家。

评审人员与所评审预案的生产经营单位有利害关系的,应当回避。

应急预案的评审或者论证应注重应急预案实用性、基本要素完整性、预防措施针对性、组织体系科学性、响应程序操作性、应急保障措施可行性、应急预案衔接性等内容。

应急预案经评审或者论证后,由企业主要负责人签署公布。

四、应急预案的备案

生产经营单位中涉及实行安全生产许可的,其综合应急预案和专项应急预案,按照隶属关系报所在地县级以上地方人民政府安全生产监督管理部门和有关主管部门备案;未实行安全生产许可的,其综合应急预案和专项应急预案的备案,由省、自治区、直辖市人民政府安全生产监督管理部门确定。

企业申请应急预案备案,应当提交以下材料:

(1)应急预案备案申请表。

(2)应急预案评审或者论证意见。

(3)应急预案文本及电子文档。

受理备案登记的安全生产监督管理部门应当对应急预案进行形式审查,经审查符合要求的,予以备案并出具应急预案备案登记表;不符合要求的,不予备案并说明理由。对于实行安全生产许可的企业已经进行应急预案备案登记的,在申请安全生产许可证时,可以不提供相应的应急预案,仅提供应急预案备案登记表。

五、应急预案的实施

企业应采取多种形式开展应急预案的宣传教育,普及生产安全事故预防、避险、自救和自救知识,提高从业人员安全意识和应急处置技能。

企业应组织开展本单位的应急预案培训活动,使有关人员了解应急预案内容,熟悉应急职责、应急程序和岗位应急处置方案。

应急预案的要点和程序应张贴在应急地点和应急指挥场所,并设有明显的标志。企业应制定本单位的应急预案演练计划,根据本单位的事故预防重点,每年至少组织一次综合应急预案演练或者专项应急预案演练。每半年至少组织一次现场处置方案演练。

应急预案演练结束后,应急预案演练组织单位应对应急预案演练效果进行评估,撰写应急预案演练评估报告,分析存在的问题,并对应急预案提出修订意见。企业制定的应急预案应至少每 3 年修订 1

次，预案修订情况应有记录并归档。

有下列情形之一的，应急预案应当及时修订：

(1)企业因兼并、重组、转制等导致隶属关系、经营方式、法定代表人发生变化的。

(2)企业生产工艺和技术发生变化的。

(3)周围环境发生变化，形成新的重大危险源的。

(4)应急组织指挥体系或者职责已经调整的。

(5)依据的法律、法规、规章和标准发生变化的。

(6)应急预案演练评估报告要求修订的。

(7)应急预案管理部门要求修订的。

企业应及时向有关部门或者单位报告应急预案的修订情况，并按照有关应急预案报备程序重新备案。

企业应按照应急预案的要求配备相应的应急物资及装备，建立使用状况档案，定期检测和维护，使其处于良好状态。

企业在发生事故后，应及时启动应急预案，组织有关力量进行救援，并按照规定将事故信息及应急预案启动情况报告安全生产监督管理部门和其他负有安全生产监督管理职责的部门。

六、应急预案的演练

企业在组织应急预案演练时，应根据《生产安全事故应急演练指南》(AQ/T 9007)的有关要求进行。

应急响应是指事故发生后，有关组织或人员采取的应急行动。

应急救援是指在应急响应过程中，为有效控制事故，防止事故扩大或恶化，最大限度地降低事故造成的损失或危害而采取的救援措施或行动。

事故情景是指针对生产经营过程中存在的危险源或有害因素而预先设定的事故状况(包括事故发生的时间、地点、特征、波及范围以及变化趋势等)。

应急演练是指针对事故情景，依据应急预案而模拟开展的预警行动、事故报告、指挥协调、现场处置等活动。

1. 应急演练方式

应急演练按照演练内容分为综合演练和单项演练，按照演练形式分为现场演练和桌面演练，不同类型的演练可相互组合。

(1)综合演练

针对应急预案中多项或全部应急响应功能开展的演练活动。

(2)单项演练

针对应急预案中某项应急响应功能开展的演练活动。

(3)现场演练

选择(或模拟)生产经营活动中的设备、设施、装置或场所，设定事故情景，依据应急预案而模拟开展的演练活动。

(4)桌面演练

针对事故情景，利用图纸、沙盘、流程图、计算机、视频等辅助于段，依据应急预案而进行交互式讨论或模拟应急状态下应急行动的演练活动。

2. 应急演练目的

(1)检验预案。发现应急预案中存在的问题，提高应急预案的科学性、实用性和可操作性。

(2)锻炼队伍。熟悉应急预案,提高应急人员在紧急情况下妥善处置事故的能力。

(3)磨合机制。完善应急管理相关部门、单位和人员的工作职责,提高协调配合能力。

(4)宣传教育。普及应急管理知识,提高参演和观摩人员风险防范意识和自救互救能力。

(5)完善准备。完善应急管理和应急处置技术,补充应急装备和物资,提高其适用性和可靠性。

(6)其他需要解决的问题。

3. 应急演练原则

(1)符合相关规定。按照国家相关法律、法规、标准及有关规定组织开展演练。

(2)切合企业实际。结合企业生产安全事故特点和可能发生的事故类型组织开展演练。

(3)注重能力提高。以提高指挥协调能力、应急处置能力为主要出发点组织开展演练。

(4)确保安全有序。在保证参演人员及设备设施的安全的条件下组织开展演练。

4. 应急演练内容

(1)预警与报告

根据事故情景,向相关部门或人员发出预警信息,并向有关部门和人员报告事故情况。

(2)指挥与协调

根据事故情景,成立应急指挥部,调集应急救援队伍和相关资源,开展应急救援行动。

(3)应急通信

根据事故情景,在应急救援相关部门或人员之间进行音频、视频信号或数据信息互通。

(4)事故监测

根据事故情景,对事故现场进行观察、分析或测定,确定事故严重程度、影响范围和变化趋势等。

(5)警戒与管制

根据事故情景,建立应急处置现场警戒区域,实行交通管制,维护现场秩序。

(6)疏散与安置

根据事故情景,对事故可能波及范围内的相关人员进行疏散、转移和安置。

(7)医疗卫生

根据事故情景,调集医疗卫生专家和卫生应急队伍开展紧急医学救援,并开展卫生监测和防疫工作。

(8)现场处置

根据事故情景,按照相关应急预案和现场指挥部要求对事故现场进行控制和处理。

(9)社会沟通

根据事故情景,召开新闻发布会或事故情况通报会,通报事故有关情况。

(10)后期处置

根据事故情景,应急处置结束后,所开展的事故损失评估、事故原因调查、事故现场清理和相关善后工作。

5. 综合演练组织与实施

(1)演练计划

演练计划应包括演练目的、类型(形式)、时间、地点、主要内容、参加单位和经费预算等。

(2)演练准备

(3)成立演练组织机构

综合演练通常成立演练领导小组,下设策划组、执行组、保障组、评估组等专业工作组。根据演练规模大小,其组织机构可进行调整。

①领导小组。负责演练活动筹备和实施过程中的组织领导工作,具体负责审定演练工作方案、演练

工作经费、演练评估总结以及其他需要决定的重要事项等。

②策划组。负责编制演练上作方案、演练脚本、演练安全保障方案或应急预案、宣传报道材料、工作总结和改进计划等。

③执行组。负责演练活动筹备及实施过程中与相关单位、工作组的联络和协调、事故情景布置、参演人员调度和演练进程控制等。

④保障组。负责演练活动工作经费和后勤服务保障，确保演练安全保障方案或应急预案落实到位。

⑤评估组。负责审定演练安全保障方案或应急预案，编制演练评估方案并实施，进行演练现场点评和总结评估，撰写演练评估报告。

6. 编制演练文件

(1)演练工作方案

①应急演练目的及要求。

②应急演练事故情景设计。

③应急演练规模及时间。

④参演单位和人员主要任务及职责。

⑤应急演练筹备工作内容。

⑥应急演练主要步骤。

⑦应急演练技术支撑及保障条件。

⑧应急演练评估与总结。

(2)演练脚本

根据需要，可编制演练脚本。演练脚本是应急演练工作方案具体操作实施的文件，帮助参演人员全面掌握演练进程和内容。演练脚本一般采用表格形式，主要内容包括：

①演练模拟事故情景。

②处置行动与执行人员。

③指令与对白、步骤及时间安排。

④视频背景与字幕。

⑤演练解说词等。

(3)演练评估方案

①演练信息。应急演练目的和目标、情景描述，应急行动与应对措施简介等。

②评估内容。应急演练准备、应急演练组织与实施、应急演练效果等。

③评估标准。应急演练各环节应达到的目标评判标准。

④评估程序。演练评估工作主要步骤及任务分工。

⑤附件。演练评估所需要用到的相关表格等。

(4)演练保障方案

针对心急演练活动可能发生的意外情况制定演练保障方案或应急预案，并进行演练，做到相关人员应知应会，熟练掌握。演练保障方案应包括应急演练可能发生的意外情况、应急处置措施及责任部门，应急演练意外情况中止条件与程序等。

(5)演练观摩手册

根据演练规模和观摩需要，可编制演练观摩手册。演练观摩手册通常包括应急演练时间、地点、情景描述、主要环节及演练内容、安全注意事项等。

7. 演练工作保障

(1)人员保障

按照演练方案和有关要求，策划、执行、保障、评估、参演等人员参加演练活动，必要时考虑替补人员。

(2)经费保障

根据演练工作需要，明确演练工作经费及承担单位。

(3)物资利器材保障

根据演练工作需要，明确各参演单位所准备的演练物资和器材等。

(4)场地保障

根据演练方式和内容，选择合适的演练场地。演练场地应满足演练活动需要，避免影响企业和公众正常生产、生活。

(5)安全保障

根据演练工作需要，采取必要安全防护措施，确保参演、观摩等人员以及生产运行系统安全。

(6)通信保障

根据演练工作需要，采用多种公用或专用通信系统，保证演练通信信息通畅。

(7)其他保障

根据演练工作需要，提供的其他保障措施。

8. 应急演练的实施

(1)熟悉演练任务和角色

组织各参演单位和参演人员熟悉各自参演任务和角色，并按照演练方案要求组织开展相应的演练准备工作。

(2)组织预演

在综合应急演练前，演练组织单位或策划人员可按照演练方案或脚本组织桌面演练或合成预演，熟悉演练实施过程的各个环节。

(3)安全检查

确认演练所需的工具、设备、设施、技术资料以及参演人员到位。对应急演练安全保障方案以及设备、设施进行检查确认，确保安全保障方案可行，所有设备、设施完好。

(4)应急演练

应急演练总指挥下达演练开始指令后，参演单位和人员按照设定的事故情景，实施相应的应急响应行动，直至完成全部演练工作。演练实施过程中出现特殊或意外情况，演练总指挥可决定中止演练。

(5)演练记录

演练实施过程中，安排专门人员采用文字、照片和音像等手段记录演练过程。

(6)评估准备

演练评估人员根据演练事故情景设计以及具体分工，在演练现场实施过程中展开演练评估工作，记录演练中发现的问题或不足，收集演练评估需要的各种信息和资料。

(7)演练结束

演练总指挥宣布演练结束，参演人员按预定方案集中进行现场讲评或者有序疏散。

9. 应急演练评估与总结

(1)应急演练评估

①现场点评。应急演练结束后，在演练现场，评估人员或评估组负责人对演练中发现的问题、不足及取得的成效进行口头点评。

②书面评估。评估人员针对演练中观察、记录以及收集的各种信息资料，依据评估标准对应急演练活动全过程进行科学分析和客观评价，并撰写书面评估报告。评估报告重点对演练活动的组织和实施、演练目标的实现、参演人员的表现以及演练中暴露的问题进行评估。

(2)应急演练总结

演练结束后,由演练组织单位根据演练记录、演练评估报告、应急预案、现场总结等材料,对演练进行全面总结,并形成演练书面总结报告。报告可对应急演练准备、策划等工作进行简要总结分析。参与单位也可对本单位的演练情况进行总结。演练总结报告的内容主要包括:

①演练基本概要。

②演练发现的问题,取得的经验和教训。

③应急管理工作建议。

10. 演练资料归档与备案

(1)应急演练活动结束后,将应急演练工作方案以及应急演练评估、总结报告等文字资料,以及记录演练实施过程的相关图片、视频、音频等资料归档保存。

(2)对主管部门要求备案的应急演练资料,演练组织部门(单位)应将相关资料报主管部门备案。

11. 持续改进

(1)应急预案修订完善

根据演练评估报告中对应急预案的改进建议,由应急预案编制部门按程序对预案进行修订完善。

(2)应急管理工作改进

①应急演练结束后,组织应急演练的部门(单位)应根据应急演练评估报告、总结报告提出的问题和建议对应急管理工作(包括应急演练工作)进行持续改进。

②组织应急演练的部门(单位)应督促相关部门和人员,制订整改计划,明确整改目标,制定整改措施,落实整改资金,并应跟踪督查整改情况。

第九章　事故报告调查与处理

第一节　生产安全事故分级

一、基本规定

生产安全事故是生产经营单位在生产经营活动（包括与生产经营有关的活动）中突然发生的，伤害人身安全和健康，或者损坏设备设施，或者造成经济损失的，导致原生产经营活动（包括与生产经营活动有关的活动）暂时中止或永远终止的意外事件。

根据《生产安全事故报告和调查处理条例》（国务院令第493号）文中的有关规定，按照造成的人员伤亡或者直接经济的损失，生产安全事故分为以下4个等级：

（1）特别重大事故。是指造成30人以上死亡，或者100人以上重伤，或者1亿元以上直接经济损失的事故。

（2）重大事故。是指造成10人以下30人以下死亡，或者50人以上100人以下重伤，或者5000万元以上1亿元以下直接经济损失的事故。

（3）较大事故。是指造成3人以上10人以下死亡，或者10人以上50人以下重伤，或者1000万元以上5000万元以下直接经济损失的事故。

（4）一般事故。是指造成3人以下死亡，或者10人以下重伤，或者1000万元以下直接经济损失的事故。

本规定所称的“以上”包括本数，所称的“以下”不包括本数。

二、公路交通事故等级分级

公路交通事故等级比国务院规定更为严格，分为以下4级：

（1）轻微事故。是指一次造成轻伤1至2人，或者财产损失机动车事故不足1000元，非机动车事故不足200元的事故。

（2）一般事故。是指一次造成重伤1至2人，或者轻伤3人以上，或者财产损失不足3万元的事故。

（3）重大事故。是指一次造成死亡1至2人，或者重伤3人以上10人以下，或者财产损失3万元以上不足6万元的事故。

（4）特大事故。是指一次造成死亡3人以上，或者重伤11人以上，或者死亡1人，同时重伤8人以上，或者死亡2人，同时重伤5人以上，或者财产损失6万元以上的事故。

第二节　事故信息报告

一、报告程序

根据《交通运输生产安全事故统计报表制度》规定，交通运输生产安全事故统计范围包括中华人民共和国境内及管辖水域内（不含香港、澳门、台湾）交通运输生产安全事故，以及交通运输中央企业所属运输船舶在境外发生的生产安全事故。

1. 事故快报

(1)事故发生后,现场有关人员应当立即报告现场安全生产负责人。现场安全生产负责人接到报告后应立即报告单位安全管理部门和单位负责人,并立即启动事故相应应急预案。同时,事故单位应立即向项目建设单位、项目交通运输主管部门和项目所存地安全监督管理部门报告,并上报至地方人民政府及有关部门,必要时可以越级上报。

情况紧急时,事故现场负责人员可以直接向事故发生地县级以上人民政府安全生产监督管理部门和负有安全生产监督管理职责的有关部门报告。并根据现场情况及时联系医疗、公安消防、公安交通管理、海事救助、应急救援抢险队伍联系,将事故造成的损失降到最低。

(2)单位负责人接到报告后,应当于1小时内向事故发生地县级以上人民政府安全生产监督管理部门和负有安全生产监督管理职责的有关部门报告。实行工程总承包的交通建设项目,由总承包单位负责上报。

2. 事故信息补报

事故报告后出现新情况的,应当及时补报。如自事故发生之日起30天内,事故造成的伤亡人数发生变化的,应当及时补报。道路交通事故、火灾事故自发生之日起7天内,事故造成的伤亡人数发生变化的,应当及时补报。

3. 事故迟报、漏报、谎报与瞒报

生产安全事故发生后,依照下列情形认定迟报、漏报、谎报和瞒报:

(1)报告事故的时间超过规定时限的,属于迟报。

(2)因过失对应当上报的事故或者事故发生的时间、地点、类别、伤亡人数、直接经济损失等内容遗漏未报的,属于漏报。

(3)故意不如实报告事故发生的时间、地点、初步原因、性质、伤亡人数和涉险人数、直接经济损失等有关内容的,属于谎报。

(4)隐瞒已经发生的事故,超过规定时限未向安全监管监察部门和有关部门报告,经查证属实的,属于瞒报。

二、报告内容

(1)事故发生单位概况。

(2)事故发生的时间、地点以及事故现场情况。

(3)事故的简要经过。

(4)事故已经造成或者可能造成的伤亡人数(包括下落不明的人数)和初步估计的直接经济损失。

(5)已经采取的措施。

(6)其他应当报告的情况。

三、统计月报与年报

生产经营单位应按照规定建立事故报告制度,每月按时上报事故统计报表,年底上报年度事故统计报表。没有发生事故时,实行“零报告”。

四、社会监督

生产经营单位应建立事故举报和节假日值班制度,并在单位及项目所在地公布24小时值班电话,受理事故报告和举报。

五、新闻发布

事故发生后，事故单位应根据相关要求，准确及时地向社会公布相关信息，避免因信息发布不当和错误发布所带来的负面影响和事故扩大，甚至引发群体事件。

（1）启动应急预案。事故发生后，事故单位根据相关规定和要求，成立新闻宣传组，全面开展新闻发布工作。

（2）确定新闻口径。整理事故有关资料，确定宣传口径，起草审核新闻稿内容，选择新闻发布的方式及时机。

（3）召开新闻发布会。联系媒体，组织新闻发布活动。事故单位指定新闻发言人负责新闻发布会上的新闻发布、回答媒体、接受采访。

（4）组织媒体采访。做好媒体选择、现场管理、舆论引导和接待保障，在一定范围内满足媒体的现场采访要求。

（5）监测和分析舆情。组织舆情监测和分析，把握不同阶段舆情的发展，认真分析，及时汇报。

（6）掌握和引导舆论方向。根据事件的发展发布动态新闻，合理利用第三方声音，组织专家组引导舆论，化解和减小舆论压力。

（7）制定并实施危机后期宣传。公布事故处理结果，制定事故后期宣传和公关策略，淡化负面影响，重塑企业形象。

（8）分析和评估。分析新闻应急过程，评估效果，查找不足，总结经验。针对社会反馈，实施跟踪管理，评估后续新闻效益，做好进一步信息发布准备。

第三节　事 故 调 查

一、调查分级

根据《生产安全事故报告和调查处理条例》（国务院令第 493 号）文中的有关规定，按照事故等级，由不同的单位或部门进行事故调查：特别重大事故由国务院或者国务院授权有关部门组织事故调查组进行调查；重大事故、较大事故、一般事故分别由事故发生地省级人民政府、设区的市级人民政府、县级人民政府负责调查。

省级人民政府、设区的市级人民政府、县级人民政府可以直接组织事故调查组进行调查，也可以授权或者委托有关部门组织事故调查组进行调查。

未造成人员伤亡的一般事故，县级人民政府也可以委托事故发生单位组织事故调查组进行调查。

上级人民政府认为必要时，可以调查由下级人民政府负责调查的事故。

自事故发生之日起 30 日内（道路交通事故、火灾事故自发生之日起 7 日内），因事故伤亡人数变化导致事故等级发生变化，依照本条例规定应当由上级人民政府负责调查的，上级人民政府可以另行组织事故调查组进行调查。

特别重大事故以下等级事故，事故发生地与事故发生单位不在同一个县级以上行政区域的，由事故发生地人民政府负责调查，事故发生单位所在地人民政府应当派人参加。

二、调查组的组成与相关要求

（1）事故调查组的组成应当遵循精简、效能的原则。

根据事故的具体情况，事故调查组由有关人民政府、安全生产监督管理部门、负有安全生产监管管理职责的有关部门、监察机关、公安机关以及工会派人组成，并应当邀请人民检察院派人参加。事故调查组可以聘请有关专家参与调查。

(2)事故调查组成员应当具有事故调查所需要的知识和专长,并与所调查的事故没有直接利害关系。

(3)事故调查组组长由负责事故调查的人民政府指定。事故调查组组长主持事故调查组的工作。

(4)事故调查组成员在事故调查工作中应当诚信公正、恪尽职守,遵守事故调查组的纪律,保守事故调查的秘密。

(5)未经事故调查组组长允许,事故调查组成员不得擅自发布有关事故的信息。

三、调查组职责

(1)查明事故发生的经过、原因、人员伤亡情况及直接经济损失。

(2)认定事故的性质和事故责任。

(3)提出对事故责任者的处理建议。

(4)总结事故教训,提出防范和整改措施。

(5)提交事故调查报告。

四、对事故单位的相关要求

(1)事故调查时,事故单位及其项目部、相关人员要积极配合事故调查组了解与事故有关的情况,并按其要求提供相关文件、资料,不得拒绝。

(2)事故发生单位的负责人和有关人员在事故调查期间不得擅离职守,并应当随时接受事故调查组的询问,如实提供有关情况。

五、调查报告内容

(1)事故发生单位概况。

(2)事故发生经过和事故救援情况。

(3)事故造成的人员伤亡和直接经济损失。

(4)事故发生的原因和事故性质。

(5)事故责任的认定以及对事故责任者的处理建议。

(6)事故防范和整改措施。

事故调查报告应附具有关证据材料。事故调查组成员应在事故调查报告上签字。

六、调查结案报告

事故调查组应当自事故发生之日起60天内提交事故调查报告;特殊情况下,经负责事故调查的人民政府批准,提交事故调查报告的期限可以适当延长,但延长的期限最长不超过60天。

事故调查报告报送负责事故调查的人民政府后,事故调查工作即告结束。事故调查的有关资料应归档保存。

第四节　事 故 处 理

一、事故现场处置

事故发生单位负责人接到事故报告后,应当立即启动事故相应应急预案,或者采取有效措施,组织抢救,防止事故扩大,减少人员伤亡和财产损失。

项目建设单位在公安、消防、卫生等专业抢险力量到达现场前，应立即启动本项项目总体应急预案，立即组织有关应急救援队伍和工作人员营救遇险人员，疏散、撤离、安置受到威胁的人员，控制危险源，标明危险区域，封锁危险场所，并采取其他防止危害扩大的必要措施，妥善保管有关物证，并按照规定及时报告。

当上级政府、部门负责现场指挥救援工作时，生产经营单位应积极听从指挥，做好抢险救援、现场取证、道路引领、后勤保障、秩序维护等协助处置工作。

事故发生地有关地方人民政府、安全生产监督管理部门和负有安全生产监督管理职责的有关部门接到事故报告后，其负责人应当立即赶赴事故现场，组织事故救援。

事故发生后，有关单位和人员应当妥善保护事故现场以及相关证据，任何单位和个人不得破坏事故现场、毁灭相关证据。

因抢救人员、防止事故扩大以及疏通交通等原因，需要移动事故现场物件的，应做出标志，绘制现场简图并作出书面记录，妥善保存现场重要痕迹、物证。

事故发生地公安机关根据事故的情况，对涉嫌犯罪的，应当依法立案侦查，采取强制措施和侦查措施。犯罪嫌疑人逃匿的，公安机关应当迅速追捕归案。

二、事故善后处置

根据交通运输部《关于印发公路水运上程生产安全事故应急预案的通知》（交质监发〔2011〕6 号）规定，事故发生后，相关单位和部门应做好以下几方面善后工作。

1. 社会救助

（1）事发地各级交通运输主管部门配合当地人民政府，对因参加事故应急处理而致病、致残、死亡的人员，及时进行医疗救助。

（2）依据相关规定，对因事故造成生活困难、需要社会救助的人员，配合当地人民政府做好相关救助工作。

2. 安抚家属

对在事故中伤亡的人员及家属，由当地人民政府按照国家有关规定进行安抚、抚恤及善后处理，各级交通运输主管部门以配合为主，做好相关人员的思想稳定工作，消除各种不利因素，确保社会稳定。

3. 物资征用补偿

（1）公路水运工程生产安全事故物资征用中事发地人民政府负责，并按照国家有关规定进行补偿。

（2）对紧急调集、征用的有关单位及个人的物资在使用完毕或者应急工作结束后，应及时返还。在调集、征用后被毁损、灭失的，应按照规定给予补偿或补助。

三、事故结案批复

重大事故、较人事故、一般事故，负责事故调查的人民政府应当自收到事故调查报告之日起 15 天内做出批复。

特别重大事故，30 天内做出批复，特殊情况下，批复时间可以适当延长，但延长的时间最长不超过 30 天。

四、事故处理与责任追究

事故处理的情况由负责事故调查的人民政府或者其授权的有关部门、机构向社会公布，依法应当保密的除外。

有关机关应当按照人民政府的批复,依照法律、行政法规规定的权限和程序,对事故发生单位和有关人员进行行政处罚,对负有事故责任的国家工作人员进行处分。负有事故任的人员涉嫌犯罪的,依法追究刑事责任。

事故发生单位应当按照负责事故调查的人民政府的批复,对事故当事人的聘用、培训、考评、上岗以及安全管理等情况进行责任倒排,对负有事故责任的人员进行严肃处理。处理结果报有关部门备案。

五、事故整改与防范

1. 原则

事故单位要按“四不放过”原则,即事故原因没有查清楚不放过、整改和防范措施未落实不放过、职工没有受到教育不放过、没有追究事故责任者的责任不放过。仔细分析事故各种原因,认真吸取事故教训,强化员工安全教育,落实防范和整改措施,防止事故再次发生。防范和整改措施的落实情况应当接受工会和职工的监督。

2. 措施

事故单位必须认真落实整改措施,并接受安全生产监督管理部门和负有安全生产监督管理职责的有关部门对落实防范和整改措施的情况进行的监督检查。

(1)安全技术整改与预防措施

针对不同的事故及其原因采取相应的安全技术整改与预防措施。

(2)安全管理预防与整改措施

与安全技术对策措施处于同一层面上的安全管理对策措施,其在企业的安全生产工作中与前者起着同等重要的作用。

①建立安全管理制度。按照《安全生产法》等法律、法规要求,建立健全企业安全管理规章制度和应急预案,有效落实安全生产主体责任。

②建立并完善生产经营单位的安全管理组织机构和人员配置。按照国家及相关行业管理部门的规定,足额配备专职或者兼职的安全生产管理人员,并持证上岗。

③建立健全生产经营单位安全生产投入的长效保障机制。应当具备的安全生产条件所必需的资金投入,由生产经营单位的决策机构、主要负责人或者个人经营的投资人予以保证,并对由于安全生产所必需的资金投入不足导致的后果承担责任。

在日常运行过程中应该安排用于安全生产的专项资金,进行安全生产方面的技术改造增添安全设施和防护设备以及个体防护用品。

(3)安全培训和教育

生产经营单位的安全培训和教育工作分以下3个层面进行:

①单位主要负责人和安全生产管理人员的安全培训教育,侧重面为国家有关安全生产的法律法规、行政规章和各种技术标准、规范,了解企业安全生产管理的基本脉络,掌握对整个企业进行安全生产管理的能力,取得安全管理岗位的资格证书。

②从业人员的安全培训教育在于了解安全生产知识,熟悉有关的安全生产规章制度和安全操作规程,掌握本岗位的安全操作技能。

③特种作业人员必须按照国家有关规定经专门的安全作业培训,取得特种作业操作资格证书。

六、事故台账与档案管理

1. 事故管理台账

生产安全事故台账是企业安全生产台账的重要内容,其不仅反映了一个单位对生产安全事故全过程整体情况的资料记录，更是企业生产安全事故发生后对相关人员进行调查访谈的资料记录及分析，也是对事故采取归责、预防等措施的系统总结。其作用为：一是在台账资料的记录、整理和积累过程中起到自我督促、强化安全生产管理的作用；二是企业规范管理上档次，提高企业管理水平的需要；三是对单位和安全管理人员起到了自我保护的作用。

事故管理台账基本内容应包括以下方面：

(1)准确记录。包括事故发生时间，发生地点，事故类别，事故等级，直接经济损失(万元)，伤亡人员情况，伤害程度等。

(2)客观描述和记载。包括事故经过，救援情况，事故教训，事故原因分析，事故预防措施，事故责任人处理，相关人员受教育情况等。

2. 生产安全事故档案管理

事故档案是事故统计、事故调查、事故处理过程的如实记录，是事故报告的不断累积，也是今后进行典型事故分析或事故统计的基础资料，应当认真归档，妥善管理。

企业事故档案管理规定参照《生产安全事故档案管理办法》(安监总办〔2008〕202 号)的有关规定执行：

(1)事故档案管理是参与事故调查处理单位的档案工作的组成部分。

(2)事故档案的管理应与事故报告、事故调查和处理同步进行。

(3)参加事故调查处理的有关单位及个人都有维护事故档案完整、准确、系统、安全的义务。任何单位和个人都不得将事故档案据为己有或拒绝归档。

(4)事故调查组组长或组长单位应指定人员负责收集、整理事故调查和处理期间形成的文件材料。事故调查组成员应在所承担的工作结束后 10 天内，将工作中形成的事故调查文件材料收集齐全，移交指定人员。

(5)负责事故处理的部门往事故处理结束后 30 天内向本单位档案部门移交事故档案。

(6)参加事故调查的其他单位可保存与其职能相关的事故调查文件材料的副本或复制件。

(7)事故文件材料的收集归档，有关法律、行政法规或我国参加的国际公约、协定、条约另有规定的，依照其规定办理。

第十章　考 评 机 构

根据《交通运输企业安全生产标准化考评管理办法》等有关规定，为做好交通运输企业安全生产标准化考评工作，规范交通运输企业安全生产标准化考评机构（以下简称考评机构）考评行为，各级交通运输主管部门对考评机构以及考评活动进行监督管理。

考评机构是指经主管机关认定，从事企业安全生产标准化达标考评的单位。主管机关或其认定的考评机构负责对交通运输企业实施考评。

第一节　考评机构类别与资质

一、考评机构类别

考评机构资质类型分为道路运输、水路运输、港口营运、城市客运、交通运输工程建设与其他6类。其中其他类资质类型含高速公路营运企业及公路养护企业。

二、考评机构资质

考评机构的资质分为一、二、三级。同一级别考评机构最多只能申请两种专业类型。

三、资质认定

一级考评机构由交通运输部认定，二、三级考评机构分别由浙江省交通运输厅和各市交通运输主管部门认定，并报交通运输部备案。

考评机构应取得主管机关颁发的交通运输企业安全生产标准化考评机构资质证书。资质证书包含考评机构的资质类型和资质等级，有效期5年，已认定的考评机构由主管机关向社会公布。

资质证书有效期满需要换证的，应于期满前3个月内向主管机关提出换证申请，经主管机关审查合格的可以换发证书。不合格的，不予换发证书。

第二节　考评机构资质条件

一、基本条件

（1）从事交通运输业务的事业单位或经批准注册的交通运输社团组织。

（2）具有相适应的固定办公场所、设施和必要的技术条件。

（3）具有一定数量从事相关领域考评工作需要的管理人员及考评员。

（4）从事相关业务领域管理、咨询、服务工作。

（5）建立健全考评管理制度。

（6）考评机构应与专职考评人员签订劳务意向协议。

二、人员配备

一级考评机构从事专职管理和取得相应类别考评资格且未在其他考评机构从事考评工作的人员不少7名,其中具有高级技术职称的不少于3名。

二级、三级考评机构从事专职管理和取得相应类别考评资格且未在其他考评机构从事考评工作的人员,二级不少于5名,其中具有高级技术职称的不少于2名;三级不少于3名,其中具有高级技术职称的不少于1名。

第三节 工作要求

一、基本要求

考评机构应当依照相关法律、法规、标准的规定,独立开展考评工作,如实反映被考评企业的安全生产状况,严禁弄虚作假,并对考评结论承担责任。与申请考评的企业存在利害关系的,应当回避。

考评机构对企业进行考评前,应告知企业所在省市主管机关。考评机构的考评工作不得以营利为目的,不得利用考评工作谋取其他利益。

二、考评资料

考评机构应对企业考评工作资料、现场审查记录、音像资料及相关证明材料及时归档,妥善保管,不得泄露被考评企业的技术和商业秘密。档案存档时间不得低于5年,并至少包括下列材料:

(1)被考评企业的基本情况。

(2)被考评企业安全生产相关文件目录。

(3)现场抽查情况。

(4)考评组及考评员对企业的考评意见和相关整改意见。

(5)考评员资格证复印件。

考评机构应进行年度考评工作总结,并于次年1月底前报主管机关。

第四节 监督管理

主管机关应当根据其管辖范围内交通运输企业数量、经营类别以及具备开展安全生产标准化考评条件的机构等情况,合理认定考评机构。

一、资质申请、变更与撤销

1. 资质申请

申请考评机构资质的应按照相关规定,通过交通运输企业安全生产标准化管理信息系统向相应的主管机关提交电子申报材料。

考评机构应当建立考评员档案,并将下列材料汇总后报主管机关。

(1)考评员汇总表、登记表。

(2)专职考评员聘用证明。

(3)考评员培训合格证明。

(4)其他相关材料。

2. 资质变更

考评机构有下列情形之一的,应当申请变更:

(1)机构名称和法定代表人变更的。

(2)停业、破产或有其他原因终止业务的。

(3)从事专职管理和考评工作的人员发生重大变化的。

3. 资质撤销

考评机构有下列情形之一的,原发证主管机关应当撤销其考评资质,并收回资质证书:

(1)违反有关考评规定和违法违规行为,不宜继续从事考评工作的。

(2)考评机构未按照主管机关整改通知书要求整改或整改不合格的。

(3)资质证书有效期满来申请换证或申请换证但未获得认可的。

(4)按照有关法规、规定,应予以撤销的。

二、主管机关的监管职责

主管机关及其工作人员应当坚持公开、公平、公正的原则,严格按照法律法规和本办法规定,对考评机构和考评员进行监督管理。主管机关应当采取专家评议、征求被评审企业意见、抽查考评文件等方式,对其认定的考评机构的考评活动进行监督、检查和指导。主管机关发现考评机构存在问题的,应向考评机构下达整改通知书,要求考评机构及时整改。整改结束后,考评机构应向主管机关提交整改报告。

任何单位和个人有权向主管机关实名举报考评机构。主管机关应当及时受理、组织调查处理,并为举报人保密。

第十一章 考 评 员

第一节 职 业 道 德

职业道德是随着社会分工的深化而逐渐形成和发展起来的特殊的道德规范体系,它以有效协调群体活动中个人与组织的关系为基本前提,它的社会功能,在于改善执业者的工作态度,调节执业者与企业及社会各方面的人际关系。

良好的职业道德有利于考评员人生价值的实现,有利于促进安全生产标准化考核工作的发展,有利于改善社会道德风尚,有利于高技能人才队伍建设。

一、职业道德

1. 爱岗敬业

考评人员应热爱自己的工作岗位,敬重自己所从事的职业,尽职尽责对待考评工作,要树立职业荣誉感和强烈的职业责任感。要有奉献精神,奉献是考评员职业道德的内在精神体现;在社会主义职业道德中,奉献社会是其中的重要内容,也足职业道德的最高境界。

2. 诚实守信

考评人员应诚实守信,通过获取客观证据,给出公正客观的考评分值和评价,信守承诺,讲求信誉。技术要精湛,考评员的知识(技能)结构是考评员自身的知识结构,也是考评员的考核鉴定技术和能力。

3. 办事公道

考评人员在考评过程中应做到公平、公正,不谋私利,不徇私情,不以权损公,不以私害民,不假公济私。其核心就是公正,公正是考评员最基本的行为特征。考评员公正与否取决于4个方面的素质:一是法制观念;二是道德素质;三是专业素质,即技术水平;四是考评员的心理素质,即考评员心态对鉴定误差的控制能力。

4. 优质服务

考评人员在考评过程中应尽量减少企业负担,对企业提出的合理请求应酌情予以考虑,考评过程应尽量做到务实、有序、高效,为企业安全标准化建设提供良好服务。要强化服务意识,由被动式服务变为主动式服务。同时要做到文明礼貌,仪表端庄,语言规范,举止得体。

二、执业规范

1. 考评员应当遵守的规定

(1)严格执行国家有关法律法规,客观公正,文事求是,保证考评工作质量和真实性。

(2)遵守考评纪律,恪守职业道德,保守考评企业技术和商业秘密。

(3)对考评工作负责。

(4)对考评结论持有异议的,可向考评机构报告,如对考评机构的认定仍有异议的,可向相应的主管机关报告。

(5)与申请考评的企业存在利害关系的,应当主动回避。

(6)自觉接受主管机关、考评机构的监督管理。

(7)年度继续教育时间不少于8学时。

2.考评员职业资格管理

(1)未取得考评员资格证书的人员不得独立承担考评任务或咨询工作。

(2)各省交通运输主管部门或其委托机构负责全省考评员的资格申报受理与材料审核、培训、考核和日常管理工作。

(3)考评机构要与考评员签订劳动合同,明确双方的职责和权利。考评机构应依法维护考评员的合法权益。

(4)考评员只能在一家安全生产考评机构任职。

(5)考评员资格证卡不得转借给其他机构或者个人。

(6)各考评机构应对聘用(任)的考评员进行上岗前培训和定期业务培训,使考评员熟练掌握考核方法、评分标准以及考场组织管理等规定。

(7)考评员应服从考评工作安排,因故不能参加考评工作的,应提前告知并说明原因。

(8)考评员在执行考评任务时,应佩带考评员资格证卡,主动执行亲属、师生、师徒回避制度。

(9)考评员应接受交通运输主管部门和考评机构委派的督考员(或巡考员)监督检查。

(10)各考评机构要建立考评员档案管理制度,并按年度向交通运输主管部门备案。其内容包括考评员资格申报相关材料、考评员资格证卡复印件、考评员劳动合同或聘任协议、考评员工作记录等。

(11)考评员有下列行为之一者,各考评机构可予以解除劳动合同或聘任协议,并上报省、市交通运输主管部门:

①有违法违纪行为,玩忽职守,不能履行职责者。

②业务水平低,能力不胜任者。

③经常无故不参加考评或长期未参加考评的。

④不服从主管部门和聘用单位监督管理的。

(12)考评员出现严重违法违纪行为构成犯罪的,由司法机关依法追究其法律责任。

(13)对在考评工作中做出突出贡献的考评员,交通运输主管部门将予以表彰奖励。

三、廉政守则

1.考评员廉政守则

就是要求其在考评过程中做到“廉洁公正”。所谓廉洁,就是清白不贪;所谓公正,就是公道正直,不徇私情。要做到廉洁公正,考评员必须做到如下几点:

(1)素质过硬,要经得起考验。

(2)实事求是,坚持原则。

(3)公平公正,公私分明。

(4)按程序办事,刚直不阿。

2.禁止行为

禁止考评人员利用考评权利和影响谋取不正当利益。不准有下列行为:

(1)索取、接受或者以借为名占用管理和服务对象以及其他与行使职权有关系的单位或者个人的财物。

(2)接受可能影响公正考评的礼品、宴请以及旅游、健身、娱乐等活动安排。

(3)在考评活动中接受礼金和各种有价证券、支付凭证。

(4)以交易、委托理财等形式谋取不正当利益。

(5)利用知悉或者掌握的内幕信息谋取利益。

第二节　权利、义务与职责

一、权利

1. 独立实施考评权

考评员应在考评规定的范围内独立实施考评活动,有权拒绝任何单位和个人更改考核结果的非正当要求。

2. 独立处置权

考评员对考评现场发生的违纪行为,应视情节轻重给予警告或终止考核,考评员对可能发生人员伤害和设备毁损的行为有采取紧急处置的权力。

3. 保护自身合法权益

各级主管机关应维护考评员的合法权益;考评员自身权益受到侵害时,可以向上级行政主管部门进行申诉。

二、义务

1. 核查场地义务

考评员应严格执行考评员执业规范和考核规则。按照安全生产标准化指标和相关规定的要求,对考核场地、设备、材料、工具和检测仪器等进行核查和检验。对不符合安全生产标准化指标或不能满足考核要求的,应通知考评机构予以调整或更换场地。考评机构不予采纳的,考评人员有权拒绝执行考评任务,并在考评报告中予以记录。

2. 评分义务

考评员应严格按照规定的考核方式、方法和评分标准,完成评分任务,填写考评记录。

考评组长负责考评上作的组织、协调和最终裁决。每次考评工作完成后,在规定的时间内向考评机构提交考评报告。

3. 回避义务

考评员在执行考评任务时,实行回避制度。考评员与考核对象存在近亲属关系或其他利害工作关系的,考评员应主动向考评机构申请回避或由考核对象及其他人员提出回避。

4. 接受监督义务

考评员执行考评任务时,必须携带考评员资格证卡,并接受考核对象、考评机构督导人员、考评机构和主管机关的监督。

5. 业务提升义务

考评员应加强业务知识和考评技术与方法的学习及研究,提高自身的安全生产理论知识、法律法规知识和实际业务操作技能的水平。

6. 自律义务

考评员应加强职业道德修养,廉洁自律、公平公正,自觉维护考评的公正性、严肃性和权威性。

7. 接受培训考核义务

考评员应参加主管机关组织的培训和考核活动，接受考评机构的派遣，执行考评任务，不得无故缺席。

三、职责

(1)熟悉许可考评范围内的考核内容、考核要求及评分标准。

(2)负责对申请考核企业提交的材料进行审查，并进行现场考评或咨询服务。

(3)对考评结果或咨询服务质量负责，并对聘用单位负责。严格遵守聘用单位制定的考评员工作守则，执行考核纪律，工作认真负责，坚持公平、公正、公开的原则，不弄虚作假，不滥用职权，不徇私舞弊。考核结束后，要如实填写考核记录。

(4)不接受企业或任何相关方的回扣、佣金、礼品或其他任何形式的好处，也不应在知情时允许同时接受。

(5)遵守法律法规及相关规章制度，忠于职守，客观公正。除非有法律要求或经企业和考评机构书面授权，不透露任何有关考评或咨询服务的信息。

(6)每年至少参加 2 次以上的考评服务项目。

(7)考评员在注册有效期内，每年应接受至少 15 学时的再教育培训。

(8)考评员被考评机构聘用后尚无特殊情况不得变更考评机构。

(9)考评员有权对考核工作中存在的问题向考评机构提出改进的意见或合理化建议。

第三节　培训、考核与取证

一、培训

1. 培训目的

通过培训使考评员熟悉《交通运输企业安全生产标准化考评管理办法》、《交通运输企业安全生产标准化达标考评指标》的具体要求等，掌握安全生产标准化考评的依据、原则和方法。

2. 培训内容

(1)安全生产相关法律法规。

(2)交通运输企业安全生产标准化相关规定。

(3)相关专业技术知识和考评技能。

(4)其他相关知识。

二、资格考核与取证

考评员专业类型分为道路运输、水路运输、港口营运、城市客运、交通运输工程建设、其他 6 种。

交通运输部负责指导全国考评员的管理。浙江省交通运输厅负责省内的考评员管理工作。

1. 报考资格

凡中华人民共和国公民，遵守法律、法规和规章，恪守职业道德，符合下列条件的，均可报考考评员。

(1)具有大学专科以上学历，相关专业技术职称，且从事交通运输相关工作 5 年以上。

(2)熟悉交通运输安全生产法律法规及相关规定。

(3)有较强的组织协调能力和文字语言表达能力。

(4)年龄原则上不得超过60周岁,身体健康。

2. 取证条件

(1)参加取证培训时间不少于24个学时,并考核合格。

(2)直接从事交通运输安全生产行政管理工作10年以上,熟悉掌握交通运输安全生产相关法规和企业安全生产标准化规定者,身体健康,经本人申请、所在单位推荐、发证主管机关核准,可直接颁发考评员资格证。

3. 证书有效期

考评员资格证有效期为5年,且每年参加继续教育,教育时间不少于8学时;有效期满继续从事考评工作的,应在有效期满前3个月内向发证主管机关提出换证申请。考评员常住地发生省际变更的,应申请换发资格证。

4. 证书撤销

考评员有下列行为之一的,主管机关应当撤销考评员资格:

(1)隐瞒企业重大安全问题的。

(2)考评工作中弄虚作假的。

(3)泄露企业技术和商业秘密的。

(4)收受企业财物或者为企业谋取不正当利益的。

(5)不服从主管机关监督管理的。

(6)资格证逾期不申请换证的。

(7)其他不能胜任考评工作的。

因上述(1)、(2)、(3)、(4)原因被撤销资格证的,终身不得从事考评工作;因上述其他原因被撤销资格证的,2年内不得申请考评员资格。

第十二章　考 评 流 程

第一节　考 评 申 请

浙江省公路管理局负责高速公路营运二级达标企业考评具体组织实施工作，各市交通运输主管部门负责辖区内三级企业达标工作。申请考评的企业应向主管机关（浙江省公路管理局或各市交通运输主管部门，下同）提交申请，高速公路营运企业经营一条高速公路的，可直接申报；经营多条高速公路的，经主管机关认可后，可合并申报。

营运高速公路企业包含养护施工等非主业业务的子公司的，其子公司不适用本细则考核。

所有营运高速公路企业均应参加安全生产标准化达标考评。新组建企业应于正式运营6个月内提出初次考评申请。

申请考评的企业应具备以下条件：

（1）具有企业独立法人资格，并直接从事营运高速公路经营管理。

（2）具有与其经营管理相适应的安全生产管理机构和人员，并建立相应的安全生产管理制度。

（3）已进行安全生产标准化建设自评，且自评满足申报级别相应条件。

申请考评的企业应递交以下材料：

（1）交通运输企业安全生产标准化达标考评申请表，格式详见《转发交通运输部关于交通运输企业安全生产标准化相关文件的通知》（浙交〔2013〕243 号）。

（2）企业基本情况，包括企业法人营业执照、经营资质（政府批文等）。

（3）企业基本情况和安全生产组织机构架构等。

（4）企业安全生产基本情况，包括企业安全生产基本数据和近 3 年安全事故情况。

（5）企业安全生产标准化建设自评报告。一般包括自评的参加人员、范围、时间、内容、发现问题与整改情况、自评结论等。

（6）相关安全生产管理体系证书或证明（如有）复印件。

第二节　考 评 受 理

主管机关收到初次考评申请及所附材料后，应审查以下内容：

（1）申请考评的企业是否属于高速公路营运企业范围。

（2）申请考评的企业是否满足申请条件。

（3）申请材料是否齐全。

申请材料不符合要求的，应通过电话、传真或“交通运输企业安全生产标准化管理系统”网络查询等方式告知企业补充、修改或重新提交申请。

主管机关审查通过企业的申请报告后，应结合企业的申请确定考评机构并下达考评通知。

考评机构收到主管机关的考评通知后，应在 5 个工作日内完成对企业申请材料的真实性和符合性的核查，对核查通过的企业启动考评程序；核查不通过的，应及时告知企业，说明原因，并报主管机关备案。

考评机构应按照规定，组织 3 名以上（含 3 名）具有相应资格的考评人员成立考评小组，制定具体考评计划，告知企业后实施。现场考评实行组长负责制，组长负责现场考评的总体安排，并对现场考评工作负责。

考评机构应在接到申请后25个工作日内完成对企业的考评。

第三节 现场考评

考评组实施考评可采取提问、交谈、查阅文件和记录、资料核对、现场检查与抽查等方式。若有必要,可以进行现场检测与测量。考评组在企业从事考评活动,应按程序进行。

一、考评启动

考评小组应提前与企业协调确认考评进度表,介绍考评流程、考评方法、考评抽查对象及保密承诺等。企业应向考评小组介绍企业的组织构架和安全生产工作等情况。

二、确定考评抽检对象

考评小组根据企业实际情况,确定考评抽检对象。原则上按照企业管辖的高速公路路段(省政府批文确认的路段)数量,按每条路段1家基层单位(管理处或收费站、所)和1家服务区(停车区)的比例抽取检查,管辖路段不含服务区(停车区)的可不抽查服务区(停车区)。对同一高速公路营运企业,申报二级,最多抽取4家基层单位(管理处或收费站、所)和4家服务区(停车区),不超过四家基层单位;申报三级,最多抽取3家基层单位(管理处或收费站、所)和3家服务区(停车区)。

三、实施考评

考评小组成员按照考评计划和任务分工实施考评,获取真实数据,给出公正客观的考评分值和评价。考评检查的范围,根据考评指标要求的全部台账及其他相关资料、数据。本年度自一月起各项工作台账资料满足考评指标要求的,查阅当年资料,当年无相关资料的,根据指标要求向前延伸。如养护、清障施救、服务区等业务涉及外包的,企业可以相关协作单位的台账作为考评依据。

四、考评小组内部评议

考评小组应进行内部评议,具体审核汇总各考评人员提交的考评依据和考评结果,研究确定综合考评结论。

五、交换意见

考评小组应向企业通报考评情况,交换考评意见,并就考评过程中发现的问题向企业提出整改建议。

考评机构提出的整改意见,企业在1个月内按要求整改到位的,经考评机构核实后,可视为达到考评要求。

六、提交考评报告

考评机构考评小组考评工作结束后,应向考评机构提交考评报告,考评报告包含下列内容:

(1)考评小组人员组成。

(2)考评综述。

(3)考评材料(含考评员评分原始记录等)。

(4)考评结论。

(5)对企业的相关整改建议。

(6)其他需说明的问题。

考评机构应按整改要求对考评中发现企业的问题整改情况进行验证,验证完毕后,向主管机关提交考评结论及达标等级意见。

七、考评标准

企业安全生产标准化达标等级分为一、二、三级。评为一级达标企业的考评分数不低于900分(满分1000分,下同),且完全满足所有达标企业必备条件(考评指标★);评为二级达标企业的考评分数不低于700分,且完全满足二、三级达标企业必备条件(考评指标★★);评为三级达标企业的考评分数不低于600分,且完全满足三级达标企业必备条件(考评指标★★★)。

第十三章　考评发证与监督

第一节　考 评 发 证

主管机关对考评机构提交的考评结论进行审核，审核通过的企业，上报浙江省交通运输厅在“浙江交通”网站进行公示（公示期 7 天），公示期间没有实名举报，或有实名举报，但经核查，举报不属实和举报属实但不影响考评结论的，省厅核准并向企业颁发达标考评等级证书，同时在“浙江交通”网站向社会公布。举报属实且影响考评结论的不予发证。

经考评达标的企业，按照交通运输部规定的统一样式，格式详见《转发交通运输部关于交通运输企业安全生产标准化相关文件的通知》（浙交〔2013〕243 号），颁发证书有效期为 3 年。未通过考评或经省厅审核不合格的，企业应采取纠正措施并可在 3 个月后重新申请考评。

企业申请二级达标证书的，经考评未达到二级标准，但已达到三级标准的，且具备三级必备条件，可颁发三级达标证书。

已取得相关机构颁发的安全生产管理体系证书（证明）的企业，连续 3 年未发生重特大事故的，经主管机关对必备条件审核后，可颁发三级安全生产达标证书。2013 年以后取得相关机构颁发的安全生产管理体系证书（证明）不能换发安全生产标准化达标证书。

企业申请高一级别安全生产标准化达标考评，考评及发证的内容、范围和方法按照初次考评的有关规定执行。

第二节　附 加 考 评

有下列情况之一的，“行业考评组”参照初次考评的程序，对已取得安全生产标准化达标证书的企业实施附加考评：

（1）企业发生重特大及以上安全责任事故。

（2）企业一年内连续发生二次及以上较大安全责任事故。

（3）企业被举报并经核实其安全生产管理存在重大安全问题。

（4）企业发生其他可能影响其安全生产管理的重大事件或主管机关认为确实必要的。

上述事故等级按照《生产安全事故报告和调查处理条例》（国务院第 493 号令）确定。

附加考评应针对引发附加考评的原因进行。在考评中发现有严重问题的，可扩大考评范围，直至实施全面考评。

通过附加考评并经主管机关审核合格的，维持企业安全生产标准化达标证书的有效性。

未通过附加考评或经主管机关审定认为其安全生产管理存在重大问题的，主管机关应责令其整改，整改合格的，企业应在 3 个月内申请再次考评。

第三节　考 评 监 督

考评机构应严格按照相关安全生产标准化评定标准的要求开展考评的相关工作，确保安全生产标准化考评工作的质量，并对考评结果负责。

取得安全生产标准化证书后，企业应每年对本单位安全生产标准化的实施情况至少进行一次自我评定，并形成自评报告，及时发现和解决生产中的安全问题，持续改进，不断提高安全生产水平。

企业安全生产标准化达标证书遗失的，可以向原考评发证机构申请补发。企业法人代表、名称、地址等变更的，应在变更后1个月内，向相应的主管机关提供有关材料，申请对企业安全生产标准化达标证书的变更。

第十四章　浙江省高速公路营运企业安全生产标准化考评指标与释义

第一节　浙江省高速公路营运企业安全生产标准化考评指标

浙江省高速公路营运企业安全生产标准化考评指标见表14-1。

浙江省高速公路营运企业安全生产标准化考评指标

表14-1

考评内容	考评要点		分值	考评方法	考评标准
一、安全目标（35分）	1. 安全工作方针与目标	（1）制订企业安全生产方针、目标和不低于上级下达的安全控制指标	5★★★	查阅安全管理文件	（1）未制订企业安全生产方针、目标的，不得分； （2）企业安全 生产方针、目标低于上级下达的安全控制指标的，不得分
		（2）制订实现安全工作方针与目标的措施	5	查阅安全管理文件	未制订实现安全工作方针与目标的措施的，不得分
	2. 中长期规划	制订和实施企业安全生产中长期规划和跨年度专项工作方案	5★★	查阅安全管理文件	（1）未制订企业安全生产中长期规划和跨年度专项工作方案的，不得分； （2）企业安全生产中长期规划和跨年度专项工作方案未实施的，扣3分
	3. 年度计划	根据中长期规划，制订年度计划和年度专项活动方案，并严格执行	5	查阅安全管理文件	（1）未制订年度计划和年度专项活动方案的，不得分； （2）年度计划和年度专项活动方案未执行的，扣3分
	4. 目标考核	（1）将安全生产管理指标进行细化和分解，制订阶段性的安全生产控制指标	5	查阅安全管理文件	未将安全生产管理指标进行细化分解，制订阶段性的安全生产控制指标的，不得分
		（2）制订安全生产目标考核与奖惩办法	5	查阅安全管理文件	（1）未制订企业安全生产目标考核与奖惩办法的，不得分； （2）缺少基层单位和职能部门的考核与奖惩办法，扣2分
		（3）定期考核年度安全生产目标完成情况，并奖惩兑现	5	查阅安全管理台账	（1）未定期考核年度安全生产目标完成情况进行的，不得分； （2）考核后未兑现奖惩的，扣2分

续上表

考评内容	考评要点		分值	考评方法	考评标准
二、管理机构和人员（40分）	1. 安全管理机构	（1）成立安全生产委员会（或领导小组），下属各分支机构分别成立相应的领导机构。安委会职责明确，实行主要领导负责制	10★★	查阅安全管理文件	（1）未成立安全生产委员会（或领导小组）的，不得分； （2）下属各分支机构未成立安全领导机构的，扣3分； （3）安委会未实行主要领导负责制职责不明确的，扣2分
		（2）按规定设置独立的安全生产管理机构	10★★★	查阅安全管理文件	（1）未按规定设置独立安全生产管理机构的，不得分； （2）未以文件形式进行明确的，不得分
		（3）定期召开安全生产委员会会议。安全生产管理机构和下属各分支机构每月至少召开一次安全工作例会	5	查阅安全管理台账	（1）未定期召开安全生产委员会会议的，扣2分； （2）安全生产管理机构和下属各分支机构每月未召开安全工作例会的，扣3分
	2. 管理人员配备	（1）按规定足额配备专兼职安全生产和应急管理人员	10★★★	查阅安全管理台账	（1）未配备专兼职安全生产和应急管理人员的，不得分； （2）配备数量不符合有关规定的，不得分
		（2）公司领导班子分工中明确分管安全生产工作的负责人	5★★★	查阅安全管理文件	未明确分管安全生产工作的负责人的，不得分
三、安全责任体系（40分）	1. 健全责任制	（1）企业主要负责人、分管领导、全体员工安全职责明确，制订并落实安全生产责任制，层层签订安全生产责任书，并落实到位	10★★★	查阅安全管理文件	（1）未建立企业安全生产责任制的，不得分； （2）未层层签订安全生产责任书落实责任制的，不得分
		（2）主要负责人或实际控制人是安全生产第一责任人，按照安全生产法律法规赋予的职责，对安全生产负全面组织领导、管理责任和法律责任，并履行安全生产的责任和义务	5★★	查阅安全管理文件	（1）未明确主要负责人或实际控制人安全生产职责的，不得分； （2）未履行安全生产重要管理职责的，扣3分
		（3）分管安全生产的负责人是安全生产的重要负责人，统筹协调和综合管理企业的安全生产工作，对安全生产负重要管理责任	5	查阅安全管理文件	（1）未明确分管安全生产负责人安全生产职责的，不得分； （2）未履行安全生产管理职责的，扣3分
		（4）其他负责人和全体员工实行“一岗双责”，对业务范围内的安全生产工作负责	5	查阅安全管理台账	（1）未明确其他负责人和全体员工安全生产职责的，不得分； （2）未履行安全生产职责的，扣3分
		（5）安全生产管理机构、各职能部门、生产基层单位的安全职责明确并落实到位	10	查阅安全管理台账	（1）未明确安全职责的，不得分； （2）未对安全生产职责落实到位的，扣5分

续上表

考评内容	考评要点		分值	考评方法	考评标准
三、安全责任体系（40分）	2. 责任制考评	根据安全生产责任进行定期考核和奖惩，公告考评和奖惩情况	5★★	查阅安全管理台账	（1）每年未对安全生产责任进行考核和奖惩的，不得分； （2）未公告安全生产责任考评和奖惩情况的，扣2分
四、法规和安全管理制度（75分）	1. 资质	（1）《企业法人营业执照》合法有效，经营范围符合要求	5★★★	查阅营业执照	（1）营业执照超出有效期的，不得分； （2）超出营业执照经营范围的，不得分
		（2）营运高速公路在营运期限内	5★★★	查阅相关资料	未在国家规定的营运期限内的，不得分
	2. 法规	（1）及时识别、获取适用的安全生产法律法规、标准规范	5	查阅安全管理台账	（1）未识别、获取适用的安全生产法律法规、标准规范并形成有效文件清单的，不得分； （2）适用的安全生产法律法规、标准规范的，缺一个扣0.5分，最高扣2分
		（2）将法规标准和相关要求及时转化为本单位的规章制度，贯彻到各项工作中	5	查阅安全管理台账	（1）未将法律法规和相关要求转化规章制度的，不得分； （2）未将法律法规和相关要求贯彻到各项工作中的，扣3分
		（3）将适用的安全生产法律、法规、标准及其他要求及时对从业人员进行宣传和培训	5	查阅安全管理台账	未对从业人员进行宣传和培训的，不得分
	3. 安全管理制度	（1）制定并及时修订安全生产管理制度，包括：安全生产责任制；安全例会制度；安全台账管理制度；安全生产费用管理制度；隐患（危险源）管理制度；安全生产教育培训制度；安全生产监督检查制度；事故统计报告制度；安全生产考核、奖惩制度；设备安全管理制度；劳动保护用品管理制度；建设项目安全设施“三同时”管理制度；特种作业人员管理制度；各类作业安全管理制度；相关方安全生产监督管理制度	10	查阅安全管理台账	（1）未制定安全生产管理制度的，不得分； （2）安全生产管理制度每缺少一项，扣1分
		（2）对从业人员进行安全管理制度的学习和培训	5	查阅安全管理台账	未对从业人员进行安全管理制度学习和培训的，不得分

续上表

考评内容	考评要点		分值	考评方法	考评标准
四、法规和安全管理制度（75分）	4. 岗位安全生产操作规程	（1）制订并及时修订各岗位的安全生产操作规程，并发放到岗位（员工）	10★★★	查阅安全管理台账	（1）未制定并及时修订各岗位安全生产操作规程的，不得分； （2）岗位安全操作规程未发放到相关工作岗位的，不得分
		（2）对从业人员进行安全操作规程的学习和培训；从业人员严格执行本单位的安全操作规程	10	查阅安全管理台账，现场核查	（1）未组织对从业人员进行安全操作规程学习和培训的，扣4分； （2）从业人员违反安全操作规程的，每人次扣2分，最高扣6分
	5. 制度执行及档案管理	（1）执行国家有关安全生产方针、政策、法规及本单位的安全管理制度和操作规程，依据行业特点，制订企业安全生产管理措施	5	查阅安全管理台账，现场核查	未按有关规程制订符合企业实际的安全生产管理措施的，不得分
		（2）每年至少1次对安全生产法律法规、标准规范、规章制度、操作规程的执行情况进行检查	5	查阅安全管理台账	未达到每年至少一次对安全制度执行情况进行检查的，不得分
		（3）建立和完善各类台账和档案，并按要求及时报送有关资料和信息	5★★★	查阅安全管理台账	（1）未建立和完善各类台账和档案的，不得分； （2）未按规定及时报送有关资料和信息的，不得分
五、安全投入（40分）	1. 资金投入	（1）按规定足额提取（列支）安全生产费用	10★★★	查阅安全管理台账	未按规定提取（列支）安全生产费用的，不得分
		（2）安全生产经费专款专用，保证安全生产投入的有效实施	10★★	查阅安全管理台账	安全生产经费未专款专用的，每次扣2分
		（3）及时投入满足安全生产条件的所需资金	10	查阅安全管理台账	（1）未编制安全生产费用资金使用计划的，扣5分； （2）未按计划使用安全费用资金的，每项扣1分，最高扣5分
	2. 费用管理	（1）跟踪、监督安全生产专项经费使用情况	5	查阅安全管理台账	未对安全生产专项经费使用情况进行监督检查的，不得分
		（2）建立安全费用使用台账	5	查阅安全管理台账	（1）未建立安全费用使用台账的，不得分； （2）安全费用台账与使用情况不符的，每处扣0.5分，最高扣3分

续上表

考评内容	考评要点		分值	考评方法	考评标准
六、装备设施（145分）	1. 道路设施	（1）路基、路面、桥涵、隧道、高边坡等设施符合设计和规范要求，按规定进行巡检和养护；结构特殊的重点桥梁或特大桥梁、长大隧道或隧道群设置专门的管理机构，重点或特大桥梁建立健康监测系统和落实桥梁工程师制度，使其处于良好技术状态	50	查阅安全管理台账，现场核查	（1）未建立路基、路面、桥涵、隧道、高边坡管理制度的，扣10分； （2）未按规范要求对路基、路面、桥涵、隧道、高边坡等设施进行巡检的，每发现一处扣1分，最高扣12分； （3）未按规定对巡检发现的隐患或病害及时养护处治的，每发现一处扣1分，最高扣12分； （4）巡检、养护、技术档案等内业资料不规范和完整的，每发现一处扣1分，最高扣5分； （5）长大桥隧未设置专门的管理机构负责管理的，扣5分； （6）重点或特大桥梁未建立健康监测系统的，扣3分； （7）未落实桥梁工程师制度的，扣3分
		（2）护栏、标志标线、隔离栅、防落网、防眩板等交通安全设施符合设计和规范要求，按规定进行检查、维修，使其保持完整、齐全和良好的工作状态	20	查阅安全管理台账，现场核查	（1）未建立交通安全设施管理制度的，扣5分； （2）未按规范要求对交通安全设施进行检查的，每发现一处扣1分，最高扣6分； （3）未及时对损坏设施进行维修的，每发现一处扣1分，最高扣6分； （4）检查、养护、技术档案等内业资料不规范和完整的，每发现一处扣1分，最高扣3分
	2. 服务设施	（1）服务区（停车区）各类设施满足相关安全标准的要求	25★★	查阅安全管理台账，现场核查	（1）加油站未取得相应资质委托，不具备经营条件的，扣5分； （2）服务区餐饮、超市等经营单位未取得相关经营资质的，扣5分； （3）服务区未按照有关规定配置消防设施、标志，并定期检查、维护的，每发现一处扣1分，最高扣5分； （4）服务区未按规定保证消防通道、疏散通道畅通的，扣2分
		（2）收费站等房建设施符合消防、防雷和防盗等安全要求	10★★	查阅安全管理台账，现场核查	（1）未按规定配置消防设施、标志，并定期检查、维护的，每发现一处扣1分，最高扣3分； （2）未定期对房建构筑物防雷设施进行检查、维护的，扣3分； （3）收费站金库等重要部位防盗设施不符合安全要求的，扣2分； （4）未对收费站（所）管理用房及收费大棚等设施进行维护保养工作的，扣2分

续上表

考评内容	考评要点		分值	考评方法	考评标准
六、装备设施（145分）	3. 机电系统及生产设备	（1）按规定定期对收费、监控、通信、供配电系统等机电设备检查、检测和维护，指定专人负责管理，并做好检查维护台账	20	查阅安全管理台账	（1）未建立收费、监控、通信、供配电系统等机电设备管理制度的，扣6分； （2）未按规定定期对收费、监控、通信、供配电系统等机电设备进行检查、检测和维护保养的，每发现一处扣1分，最高扣8分； （3）未指定专人负责机电设备管理的，扣3分； （4）未按规定建立机电设备管理台账的，扣3分
		（2）对养护、清障施救等生产设备进行规范化管理，建立台账，并定期进行检查维修	10★★★	查阅安全管理台账	（1）未按规定定期进行检查维修的，不得分； （2）未建立养护、清障施救等生产设备管理台账的，不得分
		（3）按规定对特种设备进行检验和维护保养，指定专人负责管理，并建立管理台账	10★★★	查阅安全管理台账	（1）未按规定对特种设备进行检验和维护保养的，不得分； （2）未指定专人负责特种设备管理的，不得分； （3）未建立特种设备管理台账的，不得分
七、科技创新与信息化（45分）	1. 科技创新	（1）组织开展安全生产科技攻关或课题研究	5	查阅科技相关材料	未组织开展相关安全生产科技攻关和课题研究的，不得分
		（2）应用现代科技手段，提升安全管理水平	5	查阅科技应用相关材料	未推广使用“四新”（新工艺、新技术、新材料、新设备）等现代科技手段的，不得分
	2. 科技信息化	（1）应用推广道路全程监控系统，加强道路交通事件管控	10★	查看监控系统	（1）未应用推广道路全程监控系统的，不得分； （2）全程监控系统未覆盖全路段的，扣5分
		（2）纳入省级交通应急指挥平台，参与配合指挥、协调、处置各类道路交通事件	10★★	查看监控系统、安全管理台账	（1）未纳入省级应急指挥平台的，不得分； （2）信息上报不及时，影响指挥、协调、处置各类道路交通事件的，每次扣1分，最高扣5分

续上表

考评内容	考评要点		分值	考评方法	考评标准
七、科技创新与信息化（45分）	2. 科技信息化	（3）组建道路交通信息发布平台，动态发布道路交通信息	5	查看安全管理台账	（1）未建立道路交通信息发布平台的，不得分； （2）未按规定如实发布严重影响车辆安全通行情况信息的，扣2分
		（4）建立安全生产管理系统或平台	5★★	查看管理信息系统	未建立安全生产管理系统或平台，不得分
		（5）对接送班车、巡查车等配备车辆卫星定位系统终端，进行动态监控、提醒和预警	5	查看车辆监控系统	（1）接送班车、巡查车等未配备车辆卫星定位系统终端的，不得分； （2）未对车辆进行动态监控、提醒和预警的，扣3分
八、队伍建设（80分）	1. 培训计划	制订并实施年度教育培训计划，明确培训内容和培训时间	10	查阅安全管理台账	（1）未制订年度教育培训计划的，不得分； （2）未明确培训内容的，扣3分； （3）未明确培训时间的，扣2分
	2. 宣传教育	组织开展安全生产的法律、法规和安全生产知识的宣传、教育	5	查阅安全管理台账	未组织开展宣传、教育的，不得分
	3. 管理人员	（1）企业主要负责人和安全管理人员具备相应安全知识和管理能力，并取得行业主管部门培训合格证	10★★★	查阅安全管理台账	（1）企业主要负责人未取得行业主管部门培训合格证的，不得分； （2）安全管理人员未取得行业主管部门培训合格证的，不得分
		（2）专（兼）职安全管理人员具备专业安全生产管理知识和经验，熟悉各岗位的安全生产业务操作规程，运用专业知识和规章制度开展安全生产管理工作，并保持安全生产管理人员的相对稳定	15	查阅安全管理台账，现场询问	（1）专（兼）职安全管理人员不熟悉业务知识和各岗位操作规程的，每人次扣2分，最高扣12分； （2）频繁更换安全生产管理人员的，扣3分
	4. 从业人员培训	（1）从业人员上岗、转岗前接受三级安全教育；未经安全生产培训合格的从业人员，不得上岗作业	10	查阅安全管理台账	（1）三级安全教育培训，每遗漏一人扣1分，最高扣3分； （2）三级安全教育培训未达到规定学时，每人次扣1分，最高扣3分； （3）未经安全生产培训合格上岗作业的，每人次扣1分，最高扣4分

续上表

考评内容	考评要点		分值	考评方法	考评标准
八、队伍建设（80分）	4. 从业人员培训	（2）从业人员每年接受再培训，提高从业人员的素质和能力，再培训时间不得少于有关规定学时	10★★	查阅安全管理台账	（1）未组织从业人员再培训的，不得分； （2）再培训时间少于有关规定学时的，每人次扣1分，最高扣4分
		（3）新技术、新设备投入使用前，对管理和操作人员进行专项培训	10	查阅安全管理台账	（1）未对管理和操作人员进行专项培训的，不得分； （2）管理和操作人员专项培训有遗漏的，每人次扣1分，最高扣4分
	5. 规范档案	（1）建立健全安全宣传教育培训考评档案，详细、准确记录培训考评情况	5	查阅安全管理台账	未建立安全宣传教育培训考评档案的，不得分
		（2）对培训效果进行评审，改进提高培训质量	5	查阅安全管理台账	未对培训效果进行评审，改进提高培训质量的，不得分
九、作业管理（170分）	1. 现场作业管理	（1）建立涉路（跨越、穿越、架设、埋设等）作业审批管理制度，明确责任部门、人员、审批要求等，并严格按要求执行	10★★	查阅安全管理台账	（1）未建立涉路（跨越、穿越、架设、埋设等）作业审批管理制度的，不得分； （2）涉路作业审批管理制度未明确责任部门、人员、审批要求等的，扣2分； （3）未履行审批管理职责的，扣5分
		（2）在下达生产任务的同时，布置安全生产工作要求	5	查阅安全管理台账	未布置安全生产工作要求的，不得分
		（3）严格执行操作规程和安全生产作业规定，严禁违章指挥、违章操作、违反劳动纪律，正确使用安全防护用具	15	现场检查	（1）现场存在违章指挥、违章操作和违反劳动纪律行为的，每人次扣2分，最高扣10分； （2）未使用或未正确使用防护用具的，每人次扣1分，最高扣5分
		（4）指定专人对养护、清障施救等危险作业进行现场管理	10	查阅安全管理台账，检查现场	未指定专人对养护、清障施救等危险作业进行现场管理的，不得分
		（5）建立和执行现场安全检查制度，严禁无关人员进入作业区域	10★★	查阅安全管理台账，检查现场	（1）未建立和执行现场安全检查制度的，扣6分； （2）有无关人员进入危险作业场所的，每人次扣1分，最高扣4分

续上表

考评内容	考评要点		分值	考评方法	考评标准
九、作业管理（170分）	1. 现场作业管理	（6）制订收费、道路巡查、养护施工、清障施救等作业规程，并严格监督实施	10	查阅安全管理台账，检查现场	（1）未制订收费、道路巡查、养护施工、清障施救等作业规程的，扣5分； （2）未严格监督实施作业规程的，扣5分
		（7）收费、养护、清障施救等从业人员具有相关资质条件	10★★★	查阅安全管理台账	从业人员不具有相关上岗条件的，不得分
		（8）对需封（占）道的检测、养护、施工等危险性较高作业活动实施作业许可管理，严格履行审批手续，作业方案应包含危害因素分析和安全措施等内容	15★★	查阅安全管理台账	（1）未对危险性较高作业活动实施作业许可管理，履行审批手续的，扣10分； （2）作业方案未包含危害因素分析和安全措施等内容的，扣5分
		（9）及时公告施工、检测、清障施救等作业信息，向通行车辆和人员警示、提示	10	检查现场，查阅安全管理台账	未及时如实利用可变情报板等媒介公告施工、检测等作业信息的，每次扣2分
	2. 安全值班	制订并落实安全生产值班计划和值班制度，重要时期实行领导到岗带班，有值班记录台账	10	查阅安全管理台账	（1）未制订值班计划和值班制度的，扣5分； （2）重要时期领导未到岗带班的，扣3分； （3）未建立值班记录台账的，扣2分
	3. 相关方管理	（1）建立外协、外包等相关方的准入机制和管理制度，相关方安全生产许可证、资质、资格符合法律法规相关要求	10	查阅安全管理台账	（1）未建立相关方准入机制和管理制度的，扣5分； （2）发包或使用不具备相应资质或条件的相关方的，扣5分
		（2）与相关方签订安全协议，明确双方各自的安全责任	10	查阅安全管理台账	未与相关方签订安全协议，明确双方各自的安全责任的，不得分
		（3）对两个或两个以上相关方共同生产作业进行统一安全管理，明确职责并落实到位	5	查阅安全管理台账	（1）未对共同生产作业的相关方进行统一安全管理的，扣3分； （2）未明确相关方各自安全职责的，扣2分
		（4）落实相关方安全监督管理职责，严格执行作业前准备、作业过程、表现评估等管理，并建立合格相关方名录和档案	15★★	查阅安全管理台账，现场检查	（1）未对相关方实施安全监督管理的，不得分； （2）作业前准备、作业过程、表现评估等相关方监督管理职责执行，每遗漏一项扣2分，最高扣10分； （3）未建立合格相关方名录和档案的，扣5分

续上表

考评内容	考评要点		分值	考评方法	考评标准
九、作业管理（170分）	3. 相关方管理	（5）督促相关方足额使用安全生产费用并专款专用	5	查阅安全管理台账	（1）未督查相关方安全生产费用使用的，扣3分； （2）相关方安全费用未做到专款专用的，扣2分
	4. 工作环境	工作、生活场所的布置符合安全、消防和职业健康要求，疏散距离合理，消防通道畅通，各种设施布局合理	10	现场检查等	工作、生活场所的布置不符合安全、消防和职业健康要求的，每处扣2分
	5. 警示标志	（1）在存在危险因素的场所和设备设施，设置明显的安全警示标志，警示、告知危险种类、后果及应急措施	5★★★	现场检查等	（1）未设置明显安全警示标志的，不得分； （2）未明确危险种类、后果及应急措施的，不得分
		（2）在清障施救、设备设施检维修、道路养护施工等作业现场，按要求设置警戒区域和警示标志	5★★★	现场检查等	未按要求设置警戒区域和警示标志的，不得分
十、危险源辨识与风险控制（35分）	1. 危险源辨识	（1）开展本单位危险设施或场所危险源的辨识和确定工作	5	查阅安全管理台账	（1）未按制度开展本单位危险设施或场所危险源辨识的，扣3分； （2）未对辨识的危险源分析确定的，扣2分
		（2）及时对作业活动和设备设施进行危险、有害因素识别	5	查阅安全管理台账	未按制度对作业活动和设备设施进行危险、有害因素识别的，不得分
		（3）辨识重大危险源，采取有效防护措施，按规定报有关部门备案	15★★	查阅安全管理台账	（1）未对重大危险源进行辨识的，不得分； （2）重大危险源未采取有效防护措施的，扣5分； （3）重大危险源未报有关部门备案的，扣5分
	2. 风险控制	（1）向从业人员如实告知作业场所和工作岗位存在的危险因素、防范措施以及事故应急措施	5	查阅安全管理台账，现场询问	未如实告知作业场所和工作岗位存在危险因素、防范措施以及事故应急措施的，不得分
		（2）对危险源进行建档，重大危险源单独建档管理	5	查阅安全管理台账	未建立危险源档案，并对重大危险源单独建档的，不得分

续上表

考评内容	考评要点		分值	考评方法	考评标准
十一、隐患排查与治理（55 分）	1. 隐患排查	（1）制订隐患排查工作方案，明确排查的目的、范围，选择合适的排查方法	5	查阅安全管理台账	（1）未制订隐患排查工作方案，不得分； （2）隐患排查方案未明确排查目的、范围和排查方法的，每缺一项扣 1 分
		（2）每月至少开展一次安全专项检查，及时发现安全管理缺陷和漏洞，消除安全隐患。检查及处理情况记录在案	10★★★	查阅安全管理台账	（1）未每月至少开展一次安全专项检查的，不得分； （2）对检查中发现的安全管理缺陷和漏洞未及时采取措施消除的，不得分； （3）检查及处理情况记录不齐全的，不得分
		（3）对各种安全检查所查出的隐患进行原因分析，制订针对性控制对策	5	查阅安全管理台账	（1）未对隐患原因进行认真分析的，扣 2 分； （2）未对隐患制订针对性控制对策的，扣 3 分
	2. 隐患治理	（1）制订隐患治理方案，包括目标和任务、方法和措施、经费和物资、机构和人员、时限和要求	10	查阅安全管理台账	（1）未制定隐患治理方案的，不得分； （2）隐患治理方案未明确目标和任务、方法和措施、经费和物资、机构和人员、时限和要求的，每缺一项扣 2 分
		（2）对上级检查指出或自我检查发现的一般安全隐患，严格落实防范和整改措施，并定期复查，组织整改到位	5	查阅安全管理台账	（1）对检查出的一般安全隐患未落实防范和整改措施的，扣 3 分； （2）未定期对隐患进行复查并组织整改到位的，扣 2 分
		（3）重大安全隐患报相关部门备案，做到整改措施、责任、资金、时限和预案“五到位”	10★★	查阅安全管理台账	（1）重大安全隐患未报相关部门备案的，扣 5 分； （2）重大隐患治理未做到整改措施、责任、资金、时限和预案“五到位”的，扣 5 分
		（4）建立隐患治理台账和档案，有相关的记录	5	查阅安全管理台账	未建立隐患治理台账和档案的，不得分
		（5）按规定对隐患排查和治理情况进行统计分析，并向有关部门报送书面统计分析表	5	查阅安全管理台账	（1）隐患排查和治理情况未进行统计分析的，不得分； （2）未书面向有关部门报送统计分析表的，扣 2 分

续上表

考评内容	考评要点		分值	考评方法	考评标准
十二、职业健康（45分）	1. 健康管理	（1）取得ISO 9000、职业健康安全体系认证	10★	查阅认证证书	未取得ISO 9000、职业健康安全体系认证的，不得分
		（2）设置或指定职业健康管理机构，配备专（兼）职管理人员	5	查阅安全管理台账	（1）未设置或指定职业健康管理机构的，扣3分； （2）未配备专（兼）职管理人员的，扣2分
		（3）按规定对从业人员进行职业健康检查	5	查阅安全管理台账	未按规定对从业人员进行职业健康检查的，每人次扣1分
	2. 工伤保险	为从业人员缴纳工伤保险，并为从事危险作业人员办理意外伤害险	5★★	查阅安全管理台账	（1）未为从业人员缴纳工伤保险的，扣3分； （2）未为从事危险作业人员办理意外伤害险的，扣2分
	3. 危害告知	对从业人员进行职业健康宣传培训。使其了解其作业场所和工作岗位存在的危险因素和职业危害、防范措施和应急处理措施，降低或消除危害后果的事项	5	查阅安全管理台账，检查工作场所	（1）未对从业人员进行职业健康宣传培训的，不得分； （2）从业人员不了解作业场所和工作岗位存在的危险因素和职业危害、防范措施及应急处理措施的，每人次扣1分
	4. 劳动保护	（1）为从业人员提供符合职业健康要求的工作环境和条件，配备与职业健康保护相适应的设施、工具	5	检查工作场所，询问从业人员	（1）工作场所不符合国家规定的职业健康要求的，扣3分； （2）设施、工具配备与职业健康保护不相适应的，扣2分
		（2）健全劳动防护用品管理制度，按规定定期发放劳动防护用品，教育从业人员正确佩戴和使用劳动防护用品	10	查阅安全管理台账，询问从业人员	（1）未建立健全劳动防护用品管理制度的，扣5分； （2）未按规定定期发放劳动防护用品的，扣3分； （3）未按规定教育从业人员正确佩戴和使用劳动防护用品的，扣2分
十三、安全文化（35分）	1. 安全环境	（1）设立安全文化廊、安全角、黑板报、宣传栏等员工安全文化阵地，每月至少更换2次内容	5	查看现场、安全管理台账	（1）未设立安全文化廊、安全角、黑板报、宣传栏等员工安全文化阵地的，不得分； （2）宣传内容每月更换少于两次的，扣2分
		（2）公开安全生产举报电话号码、通信地址或者电子邮件信箱。对接到的安全生产举报和投诉及时予以调查和处理	5	查阅安全管理台账	（1）未公开安全生产举报号码、通信地址或电子邮件信箱的，扣3分； （2）对接到的举报、投诉未及时予以调查和处理的，扣2分

续上表

考评内容	考评要点		分值	考评方法	考评标准
十三、安全文化（35分）	2. 安全行为	（1）开展安全承诺活动	5★	查阅安全管理台账	未开展安全承诺活动的，不得分
		（2）编制安全知识手册，并发放到从业人员	5	查阅安全管理台账	（1）未编制安全知识手册的，不得分； （2）手册未发放到相关从业人员的，扣2分
		（3）组织开展安全生产月活动、安全生产竞赛活动，有方案、有总结	5	查阅安全管理台账	（1）未组织开展安全生产月、安全生产竞赛活动的，不得分； （2）活动未制定方案、未作总结的，扣2分
		（4）对在安全工作中做出显著成绩的集体、个人给予表彰、奖励，并与其经济利益挂钩	5	查阅安全管理台账	（1）未对安全工作中做出显著成绩的先进集体、个人进行表彰、奖励的，不得分； （2）表彰、奖励未与经济利益挂钩的，扣3分
		（5）对安全生产进行检查、评比、考评，总结和交流经验，推广安全生产先进管理方法	5	查阅安全管理台账	（1）未对安全生产进行检查、评比、考评，总结和交流经验的，扣3分； （2）未推广安全生产先进管理方法的，扣2分
十四、应急救援（80分）	1. 预案制订	（1）制订相应的突发事件应急预案，有相应的应急保障措施	10★★★	查阅安全管理台账	（1）未制订相应的突发事件应急预案的，不得分； （2）预案没有相应的应急保障措施的，不得分
		（2）结合企业实际将应急预案分为综合应急预案、专项应急预案和现场处置方案	5★★	查阅安全管理台账	预案未结合企业实际按规定进行分类的，不得分
		（3）应急预案与当地政府预案保持衔接，报当地有关部门备案，通报有关协作单位	5	查阅安全管理台账	（1）预案未报当地有关部门备案的，不得分； （2）预案未通报有关应急协作单位的，扣2分
		（4）组织开展应急预案评审或论证，并定期进行修订和完善	5	查阅安全管理台账	（1）未组织开展应急预案评审或论证的，不得分； （2）未定期对应急预案进行修订和完善的，扣2分
	2. 预案实施	（1）开展应急预案的宣传教育，普及生产安全事故预防、避险、自救和互救知识	5	查阅安全管理台账，询问从业人员	未开展应急预案宣传教育的，不得分
		（2）开展应急预案培训活动，使有关人员了解应急预案内容，熟悉应急职责、应急程序和应急处置方案	5★★	查阅安全管理台账，询问有关人员	（1）未组织开展应急预案培训的，不得分； （2）有关人员不熟悉应急预案内容的，扣2分

续上表

考评内容	考评要点		分值	考评方法	考评标准
十四、应急救援（80分）	2. 预案实施	（3）发生事故后，及时启动应急预案，组织有关力量进行救援，并按照规定将事故信息及应急预案启动情况报告有关部门	5	查阅安全管理台账	（1）发生事故未及时启动预案，组织有关力量进行救援的，不得分； （2）未按照规定将事故信息及应急预案启动情况报告有关部门的，扣2分
	3. 应急队伍	（1）建立与本单位安全生产特点相适应的专兼职应急救援队伍	10★★★	查阅安全管理台账	未建立与本单位安全生产特点相适应的专兼职应急救援队伍的，不得分
		（2）组织应急救援人员日常训练	5	查阅安全管理台账	未组织应急救援人员日常训练的，不得分
	4. 应急装备	（1）按照应急预案的要求配备相应的应急物资及装备	5	查阅安全管理台账，抽查现场	未按照应急预案的要求配备相应的应急物资及装备的，不得分
		（2）建立应急装备使用状况档案，定期进行检测和维护，使其处于良好状态	5	查阅安全管理台账	（1）未建立应急装备使用状况档案的，扣2分； （2）未定期对应急装备进行检测维护的，扣3分
	5. 应急演练	（1）按照有关规定制订应急预案演练计划，并按计划组织开展应急预案演练	10★★★	查阅安全管理台账	（1）未按照有关规定制定应急预案演练计划的，不得分； （2）未按计划组织开展应急预案演练的，不得分
		（2）应急预案演练结束后，对应急预案演练效果进行评估，撰写应急预案演练评估报告，分析存在的问题，并对应急预案提出修订意见	5★	查阅安全管理台账	（1）未对应急演练效果进行评估并形成演练评估报告的，不得分； （2）演练评估报告未分析演练存在的问题和对应急预案提出修订意见的，扣3分
十五、事故报告调查处理（45分）	1. 事故报告	（1）发生事故及时进行事故现场处置，按相关规定及时、准确、如实向有关部门报告，没有瞒报、谎报、迟报情况	10★★★	查阅安全管理台账	（1）发生事故未及时进行事故现场处置的，不得分； （2）事故报告存在瞒报、谎报、迟报情况的，不得分
		（2）跟踪事故发展情况，及时续报事故信息，建立事故档案和事故管理台账	5	查阅安全管理台账	（1）未跟踪事故发展情况，及时续报事故信息的，扣2分； （2）未建立事故档案和事故管理台账的，扣3分

续上表

考评内容	考评要点		分值	考评方法	考评标准
十五、事故报告调查处理（45分）	2. 事故处理	（1）接到事故报告后，迅速采取有效措施，组织抢救，防止事故扩大，减少人员伤亡和财产损失	5	查阅安全管理台账	事故发生后未采取有效措施组织救援的，不得分
		（2）发生事故后，按规定成立事故调查组，积极配合各级人民政府组织的事故调查，随时接受事故调查组的询问，如实提供有关情况	5	查阅安全管理台账	（1）未按规定成立事故调查组的，不得分； （2）未配合事故调查并如实提供有关情况的，扣3分
		（3）按时提交事故调查报告，分析事故原因，落实整改措施	5	查阅安全管理台账	（1）未按时提交事故调查报告的，不得分； （2）事故调查报告未分析事故原因、落实整改措施的，扣3分
		（4）发生事故后，及时组织事故分析，并在企业内部进行通报	5	查阅安全管理台账	（1）未及时组织事故分析的，不得分； （2）未在企业内部进行通报的，每次扣2分
		（5）按“四不放过”原则严肃查处事故，严格追究责任领导和相关责任人。处理结果报上级主管部门备案	10★★	查阅安全管理台账	（1）未按“四不放过”原则严肃查处事故的，不得分； （2）处理结果未报上级主管部门备案的，扣3分
十六、绩效考评与持续改进（35分）	1. 绩效考评	每年至少1次对本单位安全生产标准化的实施情况进行评定，对安全生产工作目标、指标的完成情况进行综合考评	5	查阅安全管理台账	（1）每年未对本单位安全生产标准化实施情况进行评定的，扣3分； （2）未对安全生产工作目标、指标的完成情况进行综合考评的，扣2分
	2. 持续改进	提出进一步完善安全标准化的计划和措施，对安全生产目标、指标、管理制度、操作规程等进行修改完善	10	查阅安全管理台账	（1）未提出进一步完善安全标准化的计划和措施的，扣5分； （2）未对相关安全生产目标、指标等进行修改完善的，扣5分
	3. 安全管理体系建设	根据企业生产经营实际，建立相应的安全管理体系，规范安全生产管理，形成长效机制	20★	查阅安全管理台账	（1）未根据企业生产经营实际，建立相应的安全管理体系的，扣10分； （2）未规范安全生产管理形成长效机制的，扣10分

第二节　浙江省高速公路营运企业安全生产标准化考评指标释义

一、安全目标

本部分规定了企业应制订安全目标，并实行安全目标管理，主要包括企业安全生产工作方针与目标、中长期目标、年度计划的制订和实行目标考核等要求。企业只有充分认识和正确理解安全生产方针，实施目标管理，才能保证各项安全管理措施的落实。

本部分包括4项内容，涉及7个考评要点，考评满分35分。

1. 安全工作方针与目标

【依据】

(1)《国务院关于进一步加强企业安全生产工作的通知》(国发〔2010〕23号)

(2)《企业安全生产标准化基本规范》(AQ/T9006—2010)

【内容1】

制订企业安全生产方针、目标和不低于上级下达的安全控制指标。(★★★)

【释义】

企业应制订企业安全生产方针和目标，目标应包含总体和年度目标，且不低于上级下达的安全控制指标。安全生产方针、目标切合实际，目标明确、具体和量化。

国务院《关于进一步加强企业安全生产工作的通知》明确提出将实行更加严格的考核和责任追究，严格落实安全目标考核。对各地区、各有关部门和企业完成年度生产安全事故控制指标情况进行严格考核，并建立激励约束机制。

《企业安全生产标准化基本规范》5.1条规定：企业根据自身安全生产实际，制订总体和年度安全生产目标；按照所属基层单位和部门在生产经营中的职能，制订安全生产指标和考核办法。

企业安全生产方针，是企业安全生产工作的总体要求。企业应根据国家安全生产工作方针，并结合企业生产实际制订安全生产方针。企业制订的各项具体制度、措施，必须体现、符合安全生产方针的要求。

安全生产目标，是企业为实现其安全生产使命，而采取的行动计划所确定的行动方向和标准。安全生产目标能够使各级领导及从业人员明确要重点防范的生产安全事故或安全生产工作的努力方向，有利于统一思想、统一调动各类资源，是企业向社会及从业人员做出的承诺，也是社会责任的一种重要体现。企业根据自身安全生产实际制订包括防止事故灾害和财产损失、保障人身安全与健康、保证生产安全运行的总体目标、中长期和年度目标。

安全控制指标，主要内容是死亡人数、每亿元国内总值死亡率、10万从业人员死亡率等。上述指标通过各级安委会纵向分解下达至各级政府，横向由政府分解下达至行业主管部门。通过这种强化各级地方政府安全生产责任的方式，以期达到控制和减少安全事故的目的。

上级，是指地方政府、行业主管部门、母公司、董事会等机构。

对高速公路营运企业来说，控制指标一般包括生产安全事故伤亡人数和直接经济损失等。

【要点】

(1)查阅企业制订安全生产方针、目标的有关文件资料。

(2)核查企业确定的安全控制指标是否低于上级或有关主管部门下达的安全控制指标。

【内容2】

制订实现安全工作方针与目标的措施。

【释义】

企业应制订实现安全工作方针与目标的措施。

为了实现安全工作方针与目标，企业要制订相应的工作要求和措施，如明确安全生产责任、建立安全管理制度、开展安全教育与培训、隐患排查治理、健全应急体系等，并明确责任人、责任部门以及完成的时间节点等。

【要点】

查阅企业安全目标文件或安全工作计划，是否有为实现安全生产方针与目标的各项保障措施的描述。

2. 中长期规划

【依据】

(1)《国务院关于进一步加强企业安全生产工作的通知》(国发〔2010〕23 号)

(2)《关于印发交通运输安全生产和应急体系十二五发展规划的通知》(交安监发〔2011〕286 号)

【内容】

制订和实施企业安全生产中长期规划和跨年度专项工作方案。(★★)

【释义】

企业应制订和实施企业安全生产中长期规划和跨年度专项安全工作方案。

《国务院关于进一步加强企业安全生产工作的通知》明确指出，企业要把安全生产工作的各项要求落实在企业发展和日常工作之中，在制订企业发展规划和年度生产经营计划中要突出安全生产，确保安全投入和各项安全措施到位。

《关于印发交通运输安全生产和应急体系“十二五”发展规划的通知》明确提出，交通运输安全生产和应急体系“十二五”发展规划是交通运输“十二五”规划的重要组成部分，要将安全生产和应急体系建设内容纳入相关规划和建设工程。

企业安全生产中长期规划，是指企业全局的、较为长远的安全计划或企业在单位总体战略规划上有安全生产专篇。中长期规划的时间跨度要求 3 年及以上。规划的主要内容包括：安全生产现状的总结和分析、指导思想、规划目标、主要任务与保障措施。

跨年度专项安全工作方案，是指企业根据中长期规划中的重点工作和战略措施安排，所制订的需要跨年度实施的，专项安全工作方案。

【要点】

(1)查阅企业的安全生产中长期规划和跨年度专项工作方案的文件资料。

(2)查阅企业安全生产中长期规划和跨年度专项工作方案相关实施记录。

3. 年度计划

【依据】

(1)《国务院关于进一步加强企业安全生产工作的通知》(国发〔2010〕23 号)

(2)《关于印发交通运输安全生产和应急体系“十二五”发展规划的通知》(交安监发〔2011〕286 号)

【内容】

根据中长期规划，制订年度计划和年度专项活动方案，并严格执行。

【释义】

企业应根据中长期规划，制订年度计划和年度专项活动方案，并严格执行。

《关于印发交通运输安全生产和应急体系“十二五”发展规划的通知》明确提出：交通运输安全生产和应急体系“十二五”发展规划是交通运输行业总体规划中的专项规划，各级部门要将安全生产和应急信息平台等作为强制性建设项目，纳入规划年度实施计划，加快相关工程的立项、投资和建设，并与公路水路交通其他专项规划和建设工程相衔接，同步规划设计、同步建设施工、同步验收运行，保证规划的实施。

为确保安全管理目标的实现，根据企业中长期规划目标和要求，企业组织制订每年度安全计划和专项活动方案，包括指导思想、活动主题、组织机构、工作目标、时间节点和具体活动内容等。各部门、单位按照企业安全生产责任制和岗位职责的落实要求进行分解，以确保全年安全计划和方案得到全面施行。

【要点】

(1)查阅企业安全生产年度计划和年度专项活动方案等相关文件资料，核对年度计划和年度专项工作方案内容与中长期规划的一致性。

(2)查阅年度计划和年度专项工作方案的实施情况的相关记录。

4. 目标考核

【依据】

(1)《国务院关于进一步加强企业安全生产工作的通知》(国发〔2010〕23号)

(2)《国务院关于坚持科学发展安全发展促进安全生产形势持续稳定好转的意见》(国发〔2011〕40号)

(3)《中共浙江省委 浙江省人民政府 关于加强安全生产促进安全发展的意见》(浙委发〔2014〕5号)

【内容1】

将安全生产管理指标进行细化和分解，制订阶段性的安全生产控制指标。

【释义】

企业应将安全生产管理指标进行细化和分解，制订管理指标的阶段性控制目标。

企业应结合实际，按照组织结构和基层单位在安全生产中承担的职责和发挥的作用，将年度的安全生产管理指标进行细化和分解，并制订管理指标的阶段性控制目标，并逐级分解，层层签订安全生产责任书，落实到每个部门、单位、班组和岗位。

【要点】

查阅企业制订阶段性安全生产管理指标的文件资料，是否对安全生产管理指标进行细化，并分解到各职能部门和岗位。

【内容2】

制订安全生产目标考核与奖惩办法。

【释义】

企业应制订安全生产目标考核与奖惩办法。

企业按照所属基层单位和部门在生产经营中的职能，制订安全生产目标考核与奖惩办法，并明确考核、奖惩的对象、考核的实现、考核的程序和方法，考核的具体内容、奖惩条件等，并要明确考核的责任部门，保证考核和奖惩工作的实施。

《国务院关于进一步加强企业安全生产工作的通知》明确规定："严格落实安全目标考核。对各地区、各有关部门和企业完成年度生产安全事故控制指标情况进行严格考核，并建立激励约束机制。加大重特大事故的考核权重，发生特别重大生产安全事故的，要根据情节轻重，追究地市级分管领导或主要领导的责任；后果特别严重、影响特别恶劣的，要按规定追究省部级相关领导的责任。加强安全生产基础工作考核，加快推进安全生产长效机制建设，坚决遏制重特大事故的发生。"

【要点】

查阅企业制订的安全生产目标考核与奖励办法等相关规章制度及文件资料。

【内容3】

定期考核年度安全生产目标完成情况，并奖惩兑现。

【释义】

企业应按照安全生产目标考核与奖惩办法，对各基层单位和部门完成年度安全生产目标情况定期进行考核，一般为一年或半年，考核结果要与绩效挂钩；根据考核结果进行奖优罚劣，并奖惩兑现，有实际情况记录。

《国务院关于坚持科学发展安全发展促进安全生产形势持续稳定好转的意见》明确要求："加强安全生产绩效考核。把安全生产考核控制指标纳入经济社会发展考核评价指标体系，加大各级领导干部政绩业绩考核中安全生产的权重和考核力度。把安全生产工作纳入社会主义精神文明和党风廉政建设、社会管理综合治理体系之中。制订完善安全生产奖惩制度，对成效显著的单位和个人要以适当形式予以表扬和奖励，对违法违规、失职渎职的，依法严格追究责任。"

《中共浙江省委　浙江省人民政府　关于加强安全生产促进安全发展的意见》要求，把安全生产考核结果作为评价各级领导班子和领导干部实绩的重要内容，作为干部选拔任用、培养教育、奖励惩戒的重要依据。对安全生产工作业绩突出、安全生产责任制考核优秀的单位和个人，按照有关规定给予表彰奖励。将安全生产"一岗双责"履行情况作为党委、政府评选先进单位和个人以及干部考核评价的重要内容。对长期工作在安全监管一线并作出突出贡献的同志，在教育培训、评先评优等方面予以优先考虑。深化平安浙江建设，加大对影响生命安全事项的考核权重。实行党政领导干部安全生产工作"一票否决"制，年度安全生产责任制考核不合格、发生重大及以上安全生产责任事故的市及事发地的县（市、区）和乡镇（街道）、发生较大恶性安全生产责任事故的县（市、区）及事发地的乡镇（街道），当年不得参加各类先进评比。发生重大及以上安全生产责任事故或在一月内连续发生3起较大安全生产责任事故的地区和单位，由省安全生产委员会予以警示通报，并约谈所在市党委、政府主要负责同志。发生较大及以上安全生产责任事故或连续发生安全生产死亡事故的国有、国有控股企业领导班子成员，按规定扣减一定比例效益年薪，主要负责人一年内不得参加各类先进评比。对因发生安全生产责任事故符合问责情形的，按规定对相关领导干部实行问责。

【要点】

查阅企业对年度安全生产目标完成情况进行考核、奖惩兑现的文件资料及活动记录。

二、管理机构和人员

本部分规定了企业应当依法设置安全管理机构，足额配备安全管理人员，在企业中形成安全管理的组织体系，有效地进行安全生产指挥和协调，是安全生产必不可少的组织措施。

本部分包括2项内容，涉及5个考评要点，考评满分为40分。

1. 安全管理机构

【依据】

（1）《安全生产法》（主席令〔2002〕70号2014年修正）

（2）《交通行业中央企业安全工作考核管理办法》（交海发〔2006〕82号）

（3）《交通运输部关于进一步加强安全生产工作的意见》（交安监发〔2013〕1号）

（4）《浙江省安全生产条例》（浙江省人民代表大会常务委员会公告第56号，2014年修正）

（5）《浙江省落实生产经营单位安全生产主体责任暂行规定》（浙安委〔2009〕12号）

【内容1】

成立安全生产委员会（或领导小组），下属各分支机构分别成立相应的领导机构。安委会职责明确，实行主要领导负责制。（★★）

【释义】

企业应成立安全生产委员会（或领导小组），下属各分支机构分别成立相应的领导机构。安委会应当职责明确，实行主要领导负责制。

《交通运输部关于进一步加强安全生产工作的意见》要求，各级交通运输管理部门和交通运输企业应按有关规定，设置安全管理机构和配置安全管理人员，建立健全安全生产委员会制度。

安全生产委员会是企业安全生产的领导机构，负责统一领导本企业的安全生产工作，决策企业安全生产的重大问题。主要是负责组织、研究、部署本单位安全生产工作，专题研究重大安全生产事项，制订、实施加强和改进本单位安全生产工作的措施等。

安委会主任应当由企业安全生产第一责任人担任。当机构发生人员变动时应及时调整。企业及其下属单位应建立安全生产委员会或安全生产领导小组，明确工作职责。

企业成立安全生产委员会（或领导小组）、下属机构设立相应的安全生产领导机构及其工作职责应以文件形式明确。

【要点】

（1）查阅企业成立安全生产委员会（或领导小组）、下属各分支机构成立相应的领导机构及相关工作职责的文件资料。

（2）检查企业安委会工作职责。

【内容2】

按规定设置独立的安全生产管理机构。（★★★）

【释义】

高速公路营运企业，从业人员超过100人的，应当设置独立的安全生产管理机构。

《安全生产法》第21条规定：矿山、金属冶炼、建筑施工、道路运输单位和危险物品的生产、经营、储存单位，应当设置安全生产管理机构或者配备专职安全生产管理人员。前款规定以外的其他生产经营单位，从业人员超过100人的，应当设置安全生产管理机构或者配备专职安全生产管理人员；从业人员在100人以下的，应当配备专职或者兼职的安全生产管理人员。

《浙江省安全生产条例》第17条规定：矿山、危险物品的生产、经营、储存单位和使用数量构成重大危险源的单位，应当设置安全生产管理机构。前款规定以外的生产经营单位，从业人员超过300人的，应当设置安全生产管理机构。

《浙江省落实生产经营单位安全生产主体责任暂行规定》第8条规定：生产经营单位应当依法设置安全生产管理机构或者配备安全生产管理人员，支持安全生产管理机构和安全生产管理人员履行安全生产管理职责，并保证其开展工作必要的条件。矿山、危险物品的生产、经营、储存单位和使用数量构成重大危险源的单位，应当设置安全生产管理机构或者配备专职安全生产管理人员。前款规定以外的其他生产经营单位，从业人员在50人以下的，应当配备专职或者兼职安全生产管理人员；从业人员超过50人的，应当配备不少于1名专职安全生产管理人员；从业人员超过300人的，应当设置安全生产管理机构或者配备不少于2名专职安全生产管理人员。

安全生产管理机构是企业内部设置的专门负责安全生产监督管理的机构，是企业安全生产工作的综合管理部门，对其他职能部门的安全生产管理工作进行综合协调和监督。企业成立安全生产管理机构应以文件形式进行明确。

【要点】

查阅企业独立的安全生产管理机构设置的相关文件资料。

【内容3】

定期召开安全生产委员会会议。安全生产管理机构和下属各分支机构每月至少召开一次安全工作例会。

【释义】

企业每季度至少召开1次安委会会议，安全生产管理机构和下属各分支机构每月至少召开1次安全工作例会，遇有特殊情况和发生重、特大事故时应及时开会处理。

《交通行业中央企业安全工作考核管理办法》第5条规定：建立安全生产专题会议制度。每年召开不少于1次安全生产工作会议；每季度至少召开1次安全生产工作例会。

【要点】

查阅安全生产相关的会议记录、影像及会议出席人员的签字等资料。

2. 管理人员配备

【依据】

(1)《安全生产法》(主席令〔2002〕70 号,2014 年修正)

(2)《国务院关于进一步加强企业安全生产工作的通知》(国发〔2010〕23 号)

(3)《浙江省安全生产条例》(浙江省人民代表大会常务委员会公告第 56 号,2014 年修正)

(4)《中央企业安全生产监督管理办法》(国资监〔2008〕21 号)

(5)《浙江省落实生产经营单位安全生产主体责任暂行规定》(浙安委〔2009〕12 号)

【内容 1】

按规定足额配备专兼职安全生产和应急管理人员。(★★★)

【释义】

企业应按规定足额配备专兼职安全生产和应急管理人员。

《安全生产法》第 21 条规定:矿山、金属冶炼、建筑施工、道路运输单位和危险物品的生产、经营、储存单位,应当设置安全生产管理机构或者配备专职安全生产管理人员。前款规定以外的其他生产经营单位,从业人员超过 100 人的,应当设置安全生产管理机构或者配备专职安全生产管理人员;从业人员在 100 人以下的,应当配备专职或者兼职的安全生产管理人员。

《浙江省安全生产条例》第 17 条规定:矿山、危险物品的生产、经营、储存单位和使用数量构成重大危险源的单位,应当设置安全生产管理机构或者配备专职安全生产管理人员;从业人员超过 50 人的,应当配备不少于 2 名的专职安全生产管理人员。前款规定以外的生产经营单位,从业人员在 50 人以下的,应当配备专职或者兼职的安全生产管理人员;从业人员超过 50 人的,应当配备不少于 1 名的专职安全生产管理人员;从业人员超过 300 人的,应当设置安全生产管理机构或者配备不少于 2 名的专职安全生产管理人员。

《浙江省落实生产经营单位安全生产主体责任暂行规定》第 8 条规定:生产经营单位应当依法设置安全生产管理机构或者配备安全生产管理人员,支持安全生产管理机构和安全生产管理人员履行安全生产管理职责,并保证其开展工作必要的条件。矿山、危险物品的生产、经营、储存单位和使用数量构成重大危险源的单位,应当设置安全生产管理机构或者配备专职安全生产管理人员。前款规定以外的其他生产经营单位,从业人员在 50 人以下的,应当配备专职或者兼职安全生产管理人员;从业人员超过 50 人的,应当配备不少于 1 名专职安全生产管理人员;从业人员超过 300 人的,应当设置安全生产管理机构或者配备不少于 2 名专职安全生产管理人员。

安全生产管理人员,是指生产经营单位分管安全生产的负责人、安全生产管理机构负责人及其管理人员,以及未设安全生产管理机构的生产经营单位专、兼职安全生产管理人员等。

高速公路营运企业的应急管理人员一般包括应急预案中各级管理人员、监控指挥人员、清障施救人员等。企业安全生产管理机构的专职安全生产管理人员可以兼任应急管理人员。

【要点】

查阅企业专、兼职安全生产人员和应急管理人员配备情况的文件资料。

【内容 2】

公司领导班子分工中明确分管安全生产工作的负责人。(★★★)

【释义】

企业领导班子中应明确分管安全生产的负责人,一般为企业领导班子成员,也可以是技术负责人,或安全总监(但必须是公司领导班子的成员)

《国务院关于进一步加强企业安全生产工作的通知》明确提出:要加强企业生产技术管理。强化企业技术管理机构的安全职能,按规定配备安全技术人员,切实落实企业负责人安全生产技术管理负责制,强化企业主要技术负责人技术决策和指挥权。因安全生产技术问题不解决产生重大安全隐患的,要对企业主要负责人、主要技术负责人和有关人员给予处罚；发生事故的，依法追究责任。

【要点】

查阅企业领导班子分工相关文件。

三、安全责任体系

本部分规定了企业建立安全生产责任体系的要求，主要包括健全安全生产责任制，对责任制落实情况进行考评，对全员实行“一岗双责”等内容。建立和健全安全生产责任体系是进一步增强企业各级负责人员、各职能部门及全体员工对安全生产的责任感；明确在安全生产中应履行的职能和应承担的责任，要充分调动各级人员和各部门在安全生产方面的积极和主观能动性，确保安全生产。

本部分包括2项内容，涉及6个考评要点，考评满分为40分。

1. 健全责任制

【依据】

(1)《安全生产法》(主席令〔2002〕70号,2014年修正)

(2)《浙江省落实生产经营单位安全主体责任暂行规定》(浙安委〔2009〕12号)

(3)《中央企业安全生产监督管理暂行办法》(国资委〔2008〕21号)

(4)《交通运输部关于进一步加强安全生产工作的意见》(交安监发〔2013〕1号)

(5)《浙江省安全生产条例》(浙江省人民代表大会常务委员会公告第56号,2014年修正)

(6)《浙江省委浙江省人民政府关于加强安全生产促进安全发展的意见》(浙委发〔2014〕5号)

【内容1】

企业主要负责人、分管领导、全体员工安全职责明确，制订并落实安全生产责任制，层层签订安全生产责任书，并落实到位。(★★★)

【释义】

企业应建立健全安全生产责任制，明确主要负责人、副职领导、职能部门及全体员工等的安全职责，层层签订安全生产责任书。

习近平总书记在中央政治局第28次常委会上关于安全生产工作的重要讲话中指出：全面提高对安全生产极端重要性的认识，自觉坚守“发展绝不能以牺牲人的生命为代价”这条红线，以铁的决心、铁的措施、铁的纪律、铁的手段抓好安全生产，真正对党和国家负责、对人民负责、对民族负责。要坚持党政同责、一岗双责、齐抓共管，严格落实安全生产责任制，真正做到守土有责、履职尽责。

《安全生产法》第4条规定：生产经营单位必须遵守本法和其他有关安全生产的法律、法规，加强安全生产管理，建立、健全安全生产责任制和安全生产规章制度，改善安全生产条件，推进安全生产标准化建设，提高安全生产水平，确保安全生产。第6条规定，生产经营单位的从业人员有依法获得安全生产保障的权利，并应当依法履行安全生产方面的义务。第19条规定，生产经营单位的安全生产责任制应当明确各岗位的责任人员、责任范围和考核标准等内容。

《交通运输部关于进一步加强安全生产工作的意见》要求，完善和落实安全生产责任制，企业主要负责人、实际控制人应切实承担安全生产第一责任人责任，逐级签订安全生产责任书，完善层级责任制。

安全生产责任制应按照“安全第一、预防为主、综合治理”的方针以及“管生产必须管安全”的原则，将企业各级负责人、职能部门及全体员工在安全生产方面应做的工作及应负的责任加以明确规定。企业应以文件形式进行明确，或形成制度。

安全生产责任书应依据部门安全生产职责、年度工作计划等制定。企业各级部门、下属机构要层层签订安全生产责任书。

【要点】

(1)查阅企业主要负责人、基层单位及其员工等的安全生产职责相关文件。

(2)查阅企业签订安全生产责任书的相关资料。

【内容2】

主要负责人或实际控制人是安全生产第一责任人,按照安全生产法律法规赋予的职责,对安全生产负全面组织领导、管理责任和法律责任,并履行安全生产的责任和义务。(★★)

【释义】

企业应明确安全生产第一责任人及其安全生产职责。企业主要负责人或实际控制人是企业安全生产的第一责任人,对本单位的安全生产全面负责。

《安全生产法》第5条规定:生产经营单位的主要负责人对本单位的安全生产工作全面负责。第18条规定,生产经营单位的主要负责人对本单位安全生产工作负有下列职责:①建立、健全本单位安全生产责任制;②组织制订本单位安全生产规章制度和操作规程;③保证本单位安全生产投入的有效实施;④督促、检查本单位的安全生产工作,及时消除生产安全事故隐患;⑤组织制订并实施本单位的生产安全事故应急救援预案;⑥及时、如实报告生产安全事故;⑦组织制订并实施本单位安全生产教育和培训计划。

《浙江省安全生产条例》第14条规定:生产经营单位主要负责人对本单位安全生产负有下列责任:①建立、健全并组织落实安全生产责任制;②组织制订并督促落实安全生产规章制度和安全操作规程;③保证安全生产投入的有效实施和安全生产费用的提取使用;④组织检查安全生产工作,及时消除生产安全事故隐患;⑤组织制订并实施生产安全事故应急救援预案;⑥及时、如实报告生产安全事故,组织事故抢险,配合生产安全事故调查,在事故调查处理期间不得擅离职守;⑦向职工大会、职工代表大会、股东会或者股东大会报告安全生产情况,接受工会、从业人员、股东对安全生产工作的监督;⑧法律、法规、规章规定的其他责任。

《浙江省委浙江省人民政府关于加强安全生产促进安全发展的意见》(浙委发〔2014〕5号)提出,各类生产经营单位要按照"谁主办、谁负责,谁实施、谁担责"的原则,切实承担安全生产法定职责,其主要负责人是本单位安全生产的第一责任人,对安全生产负全面责任。

【要点】

(1)查阅企业安全生产责任制中对企业主要负责人相关职责规定。

(2)查阅主要责任人履行安全生产管理职责的相关工作总结、履职报告或年终考核等。

【内容3】

分管安全生产的负责人是安全生产的重要负责人,统筹协调和综合管理企业的安全生产工作,对安全生产负重要管理责任。

【释义】

企业应明确分管安全生产负责人的安全生产职责。

分管安全生产的负责人是安全生产的重要负责人,统筹协调和综合管理企业的安全生产工作,对安全生产负综合管理领导的重要管理责任。

《中央企业安全生产监督管理办法》第6条规定:企业主管安全生产工作的负责人协助主要负责人落实各项安全生产法律法规、标准,统筹协调和综合管理企业的安全生产工作,对企业安全生产工作负综合管理领导责任。

《浙江省委浙江省人民政府关于加强安全生产促进安全发展的意见》(浙委发〔2014〕5号)指出,落实安全生产工作领导负责制,党政主要负责同志对安全生产工作要亲力亲为、亲自抓,党委、政府领导班子成员按照职责分工承担分管领域安全生产工作的领导责任,政府主要负责同志是本地区安全生产工作第一责任人,政府分管安全生产工作的负责同志承担安全生产综合监管的领导责任。

【要点】

(1)核对安全生产责任制中对分管安全生产领导相关职责规定。

(2)查阅分管安全生产的责任人履行安全生产管理职责的相关工作总结、履职报告或年终考核等。

【内容4】

其他负责人和全体员工实行“一岗双责”，对业务范围内的安全生产工作负责。

【释义】

企业其他负责人和全体员工实行“一岗双责”，对业务范围内的安全生产工作负责。

《安全生产法》第6条规定：生产经营单位的从业人员有依法获得安全生产保障的权利，并应当依法履行安全生产方面的义务。

《浙江省落实生产经营单位安全主体责任暂行规定》第7条规定：生产经营单位的其他负责人根据“一岗双责”的原则，对各自职责范围内的安全生产工作负责，落实安全生产责任。企业应编制其他负责人和各个岗位的安全职责，并让员工熟知。

其他负责人主要包括领导班子的其他分管领导。

【要点】

(1)查阅安全生产责任制及岗位安全职责相关文件资料。

(2)询问其他负责人和全体员工有关安全生产工作职责。

(3)查阅其他负责人和全体员工履行安全生产职责的相关记录。

【内容5】

安全生产管理机构、各职能部门、生产基层单位的安全职责明确并落实到位。

【释义】

企业应明确安全生产管理机构、各职能部门、生产基层单位的安全职责，并落实到位。

《浙江省委浙江省人民政府关于加强安全生产促进安全发展的意见》(浙委发〔2014〕5号)指出，要推行与安全生产工作相适应的薪酬和奖惩制度，完善安全设施，实施安全技术改造，不断提高事故防范能力；严格执行上岗前安全培训制度，进一步加大对安全生产法律法规和技术标准规范的宣传力度，不断提高从业人员的安全意识；建立健全以安全生产责任制为核心的各项规章制度及操作规程，探索建立“首席安全官”制度，落实安全生产管理团队，配备安全生产专(兼)职管理人员，强化安全防范措施，及时消除事故隐患；完善事故应急预案，定期组织演练，提高应急处置能力。

【要点】

查阅企业制定的部门安全管理职责文件，查阅安全考核文件、部门工作报告等资料。

2. 责任制考评

【依据】

(1)《国务院关于进一步加强企业安全生产工作的通知》(国发〔2010〕23号)

(2)《浙江省安全生产条例》(浙江省人民代表大会常务委员会公告第56号,2014年修正)

(3)《安全生产法》(主席令〔2002〕70号,2014年修正)

【内容】

根据安全生产责任进行定期考核和奖惩，公告考评和奖惩情况。(★★)

【释义】

企业应根据安全生产责任书进行安全生产责任考核和奖惩，并公告考评和奖惩情况。

《安全生产法》第19条规定：生产经营单位应当建立相应的机制，加强对安全生产责任制落实情况的监督考核，保证安全生产责任制的落实。

《国务院关于进一步加强企业安全生产工作的通知》要求：实行更加严格的目标考核和责任追究。

《浙江省安全生产条例》第15条规定：生产经营单位的安全生产责任制应当明确本单位各级、各岗位的责任人员、责任内容和考核要求，形成包括全体从业人员和全部生产经营活动的安全生产责任体系。

一般情况下，企业每年至少开展1次安全责任考核，考核结果和奖惩情况通过文件形式公开下发到各个单位。

【要点】

(1)查阅企业定期进行安全生产考核、奖惩的相关文件资料。

(2)查看安全生产考评和奖惩结果发布公告的相关资料。

四、法规和安全管理制度

本部分规定了企业应正确运用法规,建立各项安全生产管理制度,主要包括资质、法规、安全管理制度、岗位安全生产操作规程、制度执行及档案管理等内容。企业建立和健全安全生产管理制度是企业的法定责任,是安全生产的重要保障,是保护从业人员安全与健康的重要手段。

本部分包括5项内容,涉及12个考评要点,考评满分为75分。

1. 资质

【依据】

(1)《企业法人登记管理条例》(国务院令〔1988〕1号,2014年修订)

(2)《收费公路管理条例》(国务院令〔2004〕417号)

【内容1】

《企业法人营业执照》合法有效,经营范围符合要求。(★★★)

【释义】

企业法人营业执照是企业或组织合法经营权的凭证,企业法人名称、住所、经营场所、法定代表人、经济性质、经营范围、经营期限等信息应与实际情况一致,发生变更要及时进行变更登记。企业应按规定每年进行年检,保障企业合法经营。

《企业法人登记管理条例》第3条规定:具备法人条件的相关企业,应当依照规定办理企业法人登记;依法需要办理企业法人登记的,未经企业法人登记主管机关核准登记注册,不得从事经营活动;企业法人登记管理实行年度检验制度。

【要点】

查验企业法人营业执照合法有效情况,经营范围与实际生产经营情况是否一致。

【内容2】

营运高速公路在营运期限内。(★★★)

【释义】

营运高速公路必须在上级部门批准的营运期限内。

《收费公路管理条例》第25条规定:收费公路建成后,应当按照国家有关规定进行验收;验收合格的,方可收取车辆通行费。收费公路不得边建设边收费。

第37条规定:收费公路的收费期限届满,必须终止收费。政府还贷公路在批准的收费期限届满前已经还清贷款、还清有偿集资款的,必须终止收费。

第14条规定:收费公路的收费期限,由省、自治区、直辖市人民政府按照下列标准审查批准:①政府还贷公路的收费期限,按照用收费偿还贷款、偿还有偿集资款的原则确定,最长不得超过15年。国家确定的中西部省、自治区、直辖市的政府还贷公路收费期限,最长不得超过20年。②经营性公路的收费期限,按照收回投资并有合理回报的原则确定,最长不得超过25年。国家确定的中西部省、自治区、直辖市的经营性公路收费期限,最长不得超过30年。

【要点】

查阅企业所辖营运高速公路开通收费相关批文等资料。

2. 法规

【依据】

(1)《企业安全生产标准化基本规范》(AQ/T 9006—2010)

(2)《浙江省落实生产经营单位安全主体责任暂行规定》(浙安委〔2009〕12号)

(3)《关于加强安全生产促进安全发展的意见》(浙委发〔2014〕5号)

【内容1】

及时识别、获取适用的安全生产法律法规、标准规范。

【释义】

企业应及时识别和获取有关法律法规、标准规范,并形成有效文件清单。

《企业安全生产标准化基本规范》5.4.1规定:

(1)企业应建立识别和获取适用的安全生产法律法规、标准规范的制度,明确主管部门,确定获取的渠道、方式,及时识别和获取适用的安全生产法律法规、标准规范。

(2)企业各职能部门应及时识别和获取本部门适用的安全生产法律法规、标准规范,并跟踪、掌握有关法律法规、标准规范的修订情况,及时提供给企业内负责识别和获取适用的安全生产法律法规的主管部门汇总。

识别和获取相关法律、法规等是通过查询政府机关网站、报纸、期刊、网络以及行业协会等方式,将与本企业生产实际相关的安全生产法律法规、标准规范进行摘录,形成有效的法律文本。

【要点】

(1)查看企业收集的使用的相关法律法规、标准规范的汇编等文件资料。

(2)核对其内容是否为最新有效版本。

【内容2】

将法规标准和相关要求及时转化为本单位的规章制度,贯彻到各项工作中。

【释义】

企业应根据法规标准和相关要求及时制订与修订本单位的规章制度,并贯彻到各项工作中。

《浙江省落实生产经营单位安全主体责任暂行规定》第11条规定:生产经营单位应当依据法律、法规、规章、国家标准、行业标准和地方标准,制订本单位的安全生产规章制度和操作规程。

安全生产管理制度是企业规章制度的重要组成部分,是企业生产经营活动安全、顺利进行的重要保障。企业应保持安全生产管理制度、操作规程与现行的安全生产法律法规、标准规范及其他要求的一致性。

【要点】

查阅企业制订的规章制度,其内容是否符合现行法规标准和相关要求。

【内容3】

将适用的安全生产法律、法规、标准及其他要求及时对从业人员进行宣传和培训。

【释义】

企业应对每年识别出的适用的法律法规组织从业人员开展专门的宣传和培训,确保业务相关人员熟悉、了解法律法规。

《关于加强安全生产促进安全发展的意见》明确要求,企业要进一步加大对安全生产法律法规和技术标准规范的宣传力度,不断提高从业人员的安全意识。

【要点】

查阅企业开展的有关法律法规宣传培训活动的有关记录。

3.安全管理制度

【依据】

(1)《浙江省落实生产经营单位安全主体责任暂行规定》(浙安委〔2009〕12号)

(2)《浙江省安全生产条例》(浙江省人民代表大会常务委员会公告第56号,2014年修正)

(3)《企业安全生产标准化基本规范》(AQ/T 9006—2010)

(4)《安全生产法》(主席令〔2002〕70 号,2014 年修正)

【内容1】

制订并及时修订安全生产管理制度,包括:安全生产责任制;安全例会制度;安全台账管理制度;安全生产费用管理制度;隐患(危险源)管理制度;安全生产教育培训制度;安全生产监督检查制度;事故统计报告制度;安全生产考核、奖惩制度;设备安全管理制度;劳动保护用品管理制度;建设项目安全设施"三同时"管理制度;特种作业人员管理制度;各类作业安全管理制度;相关方安全生产监督管理制度。

【释义】

企业应建立健全安全生产管理制度,包括但不限于以上所列的制度。

《浙江省落实生产经营单位安全主体责任暂行规定》第 11 条规定:生产经营单位应当依据法律、法规、规章、国家标准、行业标准和地方标准,制定本单位的安全生产规章制度和操作规程。安全生产规章制度和操作规程应当涵盖生产经营的全过程和全体从业人员。安全生产规章制度主要包括:①安全生产工作例会;②安全生产的教育和培训;③安全生产检查及事故隐患的整改;④设施、设备的维护、保养、检测;⑤危险作业的现场管理;⑥劳动防护用品的管理;⑦安全生产责任和奖惩;⑧安全生产台账的管理;⑨应急救援措施;⑩生产安全事故的报告和调查处理;⑪安全生产投入及安全生产费用提取和使用;⑫安全标准化管理;⑬重大危险源检测、监控、管理;⑭特种作业人员管理;⑮其他保障安全生产的内容。

安全生产管理制度应做到目的明确、文字表达条理清楚、结构严谨、用词准确、文字简明等,应按照企业规定的格式进行编写。规章制度应明确目的、使用范围、主管部门、具体内容、解释部门和实施日期等。

规章制度的发布应采用固定形式发布,如正式文件、企业办公网络等。

【要点】

(1)查阅企业安全生产管理制度的文件。

(2)核对安全生产管理制度内容是否为最新有效并符合要求。

【内容2】

对从业人员进行安全管理制度的学习和培训。

【释义】

企业应对从业人员开展安全管理制度的学习和培训。

《安全生产法》第 25 条规定:生产经营单位应当对从业人员进行安全生产教育和培训,保证从业人员具备必要的安全生产知识,熟悉有关的安全生产规章制度和安全操作规程,掌握本岗位的安全操作技能,了解事故应急处理措施,知悉自身在安全生产方面的权利和义务。未经安全生产教育和培训合格的从业人员,不得上岗作业。生产经营单位使用被派遣劳动者的,应当将被派遣劳动者纳入本单位从业人员统一管理,对被派遣劳动者进行岗位安全操作规程和安全操作技能的教育和培训。劳务派遣单位应当对被派遣劳动者进行必要的安全生产教育和培训。生产经营单位应当建立安全生产教育和培训档案,如实记录安全生产教育和培训的时间、内容、参加人员以及考核结果等情况。第 26 条规定,生产经营单位采用新工艺、新技术、新材料或者使用新设备,必须了解、掌握其安全技术特性,采取有效的安全防护措施,并对从业人员进行专门的安全生产教育和培训。

企业应组织各岗位人员进行最新修订的安全管理制度的学习和培训,并做好安全教育培训记录。

【要点】

查阅企业对员工的培训教育记录等资料。

4. 岗位安全生产操作规程

【依据】

(1)《安全生产法》(主席令〔2002〕70 号,2014 年修正)

(2)《企业安全生产标准化基本规范》(AQ/T 9006—2010)

【内容1】

制订并及时修订各岗位的安全生产操作规程,并发放到岗位(员工)。(★★★)

【释义】

企业应根据生产特点,制订并及时修订岗位安全操作规程,并发放到相关岗位。

《安全生产法》第18条规定:生产经营单位的主要负责人对本单位安全生产工作负有下列职责:①建立、健全本单位安全生产责任制;②组织制定本单位安全生产规章制度和操作规程;③保证本单位安全生产投入的有效实施;④督促、检查本单位的安全生产工作,及时消除生产安全事故隐患;⑤组织制订并实施本单位的生产安全事故应急救援预案;⑥及时、如实报告生产安全事故;⑦组织制订并实施本单位安全生产教育和培训计划。

安全生产操作规程是企业根据各个岗位生产特点,在充分识别、评价岗位存在的安全风险、危险有害因素,有针对性地提出控制措施的基础上编制的岗位操作规程,是规范从业人员的操作行为,避免事故的发生而制定的具体技术要求和实施程序的规定。

【要点】

(1)查阅企业制定的重点岗位、一线作业岗位安全操作规程文件资料。

(2)核对安全生产操作规程内容是否及时修订,并符合相关要求。

(3)查阅企业安全生产操作规程发放记录。

【内容2】

对从业人员进行安全操作规程的学习和培训;从业人员严格执行本单位的安全操作规程。

【释义】

企业应对从业人员进行安全操作规程的学习和培训,要求从业人员严格执行本单位的安全操作规程。

《安全生产法》第25条规定:生产经营单位应当对从业人员进行安全生产教育和培训,保证从业人员具备必要的安全生产知识,熟悉有关的安全生产规章制度和安全操作规程,掌握本岗位的安全操作技能,了解事故应急处理措施,知悉自身在安全生产方面的权利和义务。未经安全生产教育和培训合格的从业人员,不得上岗作业。

第41条规定:生产经营单位应当教育和督促从业人员严格执行本单位的安全生产规章制度和安全操作规程;并向从业人员如实告知作业场所和工作岗位存在的危险因素、防范措施以及事故应急措施。

【要点】

(1)查阅企业对从业人员安全操作规程培训的培训记录、签到等相关活动记录。

(2)现场核查从业人员安全操作规程执行情况。

(3)现场询问1~2名员工,是否熟悉所从事相关岗位的安全操作规程。

5. 制度执行及档案管理

【依据】

《企业安全生产标准化基本规范》(AQ/T 9006—2010)

【内容1】

执行国家有关安全生产方针、政策、法规及本单位的安全管理制度和操作规程,依据行业特点,制订企业安全生产管理措施。

【释义】

企业应制订管理措施、工作方案等,应严格执行国家有关安全生产方针、政策、法规及本单位的安全管理制度和操作规程。

【要点】

检查企业制订的安全管理措施、工作方案,是否符合国家有关安全生产方针、政策、法规及本单位的安全管理制度和操作规程。

【内容2】

每年至少1次对安全生产法律法规、标准规范、规章制度、操作规程的执行情况进行检查。

【释义】

企业应每年至少1次对安全生产法律法规、标准规范、规章制度、操作规程的执行情况进行检查,确保其有效性。

《企业安全生产标准化基本规范》5.4.4规定,企业应每年至少1次对安全生产法律法规、标准规范、规章制度、操作规程的执行情况进行检查评估。

【要点】

查阅企业对安全生产法律法规、标准规范、规章制度、操作规程的执行情况进行检查评估的工作记录。

【内容3】

建立和完善各类台账和档案,并按要求及时报送有关资料和信息。(★★★)

【释义】

企业应建立和完善企业安全工作各类台账和档案,并按要求及时报送有关资料和信息。

台账主要包括:事故台账、教育培训台账、安全生产费用台账、相关方台账、安全会议、安全检查、应急管理等。

《企业安全生产标准化基本规范》5.4.6规定:①企业应严格执行文件和档案管理制度,确保安全规章制度和操作规程编制、使用、评审、修订的效力。②企业应建立主要安全生产过程、事件、活动、检查的安全记录档案,并加强对安全记录的有效管理。

【要点】

(1)检查企业是否建立安全管理台账资料。

(2)查阅企业安全生产信息报送有关资料。

五、安全投入

本部分是关于企业依法设置和有效使用安全生产专项资金的规定,主要包括资金投入、费用管理等要求。安全投入是安全生产的基本保障,对于安全生产所需的设备、设施、宣传等资金投入必须充足。

本部分包括2项内容,涉及5个考评要点,考评满分40分。

1.资金投入

【依据】

(1)《安全生产法》(主席令〔2002〕70号,2014年修正)

(2)《企业安全生产费用提取和使用管理办法》(财企〔2012〕16号)

(3)《浙江省财政厅转发财政部　安全监管总局关于印发《企业安全生产费用提取和使用管理办法的通知》(厅财字〔2012〕96号)

(4)浙江省财政厅转发财政部　安全监管总局关于印发《企业安全生产费用提取和使用管理办法》的通知(浙财企〔2012〕114号)

(5)《交通运输部关于进一步加强安全生产工作的意见》(交安监发〔2013〕1号)

【内容1】

按规定足额提取(列支)安全生产费用。(★★★)

【释义】

企业应按规定足额提取(列支)安全生产费用,并列入预算管理。

安全生产费用是指企业按照规定标准提取在成本中列支,专门用于完善和改进企业或者项目安全生产条件的资金。企业应当严格按照国家和行业的有关规定,足额提取安全生产费用。安全生产费用应当专门核算并编制使用计划,明确费用投入的项目内容、额度、完成期限、责任部门和责任人等,确保安全生产费用投入的落实。

《安全生产法》第20条规定:生产经营单位应当具备的安全生产条件所必需的资金投入,由生产经营单位的决策机构、主要负责人或者个人经营的投资人予以保证,并对由于安全生产所必需的资金投入不足导致的后果承担责任。

一般高速公路营运企业安全生产费用由两部分组成,第一部分按高速公路营运企业定额规定标准计列机电设备设施安全费用(包括运行和维护费用);第二部分以营业收入为计提依据,按以下标准逐月计列安全费用:每公里日收入在0.5万元(含本数,下同)以下的按营业收入2%列支,每公里日收入在0.5~1万元之间的按营业收入1.5%列支,每公里日收入在1~2.5万元之间的按营业收入1%列支,每公里日收入在2.5万元以上的按营业收入0.7%列支。对于跨海特大桥项目第二部分预算金额可按营业收入的3%列支,新开通项目按年每公里日预收入标准的50%预列支。

【要点】

查阅企业的相关文件、财务凭证及活动记录,是否按规定足额提取安全生产资金。

【内容2】

安全生产经费专款专用,保证安全生产投入的有效实施。(★★)

【释义】

企业提取的安全生产经费应专款专用,以保证安全生产投入的有效实施。

企业应制订安全生产投入的管理制度,明确安全生产费用专款专用,包括使用范围、监管程序等,以保证安全生产投入的有效实施。

《交通运输部关于进一步加强安全生产工作的意见》要求,交通运输企业应按规定足额提取并用好安全生产费用,完善费用管理制度,严禁虚列或挪用。

《企业安全生产费用提取和使用管理办法》第21条规定:交通运输企业安全费用应当按照以下范围使用:

①完善、改造和维护安全防护设施设备支出(不含"三同时"要求初期投入的安全设施),包括道路、水路、铁路、管道运输设施设备和装卸工具安全状况检测及维护系统、运输设施设备和装卸工具附属安全设备等支出。

②购置、安装和使用具有行驶记录功能的车辆卫星定位装置、船舶通信导航定位和自动识别系统、电子海图等支出。

③配备、维护、保养应急救援器材、设备支出和应急演练支出。

④开展重大危险源和事故隐患评估、监控和整改支出。

⑤安全生产检查、评价(不包括新建、改建、扩建项目安全评价)、咨询和标准化建设支出。

⑥配备和更新现场作业人员安全防护用品支出。

⑦安全生产宣传、教育、培训支出。

⑧安全生产适用的新技术、新标准、新工艺、新装备的推广应用支出。

⑨安全设施及特种设备检测检验支出。

⑩其他与安全生产直接相关的支出。

为从事高空、高压、易燃、易爆、剧毒、放射性、高速运输、野外、矿井等高危作业的人员办理团体人身意外伤害保险或个人意外伤害保险,所需保险费用直接列入成本(费用),不在安全费用中列支。

为员工提供的职业病防治、工伤保险、医疗保险所需费用,不在安全费用中列支。

第27条规定:企业提取的安全费用应当专户核算,按规定范围安排使用,不得挤占、挪用。年度结余资金结转下年度使用,当年计提安全费用不足的,超出部分按正常成本费用渠道列支。企业安全费用的会计处理,应当符合国家统一的会计制度的规定。主要承担安全管理责任的集团公司经过履行内部决策程序，可以对所属企业提取的安全费用按照一定比例集中管理，统筹使用。

一般高速公路营运企业安全费用按照以下范围使用：

①完善、改造和维护安全防护设施设备支出：指高速公路道路监控系统、预警和救援系统、隧道供配电系统、通风排烟系统和紧急警报系统、消防系统、安全设施（交通标志、标牌、防眩板、隔离栅、防撞筒、护栏等）、地质监控系统、结构物（桥梁、隧道等）安全检测系统、道路安全应急处置等。

②配备、维护、保养应急救援器材、设备支出和应急演练支出。应急救援器材、设备的购置、使用、维护、更新以及所组织的应急演练等费用。

③开展重大危险源和事故隐患评估、监控和整改支出。重大危险源和事故隐患评估费是指委托专业安全评估单位对项目重大危险源、重大事故隐患进行评估所发生的相关费用。重大危险源监控费是指对项目重大危险源进行日常监控所发生的相关费用。重大事故隐患整改费是指根据发包人、政府相关行政主管部门或者专业安全评估单位出具的评估报告对项目重大事故隐患进行整改所发生的相关费用。

④安全生产检查、评价（不包括新建、改建、扩建项目安全评价）、咨询和标准化建设支出。

a. 日常安全检查费。安全管理部门日常安全巡视所发生的车辆与相关器材使用费，车辆与器材的购置费用不在此列。

b. 专项安全检查费。聘请专业安全机构或专家对项目安全生产过程中的特殊部位、特殊工艺、特别设备的施工安全进行检查所支付的相关费用。

c. 安全生产评价费。聘请专业安全机构或专家对项目安全生产专项方案进行讨论、论证、评估、评价所支付的相关费用，不包括新建、改建、扩建项目安全评价。

d. 安全生产咨询费。针对安全生产工作中存在的问题向相关专业安全机构、咨询单位或专家进行咨询所支付的相关费用。

e. 安全生产标准化建设费。按照上级主管部门要求进行安全方面的标准化建设所增加的费用。

⑤配备和更新现场作业人员安全防护用品支出。为保障现场施工人员人身安全和身体健康而配备的供现场施工人员使用的防护必需品。

⑥安全生产宣传、教育、培训支出。对安全生产进行的宣传，对施工人员进行的安全知识教育、安全技术交底、安全操作规程培训等所产生的费用。

⑦安全生产适用的新技术、新标准、新工艺、新装备的推广应用支出。将安全生产方面的新技术、新标准、新工艺、新装备等研究成果进行试用而发生的相关管理、配合费用。

⑧安全设施及特种设备检测检验支出。邀请法定检测检验机构对相关安全设施及特种设备进行安全性检测检验所支付的费用。

⑨其他与安全生产直接相关的支出，如安全标准化达标考评相关费用。不在以上范围内，经本单位安全管理部认可，与安全生产直接相关实际发生的费用。

【要点】

查阅企业的相关文件、财务票据和凭证，检查安全生产专项资金是否专款专用。

【内容3】

及时投入满足安全生产条件的所需资金。

【释义】

企业应按规定及时投入满足安全生产条件的所必需的资金投入，用于改善安全生产条件或用于事故应急救援及事故处理等，并保证随时能够调用。

《安全生产法》第20条规定：生产经营单位应当具备的安全生产条件所必需的资金投入，由生产经营单位的决策机构、主要负责人或者个人经营的投资人予以保证，并对由于安全生产所必需的资金投入不足导致的后果承担责任。有关生产经营单位应当按照规定提取和使用安全生产费用，专门用于改善安全生产条件。安全生产费用在成本中据实列支。安全生产费用提取、使用和监督管理的具体办法由国务院财政部门会同国务院安全生产监督管理部门征求国务院有关部门意见后制定。

《交通运输部关于进一步加强安全生产工作的意见》要求，交通运输企业应按规定足额提取并用好安全生产费用，完善费用管理制度，严禁虚列或挪用。

《企业安全生产费用提取和使用管理办法》第32条规定：企业应当加强安全费用管理，编制年度安全费用提取和使用计划，纳入企业财务预算。

【要点】

查阅企业的安全生产费用资金使用计划；检查安全生产费用实际使用情况是否符合计划规定。

2. 费用管理

【依据】

(1)《企业安全生产费用提取和使用管理办法》(财企〔2012〕16号)

(2)《企业安全生产标准化基本规范》(AQ/T 9006—2010)

【内容1】

跟踪、监督安全生产专项经费使用情况。

【释义】

企业应跟踪、监督安全生产专项经费使用情况。

企业应明确安全生产经费使用情况跟踪、监督管理责任部门或责任人、检查频次、内容、问题处理等内容，并按规定对安全生产经费的使用情况进行跟踪、监督管理，确定该项费用是否足以满足安全生产的要求，是否做到专款专用。

《企业安全生产费用提取和使用管理办法》第31条规定：企业应当建立健全内部安全费用管理制度，明确安全费用提取和使用的程序、职责及权限，按规定提取和使用安全费用。

【要点】

(1)查阅企业开展安全生产专项经费使用情况监督检查的活动记录，如安全生产专项经费使用情况审计等。

(2)查阅企业的相关制度、文件资料、财务和票据凭证等。

【内容2】

建立安全费用使用台账。

【释义】

企业应建立安全费用使用台账，有效地改善安全生产条件。

企业应建立安全生产费用使用台账，并明确项目责任人、项目名称、投入金额等。目的是为了建立企业安全生产投入的长效机制，加强安全生产费用管理，保障企业安全生产资金投入，维护企业、职工以及社会公共利益。

《企业安全生产标准化基本规范》5.3规定：企业应建立安全生产投入保障制度，完善和改进安全生产条件，按规定提取安全费用，专项用于安全生产，并建立安全费用台账。

【要点】

(1)查阅企业是否建立安全生产费用提取和使用台账。

(2)查阅企业的安全生产费用台账是否与使用计划、使用情况相符。

六、装备设施

本部分对高速公路运营企业生产中使用的道路设施、服务设施、机电系统及生产设备管理做出了考评规定。道路设施、服务设施、机电系统及生产设备是高速公路运营企业生产经营中必不可少的，保证设施设备运行有效是安全生产管理的关键。

本部分包括3项内容，涉及7个考评要点，考评满分145分。

1. 道路设施

【依据】

(1)《浙江省建设项目安全设施监督管理办法》(省政府令〔2009〕259 号)

(2)《公路工程竣(交)工验收办法实施细则》(交公路发〔2010〕65 号)

(3)《公路技术状况评定标准》(JTG H20—2007)

(4)《公路养护技术规范》(JTG H10—2009)

(5)《公路桥梁养护管理工作制度》(交公路发〔2007〕336 号)

(6)《公路交通安全设施设计规范》(JTG/T D81—2006)

(7)《浙江省高速公路长大桥隧安全运营管理办法》

(8)《高速公路交通安全设施设计规范》(DB/T 704—2013)

(9)《关于印发交通运输安全生产和应急体系“十二五”发展规划的通知》(交安监发〔2011〕286 号)

【内容 1】

路基、路面、桥涵、隧道、高边坡等设施符合设计和规范要求,按规定进行巡检和养护;结构特殊的重点桥梁或特大桥梁、长大隧道或隧道群设置专门的管理机构,重点或特大桥梁建立健康监测系统和落实桥梁工程师制度,使其处于良好技术状态。

【释义】

1)高速公路路基、路面、桥涵、隧道、高边坡等设施应符合设计、规范和管理制度要求,并通过竣(交)工验收。

《浙江省高速公路长大桥隧安全运营管理办法》第 6 条规定:长大桥隧开通运营前,必须具备以下条件:按照有关规定进行交工验收,并向有关管理机构移交相关技术资料。未经验收或者验收不合格的,不得交付使用。

《公路工程竣(交)工验收办法实施细则》规定:工程质量等级鉴定标准规定,公路路基整体稳定;路面无严重缺陷;桥梁、隧道等构造物结构安全稳定,混凝土强度、桩基检测、预应力构件的张拉应力、桥梁承载力等均符合设计要求;工程质量经施工自检和监理评定均合格,并经项目法人确认。

高速公路路基、路面、桥涵、隧道、高边坡等设施,应按有关规范和规定进行巡检和养护,巡检频率要达到要求。

《公路养护技术规范》3.1.1、4.4.1、5.1.1、6.1.1,规定如下。

(1)公路路基养护应符合下列要求:

①通过日常巡查,发现病害及时处治,保持良好稳定的技术状况。

②路肩无病害,边坡稳定。

③排水设施无淤塞、无损坏,排水畅通。

④挡土墙等附属设施良好。

⑤加强不良地质中期边坡崩塌、滑坡、泥石流等灾(病)害的巡查、防治、抢修工作。

(2)公路路面养护应符合下列要求:

①经常清扫路面,及时清除杂物、清理积雪积冰,保持路面整洁,做好路面排水。

②加强路况巡查,发现病害,及时进行维修、处治。

(3)公路桥涵养护应符合下列要求:

①桥涵外观整洁。

②桥面铺装坚实平整、横坡适度。

③桥头顺适。

④排水、伸缩缝、支座、护墙、栏杆、标线等设施齐全良好。

⑤结构无损坏。

⑥基础无冲刷、淘空。

⑦与路基不同宽度的小桥，应逐步改建成与路基同宽。

（4）公路隧道养护应符合下列要求：

①保持隧道外观整洁、隧道内路面平整、衬砌完整无明显开裂和剥落。

②标志标线清晰醒目，排水系统良好。

③对结构物及其附属设施（照明、通风、监控等）进行预防性维护和修复，保持良好的技术状况。

《公路技术状况评定标准》5.4 规定，高速公路技术状况评定所需数据的最低检测与调查频率应符合：

路面损坏（PCI）1 年 1 次，路面平整度（RQI）1 年 1 次，抗滑性能（SRI）2 年 1 次，路面车辙（RDI）1 年 1 次，结构强度（PSSI）抽样检测。路基（SCI）1 年 1 次。

《公路养护技术规范》3.1.2、5.2.1、6.2.3 规定如下：

桥梁检查分为经常性检查、定期检查和特殊检查。定期检查周期视桥梁技术状况而定，最长不得超过 3 年。新建桥梁缺陷责任期满时，进行第一次全面检查，临时性桥梁每年检查不少于 1 次。定期检查应填写桥梁定期检查记录表，并校核桥梁基本状况卡片。在经常性检查中发现重要部（构）件的缺损明显达到三、四、五类技术状况时，应安排 1 次定期检查。

高速公路和一级公路隧道的经常性检查频率宜不少于 1 次/周。在雨季或冰冻季节，应加强经常性检查。平时应加强对隧道的巡查，发现隐患，及时排除。

公路路基边坡应保持平顺、坚实，遇有缺口、坍塌、高边坡碎落、侧滑等病害，应分别针对具体情况采取各种相应的加固整修措施。

2）结构特殊的重点桥梁或特大桥梁、长大隧道或隧道群应设置专门的管理机构，重点或特大桥梁建立健康监测系统和落实桥梁工程师制度，使其处于良好技术状态。

《浙江省高速公路长大桥隧安全运营管理办法》第 5 条规定：高速公路经营管理单位是长大桥隧的管养单位，也是长大桥隧安全运营管理工作的责任主体，具体负责长大桥隧的安全运营管理工作，应根据需要成立专门的管理机构，落实有相应资质的养护单位和管养经费，制订专门的安全运营管理制度办法和应急预案，配置应急抢险救灾设备和物资，按有关规定组织开展定期和不定期检查；对长大桥隧运营中出现的病害和安全隐患，必须及时采取有效的安全防范措施并安排处治工作。

《关于印发交通运输安全生产和应急体系“十二五”发展规划的通知》明确提出：在公路监测系统建设方面，各级交通运输主管部门应加强特大桥和特长隧道健康诊断与监测工程的研究，加快实现对特大桥和特长隧道的实时健康诊断与监测。

《公路桥梁养护管理工作制度》第 12、13、24 条规定：公路桥梁管养单位和监管单位必须明确负责桥梁养护管理工作的分管行政领导和具体技术人员，保证桥梁养护管理的各项职责得以贯彻落实。各级公路管理机构、收费公路经营管理单位和桥梁养护管理单位，应设置专职的桥梁养护工程师，并保持其人员的相对稳定。对特别重要的特大桥，应建立符合自身特点的养护管理系统和健康监测系统。

【要点】

（1）查阅高速公路道路设施竣（交）工验收资料。

（2）查阅路基、路面、桥涵、隧道、高边坡等设施巡检、养护、技术档案。

（3）检查巡查频率、养护处置是否符合规定，长大桥隧专门管理机构、健康监测系统和桥梁工程师制度是否建立。

【内容 2】

护栏、标志标线、隔离栅、防落网、防眩板等交通安全设施符合设计和规范要求，按规定进行检查、维修，使其保持完整、齐全和良好的工作状态。

【释义】

1）高速公路护栏、标志标线、隔离栅、防落网、防眩板等交通安全设施应符合设计、规范和管理制度要求，并通过竣（交）工验收。

《公路交通安全设施设计规范》1.0.4、1.0.7 规定：公路交通安全设施应结合路网与公路条件、交通条件、环境条件进行总体设计。同一条公路采用的交通安全设施设置原则和设计方案宜保持一致。交通安全设施之间、交通安全设施与公路主体工程和其他设施之间应互相协调、配合使用。公路交通安全设施应结合交通量的增长、运营需求与技术发展状况等逐步补充、完善。

《高速公路交通安全设施设计规范》（DB/T 704—2013）中 6.1.1、6.1.2 规定：道路交通标志和标线的设计应符合安全、规范、舒适、醒目、准确、易懂的原则。在结构形式和材质选取时，应充分考虑信息的重要性和视认效果。道路交通标志和标线的设计应充分考虑交通设施对道路使用者的影响，并应结合道路条件、交通条件、环境条件（采光条件等）和交通管理条件进行设计。

2）高速公路企业应按规定的频率和要求对交通安全设施进行检查、维修，并对受损的设施及时进行修复。

《公路养护技术规范》9.2.1 规定：交通安全设施的养护内容包括：检查、保养维护和更新改造。检查包括经常性检查、定期检查、特殊检查和专项检查。平时应加强日常巡查。经常性检查的频率不少于 1 次/月；定期检查的频率不少于 1 次/年；遭遇自然灾害、发生交通事故或出现其他异常情况时，应及时进行附加的特殊检查；设施更新改造之后，应进行全面的专项检查。因交通事故、自然灾害或其他原因造成的设施损伤应及时进行修复。

【要点】

（1）查阅高速公路交通安全设施竣（交）工验收资料。

（2）查阅交通安全设施检查、养护、技术档案。

（3）查看检查频率是否符合规定，受损交通安全设施是否及时修复。

2. 服务设施

【依据】

（1）《安全生产法》（主席令〔2002〕70 号，2014 年修正）

（2）《浙江省高速公路服务区管理暂行办法》（浙交〔2004〕112 号）

（3）《加油站作业安全规范》（AQ 3010—2007）

（4）《建筑灭火器配置设计规范》（GB 50140—2005）

（5）《消防安全标志设置要求》（GB 15630—1995）

（6）《建筑灭火器配置验收及检查规范》（GB 50444—2009）

（7）《防雷减灾管理办法》（中国气象局令〔2011〕20 号）

（8）《收费公路管理条例》（国务院令〔2004〕417 号）

【内容 1】

服务区（停车区）各类设施满足相关安全标准的要求。（★★）

【释义】

1）服务区（停车区）加油站、餐饮、超市等经营单位应具备相应资质。

《安全生产法》第 17 条规定：生产经营单位应当具备本法和有关法律、行政法规和国家标准或者行业标准规定的安全生产条件；不具备安全生产条件的，不得从事生产经营活动。

《加油站作业安全规范》第 4 条规定：加油站应按（GB 50156—2012）《汽车加油加气站设计与施工规范》进行设计、施工，建成后经验收合格，并领取《危险化学品经营许可证》，方可投入经营。

《浙江省高速公路服务区管理暂行办法》第 10 条规定：服务区的各项经营活动应严格遵守有关法律法规规章和各项制度，证照齐全，依法经营。

2）服务区应按规定配置消防设施、标志，并定期检查、维护。消防通道、疏散通道须保持畅通。

《浙江省高速公路服务区管理暂行办法》第 22 条规定：服务区应严格按有关规定设置消防设施、配备消防设备。消防设施及设备必须指定专人管理,定期检查数量及完好情况,确保正常使用,并定期进行消防演练。第21条规定:服务区内各种标志、标线、标牌应清晰、有效、齐全、醒目,确保有序引导车流、客流。停车场内车辆停放应整齐、有序,保证畅通。运送危险品的车辆,应按指定地点停放,并接受全程管理。

【要点】

(1)查阅服务区加油站、餐厅、超市经营资质证明;

(2)查看现场消防设施、标志配置和消防通道、疏散通道畅通情况。

【内容2】

收费站等房建设施符合消防、防雷和防盗等安全要求。(★★)

【释义】

1)收费站等房建设施灭火器等消防设施、消防标志配置应符合消防设计规范。

《建筑灭火器配置设计规范》7.1.1、7.2.1规定:建筑灭火器配置的设计与计算应按计算单元进行。灭火器最小需配灭火级别和最少需配数量的计算值应进位取整。每个灭火器设置点实配灭火器的灭火级别和数量不得小于最小需配灭火级别和数量的计算值。灭火器设置点的位置和数量应根据灭火器的最大保护距离确定,并应保证最不得点至少在1具灭火器的保护范围内。

灭火器配置设计的计算单元应按下列规定划分:

①当一个楼层或一个水平防火分区内各场所的危险等级和火灾种类相同时,可将其作为一个计算单元。

②当一个楼层或一个水平防火分区内各场所的危险等级和火灾种类不相同时,应将其分别作为不同的计算单元。

③同一计算单元不得跨越防火分区和楼层。

《消防安全标志设置要求》第4条规定:消防安全标志设置的场所包括车站、机场、港口、码头、桥梁、隧道、加油站、交通工具和地下工程等。

2)企业应对消防设施等进行定期检查、维护,并做好记录。

《建筑灭火器配置验收及检查规范》第5条规定:灭火器的检查与维护应由相关技术人员承担。需维修、报废的灭火器应由灭火器生产企业或专业维修单位进行。灭火器的配置、外观等应按要求每月进行1次检查。日常巡检发现灭火器被挪动,缺少零部件,或灭火器配置场所的使用性质发生变化等情况时,应及时处置。灭火器的检查记录应予保留。

3)企业应定期对房建构筑物防雷设施进行检查、维护,并做好记录。

《防雷减灾管理办法》第19条规定,投入使用后的防雷装置实行定期检测制度。

4)收费站金库等重要部位防盗设施应符合安全要求。

《银行业务库安全防范的要求》5.1.4、5.1.7规定:库区应置于有效监控范围内。应根据消防法规的规定,配置消防设施。

5)企业应对收费站管理用房及收费大棚等设施进行维护保养,并保存记录。

《收费公路管理条例》第26条规定:收费公路经营管理者应当按照国家规定的标准和规范,对收费公路及沿线设施进行日常检查、维护,保证收费公路处于良好的技术状态,为通行车辆及人员提供优质服务。

【要点】

(1)查阅收费站消防设施配置清单、巡检及维护记录。

(2)查阅防雷设施检查、维护记录。

(3)现场查看收费站金库防护设施设置情况。

(4)查阅收费站房、大棚维护保养记录。

3. 机电系统及生产设备

【依据】

(1)《浙江省高速公路联网运行监控管理办法(试行)》(浙交〔2005〕111 号)

(2)《公路养护技术规范》(JTG H10—2009)

(3)《特种设备注册登记与使用管理规则》(质技监局〔2001〕57 号)

(4)《特种设备安全法》(主席令〔2013〕4 号)

【内容 1】

按规定定期对收费、监控、通信、供配电系统等机电设备检查、检测和维护,指定专人负责管理,并做好检查维护台账。

【释义】

企业应按规定定期对收费、监控、通信、供配电系统等机电设备检查、检测和维护,指定专人负责管理,并做好检查维护台账。

《浙江省高速公路联网运行监控管理办法(试行)》第 6、8 条规定:路网单位应负责所辖路段的收费、监控、通信等系统的运行管理,保障正常运营,并及时上报运行情况,接受统一调度,执行联动操作。路网单位应做好所辖路段的收费、监控、通信等系统设施的维护工作,并根据路网运行管理的需要,及时补充和更新系统设施,使其经常处于良好的技术状态。

《公路养护技术规范》12.5.1、9.3.1 规定:公路养护档案管理应建立档案管理制度,由专人负责管理。应认真做好公路机电系统的检查、检测和维护工作记录。

【要点】

(1)查阅收费、监控、通信、供配电系统等机电设备管理制度及检查、维护保养记录。

(2)查阅机电设备管理人员设置及其岗位职责。

(3)查阅机电设备管理台账。

【内容 2】

对养护、清障施救等生产设备进行规范化管理,建立台账,并定期进行检查维修。(★★★)

【释义】

企业应加强对养护、清障施救设备的维护保养,建立管理台账,定期检修并做好记录。

对企业自己配置的养护、清障施救等生产设备,要严格按照《公路养护技术规范》11.2.9 规定,加强养护维修机具的操作安全防范和维修保养。养护机械的操作、维修和保养按有关规定执行。对管辖的协作单位参照规定,对配置的养护、清障施救等生产设备加强管理。

养护、清障施救作业实施外包的,企业应监督检查外包单位对养护、清障施救生产设备的检查维修情况,并做好检查记录和相关台账资料的收集。

【要点】

查阅养护、清障施救等生产设备检查维修记录、管理台账。

【内容 3】

按规定对特种设备进行检验和维护保养,指定专人负责管理,并建立管理台账。(★★★)

【释义】

企业应指定专人管理特种设备,建立管理台账。并每月至少 1 次进行检验和维护保养,做好记录。

《特种设备安全法》第 15 条规定:特种设备生产、经营、使用单位对其生产、经营、使用的特种设备应当进行自行检测和维护保养,对国家规定实行检验的特种设备应当及时申报并接受检验。第 39 条规定:特种设备使用单位应当对其使用的特种设备进行经常性维护保养和定期自行检查,并做出记录。特种设备使用单位应当对其使用的特种设备的安全附件、安全保护装置进行定期校验、检修,并做出记录。

《特种设备注册登记与使用管理规则》第 16 条规定:使用单位必须指定专人负责特种设备的安全

管理工作。

【要点】

(1)查阅特种设备检查、维护保养记录。

(2)查阅特种作业管理人员岗位职责及特种设备管理台账。

七、科技创新与信息化

本部分对高速公路运营企业中的科技创新做出了考评规定。包括科技创新和科技信息化等部分。随着科学技术的进步,以及不断增长的交通需求,科技在高速公路运营企业中越来越起到举足轻重的作用。要求企业通过使用先进科技产品,组织科技研究,提升安全管理水平。

本部分包括2项内容,涉及7个考评要点,考评满分45分。

1.科技创新

【依据】

(1)《安全生产法》(主席令〔2002〕70号,2014年修正)

(2)《国务院办公厅关于印发安全生产"十二五"规划的通知》(国办发〔2011〕47号)

(3)《国务院安委会办公室关于印发道路交通安全"十二五"规划的通知》(安委办〔2011〕50号)

(4)《国务院关于坚持科学发展安全发展促进安全生产形势持续稳定好转的意见》(国发〔2011〕40号)

(5)《交通运输部关于进一步加强安全生产工作的意见》(交安监发〔2013〕1号)

(6)《国家中长期科学和技术发展规划纲要(2006~2020年)》(国务院)

(7)《交通运输部关于加快推进交通运输行业科技创新能力建设的若干意见》(交科技发〔2012〕549号)

【内容1】

组织开展安全生产科技攻关或课题研究。

【释义】

企业应组织或参与相关部门、机构组织的高速公路营运安全保畅等科技攻关或课题研究活动,不断提高安全生产管理水平。

《安全生产法》第15条规定:国家鼓励和支持安全生产科学技术研究和安全生产先进技术的推广应用,提高安全生产水平。

《国家中长期科学和技术发展规划纲要(2006~2020年)》在交通运输业的发展思路中指出,以提供顺畅、便捷的人性化交通运输服务为核心,加强统筹规划,发展交通系统信息化和智能化技术,安全高速的交通运输技术,提高运网能力和运输效率,实现交通信息共享和各种交通方式的有效衔接,提升交通运营管理的技术水平,发展综合交通运输。

《交通运输部关于加快推进交通运输行业科技创新能力建设的若干意见》明确提出,到2020年,基本建成适应运输发展需要的科技创新体系,科技创新支撑引领行业发展的能力和效益大幅提升,在工程建设和养护、运输组织与管理、安全与应急保障、资源节约与环境友好和信息化等领域有关共性关键技术的研究开发和集成应用上,取得一大批国际领先、实用性强的自主创新成果,行业科技进步贡献率达到55%以上,创新型交通运输行业建设取得显著成效。

【要点】

查阅企业安全生产科技攻关或课题研究相关资料。

【内容2】

应用现代科技手段,提升安全管理水平。

【释义】

企业或基层单位应积极应用"四新"技术(新工艺、新技术、新材料、新设备)等现代科技手段,不断淘汰技术落后的生产设施设备,优先使用先进的、安全性能可靠的四新技术,优先选购安全、高效、节能的先进设备。

《安全生产法》第15条规定:国家鼓励和支持安全生产科学技术研究和安全生产先进技术的推广应用,提高安全生产水平。

《国务院办公厅关于印发安全生产"十二五"规划的通知》要求,加强安全生产科学技术研究。实施科技兴安、促安、保安工程。健全安全科技政策和投入机制。整合安全科技优势资源,建立完善以企业为主体、以市场为导向、政产学研用相结合的安全技术创新体系。开展重大事故风险防控和应急救援科技攻关,实施科技示范工程,力争在重大事故致灾机理和关键技术与装备研究方面取得突破。

《国务院关于坚持科学发展安全发展促进安全生产形势持续稳定好转的意见》(国发明确提出要依靠科技,创新管理。加快安全科技研发应用,加强专业技术人才队伍和高素质的职工队伍培养,创新安全管理体制机制和方式方法,不断提升安全保障能力和安全管理水平。

【要点】

(1)查阅企业推广应用"四新"等安全先进科技的资料或取得的成果。

(2)现场查看先进设备设施情况。

2. 科技信息化

【依据】

(1)《收费公路管理条例》(国务院令〔2004〕417号)

(2)《浙江省高速公路联网运行监控管理办法(试行)》(浙交〔2005〕111号)

(3)《国务院安委会办公室关于印发道路交通安全"十二五"规划的通知》(安委办〔2011〕50号)

(4)《国务院关于进一步加强企业安全生产工作的通知》(国发〔2010〕23号)

(5)《交通运输部关于进一步加强安全生产工作的意见》(交安监发〔2013〕1号)

(6)《交通运输部关于加快推进交通运输行业科技创新能力建设的若干意见》(交科技发〔2012〕549号)

(7)浙江省人民政府专题会议纪要(〔2013〕40号)

【内容1】

应用推广道路全程监控系统,加强道路交通事件管控。(★)

【释义】

高速公路营运企业应当建立智能化程度较高、资源配置合理、监控效果明显、管理方便的全程监控系统,以强化对道路路交通事件的管控能力。

《国务院安委会办公室关于印发道路交通安全"十二五"规划的通知》要求,实施国家道路交通安全科技行动计划。积极推广道路交通安全科技行动计划一期项目成果,实现在全国应用。深入研究干线公路运行安全监测、干预及救援急救、城乡接合部交通安全保障、区域交通组织和优化等技术,提高重特大道路交通事故技术防范和应急处置能力。

《国务院安委会办公室关于印发道路交通安全"十二五"规划的通知》要求,加快安全生产管理信息化建设。加快交通运输安全畅通和应急信息系统建设,推进危险化学品和烟花爆竹水路运输动态管理信息系统建设,完善路网监测与应急管理信息系统、重点营运车辆联网联控系统。加强电子海图、电子航道图、地理信息系统(GIS)在交通运输领域推广应用。

随着科技的进步,法律法规的完善,社会对营运高速公路安全性、突发事件处置需求等,社会对高速公路营运的安全性、舒适性、快捷性和突发事件的处置要求越来越高;推广道路全程监控系统,是提高路网交通安全水平、改善通行能力和提升交通服务品质的有效技术手段。

【要点】

查看监控系统及监控系统建设相关资料。

【内容2】

纳入省级交通应急指挥平台，参与配合指挥、协调、处置各类道路交通事件。（★★）

【释义】

企业应通过省级交通应急指挥平台纳入浙江省路网监测与信息管理系统。按要求参与配合各类道路交通事件的指挥、协调、处置。

《国务院关于进一步加强企业安全生产工作的通知》指出，积极推进信息化建设，努力提高企业安全防护水平。

浙江省综合交通应急指挥平台是浙江省整合信息的中心，它覆盖浙江省各种交通运输方式、各市及至县、各个业主单位；是权威指挥中心，做到纵向到底，横向到边，形成统一的指挥体系；是服务公众的中心，在提供公众出行信息服务方面起到更大作用；是省政府决策参谋中心，是各成员部门协调问题的中心。

浙江省智慧高速指挥平台是浙江省综合交通应急指挥平台的高速公路子平台，《浙江省人民政府专题会议纪要》明确提出，高速公路营运单位的现有道路设施、安全设施、机电设施、报警设施、清障设施以及道路视频图像、道路监测及事件信息（包括车检器、情报板、事故、养护作业等）、营运信息及车辆收费动态数据等“智慧高速”建设所需的信息；均要接入“智慧高速”运行服务指挥平台实现共享。主要功能是：一是全省包括公路、铁路、民航、水运在内的综合交通指挥平台的重要组成部分，是为保障高速公路安全畅通、保障人民群众出行便捷和生命财产安全提供综合服务的专业化平台；二是省政府应急指挥平台的重要组成部分，承担涉及高速公路的应急指挥决策的执行，保障在自然灾害、环境事件、突发性事件及其他异常状况下高速路网安全畅通职能；三是全省春运服务的协调运作平台，依托平台开展春运的组织协调；四是城市大型活动“护城河”协防体系的重要组成部分；五是为保障高速公路道路、桥梁、隧道等设施安全提供服务的平台。

【要点】

（1）查看企业监控系统是否按要求接入浙江省综合交通应急指挥平台。

（2）查阅信息报送记录、相关通报等。

【内容3】

组建道路交通信息发布平台，动态发布道路交通信息。

【释义】

企业应当组建由沿线的可变情报板、可变限速标志等设施组成的道路交通信息发布平台，动态发布公路损坏、施工或者发生交通事故等影响车辆正常安全行驶等道路交通信息，并与相关媒体建立信息发布机制。

《浙江省高速公路联网运行监控管理办法（试行）》第20条规定：路网单位应当通过沿线的可变情报板和可变限速标志、收费出入口告示牌、自备广播等设施及时告示本路段的运行信息，重要的运行信息应当重复提示。严格执行省交通运输厅、省公路管理局（监控总中心）下达的同步信息告示指令，并按照法律法规等有关规定做好应当通过媒体发布的信息发布。

《收费公路管理条例》第31条规定：遇有公路损坏、施工或者发生交通事故等影响车辆正常安全行驶的情形时，收费公路经营管理者应当在现场设置安全防护设施，并在收费公路出入口进行限速、警示提示，或者利用收费公路沿线可变信息板等设施予以公告；造成交通堵塞时，应当及时报告有关部门并协助疏导交通。遇有公路严重损毁、恶劣气象条件或者重大交通事故等严重影响车辆安全通行的情形时，公安机关应当根据情况，依法采取限速通行、关闭公路等交通管制措施。收费公路经营管理者应当积极配合公安机关，及时将有关交通管制的信息向通行车辆进行提示。

【要点】

（1）查看有无道路交通信息发布平台。

（2）查阅道路交通信息发布相关资料。

（3）抽查、核对信息发布及准确性。

【内容4】

建立安全生产管理系统或平台。（★★）

【释义】

企业应建立安全生产管理系统或平台，具备收集、汇总、保存和发布企业安全管理信息等功能。

《国务院关于进一步加强企业安全生产工作的通知》指出，积极推进信息化建设，努力提高企业安全防护水平。

《交通运输部关于进一步加强安全生产工作的意见》指出，加快安全生产管理信息化建设。加快交通运输安全畅通和应急信息系统建设，推进危险化学品和烟花爆竹水路运输动态管理信息系统建设，完善路网监测与应急管理信息系统、重点营运车辆联网联控系统。

安全生产管理系统或平台是指企业具备安全生产管理信息收集、汇总、保存和发布等功能的计算机管理系统。

【要点】

查看企业安全生产管理系统或平台。

【内容5】

对接送班车、巡查车等配备车辆卫星定位系统终端，进行动态监控、提醒和预警。

【释义】

企业应使用卫星定位系统对接送班车、巡查车等车辆进行动态监控、提醒和预警。

《国务院关于坚持科学发展安全发展促进安全生产形势持续稳定好转的意见》指出，加强道路运输车辆动态监管，严格按规定强制安装具有行驶记录功能的卫星定位装置并实行联网联控。

《交通运输部关于进一步加强安全生产工作的意见》指出，加强电子海图、电子航道图、地理信息系统（GIS）在交通运输领域推广应用。

【要点】

（1）查看企业车辆卫星定位系统运行情况，以及是否具备动态监控、提醒等功能。

（2）核对接送班车、巡查车等公用车辆是否全部纳入车辆卫星定位系统。

八、队伍建设

本部分是关于企业队伍建设的规定。主要包括培训计划、宣传教育、对管理人员和从业人员培训及档案管理的要求。生产安全事故往往直接造成人身伤害，所以人的安全意识、安全知识、操作技能是安全生产管理的重中之重。

本部分包括5项内容，涉及9个考评要点，考评满分80分。

1. 培训计划

【依据】

《生产经营单位安全培训规定》（安监总局令〔2013〕63号）

【内容】

制订并实施年度教育培训计划，明确培训内容和培训时间。

【释义】

企业应将安全培训工作纳入本单位年度计划，制订并实施年度安全教育培训计划。

《生产经营单位安全培训规定》第21条规定：生产经营单位应当将安全培训工作纳入本单位年度工作计划。保证本单位安全培训工作所需资金。

【要点】

查阅企业制定的安全教育培训计划;检查培训计划是否明确培训内容和时间。

2. 宣传教育

【依据】

《生产经营单位安全培训规定》(安监总局令〔2013〕63 号)

【内容】

组织开展安全生产的法律、法规和安全生产知识的宣传、教育。

【释义】

企业应当开展安全生产的法律、法规和安全生产知识的宣传、教育。

《生产经营单位安全培训规定》第 4 条规定:生产经营单位从业人员应当接受安全培训,熟悉有关安全生产规章制度和安全操作规程,具备必要的安全生产知识,掌握本岗位的安全操作技能,增强预防事故、控制职业危害和应急处理的能力。

【要点】

查阅企业开展安全法律法规和相关知识宣传教育相关资料。

3. 管理人员

【依据】

(1)《安全生产法》(主席令〔2002〕70 号,2014 年修正)

(2)《国务院关于进一步加强企业安全生产工作的通知》(国发〔2010〕23 号)

(3)《生产经营单位安全培训规定》(安监总局令〔2013〕63 号)

(4)《浙江省安全生产条例》(浙江省人民代表大会常务委员会公告第 56 号,2014 年修正)

(5)《浙江省落实生产经营单位安全主体责任暂行规定》(浙安委〔2009〕12 号)

【内容 1】

企业主要负责人和安全管理人员具备相应安全知识和管理能力,并取得行业主管部门培训合格证。(★★★)

【释义】

企业主要负责人和安全生产管理人员应当通过有资质的培训机构的培训,具备与从事的安全生产经营活动相适应的安全生产知识和能力,取得各级管理部门颁发的安全生产管理人员培训合格证书。

《安全生产法》第 24 条规定:生产经营单位的主要负责人和安全生产管理人员必须具备与本单位所从事的生产经营活动相应的安全生产知识和管理能力。

《国务院关于进一步加强企业安全生产工作的通知》明确提出,要强化职工安全培训。企业主要负责人和安全生产管理人员、特殊工种人员一律严格考核,按国家有关规定持职业资格证书上岗;职工必须全部经过培训合格后上岗。

《生产经营单位安全培训规定》第 12 条规定:煤矿、非煤矿山、危险化学品、烟花爆竹等生产经营单位主要负责人和安全生产管理人员,经安全资格培训考核合格,由安全生产监管监察部门发给安全资格证书。其他生产经营单位主要负责人和安全生产管理人员经安全生产监管监察部门认定的具备相应资质的培训机构培训合格后,由培训机构发给相应的培训合格证书。

《浙江省落实生产经营单位安全主体责任暂行规定》第 20 条规定:矿山、建筑施工单位、危险物品的生产、经营、储存单位和使用数量构成重大危险源的单位的主要负责人以及生产经营单位的专职安全生产管理人员,必须经负有安全生产监督管理职责的部门培训考核合格后方可任职。前款规定以外的生产经营单位的主要负责人以及兼职安全生产管理人员,应当具备与本单位所从事的生产经营活动相应的安全生产知识和管理能力,并经负有安全生产监督管理职责的部门培训合格。

【要点】

(1)查看企业主要负责人取得的培训合格证书。

(2)查看安全生产管理人员取得的培训合格证书。

【内容2】

专(兼)职安全管理人员具备专业安全生产管理知识和经验,熟悉各岗位的安全生产业务操作规程,运用专业知识和规章制度开展安全生产管理工作,并保持安全生产管理人员的相对稳定。

【释义】

专(兼)职安全管理人员应具备所需的专业安全生产管理知识和经验,熟悉本单位安全工作要点、规章制度、相关安全生产操作规程等,做好本单位安全管理工作。企业安全生产管理人员无频繁变动现象。

《浙江省安全生产条例》第13条规定:生产经营单位从事生产经营活动,应当符合下列安全生产要求:主要负责人和安全生产管理人员具备与本单位所从事的生产经营活动相应的安全生产知识和管理能力。

《企业安全生产标准化基本规范》5.4.2规定:企业的主要负责人和安全管理人员,必须具备与本单位所从事的生产经营活动相适应的安全生产知识和管理能力。

【要点】

(1)查看专(兼)职安全管理人员的安全管理台账。

(2)现场询问单位专(兼)职安全管理人员对业务知识和岗位操作规程的熟悉程度等。

(3)核查企业专(兼)职安全管理人员是否保持相对稳定。

4.从业人员培训

【依据】

(1)《安全生产法》(主席令〔2002〕70号,2014年修正)

(2)《生产经营单位安全培训规定》(安监总局令〔2013〕63号)

(3)《国务院安委会关于进一步加强安全培训工作的决定》(安委〔2012〕10号)

【内容1】

从业人员上岗、转岗前接受三级安全教育;未经安全生产培训合格的从业人员,不得上岗作业。

【释义】

从业人员在上岗前、转岗时必须经过三级安全培训教育,未经安全生产培训合格的从业人员,不得上岗作业。新上岗人员岗前培训时间不得少于24学时,职工调换工作岗位或离岗一年以上重新上岗时,必须进行相应的基层单位级和班组级安全生产教育。

《安全生产法》第25条规定:生产经营单位应当对从业人员进行安全生产教育和培训,保证从业人员具备必要的安全生产知识,熟悉有关的安全生产规章制度和安全操作规程,掌握本岗位的安全操作技能,了解事故应急处理措施,知悉自身在安全生产方面的权利和义务。未经安全生产教育和培训合格的从业人员,不得上岗作业。生产经营单位使用被派遣劳动者的,应当将被派遣劳动者纳入本单位从业人员统一管理,对被派遣劳动者进行岗位安全操作规程和安全操作技能的教育和培训。劳务派遣单位应当对被派遣劳动者进行必要的安全生产教育和培训。

《生产经营单位安全培训规定》第14条规定:加工、制造业等生产单位的其他从业人员,在上岗前必须经过厂(矿)、车间(工段、区、队)、班组三级安全培训教育。

《生产经营单位安全培训规定》第15条规定:生产经营单位新上岗的从业人员,岗前培训时间不得少于24学时。煤矿、非煤矿山、危险化学品、烟花爆竹等生产经营单位新上岗的从业人员安全培训时间不得少于72学时,每年接受再培训的时间不得少于20学时。

《生产经营单位安全培训规定》第19条规定:从业人员在本生产经营单位内调整工作岗位或离岗

一年以上重新上岗时，应当重新接受车间（工段、区、队）和班组级的安全培训。

【要点】

（1）查阅从业人员上岗、转岗前三级安全教育记录。

（2）抽查从业人员培训考核记录等资料。

【内容2】

从业人员每年接受再培训，提高从业人员的素质和能力，再培训时间不得少于有关规定学时。（★★）

【释义】

高速公路营运企业从业人员每年接受再培训的时间不得少于8学时。

《国务院安委会关于进一步加强安全培训工作的决定》要求，严格落实企业职工先培训后上岗制度。矿山、危险物品等高危企业要对新职工进行至少72学时的安全培训，建筑企业要对新职工进行至少32学时的安全培训，每年进行至少20学时的再培训；非高危企业新职工上岗前要经过至少24学时的安全培训，每年进行至少8学时的再培训。

【要点】

（1）查阅企业及基层单位安全培训计划和执行情况。

（2）检查再培训时间是否低于8学时。

【内容3】

新技术、新设备投入使用前，对管理和操作人员进行专项培训。

【释义】

生产经营单位实施新工艺、新技术或者使用新设备、新材料时，应当对有关从业人员重新进行有针对性的安全培训。

《安全生产法》第26条规定：生产经营单位采用新工艺、新技术、新材料或者使用新设备，必须了解、掌握其安全技术特性，采取有效的安全防护措施，并对从业人员进行专门的安全生产教育和培训。

《国务院安委会关于进一步加强安全培训工作的决定》要求，企业调整职工岗位或者采用新工艺、新技术、新设备、新材料的，要进行专门的安全培训。

【要点】

查阅企业实施新工艺、新技术或者使用新设备、新材料时，开展专项安全培训的相关资料。

5.规范档案

【依据】

（1）《安全生产法》（主席令〔2002〕70号，2014年修正）

（2）《生产经营单位安全培训规定》（安监总局令〔2013〕63号）

（3）《企业安全生产标准化基本规范》（AQ/T 9006—2010）

【内容1】

建立健全安全宣传教育培训考评档案，详细、准确记录培训考评情况。

【释义】

企业应建立从业人员安全培训档案，详细、准确记录培训时间、培训内容等情况。

《安全生产法》第25条规定：生产经营单位应当建立安全生产教育和培训档案，如实记录安全生产教育和培训的时间、内容、参加人员以及考核结果等情况。

《生产经营单位安全培训规定》第24条规定：生产经营单位应建立健全从业人员安全培训档案，详细、准确记录培训考核情况。

【要点】

查阅从业人员安全培训档案。

【内容2】

对培训效果进行评审，改进提高培训质量。

【释义】

企业应及时做好安全教育培训考评工作，提高培训质量。

《企业安全生产标准化基本规范》5.5.1 规定，应做好安全教育培训记录，建立安全教育培训档案，实施分级管理，并对培训效果进行评估和改进。

【要点】

查阅企业安全教育培训效果评审相关资料。

九、作业管理

本部分是对高速公路营运企业作业现场安全生产的管理进行考评的规定，包括现场作业管理、安全值班、相关方管理、工作环境、警示标志等内容。作业现场时生产安全事故的发源地，是企业安全管理的重点区域。

本部分包括 5 项内容，18 个考评要点，考评满分 170 分。

1. 现场作业管理

【依据】

(1)《安全生产法》(主席令〔2002〕70 号，2014 年修正)

(2)《公路法》(主席令 第 86 号)

(3)《公路安全保护条例》(国务院令〔2011〕593 号)

(4)《收费公路管理条例》(国务院令〔2004〕417 号)

(5)《国务院关于进一步加强企业安全生产工作的通知》(国发〔2010〕23 号)

(6)《生产经营单位安全培训规定》(安监总局令〔2013〕63 号)

(7)《浙江省安全生产条例》(浙江省人民代表大会常务委员会公告第 56 号，2014 年修正)

(8)《浙江省公路路政管理条例》(2011 年修正)

(9)《企业安全生产标准化基本规范》(AQ/T 9006—2010)

(10)《公路养护安全作业规程》(JTG H30—2004)

(11)《公路工程施工安全技术规程》(JTJ 076—95)

(12)《公路项目安全性评价指南》(JTG/T B05—2004)

(13)《公路养护技术规范》(JTG H10—2009)

【内容 1】

建立涉路(跨越、穿越、架设、埋设等)作业审批管理制度，明确责任部门、人员、审批要求等，并严格按要求执行。(★★)

【释义】

企业应建立涉路(跨越、穿越、架设、埋设等)作业审批管理制度，明确责任部门、人员、审批要求等，并严格按要求执行。

《公路法》第 45 条规定：跨越、穿越公路修建梁、渡槽或者架设、埋设管线等设施的，以及在公路用地范围内架设、埋设管线、电缆等设施的，应当事先经有关交通主管部门同意，影响交通安全的，还须征得有关公安机关的同意；所修建、架设或者埋设的设施应当符合公路工程技术标准的要求。对公路造成损坏的，应当按照损坏程度给予补偿。

《公路安全保护条例》第 27 条规定：进行下列涉路施工活动，建设单位应当向公路管理机构提出申请：

(1)因修建铁路、机场、供电、水利、通信等建设工程需要占用、挖掘公路、公路用地或者使公路改线。

(2)跨越、穿越公路修建桥梁、渡槽或者架设、埋设管道、电缆等设施。

(3)在公路用地范围内架设、埋设管道、电缆等设施。

(4)利用公路桥梁、公路隧道、涵洞铺设电缆等设施。

(5)利用跨越公路的设施悬挂非公路标志。

(6)在公路上增设或者改造平面交叉道口。

(7)在公路建筑控制区内埋设管道、电缆等设施。

《公路安全保护条例》第28条规定:申请进行涉路施工活动的建设单位应当向公路管理机构提交下列材料:

(1)符合有关技术标准、规范要求的设计和施工方案。

(2)保障公路、公路附属设施质量和安全的技术评价报告。

(3)处置施工险情和意外事故的应急方案。

公路管理机构应当自受理申请之日起20日内做出许可或者不予许可的决定;影响交通安全的,应当征得公安机关交通管理部门的同意;涉及经营性公路的,应当征求公路经营企业的意见;不予许可的,公路管理机构应当书面通知申请人并说明理由。

【要点】

(1)查阅企业涉路(跨越、穿越、架设、埋设等)作业审批制度,有明确责任部门、人员和审批要求等。

(2)查阅涉路(跨越、穿越、架设、埋设等)作业审批资料,是否符合审批工作流程。

【内容2】

在下达生产任务的同时,布置安全生产工作要求。

【释义】

企业下达生产任务的同时,应布置安全生产工作要求,如安全生产工作的相关要求、注意事项,作业现场危险因素、应该采取的安全措施和个人劳动防护用品正确佩戴等。

《安全生产法》第41条规定:生产经营单位应当教育和督促从业人员严格执行本单位的安全生产规章制度和安全操作规程;并向从业人员如实告知作业场所和工作岗位存在的危险因素、防范措施以及事故应急措施。

【要点】

查阅相关工作布置记录。

【内容3】

严格执行操作规程和安全生产作业规定,严禁违章指挥、违章操作、违反劳动纪律,正确使用安全防护用具。

【释义】

作业人员严格执行操作规程和安全生产作业规定,严禁违章指挥、违章操作、违反劳动纪律,正确使用安全防护用具。

《安全生产法》第54条规定:从业人员在作业过程中,应当严格遵守本单位的安全生产规章制度和操作规程,服从管理,正确佩戴和使用劳动防护用品。

《国务院关于进一步加强企业安全生产工作的通知》要求,企业要健全完善严格的安全生产规章制度,坚持不安全不生产。加强对生产现场监督检查,严格查处违章指挥、违规作业、违反劳动纪律的"三违"行为。

【要点】

现场查看员工是否正确使用安全防护用具,是否存在"三违"现象。

【内容4】

指定专人对养护、清障施救等危险作业进行现场管理。

【释义】

企业及基层单位要指定专人对养护、清障施救等危险作业进行现场管理。

《安全生产法》第40条规定:生产经营单位进行爆破、吊装以及国务院安全生产监督管理部门会同国务院有关部门规定的其他危险作业,应当安排专门人员进行现场安全管理,确保操作规程的遵守和安全措施的落实。

《公路养护安全作业规程》1.0.3 规定：养护维修单位配备专职或兼职安全管理人员进行安全教育等，必要时配备交通指挥人员进行现场指挥。涉及如路面养护、道路巡查、清障施救作业等危险性较大作业，应指定专人进行现场管理，确保作业人员安全。

【要点】

(1)查阅相关制度和操作规程是否规定专人进行现场管理。

(2)现场查看养护、清障施救等危险作业是否实行专人管理。

【内容5】

建立和执行现场安全检查制度，严禁无关人员进入作业区域。(★★)

【释义】

企业应建立健全作业现场安全检查制度，按照规定进行巡(检)查。作业区域应制定相关措施，禁止无关人员进入。

《安全生产法》第18条规定：生产经营单位的主要负责人对本单位安全生产工作负有建立、健全本单位安全生产责任制，保证本单位安全生产投入的有效实施，督促、检查本单位的安全生产工作，及时消除生产安全事故隐患职责。

《安全生产法》第40条规定：生产经营单位进行爆破、吊装以及国务院安全生产监督管理部门会同国务院有关部门规定的其他危险作业，应当安排专门人员进行现场安全管理，确保操作规程的遵守和安全措施的落实。

《公路养护技术规范》11.1.3、11.1.4 规定：公路养护维修作业单位或经营单位应加强养护维修安全作业的管理。各级公路管理机构应加强对养护维修安全作业的监督和检查。养护维修作业的安全设施在未完成养护维修作业之前应保持完好，任何人不得随意撤除或改变安全设施的位置、扩大或缩小控制区范围，以保证养护维修作业控制区的安全。

【要点】

(1)查阅企业作业现场安全检查制度。

(2)查看作业区域是否制定相关措施。

(3)现场查看是否有无关人员误入作业区域。

【内容6】

制订收费、道路巡查、养护施工、清障施救等作业规程，并严格监督实施。

【释义】

企业应制定收费、道路巡查、养护施工、清障施救等作业规程，并严格监督实施。

《安全生产法》第18条规定：生产经营单位的主要负责人对本单位安全生产工作负有建立、健全本单位安全生产责任制，保证本单位安全生产投入的有效实施，督促、检查本单位的安全生产工作，及时消除生产安全事故隐患职责。

【要点】

(1)查阅相关作业规程。

(2)现场检查相关作业规程监督实施情况。

【内容7】

收费、养护、清障施救等从业人员具有相关资质条件。(★★★)

【释义】

企业收费、养护、清障施救等从业人员应具备上岗条件，特种设备人员应具备相应资质条件。

《浙江省安全生产条例》第20条规定：未经安全生产教育和培训合格的从业人员，不得上岗作业。

《生产经营单位安全培训规定》第4条规定：生产经营单位应当进行安全培训的从业人员包括主要负责人、安全生产管理人员、特种作业人员和其他从业人员。生产经营单位从业人员应当接受安全培训，熟悉有关安全生产规章制度和安全操作规程，具备必要的安全生产知识，掌握本岗位的安全操作技能，增强预防事故、控制职业危害和应急处理的能力。未经安全生产培训合格的从业人员，不得上岗作业。

【要点】

查阅企业相关人员上岗培训、考核资料。

【内容8】

对需封(占)道的检测、养护、施工等危险性较高作业活动实施作业许可管理，严格履行审批手续，作业方案应包含危害因素分析和安全措施等内容。(★★)

【释义】

企业应按有关规定对需封(占)道的检测、养护、施工等危险性较高作业活动实施作业许可管理，严格履行审批手续，作业方案应包含危害因素分析和安全措施等内容。

《浙江省公路路政管理条例》第14条规定：因工程建设需要占用、挖掘公路，或者跨越、穿越公路架设、增设管线设施的，施工作业单位应当在公路管理机构批准的路段和时间内施工作业，并在距离施工作业地点来车方向安全距离处设置明显的安全警示标志，采取防护措施；施工完毕，应当迅速清除公路上的障碍物，消除安全隐患，经公路管理机构和公安机关交通管理部门验收合格，符合通行要求后，及时恢复通行。

《企业安全生产标准化基本规范》规定：企业应加强生产现场安全管理和生产过程的控制。对生产过程及物料、设备设施、器材、通道、作业环境等存在的隐患，应进行分析和控制。对动火作业、受限空间内作业、临时用电作业、高处作业等危险性较高的作业活动实施作业许可管理，严格履行审批手续。作业许可证应包含危害因素分析和安全措施等内容。

【要点】

(1)查阅企业是否制定作业许可管理相关制度。

(2)查阅施工审批手续是否齐全，作业方案危害因素分析和安全措施等内容是否齐全、合理。

【内容9】

及时公告施工、检测、清障施救等作业信息，向通行车辆和人员警示、提示。

【释义】

企业应通过公路出入口、沿线可变信息板等设施及时公告施工、检测、清障施救等作业信息，向通行车辆和人员警示、提示。

《收费公路管理条例》第31条规定：遇有公路损坏、施工或者发生交通事故等影响车辆正常安全行驶的情形时，收费公路经营管理者应当在现场设置安全防护设施，并在收费公路出入口进行限速、警示提示，或者利用收费公路沿线可变信息板等设施予以公告；造成交通堵塞时，应当及时报告有关部门并协助疏导交通。遇有公路严重损毁、恶劣气象条件或者重大交通事故等严重影响车辆安全通行的情形时，公安机关应当根据情况，依法采取限速通行、关闭公路等交通管制措施。收费公路经营管理者应当积极配合公安机关，及时将有关交通管制的信息向通行车辆进行提示。

【要点】

(1)查阅施工、检测、清障施救等作业时公告发布相关记录资料。

(2)现场查看施工、检测、清障施救等作业信息发布情况。

2. 安全值班

【依据】

(1)《国务院关于进一步加强企业安全生产工作的通知》(国发〔2010〕23号)

(2)《浙江省高速公路联网运行监控管理办法》(浙交〔2005〕111号)

【内容】

制订并落实安全生产值班计划和值班制度，重要时期实行领导到岗带班，有值班记录台账。

【释义】

企业应制定落实安全生产值班计划和值班制度，重要时期实行领导到岗带班，有值班记录台账。

《国务院关于进一步加强企业安全生产工作的通知》要求，企业主要负责人和领导班子成员要轮流现场带班。

【要点】

(1)查阅值班计划和制度。

(2)查阅值班记录。

3. 相关方管理

【依据】

(1)《安全生产法》(主席令〔2002〕70 号,2014 年修正)

(2)《建筑法》(主席令〔2011〕46 号)

(3)《建设工程安全生产管理条例》(国务院令〔2003〕393 号)

(4)《国务院关于进一步加强企业安全生产工作的通知》(国发〔2010〕23 号)

(5)《企业安全生产费用提取和使用管理办法》(财企〔2012〕16 号)

(6)《浙江省安全生产管理条例》(浙江省第十届人民代表大会常务委员会公告第 56 号,2014 年修正)

(7)《浙江省交通建设工程安全生产监督管理实施细则》(浙交〔2013〕5 号)

(8)《浙江省落实生产经营单位安全生产主体责任暂行规定》(浙安委〔2009〕12 号)

(9)《关于进一步加强我省交通建设工程施工安全生产费用管理的通知》(浙交监〔2013〕43 号)

(10)《企业安全生产标准化基本规范》(AQ/T 9006—2010)

【内容 1】

建立外协、外包等相关方的准入机制和管理制度，相关方安全生产许可证、资质、资格符合法律法规相关要求。

【释义】

企业应建立和完善外协、外包等相关方的准入机制和管理制度，对相关方安全生产许可证、资质、资格符合法律法规相关要求进行严格审批。

《安全生产法》第 46 条规定：生产经营单位不得将生产经营项目、场所、设备发包或者出租给不具备安全生产条件或者相应资质的单位或者个人。生产经营项目、场所发包或者出租给其他单位的，生产经营单位应当与承包单位、承租单位签订专门的安全生产管理协议，或者在承包合同、租赁合同中约定各自的安全生产管理职责；生产经营单位对承包单位、承租单位的安全生产工作统一协调、管理，定期进行安全检查，发现安全问题的，应当及时督促整改。

《建设工程安全管理条例》第 2 条规定：严禁使用不具备国家规定资质和安全生产保障能力的承包商和分包商或与其未签订安全生产责任协议。

《浙江省交通建设工程质量和安全生产管理办法》第 7 条规定：建设单位应严格履行建设程序，应当根据交通建设工程的特点和技术要求，选择具有相应资质的勘察、设计、施工、监理等单位。第 30 条规定：建设单位在编制交通建设工程招标文件时，应当依法对施工单位的安全生产条件、安全生产信用情况、安全生产的保障措施等提出明确要求。

《浙江省落实生产经营单位安全生产主体责任暂行规定》第 30 条规定：对不具备安全生产条件或者相应资质的，不得发包、出租。

【要点】

(1)查阅相关方准入机制和管理制度。

(2)查阅相关方安全生产许可证、资质、资格是否符合法律法规和管理制度的相关要求。

【内容2】

与相关方签订安全协议,明确双方各自的安全责任。

【释义】

企业应按规定与相关方签订书面安全管理协议书,或在承包承租合同、协议中明确安全管理与安全责任条款,明确双方的安全管理职责、范围及事故赔偿责任,以及安全管理、消防管理、设备安全使用、人员安全教育与培训、安全检查与监督等方面的管理要求。

《安全生产法》第45条规定:两个以上生产经营单位在同一作业区域内进行生产经营活动,可能危及对方生产安全的,应当签订安全生产管理协议,明确各自的安全生产管理职责和应当采取的安全措施,并指定专职安全生产管理人员进行安全检查与协调。

《浙江省安全生产管理条例》第26条规定:生产经营单位将生产经营项目、场所、设备发包或者出租给其他单位和个人的,应当签订安全生产管理协议,履行统一管理的职责。

《建筑法》第15条规定:建筑工程的发包单位与承包单位应当依法订立书面合同,明确双方的权利和义务。发包单位和承包单位应当全面履行合同约定的义务。不按照合同约定履行义务的,依法承担违约责任。

《浙江省落实生产经营单位安全生产主体责任暂行规定》第30条规定:生产经营单位将生产经营项目、场所、设备发包或者出租的,应当与承包单位、承租单位签订专门的安全生产管理协议,或者在承包合同、租赁合同中约定有关的安全生产管理事项。未签订安全生产管理协议或者未约定安全生产管理事项,发生生产安全事故的,由发包或者出租单位依法承担相应后果。

《企业安全生产标准化基本规范》中5.7.4指出,企业和相关方的项目协议应明确规定双方的安全生产责任和义务。

【要点】

查阅公司或基层单位与相关方签订安全合同或协议,明确双方的安全管理职责等。

【内容3】

对两个或两个以上相关方共同生产作业进行统一安全管理,明确职责并落实到位。

【释义】

两个以上生产经营单位在同一作业区域内进行生产经营活动,可能危及对方生产安全的,应当签订安全生产管理协议,明确各自的安全生产管理职责和应当采取的安全措施,并指定专职安全生产管理人员进行安全检查与协调。

《安全生产法》第45条规定:两个以上生产经营单位在同一作业区域内进行生产经营活动,可能危及对方生产安全的,应当签订安全生产管理协议,明确各自的安全生产管理职责和应当采取的安全措施,并指定专职安全生产管理人员进行安全检查与协调。

【要点】

(1)查阅同一作业区域内进行生产经营活动的相关方签定的安全生产管理协议,有明确安全管理职责。

(2)现场查看同一作业区域内安全协议落实情况。

【内容4】

落实相关方安全监督管理职责,严格执行作业前准备、作业过程、表现评估等管理,并建立合格相关方名录和档案。(★★)

【释义】

公司应落实履行安全监督管理职责,落实执行作业前准备、作业过程、表现评估等管理,并建立合格相关方名录和档案。

《企业安全生产标准化基本规范》中5.7.4相关方管理规定,企业应执行承包人、供应商等相关方管理制度,对其资格预审、选择、服务前准备、作业过程、提供的产品、技术服务、表现评估、续用等进行管理。企业应建立合格相关方的名录和档案，根据服务作业行为定期识别服务行为风险，并采取行之有效的控制措施。企业应对进入同一作业区的相关方进行统一安全管理。不得将项目委托给不具备相应资质或条件的相关方。企业和相关方的项目协议应明确规定双方的安全生产责任和义务。

【要点】

(1)查阅相关方安全监督管理职责履行情况资料(包括会议、检查、培训、评估等)，有合格相关方名录和档案。

(2)现场查看管理制度执行情况。

【内容5】

督促相关方足额使用安全生产费用并专款专用。

【释义】

相关方配备符合国家标准或者行业标准的安全防护用品，按规定足额提取、安全生产费用专款专用。

《安全生产法》第20条规定：生产经营单位应当具备的安全生产条件所必需的资金投入，由生产经营单位的决策机构、主要负责人或者个人经营的投资人予以保证，并对由于安全生产所必需的资金投入不足导致的后果承担责任。

《关于进一步加强我省交通建设工程施工安全生产费用管理的通知》第4条规定：施工安全生产费用应用于施工安全防护用具及设施的采购和更新、安全施工措施的落实，安全生产条件的改善，禁止采用虚报等手段套取安全生产费用。第6条规定：施工安全生产费用计量凭证必须经过施工单位专职安全员验收，项目经理确认，监理工程师审查，建设单位安全管理人员审核后支付。第7条规定：施工单位应当建立项目安全生产费用管理制度，规范安全生产费用的使用和计量，制定安全生产费用使用计划，并报监理单位审核同意后实施。

【要点】

查阅企业开展督查相关方安全费用台账费用计划以及使用情况活动记录。

4. 工作环境

【依据】

(1)《安全生产法》(主席令〔2002〕70号，2014年修正)

(2)《消防法》(主席令〔2008〕6号)

(3)《作业场所职业健康监督管理暂行规定》(安监总局令〔2009〕23号)

(4)《浙江省人民政府办公厅关于加强职业卫生监管工作的意见》(浙政办发〔2014〕6号)

【内容】

工作、生活场所的布置符合安全、消防和职业健康要求，疏散距离合理，消防通道畅通，各种设施布局合理。

【释义】

企业应当为劳动者创造符合国家职业卫生标准和卫生要求的工作环境和条件，并采取措施保障劳动者获得职业卫生保护。

《劳动法》第17条规定：劳动合同应当具备劳动保护、劳动条件和职业危害防护条款。第32条规定：劳动者对危害生命安全和身体健康的劳动条件，有权对用人单位提出批评、检举和控告。

《消防法》第9条规定：建设工程的消防设计、施工必须符合国家工程建设消防技术标准。第16条规定：机关、团体、企业、事业等单位应当履行下列消防安全职责：

(1)落实消防安全责任制，制定本单位的消防安全制度、消防安全操作规程，制定灭火和应急疏散预案。

(2)按照国家标准、行业标准配置消防设施、器材，设置消防安全标志，并定期组织检验、维修，确保完好有效。

(3)对建筑消防设施每年至少进行一次全面检测，确保完好有效，检测记录应当完整准确，存档备查。

(4)保障疏散通道、安全出口、消防车通道畅通，保证防火防烟分区、防火间距符合消防技术标准。

(5)组织防火检查，及时消除火灾隐患。

(6)组织进行有针对性的消防演练。

(7)法律、法规规定的其他消防安全职责。

单位的主要负责人是本单位的消防安全责任人。

《作业场所职业健康监督管理暂行规定》第3条规定：生产经营单位应当加强作业场所的职业危害防治工作，为从业人员提供符合法律、法规、规章和国家标准、行业标准的工作环境和条件，采取有效措施，保障从业人员的职业健康。

【要点】

现场检查企业和基层单位工作、生活场所布置和设施布局是否符合安全、消防和职业健康要求。

5. 警示标志

【依据】

(1)《安全生产法》(主席令〔2002〕70号,2014年修正)

(2)《收费公路管理条例》(国务院令〔2004〕417号)

(3)《浙江省高速公路运行管理办法》(浙政令〔2005〕193号2011年修正)

(4)《公路养护安全作业规程》(JTG H30—2004)

(5)《高速公路交通安全设施设计规范》(DB/T 704—2013)

【内容1】

在存在危险因素的场所和设备设施，设置明显的安全警示标志，警示、告知危险种类、后果及应急措施。(★★★)

【释义】

企业应在较大危险因素的配电房、发电机、机房等场所，可能存在危险因素的逾龄设备以及变压器、锅炉等设备设施设置明显的安全警示标志，警示、告知危险种类、后果及应急措施。

《安全生产法》第32条规定：生产经营单位应当在有较大危险因素的生产经营场所和有关设施、设备上，设置明显的安全警示标志。

【要点】

现场检查危险场所和设备设施安全警示标志设置情况。

【内容2】

在清障施救、设备设施检维修、道路养护施工等作业现场，按要求设置警戒区域和警示标志。(★★★)

【释义】

企业应在清障施救、设备设施检维修、道路养护施工等作业现场按要求设置警戒区域和警示标志。

《安全生产法》第32条规定：生产经营单位应当在有较大危险因素的生产经营场所和有关设施、设备上，设置明显的安全警示标志。

《收费公路管理条例》第31条规定：遇有公路损坏、施工或者发生交通事故等影响车辆正常安全行驶的情形时，收费公路经营管理者应当在现场设置安全防护设施，并在收费公路出入口进行限速、警示提示，或者利用收费公路沿线可变信息板等设施予以公告。

《浙江省高速公路运行管理办法》第32条规定：高速公路经营单位进行养护等施工作业需要封闭1个车道以上，并且作业时间持续12小时以上的，或者在夜间进行作业的，高速公路经营单位应当事先报告公安机关交通管理部门，并采取相应的防护、警示或者公告等措施。施工作业需要半幅封闭路段或者中断交通的，高速公路经营单位应当事先征得公安机关交通管理部门和公路管理机构的同意，并采取相应的防护、警示和疏导措施。

【要点】

现场查看清障施救、设备设施检维修、道路养护施工等作业现场是否按要求设置警戒区域和警示标志。

十、危险源辨识与风险控制

本部分对企业危险源辨识与风险控制做出了考评规定。企业对生产经营现场存在的各种危险和有害因素进行全面辨识，提前采取控制措施进行预控，并结合具体生产活动，不断优化和持续改进各项控制措施，将风险降低到可以接受的程度，以实现风险可控的目的，减少或避免各类事故的发生。危险源辨识是前提，风险控制是保障。

本部分包括 2 项内容，涉及 5 个考评要点，考评满分 35 分。

1. 危险源辨识

【依据】

(1)《安全生产法》(主席令〔2002〕70 号，2014 年修正)

(2)《企业安全生产标准化基本规范》(AQ/T 9006—2010)

(3)《交通运输部关于推进安全生产风险管理工作的意见》(交安监发〔2014〕120 号)

(4)《危险化学品安全管理条例》(国务院令〔2011〕第 591 号)

(5)《浙江省人民政府办公厅关于印发浙江省危险化学品管理工作职责的通知》(浙政办发〔2012〕123 号)

(6)《浙江省石油天然气管道建设和保护条例》(浙江省人民代表大会常务委员会公告〔2014〕第 19 号)

【内容 1】

开展本单位危险设施或场所危险源的辨识和确定工作。

【释义】

企业应组织人员或聘请专业机构对本单位危险设施或场所进行危险源的辨识和确定工作。

《企业安全生产标准化基本规范》(AQ/T 9006—2010)规定：企业应依据有关标准对本单位的危险设施或场所进行重大危险源辨识与安全评估。

《交通运输部关于推进安全生产风险管理工作的意见》明确提出：开展安全生产风险源辨识工作，建立风险源清单并逐一评估，确定安全生产风险等级和管控临界，针对不同的风险，制定具体的控制措施和管控责任制度。

设备设施、作业场所是企业危险源存在的主要源头，企业可对照《生产过程危险和有害因素分类和代码》中危险和有害因素的类别，组织专人采用直观经验分析、系统安全分析相结合的方式，定期对本企业的设备设施、作业场所可能存在的危险和有害因素进行全面、有辨地辩识，防止出现漏项，最终确定危险源，为企业风险控制奠定基础。

营运企业的危险、有害因素主要包括恶劣天气、危化品运输车辆、道路养护状况、抛撒物、涉路施工作业、安全设施和交通安全标志等方面。企业要把握重点，对作业活动场所、设备设施、工作流程等方面进行有害因素识别。

危险源指可能导致死亡、伤害、职业病、财产损失、工作环境破坏或这些情况组织的根源或状态，由潜在危险性、存在条件和触发因素构成。

【要点】

查阅企业开展危险源的辨识和确定工作相关记录。

【内容2】

及时对作业活动和设备设施进行危险、有害因素识别。

【释义】

企业应及时对作业活动和设备设施进行危险、有害因素识别。

《企业安全生产标准化基本规范》规定:企业应依据有关标准对本单位的危险设施或场所进行重大危险源辨识与安全评估。

《交通运输部关于推进安全生产风险管理工作的意见》明确提出:开展安全生产风险源辨识工作,建立风险源清单并逐一评估,确定安全生产风险等级和管控临界,针对不同的风险,制定具体的控制措施和管控责任制度。

【要点】

查阅危险、有害因素识别相关记录。

【内容3】

辨识重大危险源,采取有效防护措施,按规定报有关部门备案。(★★)

【释义】

企业应通过危险源辨识,确认是否存在重大危险源,建立重大危险源清单,采取有效防护措施,并填写重大危险源备案登记申请表,向政府有关部门备案。

《安全生产法》第37条规定:生产经营单位对重大危险源应当登记建档,进行定期检测、评估、监控,并制定应急预案,告知从业人员和相关人员在紧急情况下应当采取的应急措施。生产经营单位应当按照国家有关规定将本单位重大危险源及有关安全措施、应急措施报有关地方人民政府安全生产监督管理部门和有关部门备案。

重大危险源是指长期地或者临时地生产、搬运、使用或者储存危险物品,且危险物品的数量等于或者超过临界量的单元(包括场所和设施)。

确定重大危险源的核心因素是危险物品的数量是否等于或者超过临界量。所谓临界量,是指对某种或某类危险物品规定的数量,若单元中的危险物品数量等于或者超过该数量,则该单元应定为重大危险源。具体危险物质的临界量,由危险物品的性质决定。

【要点】

(1)查阅企业重大危险源辨识记录。

(2)查阅重大危险源防护措施。

(3)查阅企业向政府有关部门备案情况。

2. 风险控制

【依据】

(1)《安全生产法》(主席令〔2002〕70号,2014年修正)

(2)《国务院关于加强和改进消防工作的意见》(国发〔2011〕46号)

(3)《交通运输部关于推进安全生产风险管理工作的意见》(交安监发〔2014〕120号)

【内容1】

向从业人员如实告知作业场所和工作岗位存在的危险因素、防范措施以及事故应急措施。

【释义】

企业或基层单位应通过培训或技术交底等方式,向从业人员如实告知作业场所和工作岗位存在的危险因素、防范措施以及事故应急措施。

《安全生产法》第41条规定:生产经营单位应当教育和督促从业人员严格执行本单位的安全生产规章制度和安全操作规程;并向从业人员如实告知作业场所和工作岗位存在的危险因素、防范措施以及事故应急措施。

【要点】

查阅企业安全教育培训及技术交底等活动的相关记录。

【内容2】

对危险源进行建档，重大危险源单独建档管理。

【释义】

企业应建立危险源档案，记录并说明危险源位置、可能产生的危害以及有效的防护措施等；重大危险源应单独建档。

《安全生产法》第37条规定：生产经营单位对重大危险源应当登记建档，进行定期检测、评估、监控，并制定应急预案，告知从业人员和相关人员在紧急情况下应当采取的应急措施。生产经营单位应当按照国家有关规定将本单位重大危险源及有关安全措施、应急措施报有关地方人民政府安全生产监督管理部门和有关部门备案。

【要点】

查阅企业危险源、重大危险源档案。

十一、隐患排查与治理

本部分对企业隐患排查与治理做出考核规定。企业是事故隐患排查、治理和预防的责任主体。通过隐患排查与治理，可促进企业进一步落实安全生产主体责任，排查治理事故隐患和薄弱环节，切实解决存在的突出问题，建立安全生产事故隐患排查治理长效机制，有效防范和遏制重特大事故的发生，促进行业安全生产状况的进一步稳定好转。安全生产事故隐患（以下简称事故隐患），是指生产经营单位违反安全生产法律、法规、规章、标准、规程和安全生产管理制度的规定，或者因其他因素在生产经营活动中存在可能导致事故发生的物的危险状态、人的不安全行为和管理上的缺陷。事故隐患分为一般事故隐患和重大事故隐患。一般事故隐患，是指危害和整改难度较小，发现后能够立即整改排除的隐患。重大事故隐患，是指危害和整改难度较大，应当全部或者局部停产停业，并经过一定时间整改治理方能排除的隐患，或者因外部因素影响致使生产经营单位自身难以排除的隐患。

本部分包括2项内容，涉及8个考核要点，考评满分55分。

1. 隐患排查

【依据】

（1）《安全生产事故隐患排查治理暂行规定》（安全监管总局令〔2007〕16号）

（2）《国务院关于进一步加强企业安全生产工作的通知》（国发〔2010〕23号）

（3）《企业安全生产标准化基本规范》（AQ/T 9006—2010）

【内容1】

制订隐患排查工作方案，明确排查的目的、范围，选择合适的排查方法。

【释义】

企业或基层单位应制定具体隐患排查工作方案，明确说明排查目的、范围和排查方法。

《国务院关于进一步加强企业安全生产工作的通知》规定：企业要经常性开展安全隐患排查，并切实做到整改措施、责任、资金、时限和预案“五到位”。建立以安全生产专业人员为主导的隐患整改效果评价制度，确保整改到位。

《安全生产事故隐患排查治理暂行规定》第4条规定：生产经营单位应当建立健全事故隐患排查治理制度。

《企业安全生产标准化基本规范》规定：企业应组织事故隐患排查工作，对隐患进行分析评估，确定隐患等级，登记建档，及时采取有效的治理措施。隐患排查前应制定排查方案，明确排查的目的、范围，选择合适的排查方法。企业隐患排查的范围应包括所有与生产经营相关的场所、环境、人员、设备设施和活动。企业应根据安全生产的需要和特点,采用综合检查、专业检查、季节性检查、节假日检查、日常检查等方式进行隐患排查。

安全生产事故隐患(以下简称事故隐患),是指生产经营单位违反安全生产法律、法规、规章、标准、规程和安全生产管理制度的规定,或者因其他因素在生产经营活动中存在可能导致事故发生的物的危险状态、人的不安全行为和管理上的缺陷。

【要点】

(1)查阅企业或基层单位制定的隐患排查工作方案。

(2)查阅工作方案排查目的、范围和排查方法是否明确。

【内容2】

每月至少开展一次安全专项检查,及时发现安全管理缺陷和漏洞,消除安全隐患。检查及处理情况记录在案。(★★★)

【释义】

每月至少开展一次安全专项检查,及时发现安全管理缺陷和漏洞,消除安全隐患。检查及处理情况记录在案。

《安全生产事故隐患排查治理暂行规定》第10条规定:生产经营单位应当定期组织安全生产管理人员、工程技术人员和其他相关人员排查本单位的事故隐患。对排查出的事故隐患,应当按照事故隐患的等级进行登记,建立事故隐患信息档案,并按照职责分工实施监控治理。

【要点】

查阅企业安全检查记录。

【内容3】

对各种安全检查所查出的隐患进行原因分析,制订针对性控制对策。

【释义】

企业在隐患排查时,须对各种安全检查所查出的隐患进行原因分析,制定针对性措施,及时消除隐患。

《安全生产事故隐患排查治理暂行规定》第14条规定:生产经营单位应当每季、每年对本单位事故隐患排查治理情况进行统计分析。重大事故隐患报告内容应包括:①隐患的现状及其产生原因;②隐患的危害程度和整改难易程度分析;③隐患的治理方案。

【要点】

查阅企业隐患原因分析、控制措施等相关记录。

2. 隐患治理

【依据】

(1)《安全生产法》(主席令〔2002〕70号,2014年修正)

(2)《安全生产事故隐患排查治理暂行规定》(安全监管总局令〔2007〕16号)

(3)《企业安全生产标准化基本规范》(AQ/T 9006—2010)

(4)《公路项目安全性评价指南》(JTG/T B05—2004)

(5)《关于做好交通运输安全生产隐患排查治理信息统计和报送工作的通知》(交安委明电〔2010〕3号)

(6)《浙江省省级公路交通事故多发点段排查治理工作规程》(浙公通字〔2010〕94号)

【内容1】

制订隐患治理方案,包括目标和任务、方法和措施、经费和物资、机构和人员、时限和要求。

【释义】

企业应对排查出的重大安全隐患制定针对性的隐患治理方案,包括目标和任务、方法和措施、经费和物资、机构、责任部门和责任人员、时限和要求。

《安全生产法》第18条规定：生产经营单位的主要负责人对本单位安全生产工作负有建立、健全本单位安全生产责任制，保证本单位安全生产投入的有效实施，督促、检查本单位的安全生产工作，及时消除生产安全事故隐患职责。

《安全生产事故隐患排查治理暂行规定》第15条规定：对于重大事故隐患，由生产经营单位主要负责人组织制定并实施事故隐患治理方案。重大事故隐患治理方案应当包括以下内容：

(1)治理的目标和任务。

(2)采取的方法和措施。

(3)经费和物资的落实。

(4)负责治理的机构和人员。

(5)治理的时限和要求。

(6)安全措施和应急预案。

《企业安全生产标准化基本规范》规定：企业应根据隐患排查的结果，制定隐患治理方案，对隐患及时进行治理。隐患治理方案应包括目标和任务、方法和措施、经费和物资、机构和人员、时限和要求。重大事故隐患在治理前应采取临时控制措施并制定应急预案。隐患治理措施包括工程技术措施、管理措施、教育措施、防护措施和应急措施。治理完成后，应对治理情况进行验证和效果评估。

【要点】

查阅企业隐患治理方案是否符合规定要求。

【内容2】

对上级检查指出或自我检查发现的一般安全隐患，严格落实防范和整改措施，并定期复查，组织整改到位。

【释义】

针对地方安全生产监督部门、行业主管部门等上级检查指出或自我检查发现的一般安全隐患，企业或基层单位有责任有义务严格落实防范和整改措施，并定期复查，组织整改到位。

《安全生产事故隐患排查治理暂行规定》第15条规定：对于一般事故隐患，由生产经营单位（车间、分厂、区队等）负责人或者有关人员立即组织整改。

《安全生产事故隐患排查治理暂行规定》第10条规定：对排查出的事故隐患，应当按照事故隐患的等级进行登记，建立事故隐患信息档案，并按照职责分工实施监控治理。

【要点】

查阅企业一般隐患治理记录。

【内容3】

重大安全隐患报相关部门备案，做到整改措施、责任、资金、时限和预案“五到位”。(★★)

【释义】

企业对重大安全隐患报相关部门备案，做到整改措施、责任、资金、时限和预案“五到位”，切实履行企业主体责任。

《安全生产事故隐患排查治理暂行规定》第14条规定：对于重大事故隐患应当及时向安全监管监察部门和有关部门报告。重大事故隐患报告内容应当包括：

(1)隐患的现状及其产生原因；

(2)隐患的危害程度和整改难易程度分析；

(3)隐患的治理方案。

【要点】

查看企业对重大安全隐患备案材料。

【内容4】

建立隐患治理台账和档案,有相关的记录。

【释义】

企业应建立隐患治理台账和档案。

《安全生产事故隐患排查治理暂行规定》第10条规定:对排查出的事故隐患,应当按照事故隐患的等级进行登记,建立事故隐患信息档案,并按照职责分工实施监控治理。

【要点】

查阅企业隐患治理台账和档案。

【内容5】

按规定对隐患排查和治理情况进行统计分析,并向有关部门报送书面统计分析表。

【释义】

企业应按规定对隐患排查和治理情况进行统计分析,并向有关部门报送书面统计分析表。

《关于做好交通运输安全生产隐患排查治理信息统计和报送工作的通知》明确指出:要健全信息统计月报制度。各部门、各单位要在2007年以来继续开展安全生产隐患排查治理信息统计工作的基础上,进一步健全隐患排查治理统计数据报送制度,加强领导,落实责任,自下而上,全面加强信息调度统计,每月对本部门、本单位安全生产隐患排查治理工作情况进行统计分析。要加强信息统计报送工作。各部门、各单位要高度重视安全生产隐患排查治理情况统计信息的报送工作,认真组织填报隐患排查治理情况统计报表,编报工作总结,完整、准确、及时反映隐患排查治理工作情况,逐步实现隐患排查治理信息统计制度常态化。

《安全生产事故隐患排查治理暂行规定》第14条规定:生产经营单位应当每季、每年对本单位事故隐患排查治理情况进行统计分析,并分别于下一季度15日前和下一年1月31日前向安全监管监察部门和有关部门报送书面统计分析表。统计分析表应当由生产经营单位主要负责人签字。

【要点】

查阅企业隐患排查和治理情况统计资料。

十二、职业健康

本部分对企业职工健康管理、工伤保险、危险告知、劳动保护作出了考评规定。改进作业环境,保护从业人员身心健康关系到企业员工的切身利益,关系到企业健康可持续发展和应尽的社会责任与义务。

本部分包括4项内容,涉及7个考评要点,考评满分45分。

1. 健康管理

【依据】

(1)《交通运输企业安全生产标准化考评管理办法》(交安监发〔2012〕175号)

(2)《中央企业安全生产监督管理暂行办法》(国务院国有资产监督管理委员会令〔2008〕21号)

(3)《工作场所职业卫生监督管理规定》(安监总局令〔2012〕47号)

(4)《职业病防治法》(主席令〔2011〕52号)

(5)《职业健康监护管理办法》(卫生部令〔2002〕23号)

【内容1】

取得ISO 9000、职业健康安全体系认证。(★)

【释义】

企业应积极推进ISO 9000、职业健康安全体系建设,并通过其中一项体系认证。

《交通运输企业安全生产标准化考评管理办法》第21条规定:已取得相关机构颁发的安全生产管理体系证书(证明)的企业,连续3年未发生重特大事故的,经主管机关对必备条件审核后,可颁发二级或三级安全生产达标证书。

《中央企业安全生产监督管理暂行办法》第14条规定：中央企业应当结合行业特点和企业实际，建立职业健康安全管理体系，消除或者减少职工的职业健康安全风险，保障职工职业健康。

【要点】

查阅企业ISO 9000、职业健康安全体系认证文件。

【内容2】

设置或指定职业健康管理机构，配备专（兼）职管理人员。

【释义】

企业应设置或指定职业健康管理机构，并配置专（兼）职管理人员。

《工作场所职业卫生监督管理规定》第8条规定：职业病危害严重的用人单位，应当设置或者指定职业卫生管理机构或者组织，配备专职职业卫生管理人员。其他存在职业病危害的用人单位，劳动者超过100人的，应当设置或者指定职业卫生管理机构或者组织，配备专职职业卫生管理人员；劳动者在100人以下的，应当配备专职或者兼职的职业卫生管理人员，负责本单位的职业病防治工作。

《职业病防治法》第21条规定：用人单位应设置或者指定职业卫生管理机构或者组织，配备专职或者兼职的职业卫生管理人员，负责本单位的职业病防治工作。

【要点】

查看企业职业健康机构设置或指定情况及专（兼）职管理人员配置文件。

【内容3】

按规定对从业人员进行职业健康检查。

【释义】

企业应安排对从业人员进行上岗前、在岗期间和离岗时的职业健康检查。一般情况企业应每两年安排从业人员进行一次常规体检。

《职业病防治法》第36条规定：对从事接触职业病危害的作业的劳动者，用人单位应当按照国务院安全生产监督管理部门、卫生行政部门的规定组织上岗前、在岗期间和离岗时的职业健康检查，并将检查结果书面告知劳动者。职业健康检查费用由用人单位承担。

【要点】

查阅企业体检（职业健康检查）记录。

2. 工伤保险

【依据】

（1）《安全生产法》（主席令〔2002〕70号，2014年修正）

（2）《工伤保险条例》（国务院令〔2010〕586号）

【内容】

为从业人员缴纳工伤保险，并为从事危险作业人员办理意外伤害险。（★★）

【释义】

企业应依法参加工伤社会保险，为从业人员缴纳保险费。并为从事危险作业的人员办理意外伤害险。

《安全生产法》第49条规定：生产经营单位与从业人员订立的劳动合同，应当载明有关保障从业人员劳动安全、防止职业危害的事项，以及依法为从业人员办理工伤保险的事项。生产经营单位不得以任何形式与从业人员订立协议，免除或者减轻其对从业人员因生产安全事故伤亡依法应承担的责任。

《工伤保险条例》第2条规定：中华人民共和国境内的企业、事业单位、社会团体、民办非企业单位、基金会、律师事务所、会计师事务所等组织和有雇工的个体工商户（以下称用人单位）应当依照本条例规定参加工伤保险，为本单位全部职工或者雇工（以下称职工）缴纳工伤保险费。

【要点】

查阅工伤保险和意外伤害险缴纳记录。

3. 危害告知

【依据】

《职业病防治法》(主席令〔2011〕52号)

【内容】

对从业人员进行职业健康宣传培训。使其了解其作业场所和工作岗位存在的危险因素和职业危害、防范措施和应急处理措施,降低或消除危害后果的事项。

【释义】

企业应组织对从业人员进行职业健康宣传教育,并公示作业场所、工作岗位存在的危险因素和职业危害、防范措施及应急处理措施。

《职业病防治法》第25条规定:产生职业病危害的用人单位,应当在醒目位置设置公告栏,公布有关职业病防治的规章制度、操作规程、职业病危害事故应急救援措施和工作场所职业病危害因素检测结果。对产生严重职业病危害的作业岗位,应当在其醒目位置,设置警示标识和中文警示说明。警示说明应当载明产生职业病危害的种类、后果、预防以及应急救治措施等内容。

企业应督促从业人员了解作业场所、工作岗位存在的危险因素和职业危害、防范措施及应急处理措施。

《职业病防治法》第35条规定:用人单位应当对劳动者进行上岗前的职业卫生培训和在岗期间的定期职业卫生培训,普及职业卫生知识,督促劳动者遵守职业病防治法律、法规、规章和操作规程,指导劳动者正确使用职业病防护设备和个人使用的职业病防护用品。劳动者应当学习和掌握相关的职业卫生知识,增强职业病防范意识,遵守职业病防治法律、法规、规章和操作规程,正确使用、维护职业病防护设备和个人使用的职业病防护用品,发现职业病危害事故隐患应当及时报告。劳动者不履行前款规定义务的,用人单位应当对其进行教育。

【要点】

查阅职业健康培训记录或现场查看作业场所、工作岗位危险因素、职业危害等公示情况。现场询问从业人员职业健康了解情况。

4. 劳动保护

【依据】

(1)《职业病防治法》(主席令〔2011〕52号)

(2)《劳动防护用品监督管理规定》(国家安监总局令〔2005〕1号)

(3)《劳动合同法实施条例》(国务院令〔2008〕535号)

【内容1】

为从业人员提供符合职业健康要求的工作环境和条件,配备与职业健康保护相适应的设施、工具。

【释义】

企业应为从业人员提供符合职业健康要求的工作环境和条件,并为从业人员配备与职业健康保护相适应的设施,工具。

《劳动法》第52条规定:用人单位必须建立、健全劳动安全卫生制度,严格执行国家劳动安全卫生规程和标准,对劳动者进行劳动安全卫生教育,防止劳动过程中的事故,减少职业危害。第54条规定:用人单位必须为劳动者提供符合国家规定的劳动安全卫生条件和必要的劳动防护用品,对从事有职业危害作业的劳动者应当定期进行健康检查。

《职业病防治法》第14、15条规定:用人单位应当依照法律、法规要求,严格遵守国家职业卫生标准,落实职业病预防措施,从源头上控制和消除职业病危害。产生职业病危害的用人单位的设立除应当符合法律、行政法规规定的设立条件外，其工作场所还应当符合相应的职业卫生要求：

(1)职业病危害因素的强度或者浓度符合国家职业卫生标准。

(2)有与职业病危害防护相适应的设施。

(3)生产布局合理，符合有害与无害作业分开的原则。

(4)有配套的更衣间、洗浴间、孕妇休息间等卫生设施。

(5)设备、工具、用具等设施符合保护劳动者生理、心理健康的要求。

(6)法律、行政法规和国务院卫生行政部门、安全生产监督管理部门关于保护劳动者健康的其他要求。

【要点】

查看工作场所及设施、工具，询问从业人员职业卫生标准符合情况。

【内容 2】

健全劳动防护用品管理制度，按规定定期发放劳动防护用品，教育从业人员正确佩戴和使用劳动防护用品。

【释义】

企业应健全劳动防护用品管理制度，按规定定期发放劳动防护用品，并组织教育培训，教育从业人员正确佩戴、使用劳动防护用品。

《安全生产法》第 42 条规定：生产经营单位必须为从业人员提供符合国家标准或者行业标准的劳动防护用品，并监督、教育从业人员按照使用规则佩戴、使用。

《浙江省安全生产条例》第 27 条规定：生产经营单位必须为从业人员提供符合国家标准或者行业标准的劳动防护用品，并教育、督促从业人员正确使用。禁止以现金或者其他物品替代劳动防护用品的提供。

《劳动防护用品监督管理规定》第 16 条、17 条规定：生产经营单位应当建立健全劳动防护用品的采购、验收、保管、发放、使用、报废等管理制度。

生产经营单位为从业人员提供的劳动防护用品，必须符合国家标准或者行业标准，不得超过使用期限。

【要点】

查阅劳动防护用品管理制度、基层单位发放记录。询问从业人员劳动防护用品佩戴和使用方法。

十三、安全文化

本部分重点考察企业安全文化建设环境氛围，包括安全环境、安全行为等。构建和宣传企业安全价值是企业实现本质安全管理的需要，是企业实现安全标准化建设的需要。

本部分包括 2 项内容，涉及 7 个考评要点，考评满分 35 分。

1. 安全环境

【依据】

(1)《国务院关于进一步加强企业安全生产工作的通知》(国发〔2010〕23 号)

(2)《关于坚持科学发展观安全发展促进安全生产形势持续稳定好转的意见》(国发〔2011〕40 号)

(3)《浙江省安全生产条例》(浙江省人民代表大会常务委员会公告第 56 号，2014 年修正)

(4)《企业安全文化建设导则》(AQ/T 9004—2008)

【内容 1】

设立安全文化廊、安全角、黑板报、宣传栏等员工安全文化阵地，每月至少更换 2 次内容。

【释义】

企业应设立安全文化廊、安全角、黑板报、宣传栏等员工安全文化阵地，每月至少更换 2 次内容。

《关于坚持科学发展观安全发展促进安全生产形势持续稳定好转的意见》中明确要求，加强安全教育基地建设，充分利用电视、互联网、报纸、广播等多种形式和手段普及安全常识，增强全社会科学发展、安全发展的思想意识，大力倡导"关注安全、关爱生命"的安全文化。

《浙江省安全生产条例》第11条规定：各级人民政府和有关部门、生产经营单位应当切实加强安全文化建设，采取多种形式开展安全生产法律、法规、规章和安全生产知识的宣传教育，增强全社会和从业人员的安全生产意识，提高生产经营单位和从业人员防范事故的能力。

企业应按照《企业安全文化建设导则》的有关要求开展企业安全文化建设活动。

安全文化是企业员工群体所共享的安全价值观、态度、道德和行为规范组成的统一体，是企业生产经营活动中逐步形成的、凝结起来的、具有企业特色的一种安全文化氛围，是以提高企业员工的安全素质为主要任务，对人的观念、意识、态度、行为等形成从无形到有形的影响，对人的不安全行为产生控制作用，使所有参与人员身心健康。

按照《国家级安全文化建设示范企业标准》，宣传内容每月应至少更换2次。

【要点】

现场查看企业开展安全文化宣传工作情况及宣传内容资料。

【内容2】

公开安全生产举报电话号码、通信地址或者电子邮件信箱。对接到的安全生产举报和投诉及时予以调查和处理。

【释义】

企业应向社会公开安全生产举报电话号码、通信地址或者电子邮件信箱。明确专人负责受理、转办、督办、反馈和统计汇总举报投诉工作，切实做到24小时开通、专门受理，对媒体和群众举报的各类非法违法行为要及时予以调查和处理。

《国务院关于进一步加强企业安全生产工作的通知》中明确要求，要充分发挥工会、共青团、妇联组织的作用，依法维护和落实企业职工对安全生产的参与权与监督权，鼓励职工监督举报各类安全隐患，对举报者予以奖励。有关部门和地方要进一步畅通安全生产的社会监督渠道，设立举报箱，公布举报电话，接受人民群众的公开监督。

《浙江省安全生产条例》第41条规定：负有安全生产监督管理职责的部门应当建立举报制度，对收到的举报进行登记。经受理的举报事项，在调查核实后，应当形成书面材料；需要落实整改措施的，报经有关负责人签字并督促落实。负有安全生产监督管理职责的部门应当为举报者保密。发现生产经营单位对举报者实施报复的，应当及时依法查处。对举报重大事故隐患或者安全生产违法行为有功人员，应当给予奖励。

【要点】

查看企业设置的安全生产举报号码、通信地址或电子邮件信箱。查看举报、投诉调查受理记录。

2. 安全行为

【依据】

《企业安全文化建设导则》(AQ/T 9004—2008)

【内容1】

开展安全承诺活动。(★)

【释义】

企业主要负责人及基层员工应开展安全承诺活动。

安全承诺是指由企业公开做出的、代表了全体员工在关注安全和追求安全绩效方面所具有的稳定意愿及实践行动的明确表示。作为企业应该就遵守安全生产法律法规、执行安全生产规章制度、保证安全生产投入、持续具备安全生产条件等签订安全生产承诺书，向企业员工及社会作出公开承诺，自觉接受监督。同时,员工就履行岗位安全责任向企业做出承诺。

《国家级安全文化建设示范企业标准》规定:企业主要负责人及各岗位人员都公开做出安全承诺,签订《安全生产承诺书》;《安全生产承诺书》格式规范,内容全面、具体,承诺人签字。

【要点】

查看企业主要负责人、基层员工安全承诺书等资料。

【内容2】

编制安全知识手册,并发放到从业人员。

【释义】

企业应该组织编制安全知识手册,并发放到每位员工。

编制企业安全手册是宣传安全文化的一个重要载体,也是企业规范员工安全行为的一项重要措施。《国家级安全文化建设示范企业标准》规定:从业人员有安全文化手册或岗位安全常识手册,并理解掌握其中内容。

【要点】

查看企业编制的安全知识手册。

【内容3】

组织开展安全生产月活动、安全生产竞赛活动,有方案、有总结。

【释义】

企业应每年组织开展安全生产月、安全生产竞赛活动,并将活动方案、总结等存档。

按照全国安全生产月活动组织委员会的要求,每年开展安全生产月活动、安全生产竞赛活动。活动要有方案、有落实、有总结。

【要点】

查看企业安全生产月、安全生产竞赛活动相关资料。

【内容4】

对在安全工作中做出显著成绩的集体、个人给予表彰、奖励,并与其经济利益挂钩。

【释义】

企业应在安全考核办法中明确,对安全工作中做出显著成绩的集体、个人给予表彰、奖励,并与其经济利益挂钩。表彰、奖励结果应发文公示。

【要点】

查阅企业安全考核办法、上年度安全生产先进集体、个人表彰奖励文件。

【内容5】

对安全生产进行检查、评比、考评,总结和交流经验,推广安全生产先进管理方法。

【释义】

企业要经常性地开展安全生产检查、评比、考核、总结和交流经验活动,积极推广安全生产先进管理办法。

【要点】

查看企业开展安全检查、评比、考评,总结和交流工作经验,推广先进管理方法等的文件资料和活动记录。

十四、应急救援

本部分是关于企业进行应急救援各项工作要求,主要包括应急预案的制定与实施、应急队伍、应急装备、应急演练等,目的是预防重大灾害的出现,或一旦紧急情况出现,可以按照应急预案有计划、有步骤行动,有效地减少经济损失和人员伤亡。

本部分包括5项内容,涉及13个考评要点,考评满分80分。

1. 预案制订

【依据】

(1)《安全生产法》(主席令〔2002〕70号,2014年修正)

(2)《突发事件应对法》(主席令〔2007〕69号)

(3)《突发事件应急预案管理办法》(国办发〔2013〕101号)

(4)《生产经营单位安全生产事故应急预案编制导则》(GB/T 29639—2013)

(5)《交通运输部办公厅关于进一步加强交通运输系统应急值守和突发事件信息报送工作的通知》(交办应急函〔2014〕322号)

(6)《关于印发交通运输安全生产和应急体系"十二五"发展规划的通知》(交安监发〔2011〕286号)

(7)《关于加强恶劣天气公路交通应急管理工作的通知》(公通字〔2013〕1号)

(8)《交通运输突发事件应急管理规定》(交通运输部〔2011〕9号)

【内容1】

制订相应的突发事件应急预案,有相应的应急保障措施。(★★★)

【释义】

企业应编制突发事件应急预案,预案中应明确应急保障措施。

《安全生产法》第18条规定:生产经营单位的主要负责人对本单位安全生产工作负有督促、检查本单位的安全生产工作,及时消除生产安全事故隐患,组织制定并实施本单位的生产安全事故应急救援预案的职责。

《突发事件应对法》规定:应急预案应当根据本法和其他有关法律、法规的规定,针对突发事件的性质、特点和可能造成的社会危害,具体规定突发事件应急管理工作的组织指挥体系与职责和突发事件的预防与预警机制、处置程序、应急保障措施以及事后恢复与重建措施等内容。

《生产安全事故应急预案管理办法》第5条规定:应急预案的编制应符合下列基本要求:

(1)符合有关法律、法规、规章和标准的规定。

(2)结合本地区、本部门、本单位的安全生产实际情况。

(3)结合本地区、本部门、本单位的危险性分析情况。

(4)应急组织和人员的职责分工明确,并有具体的落实措施。

(5)有明确、具体的事故预防措施和应急程序,并与其应急能力相适应。

(6)有明确的应急保障措施,并能满足本地区、本部门、本单位的应急工作要求。

(7)预案基本要素齐全、完整,预案附件提供的信息准确。

(8)预案内容与相关应急预案相互衔接。

(9)应急预案应当包括应急组织机构和人员的联系方式、应急物资储备清单等附件信息。

《交通运输突发事件应急管理规定》第7、8条规定:交通运输企业应当按照所在地交通运输主管部门制定的交通运输突发事件应急预案,制定本单位交通运输突发事件应急预案。应急预案应当根据有关法律、法规的规定,针对交通运输突发事件的性质、特点、社会危害程度以及可能需要提供的交通运输应急保障措施,明确应急管理的组织指挥体系与职责、监测与预警、处置程序、应急保障措施、恢复与重建、培训与演练等具体内容。

【要点】

查阅企业突发事件应急预案。

【内容2】

结合企业实际将应急预案分为综合应急预案、专项应急预案和现场处置方案。(★★)

【释义】

企业应急预案应分为综合应急预案、专项应急预案和现场处置方案。

《生产安全事故应急预案管理办法》规定：生产经营单位的应急预案按照针对情况的不同，分为综合应急预案、专项应急预案和现场处置方案。生产经营单位风险种类多、可能发生多种事故类型的，应当组织编制本单位的综合应急预案。

综合应急预案应当包括本单位的应急组织机构及其职责、预案体系及响应程序、事故预防及应急保障、应急培训及预案演练等主要内容。

对于某一种类的风险，生产经营单位应当根据存在的重大危险源和可能发生的事故类型，制定相应的专项应急预案。

专项应急预案应当包括危险性分析、可能发生的事故特征、应急组织机构与职责、预防措施、应急处置程序和应急保障等内容。

对于危险性较大的重点岗位，生产经营单位应当制定重点工作岗位的现场处置方案。

现场处置方案应当包括危险性分析、可能发生的事故特征、应急处置程序、应急处置要点和注意事项等内容。

《生产经营单位安全生产事故应急预案编制导则》5.1～5.4规定：生产经营单位的应急预案体系主要由综合应急预案、专项应急预案和现场处置方案构成。生产经营单位应根据本单位组织管理体系、生产规模、危险源的性质以及可能发生的事故类型确定应急预案体系，并可根据本单位的实际情况，确定是否编制专项应急预案。风险因素单一的小微型生产经营单位可只编写现场处置方案。

综合应急预案是生产经营单位应急预案体系的总纲，主要从总体上阐述事故的应急工作原则，包括生产经营单位的应急组织机构及职责、应急预案体系、事故风险描述、预警及信息报告、应急响应、保障措施、应急预案管理等内容。

专项应急预案是生产经营单位为应对某一类型或某几种类型事故，或者针对重要生产设施、重大危险源、重大活动等内容而定制的应急预案。专项应急预案主要包括事故风险分析、应急指挥机构及职责、处置程序和措施等内容。

现场处置方案是生产经营单位根据不同事故类型，针对具体的场所、装置或设施所制定的应急处置措施，主要包括事故风险分析、应急工作职责、应急处置和注意事项等内容。生产经营单位应根据风险评估、岗位操作规程以及危险性控制措施，组织本单位现场作业人员及安全管理等专业人员共同编制现场处置方案。

【要点】

查阅突发事件应急预案。

【内容3】

应急预案与当地政府预案保持衔接，报当地有关部门备案，通报有关协作单位。

【释义】

企业编制的应急预案应与地方政府预案保持衔接，并报有关主管部门备案，并通过技术交底、安全教育培训等形式通报有关协作单位。

《企业安全生产标准化基本规范》5.11.2规定：应急预案应根据有关规定报当地主管部门备案，并通报有关应急协作单位。

《安全生产法》第78条规定：生产经营单位应当制定本单位生产安全事故应急救援预案，与所在地县级以上地方人民政府组织制定的生产安全事故应急救援预案相衔接，并定期组织演练。

《生产安全事故应急预案管理办法》第19条规定：中央管理的总公司（总厂、集团公司、上市公司）的综合应急预案和专项应急预案，报国务院国有资产监督管理部门、国务院安全生产监督管理部门和国务院有关主管部门备案；其所属单位的应急预案分别抄送所在地的省、自治区、直辖市或者设区的市人民政府安全生产监督管理部门和有关主管部门备案。

前款规定以外的其他生产经营单位中涉及实行安全生产许可的，其综合应急预案和专项应急预案，按照隶属关系报所在地县级以上地方人民政府安全生产监督管理部门和有关主管部门备案；未实行安全生产许可的，其综合应急预案和专项应急预案的备案，由省、自治区、直辖市人民政府安全生产监督管理部门确定。

【要点】

查阅突发事件应急预案备案记录，协作单位安全技术交底、安全教育培训等资料。

【内容4】

组织开展应急预案评审或论证，并定期进行修订和完善。

【释义】

企业应急预案应邀请有关政府部门、行业主管部门等进行评审或论证，并至少每3年1次对应急预案进行修订和完善。

《突发事件应急预案管理办法》第24条规定，应急预案编制单位应当建立定期评估制度，分析评价预案内容的针对性、实用性和可操作性，实现应急预案的动态优化和科学规范管理。

《企业安全生产标准化基本规范》5.11.2规定：应急预案应定期评审，并根据评审结果或实际情况的变化进行修订和完善。

《生产安全事故应急预案管理办法》第29、30条规定：生产经营单位制定的应急预案应当至少每3年修订1次，预案修订情况应有记录并归档。

有下列情形之一的，应急预案应当及时修订：

(1)生产经营单位因兼并、重组、转制等导致隶属关系、经营方式、法定代表人发生变化的。

(2)生产经营单位生产工艺和技术发生变化的。

(3)周围环境发生变化，形成新的重大危险源的。

(4)应急组织指挥体系或者职责已经调整的。

(5)依据的法律、法规、规章和标准发生变化的。

(6)应急预案演练评估报告要求修订的。

(7)应急预案管理部门要求修订的。

《交通运输突发事件应急管理规定》第12条规定：应急预案应当根据实际需要、情势变化和演练验证，适时修订。

【要点】

查阅应急预案评审或论证记录，查阅应急预案修订资料。

2.预案实施

【依据】

(1)《安全生产法》(主席令〔2002〕70号，2014年修正)

(2)《突发事件应急预案管理办法》(国办发〔2013〕101号)

(3)《生产安全事故应急预案管理办法》(国家安监总局令〔2009〕17号)

(4)《国家安全监管总局办公厅关于印发〈生产安全事故应急处置评估暂行办法〉的通知》(安监总厅应急〔2014〕95号)

(5)《关于加强恶劣天气公路交通应急管理工作的通知》(公通字〔2013〕1号)

(6)《交通运输突发事件应急管理规定》(交通运输部〔2011〕9号)

【内容1】

开展应急预案的宣传教育，普及生产安全事故预防、避险、自救和互救知识。

【释义】

企业应开展应急预案的宣传教育，宣传教育的要点应包括生产安全事故预防、避险、自救和互救措施。

《突发事件应急预案管理办法》第28条规定：应急预案编制单位应当通过编发培训材料、举办培训班、开展工作研讨等方式，对与应急预案实施密切相关的管理人员和专业救援人员等组织开展应急预案培训。

《生产安全事故应急预案管理办法》第23条规定：各级安全生产监督管理部门、生产经营单位应当采取多种形式开展应急预案的宣传教育，普及生产安全事故预防、避险、自救和互救知识，提高从业人员安全意识和应急处置技能。

【要点】

查看企业开展应急预案宣传教育活动相关资料。

【内容2】

开展应急预案培训活动，使有关人员了解应急预案内容，熟悉应急职责、应急程序和应急处置方案。（★★）

【释义】

企业应开展应急预案培训，教育有关人员了解应急预案内容，熟悉应急职责、应急程序和应急处置方案。

《生产安全事故应急预案管理办法》第24条规定：生产经营单位应当组织开展本单位的应急预案培训活动，使有关人员了解应急预案内容，熟悉应急职责、应急程序和岗位应急处置方案。应急预案的要点和程序应当张贴在应急地点和应急指挥场所，并设有明显的标志。

《交通运输突发事件应急管理规定》第20条规定：交通运输企业应当按照交通运输主管部门制定的应急预案的有关要求，制定年度应急培训计划，组织开展应急培训工作。

【要点】

查阅应急预案培训记录。抽查、询问从业人员是否了解应急预案内容，熟悉应急职责、应急程序和应急处置方案。

【内容3】

发生事故后，及时启动应急预案，组织有关力量进行救援，并按照规定将事故信息及应急预案启动情况报告有关部门。

【释义】

在发生生产安全事故后，企业负责人应及时启动预案，组织力量进行救援，并上报有关信息。

《安全生产法》第80条规定：生产经营单位发生生产安全事故后，事故现场有关人员应当立即报告本单位负责人。单位负责人接到事故报告后，应当迅速采取有效措施，组织抢救，防止事故扩大，减少人员伤亡和财产损失，并按照国家有关规定立即如实报告当地负有安全生产监督管理职责的部门，不得隐瞒不报、谎报或者迟报，不得故意破坏事故现场、毁灭有关证据。

《生产安全事故应急预案管理办法》第33条规定：生产经营单位发生事故后，应当及时启动应急预案，组织有关力量进行救援，并按照规定将事故信息及应急预案启动情况报告安全生产监督管理部门和其他负有安全生产监督管理职责的部门。

《交通运输突发事件应急管理规定》第37条规定：交通运输企业应当加强对本单位应急设备、设施、队伍的日常管理，保证应急处置工作及时、有效开展。交通运输突发事件应急处置过程中，交通运输企业应当接受交通运输主管部门的组织、调度和指挥。

【要点】

查阅事故档案和应急预案启动、实施情况，查看事故信息上报记录。

3. 应急队伍

【依据】

(1)《企业安全生产标准化基本规范》(AQ/T 9006—2010)

(2)《关于印发交通运输安全生产和应急双基建设活动方案的通知》(交安监发〔2010〕301号)

(3)《交通运输突发事件应急管理规定》(交通运输部〔2011〕9号)

【内容1】

建立与本单位安全生产特点相适应的专兼职应急救援队伍。(★★★)

【释义】

企业应建立适应本单位安全生产特点的专兼职应急救援队伍。

《企业安全生产标准化基本规范》5.11.1规定:企业应建立与本单位安全生产特点相适应的专兼职应急救援队伍,或指定专兼职应急救援人员,并组织训练;无需建立应急救援队伍的,可与附近具备专业资质的应急救援队伍签订服务协议。

《交通运输突发事件应急管理规定》第14条规定:交通运输企业应当根据实际需要,建立由本单位职工组成的专职或者兼职应急队伍。

【要点】

查阅应急救援队伍名册、文件等相关资料。

【内容2】

组织应急救援人员日常训练。

【释义】

企业应每年组织应急工作的主要领导、业务骨干人员开展轮训,每3年至少1次组织其他从事安全生产和应急工作的人员进行系统培训。训练时间应符合有关规定。

《关于印发交通运输安全生产和应急双基建设活动方案的通知》要求,要加强队伍培训。要有计划、有步骤地对各类人员进行轮训,提高专业知识和技能。对各级主管安全生产和应急工作的领导以及业务骨干人员每年必须轮训1次,其他从事安全生产和应急的工作人员每3年必须进行1次系统培训,每次轮训和系统培训时间原则上不少于36学时。

《企业安全生产标准化基本规范》规定:企业应建立与本单位安全生产特点相适应的专兼职应急救援队伍,或指定专兼职应急救援人员,并组织训练;无须建立应急救援队伍的,可与附近具备专业资质的应急救援队伍签订服务协议。

《交通运输突发事件应急管理规定》第20条规定:交通运输企业应当按照交通运输主管部门制定的应急预案的有关要求,制定年度应急培训计划,组织开展应急培训工作。

【要点】

查看应急救援人员开展轮训或系统培训记录。

4.应急装备

【依据】

(1)《生产经营单位安全生产事故应急预案编制导则》(GB/T 29639—2013)

(2)《生产安全事故应急预案管理办法》(国家安监总局令〔2009〕17号)

(3)《交通运输突发事件应急管理规定》(交通运输部〔2011〕9号)

【内容1】

按照应急预案的要求配备相应的应急物资及装备。

【释义】

企业应按照应急预案的要求配备相应的应急物资及装备。

《生产经营单位安全生产事故应急预案编制导则》5.8.3规定:应急预案应明确应急救援需要使用的应急物资和装备的类型、数量、性能、存放位置、管理责任人及其联系方式等内容。

《生产安全事故应急预案管理办法》第32条规定:生产经营单位应当按照应急预案的要求配备相应的应急物资及装备。

应急物资是指为应对严重自然灾害、突发性公共卫生事件、公共安全事件及军事冲突等突发公共事件应急处置过程中所必需的保障性物质。具体可划分为几类：一是保障人民生活的物资，主要指粮食、食油和水、手电等；二是工作物资，主要指处理危机过程中专业人员所使用的专业性物资，工作物资一般对某一专业队伍具有通用性；三是特殊物资，主要指针对少数特殊事故处置所 需特定的物资，这类物资储备储量少，针对性强，如一些特殊药品。

应急装备是指用于应急管理与应急救援的工具、器材、服装、技术力量等。如消防车辆、气体监测仪器、防化服、隔热服、应急救援专用数据库等各种各样的物资装备与技术设备。

《企业安全生产标准化基本规范》规定：企业应按规定建立应急设施，配备应急装备，储备应急物资，并进行经常性的检查、维护、保养，确保其完好、可靠。

《交通运输突发事件应急管理规定》第 16 条规定：交通运输企业应当将本单位应急装备、应急物资、运力储备和应急队伍的实时情况及时报所在地交通运输主管部门备案。

【要点】

查阅企业应急物资及装备登记台账，对照应急预案检查相符性。

【内容 2】

建立应急装备使用状况档案，定期进行检测和维护，使其处于良好状态。

【释义】

企业应建立应急装备使用状况档案，定期检测、维护，并将检测、维护情况记入档案。

《生产安全事故应急预案管理办法》第 32 条规定：生产经营单位应当建立应急装备使用状况档案，定期检测和维护，使其处于良好状态。

【要点】

查阅企业应急装备使用状况档案及检测维护记录。

5. 应急演练

【依据】

(1)《安全生产法》(主席令〔2002〕70 号，2014 年修正)

(2)《生产安全事故应急预案管理办法》(国家安监总局令〔2009〕17 号)

(3)《公路安全保护条例》(国务院令〔2011〕593 号)

(4)《交通运输突发事件应急管理规定》(交通运输部〔2011〕9 号)

【内容 1】

按照有关规定制订应急预案演练计划，并按计划组织开展应急预案演练。(★★★)

【释义】

企业应制订应急预案演练计划，每年至少组织 1 次综合应急预案演练或者专项应急预案演练，每半年至少组织 1 次现场处置方案演练。

应急预案演练是指针对事故情景，依据应急预案而模拟开展的预警行动、事故报告、指挥协调、现场处置等活动。

《安全生产法》第 78 条规定：生产经营单位应当制定本单位生产安全事故应急救援预案，与所在地县级以上地方人民政府组织制定的生产安全事故应急救援预案相衔接，并定期组织演练。

《生产安全事故应急预案管理办法》第 26 条规定：生产经营单位应当制定本单位的应急预案演练计划，根据本单位的事故预防重点，每年至少组织 1 次综合应急预案演练或者专项应急预案演练，每半年至少组织 1 次现场处置方案演练。

《交通运输突发事件应急管理规定》第 21 条规定：交通运输主管部门、交通运输企业应当根据本地区、本单位交通运输突发事件的类型和特点，制定应急演练计划，定期组织开展交通运输突发事件应急演练。

【要点】

查阅企业应急预案演练计划及开展应急演练的活动资料。

【内容2】

应急预案演练结束后，对应急预案演练效果进行评估，撰写应急预案演练评估报告，分析存在的问题，并对应急预案提出修订意见。(★)

【释义】

企业应建立应急预案演练评估机制，在演练结束后对演练效果进行评估并完成评估报告，作为应急预案修订的参考依据。

《生产安全事故应急预案管理办法》第27条规定：应急预案演练结束后，应急预案演练组织单位应当对应急预案演练效果进行评估，撰写应急预案演练评估报告，分析存在的问题，并对应急预案提出修订意见。

【要点】

查阅企业应急演练评估报告，检查报告是否对存在问题进行分析。

十五、事故报告调查处理

本部分是关于企业生产安全事故报告与调查处理考评规定。包括事故报告和事故处理。事故发生后必须及时报告，必须严格按照"四不放过"的原则进行事故处理。

本部分包括2项内容，涉及7个考评要点，考评满分为45分。

1. 事故报告

【依据】

(1)《安全生产法》(主席令〔2002〕70号，2014年修正)

(2)《生产安全事故报告和调查处理条例》(国务院令〔2007〕493号)

(3)《生产安全事故报告和调查处理条例罚款处罚暂行规定》(安监总局令〔2011〕42号)

(4)《生产安全事故档案管理办法》(安监总办〔2008〕202号)

(5)《浙江省生产安全事故报告和调查处理规定》(浙江省人民政府令第310号)

【内容1】

发生事故及时进行事故现场处置，按相关规定及时、准确、如实向有关部门报告，没有瞒报、谎报、迟报情况。(★★★)

【释义】

企业在发生生产安全事故后应立即处置，按规定及时、准确、如实上报事故信息。

《安全生产法》第80条规定：生产经营单位发生生产安全事故后，事故现场有关人员应当立即报告本单位负责人。单位负责人接到事故报告后，应当迅速采取有效措施，组织抢救，防止事故扩大，减少人员伤亡和财产损失，并按照国家有关规定立即如实报告当地负有安全生产监督管理职责的部门，不得隐瞒不报、谎报或者迟报，不得故意破坏事故现场、毁灭有关证据。

《生产安全事故报告和调查处理条例》第9、12条规定：事故发生后，事故现场有关人员应当立即向本单位负责人报告；单位负责人接到报告后，应当于1小时内向事故发生地县级以上人民政府安全生产监督管理部门和负有安全生产监督管理职责的有关部门报告。

情况紧急时，事故现场有关人员可以直接向事故发生地县级以上人民政府安全生产监督管理部门和负有安全生产监督管理职责的有关部门报告。

报告事故应当包括下列内容：

(1)事故发生单位概况。

(2)事故发生的时间、地点以及事故现场情况。

(3)事故的简要经过。

(4)事故已经造成或者可能造成的伤亡人数(包括下落不明的人数)和初步估计的直接经济损失。

(5)已经采取的措施。

(6)其他应当报告的情况。

企业生产安全事故信息上报不得存在瞒报、谎报、漏报。

《生产安全事故报告和调查处理条例罚款处罚暂行规定》第5条规定:

(1)报告事故的时间超过规定时限的,属于迟报。

(2)因过失对应当上报的事故或者事故发生的时间、地点、类别、伤亡人数、直接经济损失等内容遗漏未报的,属于漏报。

(3)故意不如实报告事故发生的时间、地点、初步原因、性质、伤亡人数和涉险人数、直接经济损失等有关内容的,属于谎报。

(4)隐瞒已经发生的事故,超过规定时限未向安全监管监察部门和有关部门报告,经查证属实的,属于瞒报。

【要点】

查阅企业生产安全事故处置记录及信息上报资料,查阅政府部门事故处罚记录是否认定企业承担事故信息报送责任。

【内容2】

跟踪事故发展情况,及时续报事故信息,建立事故档案和事故管理台账。

【释义】

企业应建立生产安全事故档案和生产安全事故管理台账,跟踪事故发展情况。当事故报告后出现新情况的,按规定及时补报。

《生产安全事故档案管理办法》第2条规定:生产安全事故档案(以下简称事故档案),是指生产安全事故报告、事故调查和处理过程中形成的具有保存价值的各种文字、图表、声像、电子等不同形式的历史记录。

事故管理台账,是指事故发生后,用于统计事故基本信息的台账资料,包括事故名称、发生时间、发生地点、伤亡和损失情况、事故概况等信息记录。

《生产安全事故报告和调查处理条例》第13条规定:事故报告后出现新情况的,应当及时补报。自事故发生之日起30日内,事故造成的伤亡人数发生变化的,应当及时补报。道路交通事故、火灾事故自发生之日起7日内,事故造成的伤亡人数发生变化的,应当及时补报。

【要点】

查阅企业生产安全事故档案、生产安全事故管理台账及事故信息续报记录。

2. 事故处理

【依据】

(1)《安全生产法》(主席令〔2002〕70号,2014年修正)

(2)《生产安全事故报告和调查处理条例》(国务院令〔2007〕493号)

(3)《企业安全生产标准化基本规范》(AQ/T 9006—2010)

(4)《国务院办公厅关于加强安全工作的紧急通知》(国办发明电〔2004〕7号)

【内容1】

接到事故报告后,迅速采取有效措施,组织抢救,防止事故扩大,减少人员伤亡和财产损失。

【释义】

企业相关负责人接到生产安全事故报告后,应迅速采取有效措施组织抢救,防治事态扩大。

《安全生产法》第80条规定:生产经营单位发生生产安全事故后,事故现场有关人员应当立即报告本单位负责人。单位负责人接到事故报告后,应当迅速采取有效措施,组织抢救,防止事故扩大,减少人员伤亡和财产损失,并按照国家有关规定立即如实报告当地负有安全生产监督管理职责的部门,不得隐瞒不报、谎报或者迟报,不得故意破坏事故现场、毁灭有关证据。

《生产安全事故报告和调查处理条例》第 14 条规定:事故发生单位负责人接到事故报告后,应当立即启动事故相应应急预案,或者采取有效措施,组织抢救,防止事故扩大,减少人员伤亡和财产损失。

【要点】

查看企业生产安全事故处置记录。

【内容 2】

发生事故后,按规定成立事故调查组,积极配合各级人民政府组织的事故调查,随时接受事故调查组的询问,如实提供有关情况。

【释义】

企业在生产安全事故发生后,未造成人员伤亡的一般事故,县级人民政府也可以委托事故发生单位组织事故调查组进行调查。造成人员伤亡的,政府成立事故调查组后,应配合事故调查,如实提供有关情况。

《生产安全事故报告和调查处理条例》第 19 条规定:特别重大事故由国务院或者国务院授权有关部门组织事故调查组进行调查。重大事故、较大事故、一般事故分别由事故发生地省级人民政府、设区的市级人民政府、县级人民政府负责调查。省级人民政府、设区的市级人民政府、县级人民政府可以直接组织事故调查组进行调查,也可以授权或者委托有关部门组织事故调查组进行调查。

未造成人员伤亡的一般事故,县级人民政府也可以委托事故发生单位组织事故调查组进行调查。

《生产安全事故报告和调查处理条例》第 25、26 条规定:

事故调查组履行下列职责:

(1)查明事故发生的经过、原因、人员伤亡情况及直接经济损失。

(2)认定事故的性质和事故责任。

(3)提出对事故责任者的处理建议。

(4)总结事故教训,提出防范和整改措施。

(5)提交事故调查报告。

事故调查组有权向有关单位和个人了解与事故有关的情况,并要求其提供相关文件、资料,有关单位和个人不得拒绝。

事故发生单位的负责人和有关人员在事故调查期间不得擅离职守,并应当随时接受事故调查组的询问,如实提供有关情况。

【要点】

查阅企业生产安全事故调查记录和政府部门事故调查处理报告。

【内容 3】

按时提交事故调查报告,分析事故原因,落实整改措施。

【释义】

企业成立事故调查组后,按规定期限提交事故调查报告。事故调查报告中应对事故原因进行分析,并明确整改措施。

《生产安全事故报告和调查处理条例》第 29、30 条规定,事故调查组应当自事故发生之日起 60 日内提交事故调查报告;特殊情况下,经负责事故调查的人民政府批准,提交事故调查报告的期限可以适当延长,但延长的期限最长不超过 60 日。

事故调查报告应当包括下列内容:

(1)事故发生单位概况。

(2)事故发生经过和事故救援情况。

(3)事故造成的人员伤亡和直接经济损失。

(4)事故发生的原因和事故性质。

(5)事故责任的认定以及对事故责任者的处理建议。

(6)事故防范和整改措施。

事故调查报告应当附具有关证据材料。事故调查组成员应当在事故调查报告上签名。

【要点】

查阅企业生产安全事故调查报告。

【内容4】

发生事故后,及时组织事故分析,并在企业内部进行通报。

【释义】

发生生产安全事故后,企业应及时进行事故分析,并以文件形式进行内部通报。

《生产安全事故报告和调查处理条例》第33条规定:事故发生单位应当认真吸取事故教训,落实防范和整改措施,防止事故再次发生。

《企业安全生产标准化基本规范》5.12.1规定:企业发生事故后,应按规定及时向上级单位、政府有关部门报告,并妥善保护事故现场及有关证据。必要时向相关单位和人员通报。

【要点】

查阅企业生产安全事故分析记录、通报文件。

【内容5】

按"四不放过"原则严肃查处事故,严格追究责任领导和相关责任人。处理结果报上级主管部门备案。(★★)

【释义】

企业在生产安全事故发生后,应按"四不放过"原则严肃查处事故,追究有关责任人责任。处理结果应报上级主管部门备案。

国务院办公厅《关于加强安全工作的紧急通知》明确指出:对责任不落实,发生重特大事故的,要严格按照事故原因未查清不放过、责任人员未处理不放过、整改措施未落实不放过、有关人员未受到教育不放过的"四不放过"原则和《国务院关于特大安全事故行政责任追究的规定》(国务院令第302号),严肃追究有关领导和责任人的责任。

【要点】

查阅企业生产安全事故处理文件及处理结果备案记录。

十六、绩效考评与持续改进

本部分是关于企业安全生产绩效考评与持续改进考评规定,包括绩效评定、持续改进、安全管理体系建设等内容,目的是使企业的安全生产管理持续不断进步。

本部分包括3项内容,涉及3个考评要点,考评满分35分。

1.绩效考评

【依据】

《企业安全生产标准化基本规范》(AQ/T 9006—2010)

【内容】

每年至少1次对本单位安全生产标准化的实施情况进行评定,对安全生产工作目标、指标的完成情况进行综合考评。

【释义】

企业应每年至少1次对安全生产标准化实施情况进行评定,验证各项安全生产制度的适宜性、充分性和有效性,检查安全生产工作目标、指标完成情况。评定结果应形成正式文件并内部通报。

《企业安全生产标准化基本规范》5.13.1 规定:企业应每年至少1次对本单位安全生产标准化的实施情况进行评定,验证各项安全生产制度措施的适宜性、充分性和有效性,检查安全生产工作目标、指标的完成情况。

企业主要负责人应对绩效评定工作全面负责。评定工作应形成正式文件,并将结果向所有部门、所属单位和从业人员通报,作为年度考评的重要依据。

【要点】

查看企业安全生产标准化实施情况评定文件。

2. 持续改进

【依据】

《企业安全生产标准化基本规范》(AQ/T 9006—2010)

【内容】

提出进一步完善安全标准化的计划和措施,对安全生产目标、指标、管理制度、操作规程等进行修改完善。

【释义】

企业应在安全生产标准化实施情况评定或制定年度工作计划时提出进一步完善安全生产标准化的计划和措施,对安全生产目标、指标、管理制度、操作规程等进行修改完善。

《企业安全生产标准化基本规范》5.13.2 规定:企业应根据安全生产标准化的评定结果和安全生产预警指数系统所反映的趋势,对安全生产目标、指标、规章制度、操作规程等进行修改完善,持续改进,不断提高安全绩效。

【要点】

查阅企业安全生产标准化实施情况评定文件或年度工作计划,查阅安全生产目标、指标、管理制度、操作规程修改完善记录。

3. 安全管理体系建设

【依据】

《中央企业安全生产监督管理暂行办法》(国务院国有资产监督管理委员会令第21号)

【内容】

根据企业生产经营实际,建立相应的安全管理体系,规范安全生产管理,形成长效机制。(★)

【释义】

企业根据生产经营实际,建立安全生产管理体系,规范安全生产管理,并形成长效机制。

企业安全管理体系是指企业全部管理体系中专门管理安全工作的部分,包括为制定、实施、实现、评审和保持安全方针、目标所需的组织机构、规划活动、职责、惯例、程序、过程和资源。

安全管理体系是企业自身发展的要求。随着企业规模扩大和集约化程度的提高,对企业的质量管理和经营模式提出了更高的要求。企业必须采用现代化的管理模式,使包括安全生产管理在内的所有生产经营活动科学化、规范化和法制化。

《中央企业安全生产监督管理暂行办法》第13条规定:中央企业应当建立健全安全生产管理体系,积极推行和应用国内外先进的安全生产管理办法、体系等,实现安全生产管理的规范化、标准化、科学化、现代化。

中央企业安全生产管理体系应当包括组织体系、制度体系、责任体系、风险控制体系、教育体系、监督保证体系等。

【要点】

查阅相关文件资料。

参 考 文 献

[1] 中华人民共和国行业标准. AQ/T 9006—2010 企业安全生产标准化基本规范[S]. 北京:中国标准出版社,2010.

[2] 中华人民共和国行业标准. AQ/T 9007—2006 生产安全事故应急演练指南[S]. 北京:中国标准出版社,2006.

[3] 中华人民共和国行业标准. AQ/T 9002—2011 生产经营单位安全生产事故应急预案编制导则[S]. 北京:中国标准出版社,2011.

[4] 中华人民共和国行业标准. JGJ 46—2005 施工现场临时用电安全技术规范[S]. 北京:中国标准出版社,2006.

[5] 中华人民共和国行业标准. JTG H10—2009 公路养护技术规范[S]. 北京:人民交通出版社,2009.

[6] 中华人民共和国行业标准. JTG H20—2007 公路技术状况评定标准[S]. 北京:人民交通出版社,2007.

[7] 中华人民共和国行业标准. JTG/T D81—2006 公路交通安全设施设计规范[S]. 北京:人民交通出版社,2006.

[8] 中华人民共和国行业标准. DB/T 704—2013 高速公路交通安全设施设计规范[S]. 北京:人民交通出版社,2013.

[9] 中华人民共和国行业标准. JTG H30—2004 公路养护安全作业规程[S]. 北京:人民交通出版社,2004.

[10] 中华人民共和国行业标准. JTG/T B05—2004 公路项目安全性评价指南[S]. 北京:人民交通出版社,2004.

[11] 中华人民共和国行业标准. JTJ 076—1995 公路工程施工安全技术规程[S]. 北京:人民交通出版社,1995.

[12] 李希元. 高速公路运营企业安全质量标准化工作指南[M]. 北京:人民交通出版社,2009.

[13] 王嘉振. 安全生产综合防范体系理论与实践[M]. 济南:山东大学出版社,2006.

[14] 张瑞艳,陈璐,闫浩春,等. 企业推行安全生产标准化的作用和意义[J]. 中国建材科技,2011(6).

[15] 邓学钧,刘建新. 交通运输工程导论[M]. 北京:清华大学出版社,2009.

[16] 吴宗之,高进东. 重大危险源辨识与控制[M]. 北京:冶金工业出版社,2001.

[17] 徐大海,陈祖新. 建设工程施工现场安全生产保证体系管理资料(工地安全管理台账实例)[M]. 上海:同济大学出版社,2004.

[18] 交通运输部工程质量监督局. 公路桥梁和隧道工程施工安全风险评估制度及指南解析[M]. 北京:人民交通出版社,2011.